建设工程仲裁案例
解析与思考

何伯森　编著

中国建筑工业出版社

图书在版编目（CIP）数据

建设工程仲裁案例解析与思考／何伯森编著．—北京：中国建筑工业出版社，2014.7
ISBN 978-7-112-16874-3

Ⅰ.①建… Ⅱ.①何… Ⅲ.①建筑工程－经济纠纷－仲裁－案例－中国 Ⅳ.①D922.297.5

中国版本图书馆CIP数据核字（2014）第102148号

　　本书从笔者15年仲裁生涯中主持和参与的几十个仲裁案中精选了17个典型案例（涵盖设计、施工、管理、外贸等方面）。每个案例从介绍项目的背景入手，对争议案各个子项目中双方的请求、申述和辩论以及仲裁庭的裁决进行了详细的介绍。之后又从工程管理和法理的视角对该案件的关键问题进行了解析与评论，总结了涉案双方的经验教训，以供建设行业的同行和法律工作者参考。

　　此外，书中还选登了7篇论文，对和谐仲裁、仲裁中的调解、"合法合理合情"的裁决原则以及争议的多种替代方法，从理论上进行了较为系统和深入的阐述。在本书封四针对各个案例的特色编写了导读。

　　本书可供建设工程的业主方、设计方、项目管理方、监理方或承包方准备招标文件、签订合同和进行项目管理时参阅；可作为项目业主方的项目管理人员、合同法律部人员、咨询设计单位的设计管理人员、建筑师、造价师和工程公司的现场项目经理、合同管理人员、造价管理人员的学习资料；亦可作为为建设工程服务的法律工作者以及仲裁工作者的学习资料。

责任编辑：朱首明　李　明
书籍设计：锋尚制版
责任校对：陈晶晶　刘梦然

建设工程仲裁案例解析与思考
何伯森　编著

*

中国建筑工业出版社出版、发行（北京西郊百万庄）
各地新华书店、建筑书店经销
北京锋尚制版有限公司制版
北京云浩印刷有限责任公司印刷

*

开本：787×1092毫米　1/16　印张：23　字数：450千字
2014年6月第一版　2014年6月第一次印刷
定价：56.00元
ISBN 978-7-112-16874-3
（25648）

版权所有　翻印必究
如有印装质量问题，可寄本社退换
（邮政编码100037）

谨以此书献给笔者人生旅途的终身伴侣和知音

——洪采嘉

前言
Foreword

任何社会都充满着各式各样的矛盾，建设工程也不例外。建设工程具有投资巨大、工序和技术复杂、建设周期长、不可逆转性及不确定性因素多、生产要素的流动性强、受当地政府管理和干预等特点，因而在实施过程中必然会产生很多的矛盾。仲裁作为一种专业性的争议解决方式，同时也是一种国际惯例，得到了越来越多的重视。

1995~2011年，笔者先后担任了5届中国国际经济贸易仲裁委员会（CIETAC）的仲裁员，在从事仲裁工作的过程中，常常为某一方当事人在工程管理过程中出现的失误而惋惜，有时"一着失误，满盘皆输"，付出的"学费"少则几百万，多则几千万。这些感受使笔者萌生了编写仲裁案例的想法，通过对这些案例的介绍和解析，把这些付出了昂贵"学费"买来的经验和教训总结出来，"它山之石，可以攻玉"，以期提供给建设工程领域的从业者和法律工作者参考借鉴。

本书中案例编写与解析的基本框架如下：

首先介绍工程项目简况和双方争议的主要内容以及立案和仲裁的过程，之后，将每个案件分为若干个子项目，逐一详细介绍。在比较大的案件中，双方的争议往往存在一些关键问题，则首先分析这些关键问题，再分析申请书及反请求书中的各个子项目，逐条介绍双方的请求、申述和辩论，然后介绍仲裁庭的裁决意见以及引用的依据。由于建设工程争议案往往涉及法律法规、项目管理和工程技术等多方面的内容，按子项目逐个地介绍和分析，将有助于读者对裁决结果的理解。最后，从工程管理和法理的视角对该案例进行分析评论。

在仲裁案件的审理过程中，笔者心里常感到有许多观点和意见想与涉案双方交谈，但是在开庭时，仲裁员（特别是首席仲裁员）的发言须十分谨慎，否则很可能引起某一方代理人的"抗议"。而在庭下，仲裁员更是绝对不能与涉案任一方的任何人员私自就案件有关内容进行交谈。现在，曾经经手的案件已结案多年，笔者借写案例的机会，把当年想讲的话，通过对案例的分析评论，与广大读者交流。三年来，陆续选编了17个典型案例。

案例中对项目名称、地址、申请人和被申请人的法人名称均用代号表示。各个案例中有些通用的容易理解的词，如承包商——承包人，一般按案件合同中用词，不求全书统一。

在从事仲裁工作的过程中，笔者及时总结了自己的心得体会，撰写并发表了一些仲裁、调解等方面的论文。这次挑选了部分论文，进行了少量的加工改写，一并汇总在这本书中。有一些相关的理念（如在仲裁中调解、应合法合情合理地裁决案件等）在论文中已有详细论述，在案例评论中就简述了。

在编写本书的过程中，许多与笔者共同工作过的仲裁员和办案秘书的影像时常浮现在眼前。在这里首先要感谢这些仲裁员，他们都是知识渊博的法律、仲裁或其他领域的专家。在与他们共同研讨、认真推敲的过程中才写出了一份份的裁决书，才有可能选出一些典型的争议案写成这本案例。此外，也要感谢这些争议案双方的代理人，包括律师、企业和项目的管理人员和工程师等，他们在仲裁开庭过程中的申述、辩论以及提供的大量材料和证据都为笔者提供了丰富的素材。还要感谢《仲裁与法律》杂志的曲竹君副主编，她肯定了笔者这种仲裁案例的编写形式，并且在该杂志上刊登了几篇案例，这对笔者是个很大的鼓舞。十分感谢魏耀荣仲裁员撰写了《两个巨额争议案调解成功的几点体会》一文，对这两个案例的评论起到了画龙点睛的效果。

在编写仲裁案例的过程中，天津大学工程管理专业并辅修法学双学位的许多学生志愿者，一届接着一届，热情协助笔者做了大量有益的工作,他们是高源、孔珍珍、李彬彬、陈丹清、谢齐龙、江杰慧、陈冰、杨晓莉、李奇、樊赛男、游洋、倪萌、赵燕、彭颖、郝利华、王风香、贾书华、杨延城等,在这里一并向他们表示衷心的感谢!

最后要感谢的是笔者的老伴洪柔嘉,她是天津大学水利系的教授,退休前我们各忙各的工作,退休后她就以全部精力来支持笔者的工作,包括国际工程管理学科建设和仲裁工作等。她说:"现在社会上有许多不公平的事,我支持你做好仲裁,为社会的公正与和谐做一些力所能及的工作。为此,我把家务全部包下来也心甘情愿。"她的支持不仅使笔者拥有了大量的时间,更提供了巨大的精神力量,使笔者在退休后的十几年时间内能够全身心地投入到学科建设和仲裁事业中去。所以笔者在本书的扉页写上了:"谨以此书献给笔者人生旅途的终身伴侣和知音——洪柔嘉"。

由于系首次以这种方式编写仲裁案例,行笔匆匆,且限于本人的知识和水平,可能有许多不妥以至错误之处,欢迎读者批评指正,笔者在此预致谢忱!

何伯森
于天津大学科学图书馆115室
2013年10月6日
E-mail: hebstju@hotmail.com

目录 Contents

设计案例

01 公路勘察设计费用索赔仲裁案例 ………………………………… 2
02 香港某建筑师楼设计费支付成就条件索赔案例一
　　——图纸审批后支付 ………………………………………… 25
03 香港某建筑师楼设计费支付成就条件索赔案例二
　　——图纸提交后即支付 ……………………………………… 39
04 两个设计争议案一并调解和解的案例 …………………………… 53

施工案例

05 某住宅总承包工程工期争议索赔仲裁案例 …………………… 74
06 变更引起的工期和相关费用索赔的仲裁案例 ………………… 93
07 某啤酒厂德方供货人与发包人工程拖期索赔仲裁案例 ……… 119
08 业主方未遵守双方协议导致的仲裁败诉案例 ………………… 137
09 合同调价条款不同理解引起的争议案例 ……………………… 154
10 石油钻井分包商与总承包商支付争议案例 …………………… 174
11 石油钻井总承包商与业主支付争议和解案例 ………………… 195
12 江底隧道巨型管段沉放工程索赔争议和解案例 ……………… 202
13 联合体内部分包人诉主办方涉及的仲裁主体资格案例 ………215

14 总包分包巨额争议两次和解成功的案例 …………………… 227

15 2.3亿元巨额争议经四次调解最终成功的案例
　附魏耀荣：两个巨额争议案调解成功的几点体会 ………… 247

其他案例

16 某管理承包项目索赔仲裁案例 ……………………………… 266
17 苯乙烯买卖合同争议仲裁案例 ……………………………… 274

论 文

01 论和谐仲裁 …………………………………………………… 284
02 担任首席仲裁员的体会 ……………………………………… 293
03 一个老仲裁员对律师的希冀
　——写给参与仲裁的律师朋友 …………………………… 305
04 国际工程项目争议的调解与仲裁 …………………………… 317
05 ADR的面面观 ………………………………………………… 329
06 监理工程师是工程项目争议的第一调解人 ………………… 343
07 建设工程争议评审机制的沿革及其在我国推广的建议 …… 351

后记 ……………………………………………………………… 359

公路勘察设计费用索赔仲裁案例

摘 要

本案涉及的是一个业主（被申请人）和设计人（申请人）之间的争议，争议的焦点是被申请人没有及时给付申请人设计费是否属于违约。申请人认为被申请人未能及时给付申请人设计费，应该给付设计费欠款并提出违约金的索赔。而被申请人认为申请人的设计成果不符合交通部的现行技术规范，遂提出相应的反索赔，由此双方发生争议，提交了仲裁申请。

在开庭过程中，仲裁庭进行了调解，申请人做出了巨大让步，但被申请人坚持只支付少量设计费，因而未能调解成功。在此情况下，仲裁庭只能进行裁决，裁决的款额比申请人让步的款额高出近一倍。

本案例虽然是公开开庭的仲裁案，但考虑到为了减少扩散对本案涉案有关方的不良影响，案例中对项目和地址名称、申请人和被申请人的法人名称均用代号表示。

在分析案情和仲裁请求的基础上，本文最后专门从工程项目管理的角度对本案例进行了分析，包括：仲裁公开开庭的问题，仲裁中的调解，对技术问题如何仲裁，业主和咨询单位的关系，书面文件的重要性，本项目合同条款的缺陷以及及时申请窝工费的问题这七个方面进行了分析和评论，以期为项目合同管理各方（业主、设计方、承包商等）和相关法律工作者（律师、仲裁员等）的工作提供借鉴和参考。

为了阅读理解方便，本文在仲裁案情部分均用申请人和被申请人，在分析评论部分则一般用设计人和业主。

关键词 公路项目 设计勘察费用 违约金 索赔

一、本案内容简介

（一）工程项目简介

2005年3月18日和2006年8月2日，ZJDY公路设计公司（下称"申请人"）作为设计人，与作为业主的XS公司（下称"被申请人"）先后签订HZ市NS至SZ市BS沿海公路《建筑工程勘察设计合同》（下称"设计合同"）及补充协议，由申请人向被申请人提供HZ市NS至SZ市BS沿海公路项目初步设计咨询及定测施工图勘察设计服务，合同总价款人民币1 430.23万元（以下所涉款项币种均为人民币），其中设计合同金额为1 318万元，补充协议金额为112.23万元。

在上述设计合同及补充协议履行过程中，申请人完成的工作主要有：提供HZ市NS至SZ市BS沿海公路初步设计把关意见；完成HZ市NS至SZ市BS沿海公路的定测施工图勘察设计工作；提供DYW立交方案比较、OT立交方案调整、房屋建筑初步设计编修和NWL滑坡专题研究准备工作。

2005年5月23日和9月13日，被申请人向申请人分别支付设计费120万元和250万元，总计370万元。之后，被申请人未再向申请人支付任何款项。2006年9月26日，被申请人向申请人发出《关于终止〈建设工程勘查设计合同〉的函》，通知申请人终止设计合同。就剩余的设计费，双方发生争议，申请人遂向中国国际经济贸易仲裁委员会华南分会（以下简称"贸仲华南分会"）提起仲裁请求，被申请人随后提出了反请求。

（二）双方争议内容简介

1. 申请人的仲裁请求

（1）被申请人向申请人支付合同项下的欠款及违约金1 961.04万元；

（2）被申请人向申请人支付由于初步设计方案变更新增费用246.96万元；

（3）被申请人向申请人支付单方终止合同违约金79.52万元；

（4）被申请人承担本案的仲裁费。

2. 被申请人的反请求

（1）请求申请人支付违约金5 911 430元；

（2）请求申请人赔偿被申请人的损失5 235 189元；

（3）申请人承担本案的仲裁费。

（三）立案及仲裁过程简介

本案申请人向贸仲华南分会提交了仲裁申请书，贸仲华南分会接受了该申请并于2007年7月5日向申请人和被申请人分别寄送了仲裁通知及其附件。

本案仲裁程序适用中国国际经济贸易仲裁委员会（以下简称贸仲）自2005年5月1日起施行的《中国国际经济贸易仲裁委员会仲裁规则》（下称《仲裁规则》）。

根据《仲裁规则》的规定，申请人选定L先生担任本案仲裁员，被申请人选定C先生担任本案仲裁员。仲裁委员会主任指定H先生担任本案首席仲裁员。上述三位仲裁员于2007年9月18日成立仲裁庭，共同审理本案。

2007年10月12日，仲裁庭在审阅了本案材料后，委托贸仲华南分会秘书处向双方当事人发出问题单，要求双方当事人就仲裁庭提出的问题进行书面答复。2007年11月5日，双方当事人分别向贸仲华南分会秘书处提交上述书面答复意见。贸仲华南分会秘书处将双方当事人的书面答复意见转给了对方当事人。

仲裁庭商贸仲华南分会秘书处应涉案双方要求，于2007年12月25、26日上午9时30分在贸仲华南分会所在地公开开庭审理本案。申请人和被申请人均委派仲裁代理人出席了两次庭审并提交了补充材料。之后，仲裁委员会秘书局将补充材料在当事人之间进行了交换。双方当事人在庭审过程中均向仲裁庭陈述了本案案情，阐述了各自的观点，进行了质证和辩论，并回答了仲裁庭的有关提问。

仲裁庭按照贸仲仲裁规则，在仲裁进行过程中征得双方同意后，对本案进行了调解，但被申请人一方未能同意申请人一方提出的和解方案，最后，仲裁庭根据双方提交的书面文件以及庭审所查清的事实和查证的证据，经合议后做出本裁决。

现将本案双方争议的关键问题、仲裁庭意见和裁决内容分述如下。

二、本案双方争议的关键问题和仲裁庭裁决意见

双方之间争议的关键问题是：被申请人认为申请人的勘察设计成果不符合交通部的现行技术规范，因而被申请人有权提出相关反请求及终止合同。

1. 申请人观点

申请人认为，申请人提交的勘察设计成果完全符合交通部现行技术规范。

被申请人提出的申请人的勘察设计成果不符合交通部现行技术规范的问题有下列几点：

（1）未按《公路勘测规范》进行勘测，挖方设计成填方，21标段误差达到70 000方，20标段达30 000方。

申请人认为，被申请人所谓申请人"将挖方段设计成填方段"的主张不成立。

首先，被申请人提交的反请求（证据5-2）违反证据法。设计合同第二部分第3.5条约定"未经设计人同意，业主不得擅自修改设计人交付的勘察成果、设计资料和文件"。第8.3条约定"设计人拥有其设计文件的版权"。《公路工程设计变更管理办法》第12条规定"设计变更的勘察设计应由公路工程的原勘察设计单位承担，或经原勘察设计单位书面同意"。《最高人民法院关于民事诉讼证据的若干规定》（以下简称《高法民诉规定》）第68条规定均说明被申请人的证据是违法的，不能作为证据使用。

其次，被申请人的证据5-1、5-2是被申请人聘请的第三方的文件，无法证明申请人设计文件违反《公路勘测规范》的规定。

第三，被申请人对是否符合技术规范这一问题的实质认识完全错误，地形、地质情况导致的设计变更为工程设计行业的惯例和规范所允许。

（2）管线测量的勘测成果与实际不符，导致受LNG管线影响全线2.4公里改线，导致0.9公里重新设计。

申请人认为，所谓管线测量的勘测成果与实际不符导致改线、重新设计毫无根据。

首先，被申请人提交的有关证据违反证据法。2公里以上方案调整的重大设计变更应由省交通主管部门审批。被申请人未经审批私自招第三方修改，不合法。

其次，被申请人提交的有关证据无法证明申请人设计文件违反《公路勘测规范》的规定。

第三，被申请人所谓申请人勘测成果有误导致2.4公里改线和0.9公里重新设计不符合事实，由申请人和被申请人与LNG管线的业主、设计、施工单位开过协调会议，会议纪要第五条称：LNG铺设管线时应避开高速公路规划用地。

申请人曾就隐蔽物多次与被申请人和有关单位沟通并进行资料收集工作。

（3）钻孔数未达到《公路工程地质勘察规范》（以下简称《勘察规范》）的规定，少钻16孔+418孔。

（4）未按《勘察规范》的规定，对NWL滑坡未进行详细勘测。

（5）未按《勘察规范》的规定，缺少勘探点30个。

（6）未按《岩土工程勘察规范》、《建筑地基基础设计规范》、《建筑抗震设计规范》、《中国地震动参数区划图》的规定，缺85个钻孔。

申请人认为，被申请人所谓"钻孔数目未达到规范要求"说法不成立。

被申请人对钻孔数目的刁难是对《勘察规范》的错误理解。申请人投入大量人力、物力，采用了钻孔、物探、坑探、电探、静力触探等多种方法，完全查明了沿线工程的地质条件。申请人承诺在勘测中钻孔进尺为5 000米/200孔，实际完成8 032.16米/259孔，超额完成任务。由于被申请人协调不下，有部分孔无法钻探，责任不在申请人。

NWL勘测不属于申请人合同义务。被申请人提供第三方完成的初设文件中表示该滑坡为小型滑坡，后来发现可能出现大规模滑坡需进一步勘察，被申请人向申请人发出设计委托函，委托申请人对该滑坡进行勘探设计。

被申请人主张申请人一方设计文件"路基勘探点少"的认识是对《勘察规范》的片面和错误理解。被申请人所谓申请人一方设计文件"沿线设施钻孔少"，其责任不在申请人，因为房屋建筑初步最终设计方案无法确定，因而无法进行地质钻探。

2. 被申请人观点

被申请人认为申请人提交的勘察设计成果不符合交通部的现行技术规范，根据设计合同及补充协议应付违约金1 430 230元。

根据设计合同第二部分第5.2（2）条"设计人未按照国家及交通部现行的强制性技术标准、规范和规程进行勘察设计，或未根据勘察成果资料进行工程设计，或设计人在设计文件中指定或变相指定材料或设备生产厂、供应商的，业主将计扣设计人合同总价10%的违约金"的约定，申请人应支付10%的违约金：14 302 300 × 10%＝1 430 230元。

被申请人还提出，根据设计合同第二部分第5.2（3）条约定："设计人未能按期提交勘察成果、设计文件的（业主同意延长期限的除外），延期超过30天时，业主有权终止合同。"设计合同第二部分第6.7条（2）约定："业主认为设计人无正当理由而未履行本合同规定的责任与义务时，应书面通知设计人，并说明理由。若业主在10天内没有收到满意的答复，业主可以发出进一步的通知终止本合同，但此进一步的通知必须在第一个通知发出18天后发出。"

根据上述约定，申请人提交的工作成果存在着未能达到质量要求的情况，且一直未能提交全部的工作成果，已经严重违反了合同的约定。被申请人终止合同的程序严格按照合同约定进行。被申请人于2006年8月14日、2006年8月16日分别向申请人发出正式书面函告，指出申请人违约的情况，但是直到被申请人于2006年9月26日以HS沿海路函[2006]76号文通知申请人终止合同为止，被申请人一直没有从申请人方面得到满意的答复。因此，被申请人依照设计合同的约定完全有权终止合同，申请人要求被申请人支付终止合同违约金是毫无理由的。

3. 仲裁庭意见

根据上述情况以及双方提交的有关证据，仲裁庭认为：

2005年9月12日广东省交通厅惠深发[2005]065号文件《关于该公路定测外业验收意见函》，函中称：定测外业工作执行了交通部《公路勘测规范》JTJ061-99及有关标准、规范，达到了应有的广度和深度，基本执行了交通厅对该项目的初设评审意见，勘测、调查资料基本能满足施工图设计需要。

2006年3月30日广东省交通厅粤交基函[2006]427号《关于印发HZ市NS至SZ市BS公路施工图设计审查意见的函》（以下简称"粤交基函[2006]427号"），审查意见认为：设计单位提供的施工图设计文件按交通部《公路工程基本建设项目设计文件编制办法》等要求进行设计和编制，内容基本齐全、完整，说明较清楚，图表清晰，采用的各项技术指标满足公路设计标准、规范等要求，基本执行了初步设计批复意见，基本达到施工图设计深度要求。

根据上述两个文件，说明申请人作为设计单位提交的设计文件是符合交通部有关公路设计标准和规范的要求，被申请人提供的证据不能支持此项反请求。

仲裁庭考虑到有关房屋建筑部分的工作由于各种原因未能进行，因而有关房屋建筑设计所需的钻孔以及后续的设计工作中所需的补充钻孔以及其他的设计改进工作，不是由申请人进行的，而是由被申请人委托其他单位进行的。关于这一部分工作仲裁庭裁决申请人应给予被申请人40万元的补偿。

三、申请人的仲裁请求及仲裁庭裁决意见

（一）申请人第一条仲裁请求

被申请人应向申请人支付合同项下的两笔欠款及违约金共计1 961.04万元，包括：

1. 设计费欠款：施工图完成、审查、修改批准后应支付356万元

（1）申请人观点

该部分设计费欠款包括设计合同第一部分第八条第3点约定支付的300万元以及补充协议第5.3.1条约定支付的56万元。

按设计合同约定的义务，申请人于2006年5月提交了最终施工图设计文件，2006年6月和8月陆续提交了设计合同外增加部分的施工图设计文件，并配合被申请人完成施工

招标。申请人已经完成设计合同范围内的所有勘察设计工作和必要的变更设计工作。但是被申请人一直未按设计合同的约定向申请人支付设计费,到目前为止被申请人实际支付给申请人款项总计370万元,拖欠申请人大量设计费用。

(2)被申请人观点

设计合同第一部分第七条第1点、第二部分第3.5、4.6条,第一部分第八条第3点约定,第三笔款项付款条件的成就顺序为:申请人按期提交施工图送审稿→业主及上级主管部门审查→申请人根据审查意见修改施工图→向业主提交最终的施工图。付款的前提条件是业主接受并批准修改后的施工图。而实际情况是,申请人于2005年10~11月陆续提交施工图的送审稿,但XC立交与SS高速公路相交约2公里的施工图的送审稿至今尚未提交。2006年3月30日,广东省交通厅以函[2006]427号向申请人印发了审查意见。申请人声称于2006年4月11日收到审查意见,但是此后申请人并没有按合同的约定根据审查意见修改施工图,并将修改后的施工图正式提交被申请人。

总之,被申请人认为,申请人违约在先,付款条件一直没有成就,被申请人根本没有义务向申请人支付第三笔款项。

(3)仲裁庭裁决意见

设计合同第一部分第八条第3点约定:"施工图设计文件按期完成后并送至业主处,经业主及上级主管部门审查、修改批准后支付300万元";补充协议第5.3.1条约定:"施工设计文件按期完成后并送至业主处,经业主及上级主管部门审查、修改批准后支付56万元。"

"粤交基函[2006]427号"中提到:设计单位提供的施工图设计文件按交通部《公路工程基本建设项目设计文件编制办法》等要求进行设计和编制,内容基本齐全、完整,说明较清楚,图表清晰,采用的各项技术指标满足公路设计标准、规范等要求,基本执行了初步设计批复意见,基本达到施工图设计深度要求。施工图设计文件在总体设计把握方面存在一些不足,对细节问题注意不够,如涵洞设计及位置的确定、排水系统的设计等,以及部分改路设计不尽合理;地质勘察深度不够、资料欠缺;互通立交设计未严格执行"初步设计批复"意见;排水设计、桥梁、隧道、高边坡和软基设计等还需进一步修改和完善。设计单位应根据《审查意见》,并结合《咨询报告》和评审会专家意见,对施工图设计文件进行修改、完善后再交付使用。

仲裁庭认为,根据上述广东省交通厅施工图设计审查意见,施工图设计文件"基本执行了初步设计批复意见,基本达到施工图设计深度要求",之后被申请人于2006年4月22日发函要求申请人于2006年5月8日根据该审查意见提交修改后的施工图设计文件。被申请人于2006年6月26日、2006年8月19日陆续收到了申请人修改后的施工图设计文件总计876册。仲裁庭注意到申请人一方是在2006年4月11日收到上述审查意见，而如此大量的设计文件需要较长时间进行修改完善，申请人不能按被申请人的要求于2006年5月8日按时提交，应该发函告知被申请人以获得同意。虽然申请人没有发函，但是考虑到申请人已按合同要求完成了该阶段绝大部分工作，仲裁庭裁决被申请人应给付申请人320万元的设计费。

2. 设计费欠款：施工图纸及工程量清单完成、施工招标完成，并签订施工合同后应支付448万元

（1）申请人观点

该部分欠款包括设计合同第一部分第八条第4点约定支付的400万元以及补充协议第5.3.2条约定支付的48万元。

（2）被申请人观点

根据设计合同第一部分第八条第4点约定，第四笔款的支付应同时满足两个条件：其一，施工图纸及工程量清单按期完成后并送至业主处；其二，业主施工招标完成并与施工单位签订施工合同。两个条件同时满足，被申请人才须付第四笔款。

实际情况是，施工图纸一直未完成（部分图纸至今未提交送审图，在审查意见收到后一直未将全部修改后的施工图提交给被申请人），工程量清单也是被申请人自行编制的。申请人违约在先，《中华人民共和国合同法》（下称《合同法》）第67条规定："当事人互负债务，有先后履行顺序，先履行一方履行债务不符合约定的，后履行一方有权拒绝其相应的履行要求。"

总之，申请人违约在先，付款的条件一直没有成就，被申请人根本不负有向申请人支付该笔款项的责任，不存在被申请人迟延付款的问题。

（3）仲裁庭裁决意见

设计合同第八条第4点约定："施工图纸及工程量清单按期完成后并送至业主处，业主施工招标完成并与施工单位签订施工合同之后，支付400万元。"补充协议第5.3.2条约定："施工图纸及工程量清单按期完成后并送至业主处，业主施工招标完成后并与施工单位签订施工合同之后支付48万元。"

被申请人提交的答辩证据3-4，即2006年8月16日发出的HS沿海路函[2006]69号文中提到：全线的施工招标工作已完成，其中控制性工程早已全面开工。该证据说明设计合同第一部分第八条第4点以及补充协议第5.3.2条规定的内容已大部分完成，据此，仲裁庭裁决被申请人应给付申请人400万元的设计费。

3. 拖欠的后续服务费14.4万元

（1）申请人观点

设计合同约定：后续服务费170万元，施工阶段每半年支付一次，至颁发工程交工证书后28天内付清。

申请人完成了部分后续服务工作：

① 2005年10月16日～2006年4月19日，派驻工地设计代表一名，时间7个月，应付13.20万元。

② 二次进场费，按2人、每人5天（含进出场各1天），进出场费每人3 000元/次，工地每人800元/天，住宿交通补贴每人200元/天。应付1.20万元。

两项合计：13.20+1.20=14.40万元

（2）被申请人观点

被申请人认为申请人提交成果不符合国家、交通部的规范，未提供后续工作。

（3）仲裁庭裁决意见

仲裁庭认为，工地设计代表实际上在工地只有6个月零4天，支持给予后续服务费12万元。

4. 违约金：申请人认为以上四笔已支付及应支付款项，均未能按合同约定日期支付，因而被申请人应按合同约定每日4‰计算和支付违约金：

（1）申请人观点

1）已支付的120万元预付款，拖延了50天，应支付违约金24万元。

2）已支付的250万元合同款，拖延了8天，应支付违约金8万元。

3）未付的356万元应于2006年4月26日支付，拖延了415天，应支付违约金590.96万元。

4）未付的448万元应于2006年9月1日支付，拖延290天，违约金519.68万元。

（2）被申请人观点

1）关于已支付的120万元的违约金的支付

申请人认为被申请人于2005年5月23日支付的第一笔预付款构成了迟延支付，但是申请人从来没有对于该笔款项的迟延支付向被申请人提出过追偿的请求。从2005年5月23日至2007年6月6日申请人提出仲裁申请之日，期间已超过两年。根据《仲裁法》第七十四条、《民法通则》第一百三十五条的规定，申请人对迟延支付第一笔预付款的追索权已过诉讼时效。

2）关于已支付的250万元的违约金的支付

这笔款项的支付条件一直没有成就。首先,申请人于2005年8月21日将施工图定测外业报告提交给被申请人,2005年8月31日定测外业验收审查会议作出《HZ市NS至SZ市BS沿海公路定测外业验收意见》,2005年9月12日,被申请人以HS发[2005]065号文将《HZ市NS至SZ市BS沿海公路定测外业验收意见》印发给申请人。《HZ市NS至SZ市BS沿海公路定测外业验收意见》对申请人的定测外业提出了一系列的补充、完善意见,但直至2006年9月26日解除合同时,申请人也未按验收意见补充、完善,因此被申请人一直没有给予其验收合格。其次,申请人还擅自将勘察外业工作外包。设计合同第二部分第5.2(1)条约定,"设计人将勘察设计任务转包,或者未经业主同意私自分包的,业主将有权终止合同,并计扣设计人合同总价10%的违约金。"

由于申请人违约在先,付款的条件一直没有成就,被申请人依据设计合同无须向申请人支付第二笔款项,因此并不存在被申请人迟延付款的问题。申请人主张第二笔款应在2005年9月5日支付到账是毫无根据的。尽管如此,被申请人仍然于2005年9月13日向申请人支付了该笔款项,但被申请人的付款并不构成对申请人勘察外业报告的验收合格。

3)关于未支付的356万元的违约金的支付

根据前面被申请人的陈述,被申请人认为申请人违约在先,付款的条件一直没有成就,被申请人根本不负有向申请人支付该笔款项的责任,也就不存在违约金的问题。

4)关于未支付的448万元的违约金的支付

根据前面被申请人的陈述,被申请人认为申请人违约在先,付款的条件一直没有成就,被申请人根本不负有向申请人支付该笔款项的责任,也就不存在违约金的问题。

(3)仲裁庭裁决意见

1)对于支付违约金24万元的仲裁请求。

仲裁庭认为,根据《仲裁法》第七十四条"法律对仲裁时效有规定的,适用该规定。法律对仲裁时效没有规定的,适用诉讼时效的规定"以及《民法通则》第七章诉讼时效第一百三十五条"向人民法院请求保护民事权利的诉讼时效期间为二年,法律另有规定的除外"的规定,仲裁庭认为,该笔预付款按照设计合同的约定应在2005年4月2日之前支付给申请人,被申请人于2005年5月23日支付了120万元。从申请人知道被申请人违约到申请人提起仲裁之前(即由2005年5月23日至2007年6月6日),并没有证据证明该笔违约金申请诉讼时效存在中止或者中断的情况,仲裁庭认为该笔违约金申请已过诉讼时效,因此不支持上述24万元违约金的要求。

2)对于支付违约金8万元的仲裁请求。

仲裁庭经审查认为,被申请人已支付了该阶段的合同款,但支付日期较合同规定拖延了8天，支持上述违约金8万元的要求。

3）对于支付违约金590.96万元的仲裁请求。

仲裁庭认为，根据设计合同第一部分第八条第3点以及补充协议第5.3.1条的约定，以及前述仲裁庭裁决给予申请人320万元设计费的意见，该项违约金的起算日期应考虑到申请人于2006年6月26日交付被申请人780册施工设计图册、2006年8月19日交付被申请人96册施工设计图册的事实，由于大部分施工设计图册已于2006年6月26日交付，仲裁庭决定：该笔违约金计算的起始日期为2006年7月5日，计算至2007年6月16日，该款项拖延347天、按每日4‰计。仲裁庭裁决该项拖延支付款项的违约金共计444.16万元。

4）对于支付违约金519.68万元的仲裁请求。

仲裁庭认为，根据设计合同第一部分第八条第4点以及补充协议第5.3.2条的约定，以及前述仲裁庭裁决给予申请人400万元设计费的意见，仲裁庭决定：该笔违约金计算的起始日期为2006年9月1日，计算至2007年6月16日，该款项拖延289天、按每日4‰计。仲裁庭裁决该项拖延支付款项的违约金共计462.40万元。

因此，仲裁庭认为，被申请人应支付的三笔违约金数额合计共914.56万元。

（二）申请人的第二条仲裁请求

被申请人向申请人支付由于初步设计方案变更新增费用246.96万元。

1. DYW立交初设费48.20万元

（1）申请人观点

申请人认为，DYW立交方案的修改是被申请人要求重新进行立交方案比选而造成申请人返工，被申请人应补偿相应设计成本初设费48.20万元。

（2）被申请人观点

被申请人认为，DYW立交方案的修改是DYW管委会的要求，被申请人不承担付款义务。

（3）仲裁庭裁决意见

仲裁庭认为，根据被申请人答辩时提交的证据，DYW立交方案修改的协议是以HZ市DYW管委会为甲方，被申请人为乙方签订的，协议中提到由申请人提供设计，而申请人与HZ市DYW管委会并不存在合同关系，因此，被申请人应向申请人支付设计费，而被申请人可向HZ市DYW管委会索取设计费。据此，仲裁庭裁定被申请人向申请人支付设计费48.20万元。

2. OT立交桥勘测费8.18万元及设计费35.78万元

（1）申请人观点

申请人认为，根据2005年9月26日广东省交通厅粤交基[2005]064号文件《关于HZ市NS至SZ市BS公路初步设计的批复》（以下简称"粤交基[2005]064号文件《批复》"），申请人完成OT立交第一方案的施工图设计后，上述文件建议采用方案二，增加了重新勘测设计的工作量，为此申请勘测费8.18万元及设计费35.78万元。

（2）被申请人观点

被申请人认为，OT立交方案调整未超出合同约定的范围，被申请人不应多付费用。

（3）仲裁庭裁决意见

仲裁庭认为，本案双方合同涉及的设计内容主要是施工图设计文件，而粤交基[2005]064号文件《批复》涉及OT立交方案初步设计方案的变更，增加了初步设计的工作量。据此，仲裁庭裁定，应由被申请人支付申请人OT立交初步设计方案变更的费用10万元。

3. 房屋建筑初步设计修编费用49.60万元

（1）申请人观点

申请人认为，房屋建筑施工图按被申请人要求暂缓执行，2006年9月与被申请人沟通协商，被申请人要求申请人对原初步设计修编文件进行方案变更，2006年10月申请人提交了初设变更文件，但协议未签，故索赔49.60万元。

（2）被申请人观点

被申请人认为，初步设计方案把关意见不涉及房屋建筑问题，房屋建筑工程初步设计变更是初步设计方案的优化，属于合同约定范围之内，不应在合同价款之外再支付报酬；申请人也未提交房屋建筑施工图纸，构成违约。

（3）仲裁庭裁决意见

仲裁庭综合考虑上述双方的意见，初步设计方案把关意见不涉及房屋建筑问题，但是考虑到申请人对原初步设计修编文件进行方案变更，变更工作事实存在，据此，仲裁庭部分支持申请人的意见，裁定应由被申请人支付申请人5万元。

4. NWL滑坡专题研究费用4.4万元

（1）申请人观点

申请人认为，根据2005年6月9日惠深发[2005]034号文，被申请人委托申请人进行NWL滑坡专题研究，有关准备工作的费用共计4.4万元应由被申请人支付。

（2）被申请人观点

被申请人认为，NWL滑坡专题研究准备属于合同约定范围之内。

（3）仲裁庭裁决意见

仲裁庭认为，该路段初设审查认为是小型滑坡，后发现可能发生大规模滑坡，按照《公路工程涉及变更管理变更办法》第5条，特殊地质处理方案变化属于较大设计变更。被申请人2005年6月9日向申请人发出设计委托函，说明此工作不包括在原设计合同内，故仲裁庭支持申请人的申请，裁定应由被申请人支付申请人该笔专题研究准备工作费4.4万元。

5. 窝工费用100.8万元

（1）申请人观点

申请人认为，被申请人不能及时提供初步设计文件及资料，造成申请人窝工，索赔窝工费100.8万元。

（2）被申请人观点

被申请人认为，合同并未明确约定被申请人提交初步设计方案文件材料的时间，被申请人在合同签订后第二天就已开始提交材料。

（3）仲裁庭裁决意见

仲裁庭认为，根据申请人提交的证据说明被申请人提供的大量资料都比较晚，因此有可能影响设计进度以及造成设计人员窝工，但是申请人没有提供证据说明窝工的人数、天数及产值。据此，仲裁庭部分支持申请人的申请，裁定由被申请人支付申请人窝工费5万元。

（三）申请人的第三条仲裁请求

被申请人应向申请人支付单方终止合同违约金79.52万元。

1. 申请人观点

申请人认为，按合同第二部分第5.1（3）条"在合同履行期间，业主要求终止或解除合同的（但并非设计人原因造成），业主除应按设计人完成的实际工作量支付费用外，还应按剩余合同价的5%～10%向设计人支付违约金"的约定，要求按7.5%计算支付违约金，计：1 060.23×7.5/100=79.52万元。

2. 被申请人观点

被申请人认为，终止合同的程序是严格按照设计合同的约定，申请人提交的成果未达质量要求，且未提交全部工作成果。2006年8月14日及2006年8月16日，被申请人分别发出书面函告，指出违约情况，直至2006年9月26日通知终止合同。

3. 仲裁庭裁决意见

合同第二部分6.7（2）条约定："业主认为设计人无正当理由而未履行本合同规定的责任与义务时，应书面通知设计人，并说明理由。若业主在10天内没有收到满意的答复，业主也可以发出进一步的通知终止本合同，但此进一步的通知必须在第一个通知发出18天后发出。"第6.8条约定："不论何种原因，本合同的终止，不应该损害和影响各方应有的权利、索赔要求和应负的责任"。

根据双方提交的各项有关证据材料，可以说明，申请人在履约期间完成了大量的勘测设计工作：2005年合计共提交设计文件92册983本；2006年合计共提交设计文件887册。

根据被申请人2006年8月16日HS沿海路函[2006]69号的信函，信函内指出"全线的施工招标工作已经完成，其中控制性工程早已全面开工"，说明申请人提交的大量施工设计图纸保证了被申请人全线的施工招标工作和控制性工程的全面开工。

根据以上情况，仲裁庭认为，申请人在被申请人未按设计合同要求及时支付合同款的情况下，已经比较全面地履行了设计合同要求的工作，不存在"设计人无正当理由而未履行本合同规定的责任与义务"的情况，也不存在严重违反合同约定义务的行为，被申请人单方终止设计合同的行为构成违约。据此，仲裁庭部分支持申请人要求，裁定由被申请人支付违约金60万元。

（四）申请人的第三条仲裁请求

被申请人应该承担本案的仲裁费。

1. 申请人观点

申请人要求被申请人承担本案仲裁费。

2. 仲裁庭裁决意见

仲裁庭裁定，仲裁请求费用应当由申请人承担10%，被申请人承担90%。

四、被申请人的反请求及仲裁庭裁决意见

（一）被申请人第一条反请求

请求申请人支付违约金5 911 430元。其中包括：

1. 申请人将定测外业私自分包,应付违约金1 430 230元。

(1)被申请人观点

被申请人认为,申请人将定测外业私自分包,根据设计合同第二部分第5.2(1)条"设计人将勘测设计任务转包,或者未经业主同意私自分包的,业主将有权终止合同,并计扣设计人合同总价10%的违约金"的约定,申请人应付违约金数额为14 302 300×10%=1 430 230元。

(2)申请人观点

申请人认为,申请人将定测外业分包给陕西第二勘测院是合法的,被申请人完全知晓并同意,并派人跟踪整个测量活动、签订补充协议承诺支付分包价款。

(3)仲裁庭裁决意见

仲裁庭认为,申请人在定测外业分包前没有书面文件向被申请人申请批准,但被申请人派人在现场了解整个测量活动,并于2005年11月23日收到了相关的测量资料,直到2006年8月双方签订补充协议期间,并未提出申请人违约私自分包的问题,而且在施工图勘察外业完成并经被申请人验收合格后支付了250万元,上述事实说明被申请人认可了申请人的定测外业分包工作,不属于私自分包。据此,仲裁庭认为此项反请求不成立。

2. 申请人提交的勘察设计成果不符合交通部的现行技术规范,根据设计合同及补充协议应付违约金1 430 230元。

(1)被申请人观点

被申请人认为,申请人提交的勘察设计成果不符合交通部的现行技术规范,因此,根据设计合同第5.2(2)条的约定,申请人应支付合同总价10%的违约金,即14 302 300×10%=1 430 230元。

(2)申请人观点

申请人认为,申请人提交的勘察设计成果完全符合交通部现行技术规范。具体理由见本文前述双方争议的关键问题。

(3)仲裁庭裁决意见

仲裁庭认为,根据2005年9月12日惠深发[2005]065号文件《关于该公路定测外业验收意见函》和粤交基函[2006]427号两个文件,可以说明申请人作为设计单位提交的设计文件是符合交通部有关公路设计标准和规范的要求,被申请人提供的证据不能说明此项反请求有足够理由。

仲裁庭考虑到有关房屋建筑部分的工作由于各种原因未能进行,因而有关房屋建筑设计所需的钻孔以及后续的设计工作中所需要的补充钻孔以及其他的设计改进工作,不是由申请人进行的,而是由被申请人委托其他单位进行的。关于这一部分工作,仲裁庭裁决由申请人给予被申请人40万元的补偿。

3. 申请人迟延提交勘察设计成果,应付违约金3 163 200元。

(1)被申请人观点

被申请人认为,申请人迟延提交勘察成果,设计合同规定"每延期一天,业主应扣合同总价5‰的违约金",2006年4月22日被申请人发函要求申请人5月8日前交设计图,实际上申请人从5月9日到6月26日提交部分设计图,拖延48天,应付违约金3 163 200元。

(2)申请人观点

申请人认为,申请人延迟提交设计文件的原因有:

被申请人延迟提交初步设计文件;

被申请人提供的资料有问题;

被申请人提出方案变更比较增加了时间;

被申请人提出暂缓设计;

被申请人延迟提交初设文件,却单方设定申请人提交勘察文件的期限,显失公平。

(3)仲裁庭裁决意见

仲裁庭的分析意见:粤交基函[2006]427号在总体上肯定了申请人的设计成果,还提出了不少修改、补充、完善的意见和建议,申请人于2006年4月11日收到该函。被申请人于4月22日发函,要求申请人根据上述广东省交通厅的审查意见"尽快完成本项目除路面、交通工程、房建工程以外施工图设计编修工作,并于2006年5月8日前交至我公司"。之后,被申请人于2006年6月26日收到了申请人于2006年5月29日提交的施工设计图册780册,于2006年8月19日收到了申请人于2006年7月28日提交的施工设计图册96册。

申请人在"反请求答辩书"中提到"根据勘察设计行业的惯例,我方提交施工图设计文件的时间完全符合要求,不存在所谓的要求迟延提交勘察设计成果的问题"。

仲裁庭认为,虽然申请人没有完全按照被申请人的要求按时提交施工图设计编修文件,但提交的施工设计图册876册编修的工作量比较巨大,同时,提交的编修文件也满足了被申请人一方全部施工招标和重点路段开工的要求。据此,仲裁庭不支持被申请人的此项违约金的请求。

(二)被申请人第二条反请求

请求申请人赔偿被申请人的损失5 235 189元。其中包括:

1. 申请人LNG管线测量有误导致已征无用地，赔偿损失3 035 189元。

（1）被申请人观点

被申请人认为，因申请人管线测量有误，造成被申请人征用无用地63.11亩，要求申请人赔偿损失3 035 189元。

（2）申请人观点

申请人认为，被申请人的证据只能说明申请人对LNG测量管线的测量成果，不能证明申请人管线测量有误造成被申请人征用无用地。

（3）仲裁庭裁决意见

根据2005年9月20日被申请人与LNG天然气管线公司协调会议纪要"LNG铺设管线时应避开高速公路规划用地，避免重复征地和给工程带来不安全因素"，被申请人提交的证据中并没有说清楚如何导致多征了无用的地，也没有征地的文件及相关手续的证明。据此，仲裁庭不支持被申请人的此项请求。

2. 被申请人委托ZJTL公路勘察设计公司复核审查申请人设计文件产生的费用，申请人赔偿220万元。

（1）被申请人观点

被申请人认为，因申请人违反设计合同，导致被申请人被迫解除原合同，另行委托ZJTL公司作为设计人，被申请人需支付对申请人已提交的施工图设计文件进行复核及审查的费用220万元。此损失应由申请人承担。

（2）申请人观点

申请人认为，被申请人擅自解除合同是一种严重违约和违法的行为。被申请人未经申请人同意，擅自委托其他设计人对申请人的设计文件进行复核及审查，费用应由被申请人自己承担。

被申请人私自委托他人审查申请人的设计文件，已构成对申请人版权的侵犯，应向申请人赔偿。

（3）仲裁庭裁决意见

仲裁庭认为，申请人在被申请人未按设计合同要求及时支付合同款的情况下，已经比较全面地履行了设计合同要求的工作，也不存在严重违反合同约定义务的行为，被申请人没有足够的理由单方终止合同。对被申请人单方终止合同之后的行为所导致的费用，不应该由申请人承担。据此，仲裁庭不支持被申请人要求申请人支付该项费用220万元的请求。

（三）被申请人第三条反请求

申请人应该承担本案的仲裁费。

1. 被申请人观点

被申请人要求申请人承担本案仲裁费。

2. 仲裁庭裁决意见

仲裁庭裁定，仲裁本请求费用应当由申请人承担10%，被申请人承担90%；仲裁反请求费用全部由被申请人承担。

五、分析评论

（一）公开开庭

仲裁的主要优点之一就是保密，除了经涉案双方授权的人员可以参加开庭之外，不对其他无关的人员和媒体开放，这样就可以保护涉案双方的"隐私"，双方在仲裁过程中争议的问题、争议的情况和细节、争议的款项等均不被外人所知。仲裁保密一方面是维护了各方的尊严，也是为了涉案双方今后的合作。

本案是笔者所经办的几十个仲裁案中唯一的一个双方要求公开开庭的案子。在双方争议过程中某一方认为对方十分不合理，因而向对方"叫板"，要求公开开庭，对方也就"应战"了。在这个背景下，仲裁庭请示了贸仲华南分会相关领导，同意了大陆一家公司的两位法律工作者和三位台湾专门做工程争议案的律师旁听了本案的仲裁过程。

（二）仲裁中的调解

在仲裁过程中进行调解是贸仲在多年前开始试行的，后来正式写入了贸仲的《仲裁规则》和《仲裁法》，被国外业界誉为"东方经验"。

在仲裁中调解的优势表现为：结案速度快；实现"双赢"；有利于合同双方保持"伙伴关系"和增加今后合作的可能性；易于执行；手续简单，节省费用等。

1. 本案调解不成功的原因

笔者认为，本案调解不成功的原因在于业主一方不理解在仲裁中调解的优点，同时也反映了他们不尊重知识，不懂得咨询设计是一种高智商的脑力劳动。业主方已经收到了上万张图纸并已经用于施工招标，已经使用了对方的全部劳动成果，但在调解中坚持只支付200万元，显然是不合理的，是对方不可能接受的。

反之，设计人一方显得非常大气，提出来只要求补偿900万元的设计费，而放弃违约金和其他费用（仲裁费、律师费等）的索赔要求，但是，业主方最终没有接受对方的巨大让步。

2. 在调解不成功的情况下，仲裁庭的裁决不受调解过程的影响。

在被申请一方不接受对方善意让步的情况下，仲裁庭在合议和裁决时，仍会按照"合法、合理、合情"和公正、公平的原则进行裁决。依据双方提供的资料和证据，逐个子项目地进行分析、合议裁决款额，如本案例前文中介绍的情况一样。即使进行了调解，但裁决的结果不受调解过程中任一方的态度的影响。

最终裁决的结果是被申请人应向申请人支付的裁决金额（包括违约金等）接近900万元的两倍。虽然仲裁庭对业主方未能接受对方的善意让步感到遗憾，但也只能按各个子项目裁决款额之和来裁定。

3. 案情的裁决应该合法合理合情

（1）合法

合法的原则就是要符合国家的法律，行政法规、最高人民法院的司法解释、各部委相关部门的规章以及地方性法规和规章。

（2）合理

"合理"的原则最重要的依据是双方之间的合同。一个工程纠纷案的合同，包括很多内容，除了合同条件外，还包括规范、图纸、资料表等许多技术性的文件。在考虑"合理"的原则时，证据也是非常重要的，仲裁庭必须十分仔细地审查双方提交的证据，必要时还应对双方提交的证据进行质证。

（3）合情

仲裁员是为双方当事人服务的，仲裁裁决应对双方当事人同等对待，应当具有对双方的利益尽可能同等给予保护的思想。"合情"指的是在"合法"、"合理"的原则下，使最终的裁决更加完善。

具体做法是在初步考虑好裁决意见后，仲裁员要采用换位思考的方式，分别从胜诉一方和败诉一方的角度去感受和推敲本案的裁决是否"合情"，特别是对败诉一方，也应该给予人性化的关怀。在裁决书中，对胜诉和败诉双方都尽可能地做到公平与公正，使各方在情感上均比较容易接受，得到一个心理上的"平衡"。

如本案是一个设计索赔案，其业主方长期拖欠设计院大笔的设计费用，设计人申请索赔。仲裁庭在仲裁过程中进行了调解，申请人做了大量的让步，放弃了违约金等要求，仅索赔设计费用，所要求的索赔款额相当于原申请书要求索赔总额的40%左右。但被申请人一方对申请人的大量让步并不"领情"，虽然仲裁庭一再努力调解，但是被申请人的代理人不能做主。在此情况下，仲裁庭认为申请人表现出了极大的和解诚意，申请人让步后仅仅索赔设计费的款额，对被申请人来说应该是最好的结果，因而仲裁庭非常希望被申请人能够接受这个结果，但又不能勉强其接受。最后仲裁庭从"合情"的角度，希望被申请人能接受和解，考虑接受申请人一方的善意让步，决定给予被申请人两周的时间研究和考虑。

按照相关法律法规、合同条款的规定及相关的证据，仲裁庭起草了裁决书，裁决的款额（包括违约金）实际上相当于申请人在调解中让步后要求索赔款额的大约两倍。仲裁庭还考虑到被申请人如果不接受调解，将要支付的是一笔相当大的款额，且偿付日期恰在春节之前，考虑到在春节前任何公司的资金都很紧张，因而仲裁庭决定，如被申请人不接受调解，一是将裁决书尽可能晚一些发出，二是将支付日期规定在裁决后的一个半月，这样就可以使被申请人避开春节时的用款高峰，在春节后一个月再支付这笔款额。遗憾的是，被申请人在开庭两周后仍没有接受申请人的善意让步，仲裁庭只能发出裁决书。但按照"合情"的原则，使被申请人避开了春节资金紧张的高峰。

（三）对技术问题如何仲裁

在工程项目争议案中，往往涉及一些技术问题，在某些情况下是可以请当地法院认可的司法鉴定单位来做鉴定（如工程造价问题）。但是，工程项目涉及的技术问题，是多种多样的，不可能每一个项目（特别是不太大的项目）都去找专家做鉴定。因而在仲裁时如何裁决涉及较多技术问题的争议，往往是一个难题。

结合本案情况，我们仲裁庭的做法如下：

1. 首先查证业主方在技术问题上是否提出了正式的要求（要有证据证明），再核实设计一方是否按照业主的要求进行了该项工作，实施的内容和深度是否达到了业主的要求，然后按照设计方所进行的工作内容和质量进行合理的自由裁量。如本案OT立交桥勘测设计费、房屋建筑初步设计修编等都是按照这个原则裁量的。

2. 依照有关主管单位或审查会议对相关设计成果的鉴定。本案的关键争议就是业主方认为ZJDY公路设计公司的设计成果不符合交通部的现行技术规范。这样大的技术问题仲裁庭是不可能自行裁定的。但本案的"公路定测外业验收意见函"和"粤交基函[2006]427号"中的审查意见都对该争议有明确的结论，使仲裁庭的裁定有了可靠的依据。

3. 审查设计人提交的成果数量和质量是否达到业主方的要求，是否为业主方所采用。如本案设计方提供了876册设计图纸，且业主方已用于施工招标和开工，因而，仲裁庭肯定了申请人的工作成果，且对申请人的大部分仲裁请求给予了支持。

（四）业主和咨询单位的关系

1. 设计单位是业主最重要的咨询单位

咨询服务是以信息为基础，依靠专家的知识、经验和技能对委托人委托的问题进行分析和研究，提出建议、解决方案和应对措施，并在需要时协助实施的一种高层次、智力密集型的服务。咨询服务是指付出智力劳动获取回报的过程，是一种有偿服务的知识性商品。它的特点是人才和智力的密集性。

在一个工程项目中，工程设计单位是业主最重要的咨询单位。工程设计单位专业人员提供的服务对整个工程项目的质量、工期和投资控制成本有至关重要的影响，而支付给工程设计单位的酬金同工程造价相比是微不足道的。工程设计单位的专业技术水平、经验与能力才是影响委托人选择的决定性因素。

2. 本案业主方为何频繁地更换设计单位

本项目的业主是一个民营企业，由其他的行业转到公路行业，本工程项目先后换了三家设计单位，在本案申请人之前被申请人已经找了一家设计公司，可能是因为设计能力不够，因此又换了本案的申请人，本案申请人是国内一流的、高水平的公路设计研究院，为本项目完成了大量的勘测任务，进行了大量的设计工作，提供了大量的图纸，包括可供施工招标用的图纸，而且业主已经采用这些图纸进行了施工招标。

但是，在即将开始施工的阶段，业主方以一些不太切合实际的理由，单方面地终止了双方的设计合同，又另外聘请了一家设计公司担任施工阶段的设计工作。笔者认为，这充分反映了业主方不了解设计咨询行业的技术含金量和重要性，咨询设计本身是一种高水平的智力服务，具有很强的专业性和连贯性，不停地变换设计方，受到损失最大的是业主。本案业主之所以频繁的更换设计方，一方面由本案项目实施过程可以看出，业主对设计费的支付屡屡拖欠，可能是企图用某些理由解除合同来减少支付；另一方面估计是另外一些设计院以低价优势打动了业主，但这样做显然是很不恰当的。

（五）书面文件的重要性

在工程项目实施过程中，对发生的各种情况及时向对方发出公函是十分重要的，否则在争议仲裁和诉讼时就会受到不应有的损失。

如本案设计人应业主的要求根据省交通厅的审查意见提交修改后的施工图设计文件时，施工图设计文件数量很大，在短时间内不可能完成，导致未能按照业主方要求的日期提交。此时，设计人并没有及时发函向业主方说明该情况和理由，要求业主方推迟提交图纸的日期，因而受到了业主人的反索赔。仲裁庭分析认为，虽然提交图纸的日期比业主方规定的日期稍晚，但完成的修改工作量十分巨大（修改后的施工图设计文件总共876册），否定了业主方的反请求，但由于设计人没有发函及时说明，因而在裁决支付该笔设计费时，也打了一点折扣。

（六）本项目合同条款中的一个缺陷

本案对于双方违约时的违约金都有明确规定，即业主方若不按时付款，按每天千分之四的欠款额度支付违约金；设计人若延迟提交勘察设计成果，每天向业主方支付合同价千分之五的违约金。这两个违约金的比例都是比较高的，但更大的问题是没有违约金上限，也就是说如果任一方违背了合同规定，对方可以无限期地索取违约金，这种规定显然是不太妥当的。

一般在国际上，违约金都有一定的上限额度，如世界银行贷款项目的合同范本、FIDIC合同条件中误期损害赔偿费最高限额都是合同价的10%，又如有一些设计合同，违约金的最高支付限额规定为该笔拖欠未付金额的20%等。

因此在订立合同时应该订立违约金的支付上限，这样对双方都比较合理。

（七）及时申请窝工费很重要

不少案例中参与项目实施的一方（如设计方或承包方），都提出了由于业主方的某些方面的延误导致的窝工费的问题。如何裁决窝工费的问题呢？

如果在工程实施过程中就提出了窝工费的索赔申请，并且列举了相关证据，尽管业主方当时可能没有同意，但在仲裁时，当时申请窝工费的索赔申请书和证据可以被仲裁庭考虑作为可采用的证据；如果在工程实施时发生窝工，而实施方没有及时提出窝工费的申请，也就没有相关书面索赔文件和证据，这时仲裁庭只能按照当时的具体情况进行分析，确定该窝工费的索赔是否合理，但由于缺乏当时的证据，即使申请窝工费是合情合理的，仲裁庭也只能适当地自由裁量这笔款项，但不可能太多。

参考文献

[1] 何伯森．论和谐仲裁．中国仲裁与司法．2011年2月第一期．（本文收集在本书论文中）

[2] 何伯森．担任首席仲裁员的体会．仲裁与法律．119辑 2011年4月．（本文收集在本书论文中）

香港某建筑师楼设计费支付成就条件索赔案例一
——图纸审批后支付

摘要

本案涉及的是工程设计合同的争议,开发商(被申请人)与香港某建筑师楼(申请人)订立设计合同,由申请人提供设计图纸以供报批,并且约定部分设计费的支付以审批通过为条件。在等待报批期间,建设部颁发了新的规定。之后,被申请人另行委托其他公司完成了设计并报批通过。申请人得知审批通过,遂向被申请人主张审批通过后所需支付的设计费、违约金等。被申请人认为申请人提交的设计方案为无效方案,不予支付。申请人认为被申请人恶意阻止审批通过,并未尽书面通知的义务,双方就以上各点产生争议。

最后,本文从工程管理的角度对本案的相关问题,如设计费用支付的成就条件、工程诉讼时效的计算以及律师费的支付等内容进行了分析和评论。

本案例中摘取了涉案设计合同中的部分内容以供相关单位参考。

在案例的分析评论中,有时用申请人和被申请人,有时用设计人、开发商。

关键词 设计费 支付成就条件 开发商 设计人 诉讼时效

一、本案内容简介

（一）工程项目简介

2004年4月30日，香港HXY建筑师楼有限公司（合同乙方，以下简称"申请人"）和地产开发商ZH新科技产业集团有限公司（合同甲方，以下简称"被申请人"）签订了《ZH新科技产业集团TK住宅项目建设工程设计合同》（以下简称《工程设计合同》），约定由申请人承担ZH新科技产业集团TK住宅项目（以下简称"TK住宅项目"）的总体规划方案设计以及单体建筑方案设计工作，总设计费用约为人民币145万元。

双方履行合同的情况如下：

2004年5月12日，被申请人向申请人支付了第一笔设计费人民币29万元；

2005年1月10日，申请人向被申请人提交总体规划方案报批图；

2005年1月10日，申请人向被申请人提交建筑单体方案报批图；

2005年2月21日，被申请人向申请人支付了第二笔设计费人民币36.25万元；

2005年4月21日，被申请人向申请人支付了第四笔设计费人民币36.25万元；

2005年4月28日，涉案规划局的规划评审会对总体规划方案及建筑单体方案提出修改意见，申请人根据被申请人要求作了修改；

2005年10月24日，申请人最后一次提交修改后的项目总平面图、光碟及方案模型供报建；

2006年5月10日，申请人向被申请人询问报批情况，并催收第三笔和第五笔设计费以及因设计面积增加而增收的设计费；

2006年7月6日建设部颁发了建住房〔2006〕165号《关于落实新建住房结构比例要求的若干意见》（以下简称建住房〔2006〕165号文）；之后，被申请人委托另一家设计公司——WH轻工业设计公司，在申请人提供的设计方案的基础上修改，并形成新的二次报批方案；

2006年9月6日，新的二次报批方案部分得到了规划管理部门的批准；

2007年3月，被申请人又委托美国BW建筑与城市规划设计公司SZ市BW建筑设计事务所（以下简称"BW建筑设计所"）修改设计；

2007年11月2日，申请人发现该项目已进入实际施工阶段，认为自己的设计方案得到了批准，遂向被申请人主张第三笔和第五笔设计费、因设计面积增加而增加的设计费以及违约金等费用。

（二）双方争议内容简介

申请人的仲裁请求

（1）裁令被申请人支付拖欠设计费用人民币43.5万元；

（2）裁令被申请人依约支付因实际设计面积增加而增收的设计费用人民币21万元；

（3）裁令被申请人支付逾期付款违约金人民币17.62万元；

（4）裁令被申请人承担本案的全部仲裁费用；

（5）裁令被申请人补偿申请人因本案所支出的律师费、差旅费等合理费用。

（三）立案过程简介

2007年12月7日，申请人根据工程设计合同中的仲裁条款向中国国际经济贸易仲裁委员会（以下简称贸仲）提交了书面仲裁申请，贸仲受理了此案。

2008年1月8日，贸仲秘书局向被申请人附寄了申请人提交的仲裁申请书及其附件。

2008年2月29日，被申请人提交了相关证据，贸仲秘书局向申请人寄送了该等证据。

2008年5月4日，申请人选定仲裁员H先生、被申请人选定仲裁员L先生、贸仲指定W先生为首席仲裁员，三人共同组成仲裁庭，审理本案。

2008年6月19日，仲裁庭在北京对本案进行了开庭审理。庭审中，双方同意由仲裁庭主持进行调解，但是未能达成和解。

2008年11月4日，仲裁庭对本案进行了裁决。

二、本案涉及的该工程设计合同及法律法规简介

（一）工程设计合同

1. 第一部分第一条第3款：项目规模：总用地面积5.35万平方米，总建筑面积约10万平方米。

2. 第一部分第三条第1款：总设计费为人民币145万元。该设计费以建筑面积每平方米人民币14.5元整计取，该计算设计费面积以政府规划部门批准的初步设计文件的总建筑面积为准。无论最终批准的设计面积减幅多少，其总设计费最低额不低于人民币138万元，最高额不高于人民币166万元。

3. 第一部分第三条第2款：设计费支付进度：（按设计费总额人民币145万元计取）

第一笔设计费：合同签订后九个工作日内支付总设计费的20%；

第二笔设计费：提交总体规划方案报批图后七个工作日内付25%；

第三笔设计费：总体规划方案报批图通过政府审批后七个工作日内付15%；

第四笔设计费：提交建筑单体方案报批图后七个工作日内付25%；

第五笔设计费：建筑单体方案报批图通过政府审批后七个工作日内付15%。

4. 第二部分第二条第2款：甲方应及时办理各设计阶段之设计文件的报建、审批工作。

5. 第二部分第三条第4款：乙方在设计文件交付后，应参加甲方及政府部门的审查，并根据审查意见对设计文件进行调整修改。

6. 第二部分第四条第1款：本项目的总设计费按收费面积计算，收费面积为实际设计的总建筑面积，若实际完成的总设计面积比本合同暂定收费面积（包括计入容积率的总建筑面积和未计入容积率的设计面积）增加或减少的幅度在2%范围以内，其设计费不作调整，若面积增加或减少幅度的绝对值超过2%，则超过部分之设计费按本合同单价进行调整，并且不低于最低设计费额度。

7. 第二部分第五条第4款：甲方若未按合同约定的金额和时间（以银行汇出日为准）向乙方支付设计费用，每逾期支付一天，须承担该阶段应支付设计费金额千分之二的违约金，但违约金总额不超过该阶段设计费金额的百分之二十。

8. 第二部分第六条第2款：在合同履行期间，甲方要求终止或解除合同，乙方未开始设计工作的，不退还甲方已付的第一次付费；已开始设计工作，甲方应根据乙方已进行的实际工作量，不足一半时，应按项目设计费的一半支付；超过一半时，按该阶段设计费的全部支付，同时终止合同关系。

9. 第二部分第七条第1款：由于甲方提交的设计任务书或有关政府部门对本项目的规划要点的内容重大变化而需要重新设计或需要作重大修改时，甲方必须出具有关政府部门的书面文件，并经双方协商，另签合同。甲方已经支付给乙方的设计费不用退还。

（二）相关法律法规

1. 2006年7月6日建设部颁布了建住房〔2006〕165号文规定："单套面积90平方米以下的房屋比例应该达到70%以上"。

2. 2000年9月20日国务院颁布的《建设工程勘察设计管理条例》第二十八条规定：建设单位不得修改建设工程勘察、设计文件；确需修改建设工程勘察、设计文件的，应当由原建设工程勘察、设计单位修改。经原建设工程勘察、设计单位书面同意，建设单位也可以委托其他具有相应资质的建设工程勘察、设计单位修改。

3. 最高人民法院2008年9月1日起实施的《关于审理民事案件适用诉讼时效制度若干问题的规定》第五条：当事人约定同一债务分期履行的，诉讼时效期间从最后一期履行期限届满之日起计算。

三、申请人的仲裁请求及仲裁庭裁决意见

（一）申请人第一条仲裁请求

裁令被申请人支付拖欠设计费用人民币43.5万元

1. 关于"未被审批"的设计图是否应该支付设计费

（1）申请人的观点

合同签订后，申请人依照该合同约定和被申请人要求，将总体规划方案报批图、建筑单体方案报批图等设计成果交付被申请人，被申请人也向申请人支付了第一笔、第二笔和第四笔设计费。截至开庭前，该项目仅余第三笔设计费和第五笔设计费未予支付。方案报批图交付后，申请人多次向被申请人了解该项目方案报批情况并催收设计费，而被申请人一直未正式向申请人说明该项目报批审核情况，也一直未予付费。由于将设计方案报批系由被申请人负责，故申请人无法直接了解审批进度。

2007年，申请人发现该项目已经进入施工阶段，根据我国建设工程设计的审批流程，被申请人项目正在施工的行为足以证明申请人提交的总体规划方案及建筑单体方案已获得审批通过，也就是说，合同约定的第三、第五次付费合计人民币43.5万元，被申请人理应支付。

（2）被申请人的观点

被申请人就申请人的上述申述，发表了如下的答辩：

1）双方签订合同的目的是从申请人处取得能够获得规划部门批准的设计方案并用于实际建设施工。因此，申请人提供的设计方案只有能够并实际获得规划部门的批准，才是有效的设计方案。但在事实上，被申请人在收到了申请人的设计方案后，及时向规划管理部门提交了该等设计方案，却迟迟未能获得规划局的批准。

2006年7月6日建设部颁布了建住房〔2006〕165号文，规定：单套面积90平方米以下的房屋比例应该达到70%以上。申请人提交的初步设计方案明显不符合建住房〔2006〕165号文对住房结构比例额的设计要求，因此，该设计方案已不可能获得规划管理部门

的批准，是无效的设计方案。

2）根据建住房〔2006〕165号文，规划局要求被申请人重新提供设计方案，被申请人为此多次向申请人提出修改要求。虽然合同中对国家政策变化没有做出相应的规定，但申请人作为设计单位，明知建住房〔2006〕165号文出台后会影响报批而拒绝修改设计，申请人的行为影响了报批工作，进而影响了施工工作的开展，使得被申请人签订合同的目的不能得以实现，同时也违背了诚实信用原则。无奈之下，被申请人只能另行委托其他设计单位重新设计并报批。目前，被申请人的施工建设是完全按照其他设计单位提供的符合建住房〔2006〕165号文规定的设计方案进行施工建设的，没有使用申请人提供的任何方案。

3）被申请人另行委托WH轻工业设计公司后，该公司对申请人提供的设计方案作了修改和调整，并形成了二次报批方案，被申请人将二次报批方案提交规划局后，规划局对二次报批方案中的1、2、3号楼方案予以批准，但要求对4和5号楼的平面布局和单体全部重新设计。从规划部门的批文来看，1、2、3、4和5号楼的初步设计文件的总建筑面积（包括计入及不计入容积率的总建筑面积）约为6.6万平方米，4和5号楼的设计面积约为3.3万平方米，因此，实际批准的总建筑面积仅剩约3.3万平方米。根据合同第一部分第三条的约定："总设计费为人民币145万元。该设计费是以建筑面积每平方米人民币14.5元整计取，该计算设计费面积以政府规划部门批准的初步设计文件的总建筑面积为准（包括计入及不计入容积率的总建筑面积）。"申请人只需要支付人民币14.5元/平方米×33 000平方米＝47.85万元，现被申请人已实际支付设计费101.5万元，被申请人已向申请人多支付了53.65万元的设计费。更何况事实上，1、2、3、4号楼的平面布局和单体都做了较大的变更，几乎没有采纳申请人的原设计方案。

因此，申请人无权要求被申请人就其提供的无效的设计方案向其另外再支付人民币43.5万元的设计费用。

（3）申请人的再次申述

1）被申请人另行委托他人修改设计，申请人已无机会参与该项目设计工作，被申请人行为表明其终止本案合同的意思表示。根据合同第二部分第六条2款约定："……甲方要求终止或解除合同，……已开始设计工作，甲方应根据乙方已进行的实际工作量，……超过一半时，按该阶段设计费的全部支付，同时终止合同关系。"在方案报批阶段，报批图全部的工作申请人已基本完成了，申请人已完成工作显然已超过一半。

2）被申请人最后的规划方案总体规划格局、道路交通系统、园林绿化环境、水概

念、地下出入口等基本沿用申请人的方案，单体建筑也有部分采纳原来方案，理应另行付费。

3）对于如此重大的修改，被申请人应该给出书面通知。

在庭审时，被申请人承认其没有向申请人发出任何书面修改通知。同时，被申请人在庭上提到"多次要求申请人修改，申请人都拒绝修改"，但却提不出任何证据来证明其口头明确要求过申请人修改规划及单体方案阶段的设计，更无法证明其修改要求遭到了申请人的拒绝。

2. 被申请人是否不正当阻止申请人图纸的审批和通过问题

（1）申请人的观点

方案审批通过即予以付款的行为属于附条件的民事法律行为，被申请人不正当阻止付款条款成就，应视为付款条件已经成就。

其一：被申请人没有通知申请人进行修改，没有征得申请人的同意，即擅自另行委托他人对申请人的设计图纸进行修改，事实上剥夺了申请人的设计方案最终通过审批的权利。

其二：被申请人未能证明申请人的设计方案未审批通过。即使真如此，也是因被申请人未尽及时办理报批义务而导致的，不正当地阻止了付款条件成就。从申请人最后一次补充图纸至建设部重大修改政策出台，期间历时一年。在这期间，被申请人没有及时与规划局沟通反馈，表明被申请人未及时履行报批义务。

（2）被申请人的答辩

对申请人认为被申请人存在恶意阻止审批通过的观点，被申请人认为：首先，从被申请人与申请人签署合同的目的来看，被申请人才是推动设计方案尽快获得批准，以便投入实际施工建设从而获取开发利润的最为积极的一方，任何阻挠设计方案获得批准的行为，都恰恰是被申请人最不愿意见到和最损害被申请人利益的。因此，被申请人不存在任何阻挠设计方案尽快获得规划管理部门批准的主观动机。

其次，即使被申请人有"恶意"，也要具备阻止的能力。一旦方案上报了，是否通过审批的权力根本不由被申请人所控制，决定权完全掌握在政府规划部门。故而被申请人不具有恶意阻止的客观条件。

3. 仲裁庭对申请人第一条仲裁请求的意见

（1）被申请人并未向申请人出具有关政府部门的书面文件，也没有任何书面证据表明与申请人经过充分协商，仲裁庭认为：自2005年10月24日以后的多项工作，被申请人作为甲方应该是起主导作用的，申请人是起配合、协助作用的，而被申请人没有提交证据证明其曾与申请人就报批情况进行过必要的告知和磋商。因此，被申请人提出的"申请人拒绝了被申请人提出的对设计文件进行重大修改"的主张缺乏证据，仲裁庭不支持被申请人的主张。

（2）目前正在建设的总建筑面积（包括计入及不计入容积率的总建筑面积）约为6.6万平方米，而《建设工程设计合同》第一部分第一条第3款规定的总建筑面积为10万平方米，仲裁庭认为，尽管该合同的违约责任在被申请人，但目前尚无证据表明规划审批通过的建筑面积数量的设计费总额高于人民币138万元，因此按照申请人要求被申请人按总面积10万平方米人民币145万元设计费，支付拖欠设计费人民币43.5万元的仲裁请求不能得到全部支持。按照《建设工程设计合同》第三条第1款约定："无论最终批准的设计面积减幅多少，其总设计费最低额不应低于人民币138万元，最高额不高于人民币166万元"，仲裁庭认为，被申请人应按《建设工程设计合同》约定的最低额支付人民币138万元的设计费，由于被申请人向申请人支付了人民币101.5万元，因此，被申请人还需向申请人支付设计费人民币36.5万元。

（二）申请人第二条仲裁请求

裁令被申请人依约支付因实际设计面积增加而增收的设计费用人民币21万元。

1. 申请人观点

根据合同第一部分第三条1款约定："总设计费为人民币145万元。该设计费以建筑面积每平方米人民币14.5元整计取，该计算设计费面积以政府规划部门批准的初步设计文件的总建筑面积为准。无论最终批准的设计面积减幅多少，其总设计费最低额不低于人民币138万元，最高额不高于人民币166万元。"

应被申请人要求，申请人于该TK住宅项目中实际完成的设计面积为123 614平方米，比《建设工程设计合同》暂定的设计面积100 000平方米增加约23 600平方米。按照合同第一部分第三条"设计费及支付方式"、第二部分第四条第1款的约定，设计面积增加部分应增加收费人民币34.22万元。该笔增收设计费同暂定总设计费人民币145万元之和已超过合同约定的设计费上限人民币166万元，故应按人民币166万元计收总设计费，即被申请人应依约支付因实际设计面积增加而增收的设计费用人民币（166万元–145万元）=人民币21万元。

2. 被申请人观点

（1）根据合同第一部分第三条"设计费及支付方式"的约定，即设计费面积以政府规划部门批准的初步设计文件的总建筑面积为准。而申请人提供的设计方案根本没有通

过规划管理部门的审批,即使是由WH轻工业设计公司提供的二次报批方案也仅批准了约6.6万平方米,不足合同约定的设计面积的70%,更谈不上超出设计面积了。

(2)被申请人是在申请人已提供全部可供报批的设计方案后,因政策变化才要求申请人修改方案的,该等修改阶段不是合同中规定的报批前的正式制图阶段,申请人无权按照合同对正式制图阶段的计费规则要求被申请人按实际发生的工作量支付实际设计费。

(3)被申请人在合同履行期间从未提出提前终止合同或解除合同的要求,申请人也未能提供被申请人曾有此意思表示的任何证据,倒是申请人不愿继续履行合同,导致被申请人不得已又与BW建筑设计所签订新的设计合同。因此,申请人也无权引用合同中与此有关的计费规定,要求被申请人按照其实际设计的面积支付设计费。

3. 仲裁庭对申请人第二条仲裁请求的意见

申请人实际设计面积比合同约定的10万平方米增加23 600平方米,增加的设计费人民币34.2万元,因而总设计费超过设计费上限人民币166万元,按人民币166万元减去145万元计算,申请人要求被申请人支付增加的设计费人民币21万元。仲裁庭认为,同样由于目前尚无证据表明规划审批通过的建筑面积量的设计费总额高于人民币138万元,依据《建设工程设计合同》第一部分项目条款第三条1款的约定:"无论最终批准的设计面积减幅多少,其总设计费最低额不应低于人民币138万元,最高额不高于人民币166万元",仲裁庭确定被申请人应按《建设工程设计合同》约定的最低额支付设计费用138万元,因此,对于申请人提出的此项仲裁请求仲裁庭不予支持。

(三)申请人第三条仲裁请求

裁令被申请人支付逾期付款违约金人民币17.6万元。

1. 申请人观点

合同签订后,申请人已严格依照该合同约定和被申请人要求,将全部设计成果交付被申请人,被申请人也已签收确认。仅余第三笔、第五笔这两笔设计费未予支付。而后,申请人发现,该项目竟然已进入实际施工阶段,被申请人的项目施工行为足以证明申请人提交的总体规划方案及建筑单体方案已获得审批通过,也就是说,合同约定的第三、第五次付费合计人民币43.5万元,被申请人理应支付。根据相关法律法规的规定,被申请人除了应向申请人支付所欠设计费外,仍应承担支付逾期付款违约金17.6万元。

本案合同是以总设计费人民币145万元为一个独立、整体的债来看待的。其项下的分期付款行为的诉讼时效是以最后一期付款为准来计算的,违约金属于分期付款行为派生出来的从债务，当然也只能以最后一期付款为准起算付款时效，因此其诉讼时效并未超出，被申请人理应支付逾期付款违约金。

2. 被申请人观点

申请人要求支付违约金的请求已超过诉讼时效，该项仲裁请求不应该得到支持。

被申请人已支付给申请人的设计费明显多于在申请人提供的设计方案的基础上修改后通过审批的总建筑面积理应支付的设计费，被申请人不应再向申请人支付任何设计费，因此，被申请人也就无须承担所谓第三阶段和第五阶段的任何逾期付款的违约责任。

3. 仲裁庭意见

对于申请人的此项仲裁请求，仲裁庭认为被申请人应向申请人支付违约金人民币共计16.7万元。

依据最高人民法院2008年9月1日起实施的《关于审理民事案件适用诉讼时效制度若干问题的规定》，当事人约定同一债务分期履行的，诉讼时效期间从最后一期履行期限届满之日起计算，因此，被申请人提出的相关的违约金已过诉讼时效的主张并不成立。

（1）对于提交总体规划方案报批图后七个工作日内付总设计费的25%的款项的违约金，申请人于2005年1月10日提交总体规划方案报批图，应付款时间为2005年1月20日，被申请人于2005年2月21日支付了这笔款项，迟延付款32天，因此，被申请人应支付的违约金为人民币138万元×25%×2‰×32=2.2万元。

（2）对于提交建筑单体方案报批图后七个工作日内付总设计费的25%的款项的违约金，申请人于2005年1月10日提交建筑单体方案报批图，应付款时间为2005年1月20日，被申请人于2005年4月21日支付了这笔款项，迟延付款91天。因此被申请人应支付的违约金为人民币138万元×25%×2‰×91=6.3万元。

依据《建设工程设计合同》第二部分第五条第4款规定：甲方若未按本合同约定的金额和时间（以银行汇出日为准）向乙方支付设计费用，每逾期支付一天，须承担该阶段应支付设计费金额千分之二的违约金，但违约金总额不超过该阶段的设计费金额的百分之二十。

（3）对于总体规划方案报批图通过政府审批后七个工作日内付总设计费的15%的这笔款项的违约金，被申请人一直未付，但违约金总额不超过该阶段的设计费金额的百分之二十，因此被申请人应支付的违约金应为人民币138万元×15%×20%=4.1万元。

（4）对于建筑单体方案报批图通过政府审批后七个工作日内付总设计费的15%的这笔款项的违约金，因被申请人一直未付，被申请人应支付的违约金为人民币138万元×15%×20%=4.1万元。

（四）申请人第四条仲裁请求

裁令被申请人承担本案的全部仲裁费用及申请人因本案所支出的律师费、差旅费等合理费用。

1. 申请人观点

无论被申请人是否承认被申请人的委托代理合同，但是毫无疑问，申请人聘请律师代理此案需要付费，而且，代理律师费的收费标准也符合《广东省律师收费标准》的要求，合法合理。此部分费用支出恳请仲裁庭根据仲裁规则、异地办案成本较高等实际情况给予相应的补偿。

2. 被申请人观点

申请人提供的设计方案未能通过规划管理部门的审批又拒绝根据建住房〔2006〕165号文的规定修改该等设计方案的行为，已使得被申请人与申请人签订的本案合同目的完全不能得以实现，给被申请人造成了重大的损失。因此，申请人仲裁请求缺乏事实和法律依据，应依法予以全部驳回。被申请人不应再向申请人支付任何费用。

3. 仲裁庭意见

申请人出具了已向律师支付的费用人民币1.5万元的发票，同时其出示的委托代理合同中约定的律师费按甲方回收款项（扣除退回仲裁费后）的百分之十八计。考虑到费用支出等合理因素，仲裁庭认为，被申请人应向申请人支付人民币8万元，以补偿其为本案支出的律师费、差旅费。

四、分析评论

（一）关于房地产开发项目设计合同条款的讨论

本文案例、下一个案例都是香港著名的HXY建筑师楼在大陆承担的房地产开发项目，该建筑师楼在大陆还承担过众多的房地产开发项目，因而在设计合同条款的拟定方面，也在逐步地完善。在这两个案例之中，笔者摘录了一些设计合同条款，并结合案情进行了分析和点评。

1. 设计费是否应该在政府审批通过后支付

本案例合同中有关条款约定，除第一笔设计费（相当于定金）外，第二笔设计费是总体规划方案报批图提交后七个工作日内支付25%，第三笔设计费是总体规划方案报批图通过政府审批后七个工作日内支付15%；第四笔设计费是建筑单体方案报批图提交后七个工作日内支付25%，第五笔设计费是建筑单体方案报批图通过政府审批后七个工作日内支付15%。这种将同一类设计费分为两个阶段支付的规定，看起来似乎是合理的，但也是不少设计合同争议产生的缘由。

下面我们看一下本案的评审过程：

申请人按照约定的要求提交了总体规划方案报批图和建筑单体方案报批图，2004年6月8日，规划局进行了第一次总体方案的审批；2004年6月24日，申请人收到了规划局审查的会议记录；被申请人的顾问公司总体认可整体规划方案，被申请人基本同意申请人规划总图布置、各单体平面模型外立面等设计成果并签字确认，要求申请人以此为基础开始报建方案设计；2005年4月14日，申请人提交了规划设计说明方案册及光碟，表明总建筑面积为123 641平方米；2005年4月28日，规划局评审会就单体平面等问题进行审查，会议专家一致认为该方案建筑密度低、总平面布置合理、住宅单体形象美观、环境设计具有人性化特点、住宅平面布局合理，并提出若干修改意见；2005年5月9日，被申请人结合规划部门审查，提出修改意见；申请人之后提交了修改后的项目总平面图、光碟及方案模型。

由合同签订时至2005年10月27日，申请人已经工作了一年半时间，远远超出了合同要求的一年时间，此期间规划局评审了2次，申请人也一直根据评审意见进行了多次修改，并提交了修改后的资料，审批阶段长达一年零五个月。

笔者认为设计是一种高智商的脑力劳动产品，提交某一阶段的设计资料后，开发商就应该支付相应的设计费而不应等待政府部门的审批，因为有些政府部门的审批（实际上也包括房地产开发商的审查）往往是一个比较漫长的过程，效率低下。以本案为例，政府多次审批后，申请人一直在修改，但是被申请人却一直没有明确的最终审批意见，因而也一直拒绝付款，这显然对设计人是十分不公正的。

HXY建筑师楼根据逐年积累的订立设计合同的经验和教训，将设计合同某些条款进行了改善，例如：各阶段的设计费在提交图纸后，不用等待政府部门的审批即支付，这在下一个案例中即可看到。

2. 关于设计费最低额和最高额的规定是合理的

本案例工程设计合同第三条第一款是关于设计费最低额和最高额的规定（见本文二（一）2）。

这条规定首先是保护设计人的。设计人结合当地城市的统一规划要求，合理规划这一片土地并提出若干个规划布局以及单体建筑的方案，这些成果都凝聚着建筑师和设计工程师的构思和创意，也体现了他们多年积累的经验和智慧。为了防止某些开发商（不论由于任何原因）随意停止设计或缩减建筑面积，在合同中明确规定设计费最低额的条款是保护设计方合法权益的。

本案最终裁决结果即是考虑到本条规定（包括"该计算设计费面积以政府规划部门批准的初步设计文件的总面积为准。无论最终批准的设计面积减幅多少，其总设计费最低额不低于人民币138万元，最高额不高于人民币166万元"），大部分支持了申请人要求偿付拖欠设计费的请求。

当然，一个合理的合同应该考虑到双方的权利和义务，规定设计费最高额则是保护开发商的。

（二）开发商随意终止设计合同的行为是错误的

笔者参与的设计合同争议仲裁案例中，有相当一部分是开发商或项目业主在设计进行到一定阶段之后，随意改换设计单位，原因不一，在此不作泛泛的评述。

针对该类问题，《建设工程勘察设计管理条例》第二十八条做出了对该类事件限制性的规定。

本案的设计报批工作，在前一年半左右时间是正常进行的，设计人提交的设计图纸先后经过该市规划局三次审查，开发商的顾问公司也提出了审查意见，设计人根据这些意见进行了修改并提交了方案模型供报建。

开发商在2006年建设部颁布了建住房〔2006〕165号文之后，在没有通知设计人的情况下，另外找了一家设计公司进行报批，并且开始施工，由此引起了本仲裁案的设计争议。

开发商在开庭时辩称：曾多次向申请人提出修改要求，但申请人作为设计单位，拒绝修改设计，影响了报批工作，同时也违背了诚实信用原则。无奈之下，被申请人只能另行委托其他设计单位重新设计并报批。被申请人的施工建设是完全按照其他设计单位提供的符合建住房〔2006〕165号文规定的设计方案进行施工建设的，没有使用申请人提供的任何方案。

笔者认为，对于如此重大的变更，一方面被申请人没有提供任何相关的书面证据，另一方面由2005年11月24日（申请人一方提供修改后的项目总平面图、光碟及方案模型供报建之日），至2006年7月6日建设部发布"住建房〔2006〕165号文"，长达9个多月的期间内，被申请人也无法解释为什么没有告知申请人任何与方案报批结果有关的消息。这与项目初期分期报批后的及时评审、及时修改形成鲜明对比，只能说明被申请人存在某些不便说明的隐情。

在这种情况下,显然被申请人是违约方。

结合设计合同第二部分第6条第2款(条款见上文),设计人已经完成了大部分设计,所以仲裁庭支持了设计人大部分索赔要求。

(三)关于违约金问题

在本案中,双方主要围绕违约金是否超过诉讼时效产生争议,其中涉及了新法的溯及力问题。依据最高人民法院2008年9月1日起实施的《关于审理民事案件适用诉讼时效制度若干问题的规定》,分期付款的债务的诉讼时效从最后一期债务起算。规定中指出:未审结的案件可适用本规定,已审结的案件不适用本规定。本案例的最后裁决时间是2008年11月,因而支持了申请人的观点。

在合同中约定违约金条款是一种要求开发商及时承担付款责任的有效方式,可以保证设计人的权益。在此处要提醒设计人的是,当权益受到侵害时,应该及时的、不间断的向开发商主张权益,特别要注意不要超过诉讼时效期,以保证自己的合法权益能得到有效的保障。

(四)关于律师费的支付

由于本案中是被申请人违约在先,因而被申请人应承担本次仲裁的主要责任。考虑到本案涉及的赔偿金额较小,且申请人律师要求的诉讼代理费并不过分,故仲裁庭经合议后,裁决被申请人给予申请人8万元律师费。

香港某建筑师楼设计费支付成就条件索赔案例二
——图纸提交后即支付

摘要

本案是关于设计合同争议的仲裁案，涉案工程为S市WNS项目，开发商（被申请人）就该项目三期工程的设计工作与香港某建筑师楼（申请人）订立设计合同，在合同履行过程中，合同双方对设计费的支付产生了分歧。

本案争议的焦点在于设计方提交的各阶段设计图纸是否达到了付款条件，以及增加设计工作的设计费问题。设计方认为其提交的各阶段设计图纸达到了付款条件，而开发商认为图纸没有经其确认，达不到要求，而拒绝付款。因此，设计方提出了要求开发商支付拖欠的各阶段设计费以及违约金等多项仲裁请求，开发商也针对设计方的仲裁请求提出了反请求。

最后，本文从工程管理角度对相关问题进行了分析与评论，包括设计合同中应该如何对设计费支付方式进行约定，在实际管理过程中应注意签收手续的完备、会议纪要的保留与完善以及各种书面文件的收集和整理，这些资料在争议发生时都可以作为有力的证据。

本案例中摘取了涉案设计合同中的部分内容以供相关单位参考。

在案例的分析评论中，有时用申请人和被申请人，有时用甲方（即开发商）、乙方（即设计人）。

关键词　设计费　支付成就条件　开发商　设计人　会议纪要

一、本案内容简介

（一）工程项目简介

S市WNS项目位于该市WL河公园附近，是一个集生态、景观、人文为一体的大型绿色生态住宅区，总占地面积约为204万平方米，本案的合同争议就是该项目的三期工程的设计合同。2007年12月19日，香港HXY建筑工程设计有限公司（合同乙方，以下简称申请人）与SYYJ置业有限公司（合同甲方，以下简称被申请人）签订了《S市WNS项目三期建筑工程设计合同》（以下简称工程设计合同），由申请人承担S市WNS项目三期的工程设计任务。合同额约为742.5万元人民币，约定设计周期为3年。

2007年12月28日，被申请人向申请人支付设计费140.26万元。

2008年1月28日，申请人提交总平面规划设计概念的八个方案图册，由被申请方的X先生签收。此后，被申请人与申请人就设计方案进行了7次讨论，申请人对前述设计成果进行了11次论证、修改，最后被申请人与申请人取得一致意见。

2008年5月6日，申请人提交经修改后的总平面规划设计概念方案图设计成果，由被申请方X先生签收。

2008年6月18日，申请人提交总平面规划报批方案图（3个方案）。次日，申请人提交了三个方案的模型。

2008年7月6日，被申请人告知申请人有关设计变更的内容及要求。

2008年7月15日，申请人提交了新的项目规划设计方案册（含6个方案及其模型）。此后被申请人又提出多次变更，截至2008年9月5日，申请人先后三次提交了总平面规划概念方案图。

（二）双方争议内容简介

1. 申请人的仲裁请求

（1）裁令被申请人支付拖欠设计费用人民币230.99万元；

（2）裁令被申请人依约支付因提出修改而增加的设计费用人民币74.25万元；

（3）裁令被申请人支付逾期违约金人民币47.32万元；

（4）裁令被申请人承担本案的全部仲裁费用；

（5）裁令被申请人补偿申请人因本案所支出的律师费、差旅费等合理费用。

2. 被申请人的反请求

（1）请求裁决被申请人没有拖欠设计费，没有义务支付违约金；

（2）请求裁决被申请人没有修改设计要求，不应另行支付设计费用；

（3）本案反请求的仲裁费用由申请人承担。

（三）立案过程简介

2009年4月8日，申请人根据工程设计合同中的仲裁条款向中国国际经济贸易仲裁委员会（以下简称贸仲）提交了书面仲裁申请，贸仲受理了此案。

2009年4月20日，贸仲秘书局向被申请人寄送了仲裁通知，并要求其提交答辩书。

2009年8月13日，由仲裁员H先生、仲裁员X先生、首席仲裁员Z先生组成仲裁庭受理本案。

2009年9月25日，本案正式在北京开庭审理。庭审过程中，仲裁庭提出通过仲裁调解解决争议，但是被申请人未同意。

二、本案涉及的该工程设计合同简介

（一）关于本案合同效力问题

本案合同于2007年12月19日经申请人和被申请人的代表签字，并加盖公司公章，是双方意思一致的表示；合同符合《中华人民共和国合同法》的规定，且不违反国家法律、法规的强制性规定，双方当事人也从未对合同的效力提出过异议，并已经实际履行。因此，仲裁庭认为，本案合同合法有效，对双方均有法律约束力，双方均应严格按照合同约定履行各自义务。

（二）本案涉及的《工程设计合同》中的部分条款

1. 第一部分第三条第1款：暂以合同约定的面积计算，总计45万平方米，设计费为人民币742.5万元。最终以政府批准面积的建筑面积为准，若面积增加或减少的幅度在2%的范围以内，其设计费不做调整；若面积增加或减少的幅度超过2%至20%以内，则设计费为实际面积乘以单价人民币16.5元/平方米的积；若面积增加或减少幅度的绝对值超过20%，则设计费单价做相应调整。无论批准面积的减幅多少，总设计费不应低于人民币680万元。

2. 第二部分第二条第5款：甲方有权向乙方提出设计修改或变更要求。如在草图阶段提出，甲方不另行支付额外费用；如在正式制图阶段提出，甲方应按实际发生工作量向乙方支付相应的附加设计费。

3. 第二部分第三条第5款：乙方应按甲方要求对设计进行修改或变更。甲方在乙方正式制图阶段才提出的设计修改或变更，乙方应配合甲方进行工作，并有权要求甲方再按照实际发生工程量向乙方另行支付附加设计费。

4. 第二部分第五条第4款：甲方（被申请人）若未按本合同约定的金额和时间（以银行汇出日为准）向乙方（申请人）支付设计费用，每逾期支付一天，须承担该阶段应支付设计费金额千分之二的违约金，但违约金总额不超过该阶段设计费金额的百分之二十。逾期超过30天以上时，乙方有权暂停进行下阶段工作，并以书面形式通知甲方。

5. 第二部分第五条第8款：乙方应根据本合同的设计进度按时间向甲方交付设计文件。如果甲方不能在双方约定的时间内确认乙方各阶段设计，则下阶段工期相应顺延。

6. 设计文件与交图时间表

序号	资料及文件名称	份数	交图时间
1	总平面规划设计概念方案图（3个方案）	1	收到甲方第一次付费后15个工作日内交付
2	总平面规划设计报批方案图（1个方案）	6	收到甲方第二次付费后20个工作日内交付
3	单体建筑方案草图（1个方案）	1	收到甲方第三次付费后20个工作日内交付
4	单体建筑方案报批图（1个方案）	6	收到甲方第四次付费后20个工作日内交付
5	建筑专业初步设计图	4	收到甲方第五次付费后30个工作日内交付

7. 设计费支付方式

付费次序	付费比例（%）	付费时间
第一次付费	20	本合同签订后五日内
第二次付费	15	提交总平面规划概念方案图给甲方后七日内
第三次付费	15	提交总平面规划报批方案图给甲方后七日内
第四次付费	15	提交建筑单体方案草图给甲方后七日内
第五次付费	20	提交建筑单体方案报批图给甲方后七日内
第六次付费	15	提交建筑专业初步设计文件给甲方后七日内

三、申请人的仲裁请求及仲裁庭裁决意见

（一）申请人第一条仲裁请求

裁令被申请人支付拖欠设计费用人民币230.99万元。

申请人认为被申请人延期付款，拖欠设计费共计230.99万元。计算方法如下：

被申请人第一次应付款额为742.5万×20%=148.5万元

被申请人第二次应付款额为742.5万×15%=111.375万元

被申请人第三次应付款额为742.5万×15%=111.375万元

被申请人总共应该支付金额为：148.5万+111.375万+111.375万=371.25万元

被申请人在2007年12月28日（属于第一次付款）支付了140.26万元，所拖欠设计费为：371.25万-140.26万=230.99万元。

关于这个仲裁请求双方主要围绕三个主要问题展开争论。

1. 被申请人第一次付款数额是否满足合同约定

（1）申请人观点

第一次的付款金额应为148.5万元

合同第一部分第三条表2"设计费支付方式"约定，被申请人应于合同签订后五日内，向申请人支付总设计费的20%，即742.5万×20%=148.5万元。但是，被申请人除于2007年12月28日支付140.26万元外，尚余8.24万元未付。

（2）被申请人观点

第一次的付款金额应为136万元

1）根据合同第一部分第三条第1款之规定，由于设计费用的最终确定，取决于政府批准建筑面积或者实际设计面积，而以本项目发展现状，无法确定计算设计费用的基数，因此可以参考申请人交付的总平面规划概念设计方案草图最后一稿的设计面积32万平方米。依此计算设计费总金额为32万平方米×16.5元/平方米=528万元。

2）合同第一部分第三条第1款之规定，应该把最低额度作为设计费用支付额度计算基数，所以该项目的总设计费应按680万元计，则被申请人第一次仅需要向申请人支付680万×20%=136万元，被申请人已经向申请人支付了140.26万元，实际上已经超额支付了该笔费用。

（3）仲裁庭意见

仲裁庭认为，根据本案合同第一部分第三条第1款约定：设计费为人民币742.5万元。

双方当事人在签订合同时，是明确同意设计费总额为742.5万元的，并以此作为支付进度款的计算基数。虽然建筑面积需"最终以政府批准的建筑面积为准"，但这只涉及报批阶段之后进度款的变更或调整，并不涉及第一次付费款项的变更。被申请人应当以742.5万元作为支付第一次设计费的计算基数。

因此，仲裁庭认为，被申请人第一次支付的140.26万元并不满足合同约定，还需要支付8.24万元。

2. 申请人提交的总平面规划设计概念方案图是否满足第二次付款条件

（1）申请人观点

提交的平面规划设计概念方案图满足第二次付款条件

2008年1月28日，申请人向被申请人提交了八个概念设计方案册。此后，申请人先后多次与被申请人开会讨论并修改，直至被申请人最终认可，并于2008年5月6日提交了前述设计成果最终定稿，被申请人的员工X先生已经签字确认收到设计文件。根据本案合同关于设计费支付方式的约定，申请人于2008年1月28日提交的概念方案图就已经达到第二次付款条件。

（2）被申请人观点

申请人提交的方案图系"草图"，达不到第二次付款条件

1）申请人提交的设计方案只是草图，并不能导致付款条件的成就。根据本案合同第二部分第二条第5款和第三条第5款的约定，合同区分了"草图"和"正式制图"两个阶段，申请人应提交正式制图的总平面规划概念设计方案图才满足付款条件，而申请人提交的只是概念设计的草图，达不到付款条件。

2）由于申请人的设计方案与被申请人的要求差距很大，还一直处于讨论阶段，没有经过被申请人的确认。虽然被申请人的员工签收了设计方案，但签字仅表示该员工收到了该份文件，并不表示被申请人认可方案内容。而且，签收文件的X先生没有被申请人的授权，不能代表被申请人，被申请人对于提交的方案一直没有认可。

3）申请人提交的规划设计概念方案图超设计指标设计，不符合设计要求。

综上，申请人请求的第二次付款条件尚未成就。

（3）仲裁庭意见

1）申请人向仲裁庭提交了七份邮件列单以及六份会议记录，其中显示了申请人多次提交设计图纸以及X先生签收的事实。被申请人在庭审中对上述邮件列单和会议记录的真实性没有异议，但在书面质证时认为会议记录是"申请人单方按照己方理解做以记录，被申请人未签字、认可，且无被申请人的对应记录以佐证其内容的真实性、全面性，

不能认定是否为被申请人真实的意思表示"。

仲裁庭认为被申请人没有提出相反证据加以反驳,应承担举证不能的后果,仲裁庭认定这些证据的证明力。

2)仲裁庭认为,根据本案合同关于"设计费支付方式"的约定,被申请人第二次付费的时间是申请人"提交总平面规划概念方案图给甲方后七日内"。因此,判断第二次付款条件是否成就,应当根据申请人是否提交了规划概念方案图来确定。仲裁庭认为,被申请人对合同的理解有失偏颇:该款约定的是在被申请人不能及时确认申请人各阶段设计的情况下,下一阶段工期可以顺延。虽然被申请人有权确认各阶段设计是否符合其要求,但根据该款规定,不能得出申请人提交的设计方案只有经过被申请人确认才符合付款条件的结论。

3)在长达五个多月的时间里,X先生多次代表被申请人公司签收设计文件,被申请人从未提出不同的意见。仲裁庭认为,X先生签收设计方案文件的行为能够证明被申请人接收了申请人提交的设计方案。因此可以认定,申请人已经提交了规划设计概念方案图,并且被申请人已经全部接收。

4)通常来讲,对于超设计指标设计这样重大的问题,委托方(即被申请人)应当会给予重视,并要求设计方(即申请人)予以修改,而在双方先后召开的六次讨论会上,并没有关于超标设计、要求修改的内容。而且,被申请人在此前的庭审中曾承认容积率等设计指标在合同签订时并未确定。被申请人的质证意见前后矛盾,仲裁庭不予采信。

综上,仲裁庭认为,申请人于2008年5月6日提交的规划概念设计方案图已经符合合同要求,满足第二次付款条件,被申请人应该按合同约定履行付款义务。

3. 申请人提交的总平面规划设计报批方案图是否满足第三次付款条件

(1)申请人观点

申请人提交的总平面规划设计报批方案图满足第三次付款条件。

在被申请人已选定概念方案的情况下,由于被申请人与当地的规划局没有协调好,所以被申请人要求以最终概念方案图为基础,额外做两个规划设计报批方案,总共三个方案。2008年6月18日,申请人提交了三个规划设计报批方案各两本方案册。6月19日,提交了三个方案的模型。根据本案合同关于设计费支付方式的约定,申请人提交报批方案图即已满足付款条件,被申请人应该支付设计费742.5万×15%=111.375万元。

(2)被申请人观点

申请人提交的报批方案不满足第三次付款条件。

1）被申请人看过申请人提交的报批方案，但并不是其所需要的方案

2）申请人的方案从未经过被申请人的正式书面确认，这就使得申请人不能进行下一步（即报批方案）的设计工作。申请人擅自制作的报批方案，是申请人不按合同约定履行的行为，不应该对被申请人产生任何法律效力。

（3）仲裁庭意见

1）从该合同关于"设计费支付方式"的约定看，被申请人第三次付费的时间是申请人"提交总平面规划报批方案图给甲方后七日内"，而双方对申请人向被申请人提交了规划报批方案图这一事实都未表示否认，故被申请人就应该支付第三次付款。

2）被申请人并没有提供证据用以证明在收到申请人提交的报批方案图后，曾表示拒绝或异议。因此，仲裁庭认为，根据申请人提供的证据，可以认定申请人提交的报批方案系依据被申请人的要求而制作的。

3）尽管本案表面上符合第三次付款的约定条件，但因为后来的工作方向调整以及合同不再继续履行的事实，申请人对设计费的请求实质上是要求对已经发生的设计工作的合同价值结算。仲裁庭认为应该综合本案合同的约定以及履行的实际情况，确定被申请人应该支付第三次付款额的70%，即被申请人应该支付总设计费的15%的70%，即人民币742.50万元×15%×70%=77.96万元。

综上，双方对被申请人只在2007年12月28日（属于第一次付款）支付了140.26万元的事实都表示认同，故仲裁庭认为被申请人实际拖欠设计费为：148.50万+111.375万+77.96万–140.26万=197.575万元。

（二）申请人第二条仲裁请求

裁令被申请人依约支付因提出修改而增加的设计费用人民币74.25万元

1. 申请人观点

被申请人修改了设计要求，有义务支付额外的设计费74.25万元。

（1）申请人诉称，在合同签订时，被申请人要求申请人按7.66万平方米用地面积和45万平方米建设规模设计方案，后来由于政府规划的不确定，被申请人于2008年7月6日改变了设计要求，要求申请人按7.66万平方米和6.66万平方米两种情况设计不同方案，建设规模也变为30万平方米。根据合同约定，被申请人有权向申请人提出设计变更要求，但在正式制图阶段提出变更，要另行支付设计费用。在总平面规划概念方案、报批方案图设计完成后，被申请人要求申请人就项目总平面规划方案进行重新设计，给申请人增加了很多工作量。2008年7月15日，申请人依据被申请人新的设计要求，提

交了新的项目规划设计方案册（含6个方案及其模型）。此后，被申请人不断变更设计指标，并不断要求申请人就设计成果进行反复修改。截止2008年9月5日，就前述修改内容，申请人已先后三次提交总平面规划概念方案图。综上，被申请人有义务支付额外的设计费。

（2）根据合同第二部分第三条第5款之约定，按设计依据重大变更后已完成的新总平面规划概念方案图应计费面积比照原合同约定的相应设计深度、工作量比例计算，经重新设计，新的总平面规划概念方案图总建筑面积为30万平方米，合同约定的设计单价为人民币16.5元/平方米，应付费阶段为"提交总平面规划概念方案图"对应之第二次付费，应付费比例为总设计费的15%，则被申请人应向申请人额外支付设计费16.5元/平方米×30万平方米×15%=74.25万元。

2. 被申请人观点

被申请人没有更改设计要求，不应支付额外设计费

（1）规划设计条件从来没有变更，合同签订时，规划部门还没有确定容积率指标，所签订的是一个概况，约定的是暂定面积。从始至终，规划设计条件从来没有变更，40万平方米的建筑规模没有改变；容积率最初没有确定，当最后确定为4.0后就没有改变。

（2）被申请人只是要求申请人在草图阶段修改设计内容，按照本案合同第二部分第二条第5款的约定，"被申请人在草图阶段提出的设计修改或变更，不需要另行支付额外费用"。并且，被申请人并没有确认申请人提交的设计方案，因此不需要支付设计费。

3. 仲裁庭意见

（1）被申请人辩称规划设计条件并没有变更，建设规模和容积率也没有变更，但没有举证加以证明，应承担举证不能的后果，仲裁庭对该意见不予采信。

（2）申请人提供了各次的会议记录和各次提交文件的邮件列单，上述证据都显示被申请人确有更改设计要求的事实，而且被申请人没有提出相反证据来质疑，因此仲裁庭确认这些证据的证明力。在申请人提交了总平面规划设计报批方案图后，被申请人将由双方合同约定的45万平方米调整为30万平方米，并要求申请人重新设计规划设计概念方案。被申请人在申请人已经提交了规划设计报批方案后，又要求其对概念方案重新进行设计。这类设计要求的重大变更，属于在正式制图阶段提出的设计变更。

（3）依本案合同第二部分第二条第5款约定，"如在正式制图阶段，甲方（被申请人）应按实际发生的工作量向乙方（申请人）支付相应的附加设计费"。故仲裁庭支持申请人的要求，被申请人应该支付额外设计费用74.25万元。

（三）申请人第三条仲裁请求

裁令被申请人支付预期违约金人民币47.32万元

1. 申请人观点

被申请人在第一次、第二次付款和第三次应付款均存在逾期付款，应该支付违约金共计47.32万元人民币。

（1）根据前面的陈述，被申请人确有拖欠申请人设计费197.58万元的事实。根据该合同第二部分第五条第4款的约定，被申请人已经违约，有支付违约金的义务。

（2）违约金具体算法如下：

合同约定	应付款时间	支付情况	违约金
1. 合同签订后五日内支付设计费的20%，即148.5万元	合同签订时间为2007-12-19，应付款时间为2007-12-24	申请人2007-12-28日支付140.26万元，迟延4天；余款为8.24万元至今未付，迟延时间超过100天	（140.26万×2‰×4）+（8.24万×20%）=2.77万元
2. 提交总平面规划概念方案图后七天内支付设计费15%，即111.375万元	提交方案图是2008-1-28，应付款时间为2008-2-4	这些款项至今尚未支付，迟延时间超过100天	111.375万×20%=22.28万元
3. 提交总平面规划报批方案图后七日内支付设计费的15%，即111.375万元	提交报批方案图时间是2008-6-18，应付款时间为2008-6-25	这些款项至今尚未支付，迟延时间超过100天	111.375万×20%=22.28万元
违约金总和	2.77万元+22.28万元+22.28万元=47.32万元		

2. 被申请人观点

被申请人认为因申请人的工作没有达到合同约定的付款条件，被申请人没有义务支付申请人要求支付的合同价款，因自身并不存在任何违约行为，依法不承担任何违约责任。

3. 仲裁庭意见

根据前面的分析，被申请人确系存在逾期付款。根据合同第二部分第五条第4款约定，被申请人应该承担违约责任。

被申请人在申请人已经满足本案合同约定的付款条件下，仅支付了140.26万元，至今尚余197.575万元未支付（第一次欠付8.24万元；第二次未付111.375万元；第三次未付77.96万元）。由于被申请人违反合同约定未及时履行付款义务，应当按照约定支付违约金。

（1）被申请人于2007年12月28日付款140.26万元，实际应付款日期为2007年12月

24，迟延付款4天，应付违约金为140.26万元×2‰×4=1.12万元；

（2）被申请人至今未付设计费197.575万元，三笔设计费的迟延付款时间均已经超过100天，则违约金统一按照最高不超过该阶段应付款总额的20%计算，则应付违约金为197.575万×20%=39.52万元。

综上，仲裁庭作出以下裁决：裁令被申请人向申请人支付违约金40.64万元。

（四）申请人第四条仲裁请求

裁令被申请人承担本案的全部仲裁费用。

仲裁庭意见：

由于申请人的仲裁请求大部分得到仲裁庭支持，所以本案仲裁费用由申请人承担5%，被申请人承担95%。

（五）申请人第五条仲裁请求

裁令被申请人补偿申请人因本案所支出的律师费、差旅费等合理费用

仲裁庭意见：

根据以上的各项认定，申请人为提起本案所发生的律师费确是申请人的一项损失，根据本案情况也应由被申请人承担。根据申请人提交的《委托代理合同》和1.5万元律师费的发票，对这1.5万元律师费的赔偿请求，仲裁庭给予支持。

就律师费的赔偿而言，仲裁庭认为仲裁只能解决当事人双方客观上已经发生的律师费损失的赔偿问题，对未来以某种事件的发生为前提而未给付的一种许诺，因存在很多不确定性，仲裁庭难以判断，因而对风险律师费的那部分难以支持。而申请人虽然主张被申请人应补偿其差旅费，但并未提供任何支持该主张的证据材料，所以仲裁庭不予支持。

综上，仲裁庭作出以下裁决：裁决被申请人向申请人支付人民币1.5万元，以补偿申请人为本案支出的律师费。

四、被申请人的反请求及仲裁庭裁决意见

（一）被申请人第一条反请求

1. 被申请人观点

请求裁决被申请人没有拖欠设计费，没有义务支付违约金。

2. 仲裁庭意见

被申请人确系有拖欠设计费的事实，有义务向申请人支付违约金共计40.64万元。关于被申请人的反请求，仲裁庭认为缺乏合理依据，予以驳回。

（二）被申请人第二条反请求

1. 被申请人观点

请求裁决被申请人没有修改设计要求，不应另行支付设计费用。

2. 仲裁庭意见

从申请人提供的证据来看，申请人在提交完总平面规划报批方案图后，被申请人提出了设计变更，仲裁庭认定此变更为正式制图阶段的设计变更，根据该合同第二部分第二条第5款之规定，被申请人应该支付额外增加的设计费。仲裁庭裁定，由被申请人向申请人支付因提出修改而增收的设计费用人民币74.25万元。

（三）被申请人第三条反请求

1. 被申请人观点

本案反请求的仲裁费用由申请人承担。

2. 仲裁庭意见

本案所有仲裁费以及因审理本案而发生的仲裁员实际开支费用，根据《仲裁规则》第46条的规定，考虑到申请人的仲裁请求得到支持的情况，经仲裁庭合议，裁定由申请人承担5%，被申请人承担95%。

五、分析评论

（一）本案设计合同可供各设计单位制定设计合同时参考

本案申请人为香港著名的HXY建筑师楼在北京的子公司，即HXY-EF建筑工程设计有限公司，该建筑师楼多年来为大陆的许多开发商做过各种不同类型的建筑规划和设计，因而在设计合同的编写方面，总结了大陆的房屋建筑项目在开发过程中常常遇到的各种问题，积累了许多正反两方面的经验教训，使设计合同逐步完善。

为此在本案例中，笔者引用了他的少部分设计合同内容，包括设计文件与交图的时

间规定，设计费支付方式，甲方在不同阶段提出的设计修改是否需要另行付费的问题，设计总面积变动幅度与收费的规定以及违约金的规定等。这些规定都是可以供给各设计单位在制定设计合同时参考的。

例如：关于设计费支付方式的规定，可以对照上一个案例的相关合同条款，本合同是只要是按照原定要求将某一阶段的图纸提交给甲方后，七日内即应付款，而不受甲方或是相关上级单位（如某一级政府部门）审查时间的约束。这样的规定是合理的，因为设计单位将相关阶段图纸交付后，说明已基本上完成了该阶段任务，甲方应及时支付。当然，乙方还应该负有按照甲方及其上级部门在审查图纸过程中提出的意见来修改图纸的义务。如果修改后的图纸的工作量（多半是指建筑面积）超过了合同中的规定（如本案中面积增加2%以上），甲方就应该增加支付。

（二）图纸签收手续的完备性很重要

香港HXY建筑师楼非常重视设计图纸的提交和签收手续，因为设计图纸体现了建筑师和设计工程师的劳动成果，该建筑师楼将设计图纸提交给甲方的时候，一般都列有设计图纸清单目录，说明图纸的编号，名称、内容和页数以及图纸的总量，在送出（或寄出）时，均附有设计图纸清单目录的签收单，从本案例可以看出，每批图纸都有甲方的相关人员签收。

在寄送图纸时，香港HXY建筑师楼一般都要求甲方将签收单先行用Fax发回来，随后再将正式的签收单用快件寄回。这样就保证了手续的完备性，避免了各种误会，在有争议时，有利于自己一方提交有效的证据。

（三）"会议纪要"的重要性

在任何项目执行过程中，双方常常通过会议来讨论实施过程中存在的问题，听取各方的建议和要求（包括付款要求），所以会议纪要是一个十分重要的文件，一方面对下阶段项目的实施起一个指导作用，另一方面也记载了对双方履行合同的一些约束和要求，因而会议纪要也往往是索赔时的重要证据。

在本案例中，双方在2008年7月15日的第一次会议纪要，显示被申请人认为申请人的方案"构思很好"；在2008年8月5日的第二次会议纪要，显示被申请人认为"双方的设计思路已达成一致"；在2008年9月5日的第三次会议纪要，显示被申请人认为"用地西南侧的别墅用地基本确认可以取消"。在仲裁过程中，尽管被申请人对申请人会议纪要的证明事项表示异议，但是由于其无法提供相反证据证明其提出过异议，因而仲裁庭确认证据的证明力。

在编写会议纪要时，一方面是要求双方必须认可纪要的文字，另一方面一定要有参加会议的各方主要负责人（有时要求参加会议的全体成员）签字，这样才能形成一个有效的证据文件。

本案中有的会议记录仅由一方记录，缺乏双方的签字，因而在庭审时被申请人就对该会议记录内容的真实性、全面性提出质疑，认为不能表示被申请人真实的意思表示。仲裁庭认为虽然被申请人提出了异议，但没有否定确有该次会议纪要，也没有提出相反的证据加以反驳，因而仲裁庭仍然确认了上述证据的证明力。

（四）事件发生时的书面文件是最有力的证据

在许多案件的审理过程中，笔者发现，许多当事人未能提出事件发生时的书面文件作为证据，因而常常在争议中处于不利地位。

例如本案例中，被申请人提出"申请人提交的规划设计概念方案图超设计指标设计，不符合设计要求"。但是被申请人并未通过正式书面文件要求设计方（即申请人）予以修改，而在双方先后召开的六次讨论会上，被申请人也并没有关于超标设计要求修改的内容。因而，对被申请人提出的异议，仲裁庭不予采信。

又如本案例中，对于被申请人是否要求过修改设计，是否导致了申请人工作量增加的问题，申请人依据双方来往的公函以及提交的新的规划方案图册说明申请人确实增加了大量的工程量，因而要求按照合同约定另行付费，这些要求都是依据提交的图册的正式收据记录提出的，是有根有据的。而被申请人则认为规划设计条件从来没有变更，被申请人也没有确认申请人提交的设计方案，但是被申请人并没有提交任何证据证明自己的观点，因而应承担举证不能的后果，仲裁庭对该答辩意见不予采信。

两个设计争议案一并调解和解的案例

摘要

本案涉及的是某海洋温泉有限公司的分公司（被申请人）和某建筑与工程设计顾问有限公司（申请人）关于款项支付的争议，双方为争议款项先后两次申请仲裁，涉案金额合计近两千万元。本案争论的焦点是涉案项目是否竣工。申请人请求被申请人支付拖欠的设计费、总设计协调费、逾期付款违约金等费用。

由于两个争议案的申请人是同一个公司，被申请人也是同一个公司，最后两个设计争议案一并调解与和解，所以本案例将两案合并介绍。首先介绍了工程项目简况，包括5份合同的履行过程，分别介绍了两个设计仲裁案争议的主要内容以及立案和仲裁的过程。之后介绍了双方签订的5个设计合同的部分内容，并按照争议的每个子项目，分别介绍双方申诉和答辩的观点和依据，以便读者更清晰地了解每个子项目双方争议的内容。

在仲裁庭的调解和双方的配合下，两个设计仲裁案最终一并达成了和解，双方签订了"和解协议书"，仲裁庭据此编写了"调解书"。

本案例的分析评论包括：调解与和解，赔偿金上限，赔偿金与利息的关系，报送文件中的计算错误等。

为了引用文件和阅读理解方便，考虑到各个合同文本用词的不一致，本文在案情介绍部分均用申请人（即设计方、设计人、乙方）和被申请人（即建设方、发包人、甲方），在分析评论部分使用被申请人、发包人、甲方和申请人、设计人、乙方。

关键词 建设方 设计方 总设计协调 竣工验收 违约金

一、本案内容简介

（一）工程项目简介

1. 本工程项目是位于Z市的海洋温泉度假村，发包人是Z市海洋温泉有限公司分公司（以下简称被申请人、发包人）。本案涉及的是被申请人将项目的工程设计及总协调等多项工作委托给S市建筑与工程设计顾问有限公司（以下简称申请人、设计人）承担。

2003年4月15日申请人与被申请人就"Z市海洋温泉度假村"项目签订《Z市海洋温泉度假村建设工程设计合同》（以下简称"主设计合同"），由被申请人委托申请人负责承担"Z市海洋温泉度假村"的工程设计工作，双方对设计阶段及内容、设计收费以及双方责任等均作出了约定，总建筑面积为11.99万平方米，合同金额为988万元。同日，申请人还与被申请人签订了《设计总协调工作协议书》，由被申请人委托申请人负责承担"Z市海洋温泉度假村"的规划设计总协调工作，合同金额为120万元。同年11月18日，申请人与被申请人又签订《Z市海洋温泉度假村一期工程总平面（不含游乐园）及景观配合设计建设工程设计合同》（以下简称"总平面及景观配合设计合同"），由申请人承担Z市海洋温泉度假村一期工程的总平面与景观配合设计，合同金额为108万元。

2004年2月5日，经被申请人推荐，申请人与中国B市设计研究院签订《Z市海洋温泉度假村一期工程部分子项目合作设计合同》（以下简称"分包合同"），申请人及中国B市设计研究院两方与被申请人同日共同签订附件《Z市海洋温泉度假村一期工程部分子项合作设计合同付款方式的协议书》（以下简称"分包合同付款方式协议书"），约定申请人将"主设计合同"项下三个分项目的部分施工图设计及后期施工设计配合工作分包给中国B市设计研究院，总合作设计费暂定为90万元。

2. 双方合同履行过程

（1）《设计总协调工作协议书》履行过程

2004年4月15日签订《设计总协调工作协议书》七日之内，被申请人向申请人支付了人民币24万元，作为本协议的保证金；

主体建筑方案设计阶段完成并由甲方书面签收后七日内，被申请人向申请人支付人民币24万元；

主体建筑初步设计阶段完成并由甲方书面签收后七日内，被申请人向申请人支付24万元；

主体建筑施工图设计阶段完成并由甲方书面签收后七日内，被申请人向申请人支付

24万元。

被申请人共计支付了96万元；

2006年1月22日Z市海洋温泉度假村开业；

2006年5月申请人提交"设计总协调费核算单"；

2006年5月30日申请人向被申请人提交了"设计总协调工作协议书执行报告"；

（2）"主设计合同"和"总平面及景观配合设计合同"履行过程

申请人交付了全部施工图文件，最终完成建筑面积199 947平方米，增加建筑面积80 047平方米；

2006年5月29日申请人提交"增加设计和重大设计修改项目"；

2007年6月13日申请人提交"设计费结算报告"；

2007年6月20日申请人提交"设计费结算书"和"设计费结算资料说明"、"Z市海洋温泉度假村一期工程各项目建筑面积表"；

被申请人共计支付了935万元。

（3）"分包合同"及"付款方式协议书"履行过程

中国B市设计研究院实际完成建筑面积34 289平方米，增加建筑面积15 289平方米。

（二）争议内容简介

1. 192案双方争议内容

（1）申请人的仲裁请求

1）裁令被申请人给付拖欠总设计协调费人民币56.84万元。

2）裁决被申请人给付拖欠上述款项的逾期付款违约金112.10万元（从2006年1月22日起计算，暂计至2009年11月30日，共1 409天）。

3）裁决由被申请人承担本案全部仲裁费用。

（2）被申请人的反请求

该案被申请人未提出反请求。

2. 197案双方争议内容

（1）申请人的仲裁请求

1）裁令被申请人依照"主设计合同"和"总平面及景观配合设计合同"约定给付拖欠的设计费本金104万元。

2）裁决被申请人给付逾期付款违约金205.1万元，合计309.1万元。

3）裁决被申请人给付"主设计合同"项下未结算部分设计费：

① 建筑面积超出原合同约定量的66.76%而需增付的设计费613.72万元；

② 因被申请人原因造成申请人重大设计返工费而需支付设计费496.74万元；

③ 被申请人要求申请人提供合同内容之外的设计服务而需支付的设计费59.19万元；

④ 支付拖欠上述应付款项之利息290.43万元，

主设计合同项下未结算部分设计费合计：1 460.08万元。

4）裁决由被申请人承担本案全部仲裁费用以及申请人因本案产生的律师费人民币5万元整。

（2）被申请人的反请求

该案被申请人未提出反请求。

（三）立案过程及仲裁过程简介

1. 192立案过程及仲裁过程

2009年11月20日，申请人根据《设计总协调工作协议书》中的仲裁条款向中国国际经济贸易仲裁委员会华南分会（以下简称"贸仲华南分会"）提交了仲裁申请书，贸仲华南分会受理了此案。

2009年11月26日，贸仲华南分会秘书处向被申请人发出了仲裁通知等文件，相关的仲裁文件也一并向申请人送达。

2009年12月21日，贸仲华南分会秘书处收到被申请人提交的《仲裁答辩书》，并转交给了申请人。申请人选定W先生担任仲裁员；被申请人选择X先生担任仲裁员。因双方未在规定的期限内共同选定或共同委托首席仲裁员，故由仲裁委员会主任指定H先生担任本案首席仲裁员。上述三名仲裁员于2009年12月25日共同组成仲裁庭，受理本案。

2010年2月9日，仲裁庭委托贸仲华南分会秘书处向双方当事人发出问题单，要求双方当事人在规定的期限内书面答复并提交补充材料。

2010年3月1日和2日，贸仲华南分会秘书处分别收到申请人和被申请人提交的问题答复单。

2. 197案立案及仲裁过程

2009年11月20日，申请人根据主设计合同和总平面及景观配合设计合同中的仲裁条款，向贸仲华南分会提交了仲裁申请书，贸仲华南分会受理了此案。

2009年11月27日，贸仲华南分会秘书处向被申请人发出了仲裁通知等文件。相关的文件也一并向申请人送达。

2009年12月21日，贸仲华南分会秘书处收到被申请人提交的《仲裁答辩书》以及证据材料，并转给了申请人。申请人选定W先生担任仲裁员；被申请人选择X先生担任仲裁员。因双方未在规定的期限内共同选定或共同委托首席仲裁员，故由仲裁委员会主任指定H先生担任本案首席仲裁员。上述三名仲裁员于2009年12月25日共同组成仲裁庭，受理本案。

2010年2月9日，仲裁庭委托贸仲华南分会秘书处向双方当事人发出问题单，要求双方当事人在规定的期限内书面答复并提交补充材料（若有）。

2010年3月1日和2日，贸仲华南分会秘书处分别收到申请人和被申请人提交的问题答复单。

2010年3月26日，仲裁庭在贸仲华南分会所在地开庭审理192和197案。开庭过程中，仲裁庭征得双方同意后进行了调解，双方表示愿在庭后自己进行协商及和解。双方在2010年4月13日向华南分会提交了"和解协议书"，仲裁庭依据《中华人民共和国仲裁法》第五十一条的规定和双方达成的《和解协议书》于2010年4月20日编写了"调解书"。

二、本案涉及的部分合同内容简介

（一）设计总协调工作协议书

1. 第四条：总设计协调费的计算与支付

（1）总设计协调费的计算

根据2002年建设部颁布的收费标准，总设计协调费为各设计单位基本设计收费的5%。考虑到双方保持长期友好合作关系的愿望，双方商定本项目的总设计协调费费率下调为4%。乙方协调工作范围内的总设计费暂估为人民币3 000万元，因此，总设计协调费暂定为人民币120万元（人民币3 000万元×4%＝人民币120万元）。实际总设计协调费等工程竣工验收时根据实际总设计费调整。

（2）支付进度（以下支付日均以款项从甲方银行汇出日为准）：

本协议签订后七日内支付暂定总设计协调费的20%，即人民币24万元，作为本协议履行保证的定金；本协议履行后，定金抵作设计协调费；

主体建筑方案设计阶段完成并由甲方书面签收后七日内支付暂定总设计协调费的20%，即人民币24万元；

主体建筑初步设计阶段完成并由甲方书面签收后七日内支付暂定总设计协调费的20%，即人民币24万元；

主体建筑施工图设计阶段完成并由甲方书面签收后七日内支付暂定总设计协调费的20%，即人民币24万元；

工程竣工验收通过后调整总设计协调费，甲方在七日内按调整后的总设计协调费付清余款。

2. 第五条：责任条款

甲方不按本协议规定的时间和金额支付设计协调费，应付款项仍得支付。另外，每逾期支付一天，应承担应付金额千分之二的逾期付款违约金。

（二）主设计合同

第二条说明"3"约定："以上所列出之层数及建筑面积为估算数，发包人可作出适当调整。如有重大改动，则双方协商解决"。

第五条说明，双方商定本合同设计收费为988元人民币。设计费支付进度为：

本合同签订七日后支付设计费的20%（197.6万元）作为定金；

初设文件交付七日内支付设计费的20%（197.6万元）；

第一批桩基础施工图文件交付后七日内支付设计费的10%（98.8万元）；

全部桩基础施工图文件交付后七日内支付设计费的10%（98.8万元）；

第一批施工图文件交付后七日内支付设计费的20%（197.6万元）；

全部施工图文件交付七日内支付设计费的15%（148.2万元）；

项目竣工验收后七日内支付设计费的5%（49.4万元）。

第六条 双方责任

6.1 发包人责任

6.1.2 发包人变更委托设计项目、规模、条件或因提交的资料错误，或所提交资料作较大修改，以致造成设计人设计需返工时，双方除需另行协商签订补充协议（或另订合同）、重新明确有关条款外，发包人应按设计人所耗工作量向设计人增付设计费。

第七条 违约责任

7.1 在合同履行期间，发包人要求终止或解除合同，设计人尚未开始设计工作的，不退还发包人已付的定金；已开始设计工作的，发包人还应依据设计人已进行的实际工作量付费。不足一半时，按该阶段设计费的一半支付；超过一半的，按该阶段设计费的全部支付。

7.2 发包人应按本合同第五条规定的金额和时间向设计人支付设计费，每逾期支付一天，应承担支付金额千分之二的逾期违约金。逾期超过30天以上时，设计人有权暂停履行下阶段工作，并书面通知发包人。发包人的上级或设计审批部门对设计文件不审批或本项目停缓建，发包人均按7.1条规定支付设计费。

7.3 设计人对设计资料及文件出现的遗漏或错误负责修改或补充。由于设计人员的过错造成工程质量事故损失，设计人除负责采取补救措施外，应免收直接受损失部分的设计费。损失严重的根据损失的程度和设计人责任的大小向发包人支付赔偿金，赔偿金由双方商定为实际损失的5%。

7.4 由于设计人自身原因，延误了按本合同第四条规定的设计资料及设计文件的交付时间，每延误一天，应减收该项目应收设计费的千分之二。

7.5 合同生效后，设计人要求终止或解除合同，设计人应双倍返还定金。

第八条 其他

8.4 发包人委托设计人承担本合同内容之外的工作服务，另行支付费用。

（三）总平面及景观配合设计合同

第二条 甲方委托乙方设计的内容

2.1 本合同甲方委托乙方设计的内容包括以下两个方面：

2.1.1 总平面部分：Z市海洋温泉度假村一期工程红线范围内（游乐园部分除外）的总平面设计，包括：建筑总平面设计，室外机动车道路、广场及停车场的联合设计；给排水管网及雨水、污水处理设施设计；各工种管道综合设计以及竖向设计。

2.1.2 景观配合部分：Z市海洋温泉度假村一期工程（游乐园除外）配合景观设计，包括：三座道桥、两座人行桥的联合设计；室外游泳池的联合设计。不含景观设计单位按其合同应自行完成的设计。

第六条 甲方支付乙方设计费用的进度及比例

6.1 定金：双方签署本合同后七日内，甲方支付乙方本合同总费用的20%，即：21.60万元人民币，作为合同定金；

6.2 第二次付费：乙方提供本合同2.1.1条规定内容的初步设计文件后七日内，甲方支付乙方本合同总费用的20%，即：21.60万元人民币；

6.3 第三次付费：乙方提供本合同2.1.1条规定内容的施工图设计文件后七日内，甲方支付乙方本合同总费用的35%，即：37.80万元人民币；

6.4 第四次付费：乙方提供本合同2.1.2条规定的景观配合设计的施工图文件后七日内，甲方支付乙方本合同总费用的20%，即：21.60万元人民币；

6.5 第五次付费（含设计配合尾款）：乙方提供完本合同2.1条规定内容的施工图文件，并完成施工图配合工作，在参加甲方组织的工程竣工验收后七日内，甲方支付乙方本合同总费用的5%，即：5.4万元人民币。

第八条 违约责任

8.1 在合同履行期间，甲方要求终止或解除合同，乙方尚未开始设计工作的，乙方不退还甲方已付的定金；已开始设计工作的，乙方不退还甲方已付的定金，甲方还应根据乙方进行的实际工作量付费。工作量不足一半时，按阶段设计费的一半支付。工作量超过一半时，按阶段设计费的全部支付。

8.2 甲方应按本合同第五条规定的金额和时间向乙方支付设计费，每逾期支付一天，应承担支付金额千分之二的逾期违约金。逾期超过30天以上时，乙方有权暂停履行下阶段工作，并书面通知甲方。甲方的上级或设计审批部门对设计文件不审批或本项目停缓建，甲方均按本合同8.1条规定支付设计费。

（四）分包合同

建设方（甲方）：Z市海洋温泉有限公司

主设计方（乙方）：S市建筑与工程设计顾问有限公司

合作设计方（丙方）：中国B市设计研究院

根据乙方与丙方签订的合作设计合同，丙方应收取的设计费按实际设计建筑面积30元/m^2计算，暂按3万m^2建筑面积计算设计费，丙方应收取的设计费总额暂定为30元/m^2×3万m^2=90万元人民币。竣工时按竣工建筑面积结清。应乙、丙双方要求，建设方同意将上述设计费直接支付丙方，在丙方收到设计费并书面通知乙方后，建设方从支付乙方的施工图阶段设计费中减扣同等数额的费用并书面通知乙方。

三、本案双方争论的关键问题

涉案项目是否竣工是双方争议的关键问题。

（一）申请人的观点

申请人作为该项目的主要设计单位，在完成施工配合后，至今仍未收到被申请人对该项目组织竣工验收的通知与指令。在"Z市建设信息网"的"质量监督"/"竣工备案查询"栏目下也未查询到该项目的竣工验收备案信息。显然，该项目一直未竣工验收。但是申请人通过公开的媒体信息了解到：有关"Z市海洋温泉度假村项目"度假区已于

2006年1月22日开始营业,并获得了轰动的社会声誉和经济效益。所以申请人有理由认为本项目已经竣工。

(二)被申请人的观点

"Z市海洋温泉度假村项目"度假区开业时,尚有部分项目未能投入使用,申请人认为的实际使用时间为2006年1月22日是不成立的,而且截止到2009年12月16日尚有主酒店的私人会所和部分园林景观等未能投入使用。

四、申请人的仲裁请求

(一)192案中申请人的仲裁请求

1. 申请人第一条仲裁请求

裁令被申请人给付拖欠总设计协调费人民币56.84万元。

(1)申请人观点

申请人认为,2003年4月15日,被申请人与申请人签订了《设计总协调工作协议书》。合同约定,鉴于"Z市海洋温泉度假村"项目规模大,条件复杂,参加的设计单位较多,且开发商对设计进度及质量均有较高要求,特委托申请人负责承担"Z市海洋温泉度假村"的规划设计总协调工作。总设计协调费暂定为120万元,共分五次支付(详见本案例前文二、(一)1.(2),此处不再重复)。

协议签订后,申请人依照合同约定的工作范围,逐条、切实地完成了合同所约定的设计总协调工作职责。协调工作范围内设计单位的实际总设计费已达3 821.06万元。按照合同第四条第1款中所约定的"实际总设计协调费待工程竣工验收时根据实际总设计费调整",本合同的总协调费应调整为:3 821.06万元 × 4‰ = 152.84万元。

被申请人已按照合同所约定的"支付进度",支付四期协调费,共计96万元。关于最后一期款项的支付,合同第四条第2款在"支付进度"中约定为:"工程竣工验收通过后调整总设计协调费,甲方在七日内按调整后的总设计协调费付清余款"。

目前,涉案项目虽未经竣工验收却早已投入使用近三年。被申请人一直未依照合同约定支付调整后的实际总设计协调费之尾款,尚欠付:152.84万元 − 96万元 = 56.84万元。

申请人就上述拖欠款项对被申请人进行了多次的口头及书面催告，但被申请人一直未作偿还。

为此，申请人要求被申请人给付拖欠总设计协调费56.84万元。

（2）被申请人观点

合同签订后，被申请人严格按合同约定已支付申请人96万元协调费，由于申请人未能全面履行合同项下的工作职责（合同义务），且在被申请人与申请人多次协调过程中又不能提供其履行工作职责的相关证据，被申请人与申请人未能最终结算。被申请人认为，申请人全面履行合同义务是被申请人支付相应价款的基础和前提，故被申请人有理由不支付其下欠尾款。另申请人认为其总协调费应为152.84万元，被申请人还欠其56.84万元，无任何证据可以佐证，被申请人不予认可。

2. 申请人第二条仲裁请求

裁决令被申请人给付拖欠总设计协调费的逾期付款违约金112.10万元（从2006年1月22日起计算，暂计至2009年11月30日，共1 409天）。

（1）申请人观点

由于涉案项虽未竣工验收却已投入使用三年，被申请人一直未依照合同约定支付调整后的实际总设计协调费之尾款，申请人就上述拖欠款项对被申请人进行了多次的口头及书面催告，但被申请人一直未作偿还。

为此，申请人要求被申请人根据《设计总协调工作协议书》第五条第五款之约定承担相应的逾期付款违约金：56.84万元×1 409天×2‰/天＝160.18万元，160.18万元×0.7＝112.10万元。（从该项目正式营运日即2006年1月22日起计算，暂计至2009年11月30日，共1 409天）。

（2）被申请人观点

对于申请人计算逾期付款违约金的基数标准、计算时间，被申请人均不认可。

1）申请人未能全面履行合同义务，不应按合同约定的价格支付其费用，除非申请人能提供其全面履行合同义务的有效证据。

2）被申请人亦未给申请人造成任何损失。根据《合同法》一百一十四条"当事人可以约定一方违约时应当根据违约情况向对方支付一定数额的违约金，也可以约定因违约产生的损失赔偿额的计算方法。约定的违约金低于造成的损失的，当事人可以请求人民法院或者仲裁机构予以增加；约定的违约金过分高于造成的损失的，当事人可以请求人民法院或者仲裁机构予以适当减少。当事人就迟延履行约定违约金的，违约方支付违约金后，还应当履行债务。"及《最高人民法院适用合同法司法解释》第四十二条之规定，合同中约定每日千分之二的逾期付款违约金，显然过分高于造成的损失，被申请人亦可请求仲裁机构予以减少。

3）申请人主张支付逾期违约金的时间是以涉案项目中Z市海洋温泉度假村开业的时间计算，Z市海洋温泉度假村开业时，尚有部分项目未能投入使用，申请人认为实际使用时间为2006年1月22日是不成立的。

综上，被申请人认为申请人的仲裁请求缺乏基本的事实根据及法律依据，请求驳回申请人之仲裁请求。

3. 申请人第三条仲裁请求

裁令由被申请人承担本案全部仲裁费用。

（二）197案中申请人的仲裁请求

1. 申请人第一条仲裁请求

裁令被申请人支付设计费本金104万元。

（1）申请人的观点

被申请人应依照合同约定给付拖欠的设计费本金人民币104万元。依据是：

1）两设计合同所约定的设计费总额为：988万元（"主设计合同"）+108万元（"总平面及景观配合设计合同"）=1 096万元。

2）被申请人对上述两个合同已付设计费为935万元。

3）"主设计合同"设计费还应减扣57万元的分包费。2004年2月签订的分包协议及附件将原由申请人承担的"主设计合同"中三个分项目（渔人码头、康体中心与酒店别墅）部分施工图设计工作委托给分包单位。分包协议约定分包费"按实际设计建筑面积30元/平方米计算"，并约定分包费由被申请人向分包单位直接支付并从应付申请人的设计费中减扣同等数额。上述三个分项目在"主设计合同"第二条中约定建筑面积为：8 000平方米+6 000平方米+5 000平方米=19 000平方米。故对于"主设计合同"所约定的988万元设计费部分，申请人应减扣分包费：19 000平方米×30元/平方米=57万

所以申请人认为被申请人需要支付1 096-935-57=104万元

（2）被申请人的观点

在申请人全面履行合同的情况下，按合同约定被申请人应支付设计费尾款71万元，对下欠尾款，被申请人认为应在申请人提供其全面履行合同证据的前提下，经被申请人确认并扣除设计过程中因存在错误给被申请人造成的损失后再另行结算。依据是：

1）两设计合同所约定的设计费总额为：988万元（"主设计合同"）+108万元（"总平面及景观配合设计合同"）=1 096万元。

2）被申请人对上述两个合同已付设计费为935万元。

3）"主设计合同"设计费还应减扣90万元的分包费。按"付款方式协议书"的约定，应直接支付分包方90万元。

所以被申请人认为自己只需支付1 096-935-90=74万元。

2. 申请人第二条仲裁请求

裁令被申请人支付逾期付款违约金205.1万元。

（1）申请人的观点

被申请人应依照合同约定给付设计费逾期违约金205.1万元。依据是：

"主设计合同"第七条及"总平面及景观配合设计合同"第8.2条规定发包人应按本合同第五条规定的金额和时间向设计人支付设计费，每逾期支付一天，应承担支付金额千分之二的逾期违约金。

拖欠款项的逾期付款违约金为：

104万元×1 409天×2‰/天=293.07万元，

293.07万元×0.7=205.1万元。

（2）被申请人的观点

本案并未竣工验收，不存在逾期付款的问题，也不存在逾期违约金。依据是：

Z市海洋温泉度假村2006年1月22日对外公布开业，但尚有部分项目未投入使用，媒体刊登开业时间不应为实际使用时间。另合同约定的逾期付款违约金为每日千分之二，依据合同法及最高法院相关司法解释，过高于实际损失，可请求仲裁机构予以减少。本案申请人无任何实际损失，因本案未竣工验收，不存在逾期付款的问题。

3. 申请人第三条仲裁请求

裁令被申请人给付主设计合同项下未结算部分设计费及利息，包括建筑面积超出原合同约定量的66.76%而需增付设计费613.72万元；因被申请人原因造成重大设计返工费而需支付设计费496.74万元；合同内容之外的设计服务而需支付设计费59.19万元；支付拖欠上述应付款项之利息290.43万元。共计1 460.08万元。

（1）申请人的观点

建筑面积超出原合同约定量的66.76%而需增付设计费613.72万元。依据是：

1）依据主设计合同第2条约定，增加面积可增收费；

2）原定9个项目建筑面积为11.99万平方米，实际完成19.9947万平方米，增加8.0047

万平方米；

3）设计费单价为：988万元÷11.99万平方米=82.4元/平方米，其中988万元为"主设计合同"合同额。

要求结算增加：8.0047万平方米×82.4元/平方米=659.587万元

4）增加建筑面积扣45.867万元分包费

因被申请人原因造成重大设计返工费而需支付设计费496.74万元。依据是：

1）主设计合同6.1.2条关于增付设计费的规定。

2）2004年1月16日，申请人要求被申请人开会协调设计问题，因被申请人设计进度要求，在申请人即将交付全部施工图后，被申请人才提出修改意见，导致重大修改2次，造成返工。

返工计算公式：返工所涉工程量（建筑面积）×计费单价=返工费

私人会所返工费：5 712平方米×39.36元/平方米=22.48万元；

主酒店与会议酒店返工费：115 112平方米×41.2元/平方米=474.26万元

合计：496.74万元。

被申请人要求申请人提供合同内容之外的设计服务而需支付设计费59.19万元。依据是：

1）主设计合同8.4条规定发包人委托设计人承担本合同内容之外的工作服务，另行支付费用。

2）要求申请人代替原方案设计单位进行设计，如温泉中心立面设计，主酒店卡拉OK房等。

温泉中心立面方案设计费用：5 488平方米×20元/平米=10.98万元；卡拉OK方案设计费用：1 950平方米×20元/平方米=3.9万元；

人防工程方案设计费用：6 405平方米×20元/平方米=12.81万元，

以上工作合计设计费27.69万元。

3）要求申请人专人驻场属于设计外的设计服务共21个月，应收费：

1.5万元/月×21月=31.5万元。

4）以上2）、3）两项共计：59.19万元。

支付拖欠上述应付款项之利息290.43万元。依据是：

1）被申请人拖欠设计费共计1 169.65万元，申请人要求按人民银行同期贷款利率计算。

2）计息起算日期为该项目正式开业日，即2006年1月22日（合同法61条、62条，高法施工合同纠纷解释17条、18条）。

3）人民银行同期贷款利率（1~3年贷款基准利率）计算可知：1 169.65万元的利息为290.43万元。

以上未结算设计费及利息合计：1 169.65万元+290.43万元=1 460.08万元。

（2）被申请人的观点

申请人主张因建筑面积增加而增加设计费613.72万元，其理由不成立。依据是：

1）合同第五条明确约定，本合同设计收费为988万元、合同第二条所附表格说明项3明确"以上所列之层数及建筑面积为结算数，发包人可作出适当调整，如有重大改动，则双方协商解决"。这两项都表示"主设计合同"约定的价格为包死价。

2）"主设计合同"系被申请人与申请人自愿签订，合法有效。

申请人主张因重大设计返工而增加设计费496.74万元，其理由不成立，依据是：

1）"主设计合同"所称"重大改动"应满足程序要件及价格约定和法律规定。

2）"主设计合同"第6.1.2条明确必须满足的程序要件为重新签订补充协议（或另订合同）。"主设计合同"所称"重大改动"当然在此之列。同时，对此部分设计人应收取的设计费亦约定为按期所耗工作量增付设计费，带有明显的补偿性质。该条款的约定与《工程勘察设计收费管理规定》第十一条的规定，"由于发包人原因造成工程勘察、工程设计工作量增加或者工程勘察现场停工、窝工的，发包人应当向勘察人、设计人支付相应的工程勘察费或工程设计费"精神一致，均体现其具有补偿性质。

3）申请人所称的建筑面积的变动已达到"重大改动"的请求，既不符合合同所规定的程序要件，亦未按合同约定计算设计费的标准计价。

4）原合同范围内的调整补充与重大设计返工有质的区别。

5）申请人对原合同范围内的调整补充作为"重大设计返工"提出增加设计费的请求既不符合"主设计合同"6.1.2条的程序要求和价格约定，同时亦违背"主设计合同"6.2.5条的约定。

6）被申请人对申请人交付的资料及文件有权按规定提出意见并作必要的审查。上述行为均属原合同范围内的调整补充。

被申请人认为"合同之外的设计服务费"包含在"主设计合同"和其他合同中，理由如下：

1）申请人对此部分的诉求既未按合同规定的程序要件重新签订合同，亦未有被申请人的任何文字的确认。

2)"人防工程方案设计"包含在"主设计合同"中,见"主设计合同"第二条说明项1。

3)存在重复计费部分,如"渔人码头"重复出现在"主设计合同"和其他设计合同中。

申请人对其所列各项仲裁请求均无证据证明。根据"谁主张,谁举证"的原则,申请人有义务证明其主张。

并且,被申请人在2010年3月2日提交的"仲裁案需回答的问题"中表明,对利息的计算基数和计算起始时间不认可。

4. 申请人第四条仲裁请求

裁令由被申请人承担本案全部仲裁费用。

五、仲裁庭的调解

(一)和解协议书

甲方:Z市海洋温泉有限公司

乙方:S市建筑与工程设计顾问有限公司

一、争议陈述

在192号案中,甲乙双方在《设计总协调工作协议书》中约定的设计协调费总计为120万元。在197号案中,甲乙双方在《"Z市海洋温泉度假村"建设工程设计合同》及《"Z市海洋温泉度假村一期工程总平面(不含游乐园)及景观配合设计"建设工程设计合同》中所约定的设计费为人民币1 096万元。

现乙方于2009年11月20号向贸仲华南分会提起仲裁,乙方认为总设计协调费应调整为152.84万元,并申请支付违约金为112.1万元;乙方认为总设计费应为2 265.65万元,并申请支付违约金及利息总计为495.53万元。

二、达成协议

因上述合同所涉及项目均未最终结算,经贸仲华南分会仲裁庭针对192号案和197号案进行开庭审理,双方充分协商,达成一致意见:甲方向乙方支付人民币650万元,乙方放弃其他请求。

三、协议履行方式

1. 在甲乙双方签署本协议后,贸仲华南分会根据本协议书依法出具调解书并向双方送达调解书,甲方在收到调解书及乙方出具的等额完税发票后10个工作日内向乙方支付人民币615万元。

2. 乙方应根据政府及甲方的有关要求,积极配合甲方做好乙方设计总承包项下的工程(包括分包工程即中国B市设计研究院所负责工程)的竣工验收、竣工图编制和审核、工程竣工验收备案及其他手续等工作,直到甲方取得房产证。乙方完成前述事宜后,甲方在收到乙方出具的等额完税发票后10个工作日内,向乙方支付余款人民币35万元。

3. 甲乙双方的结算及后期的相关配合工作,乙方需指定专人来负责直至完成整个结算工作。

4. 律师费双方各自负担。鉴于仲裁费已由乙方预付,甲方需负担一半。甲方在收到乙方提供的由贸仲华南分会出具的收据原件后10个工作日内支付。

四、若任何一方不履行本协议的内容,另一方均有权申请强制执行。

五、本协议签订后10个工作日内,双方共同向贸仲华南分会申请对本案调解结案,由仲裁委员会出具调解书。

六、本协议一式五份,甲乙双方各执两份,另一份由贸仲华南分会备存,每份均具同等法律效力。

七、本协议自双方签字盖章之日起生效。

甲方(盖章):Z市海洋温泉有限公司

代表(签字):

日　　　　期:2010年　　4月　　13日

乙方(盖章):S市建筑与工程设计顾问有限公司

代表(签字):

日　　　　期:2010年　　4月　　13日

(二)调解书

根据《仲裁法》第五十一条、第五十二条、《仲裁规则》第四条第(二)款、双方当事人签署的上述《和解协议书》以及双方当事人提交的申请仲裁庭根据《和解协议书》出具调解书的书面申请,仲裁庭制作如下调解书:

(一)确认本案双方当事人签署的《和解协议书》在双方签字盖章之日起生效,双方均应遵照执行。

（二）确认就192号仲裁案和197号仲裁案，被申请人共向申请人支付人民币650万元，两案仲裁费由申请人和被申请人各自负担一半，192号仲裁案和197号仲裁案就此终结。

（三）根据本案双方当事人签署的《和解协议书》，在被申请人收到本调解书及申请人出具的等额完税发票后10个工作日内向申请人支付人民币615万元。

（四）申请人依据设计合同积极配合被申请人做好申请人设计总承包项下的工程的竣工验收、协助竣工图的编制和审核、工程竣工验收备案及其他手续、补充完善竣工验收备案所需要的合同内规定的相应图纸及资料等工作。申请人完成前述事宜后，被申请人在收到申请人出具的等额完税发票后10个工作日内向申请人支付余款人民币35万元。申请人应根据被申请人要求安排人员按时按质按量完成相关配合工作。

（五）律师费由双方各自负担。

（六）本案仲裁费人民币183 484元，由双方当事人各自承担一半，即人民币91 742元。申请人已经预缴的仲裁费人民币183 484元不予退还，被申请人在收到申请人提供的贸仲华南分会出具的收据原件后10个工作日内向申请人支付为其垫付的仲裁费人民币91 742元。

（七）若任何一方不履行本协议的内容，另一方均有权申请强制执行。若被申请人未按照上述时间付款，则按照逾期付款金额的每天万分之六向申请人支付逾期付款违约金。

仲裁庭要特别指明：上述第（三）和第（四）项涉及的支付款项是指"192号仲裁案"和"197号仲裁案"两案双方对争议的款项达成的由被申请人向申请人支付款项的总和；《和解协议书》中关于一方当事人承担仲裁费的数额人民币113 714元是指"192号仲裁案"和"197号仲裁案"两案中一方当事人承担仲裁费款额的总和。

本案仲裁员实际开支费共计人民币4 099元，由申请人和被申请人各自承担一半，即人民币2 049.50元。申请人预缴的费用人民币6 000元，扣除应承担的费用，余款人民币3 950.50元退还给申请人；被申请人预缴的费用人民币6 000元，扣除应承担的费用，余款人民币3 950.50元退还给被申请人。

本调解书自双方当事人签收之日起发生法律效力。

六、分析评论

（一）调解-和解是解决争议的最佳途径

1. 本案例包括两个仲裁案，而申请人和被申请人均分别为同一单位，涉及5个设计合同履行过程中的多项争议和索赔，案情也比较复杂。若是由仲裁庭裁决可能需要双方继续补充一定数量的证据，增加开庭次数，裁决的时间肯定会比较长。但这两个案子在仲裁庭的调解下，双方同意庭下协商并最终达成了和解，仲裁庭据此写出了"调解书"。

双方和解后，由甲方向乙方支付设计费650万元，这一款额仅为设计人向发包人申请索赔款额的大约三分之一。设计人得到了拖欠的设计费的补偿，发包人则省下了一大笔不必要支付的款额，650万元的款额是双方自愿协商达成的，因而是双方都可以接受的，对双方都是比较公平的。

2. "调解书"有法律效力

一般双方和解后，仲裁庭据之做出的裁决书是有法律效力的。

《仲裁法》第五十一条规定：仲裁庭在作出裁决前，可以先行调解。当事人自愿调解的，仲裁庭应当调解。调解不成的，应当及时作出裁决。调解达成协议的，仲裁庭应当制作调解书或者根据协议的结果制作裁决书。

调解书与裁决书具有同等法律效力。

（二）关于几份设计合同的点评

1. 本案的设计合同总体清晰合理

本案例涉及5种不同类型的设计合同，为了供设计单位制定设计合同时参考，在本案例中援引了少数相关的设计合同条款。从中可以看出，这些条款的规定总体是比较清晰合理的，是可资借鉴的，如各个阶段图纸交付后付款日期规定明确，又如"违约责任"对双方的义务和违约时的处罚规定总体也比较清晰（详见本案例上文二、（二）第七条）。

2. 违约金的上限问题

被申请人认为，根据《合同法》一百一十四条及《最高人民法院适用合同法司法解释》第四十二条规定，合同中约定每日千分之二的逾期付款违约金，显然过分高于造成的损失，被申请人可请求仲裁机构予以减少。

笔者认为，千分之二的逾期付款违约金在各类设计合同中并不算高，也说不上是"过分高于造成的损失"，问题在于没有约定违约金的上限。

在某些香港建筑师行的设计合同中规定，违约金的上限为该阶段付款款额的百分之二十。

FIDIC《委托人/咨询工程师协议书》（白皮书）（2006年第四版）中6.3款"赔偿的限额"（Limit of Compensation）中规定，任一方向另一方支付的赔偿不应超过专用条件中规定的限额。但此限额不包括逾期未向咨询工程师付款而应支付的利息和双方商定的其他赔偿。

总之，在签订合同时，既要规定明确的违约金款额，又应规定违约金的上限。

3. 违约金和利息的关系

一般在合同中如果有明确的违约金的规定则应遵照执行。但在有些情况下，拖欠支付款的问题在"违约责任"中没有规定，则应支付拖欠款的利息，利率按照中国人民银行该年限相关时段的贷款利息计算。

（三）应该避免在仲裁申请文件中的计算错误

192案提交的证据材料，包括一份"设计总协调费核算单"，其中存在大量的计算错误，包括：数据来源不明，计算错误，小数点标注错误（如78.00万元标为7800万元）等。

笔者在其他案件中也常常发现提交的文件中有不少计算错误，这一方面是代理人工作责任心的问题，另一方面也是缺乏一个好的工作习惯，在工程项目的各种计算和图纸中，总是要有一个"校核人"，"校核人"的责任重大。

建议案件的代理人（包括律师和项目管理人员、工程师等）都应该对报送的材料，特别是索赔的计算数据进行认真反复的核对，避免类似错误。

参考文献

FIDIC, Consultant Model Services Agreement (2006 4th Edition)

施工案例
05-15

某住宅总承包工程工期争议索赔仲裁案例*

摘要

本案涉及的是一个承包人（申请人）和房地产项目开发商——发包人（被申请人）之间的争议，争议的焦点包括工期（涉及开工、竣工日期）的确定，以及由于发包人的变更等多种原因引起的承包人的工期索赔的认定。另外，发包人认为承包人工期延误，扣发了数额不菲的拖期违约赔偿金，而承包人不同意该笔扣款，申请要求仲裁裁决返还该笔扣款以及相应的利息，并赔偿因工期延误造成的窝工损失费等。发包人在反请求中请求裁决确认其有权扣除承包人的拖期违约赔偿金等款项。案例中对有关款项数额也做了一些改动。

本文最后专门从工程项目管理的角度对涉案有关的问题，如：对开工日期的认定问题（重点介绍了国内外对开工日期的约定方式，并进行了评论）；申请竣工验收和竣工日期的相关问题；驻地建筑师对承包人申请工期延期的批复是否有效的问题；保留金的扣留限额和利息支付问题；窝工费申请问题以及如何及早拿到工程结算款问题等，进行了分析和讨论。

为了引用文件和阅读理解方便，本文在案情介绍部分均用申请人和被申请人，在分析评论部分则用承包人和发包人。

关键词 工程延期 拖期违约赔偿金 窝工损失费

---

* 本案例首次发表在《仲裁与法律》第122辑（2012年5月），这次发表时做了少量修改。

一、本案内容简介

（一）工程项目简介

2002年3月20日，我国某建设工程公司（下称"申请人"）下属的S分公司与香港某地产公司国内S市的分公司（下称"被申请人"）签订《中国S市S区HH住宅发展四期总承包工程合同文件》（下称"总承包工程合同文件"），由申请人承建施工"HH住宅发展四期总承包工程"（下称"总承包工程"）。

承包金额约定为人民币12984万元。合同工期约定为400天。

2002年2月9日，S市×××建筑师事务所（以下称"建筑师"）向申请人发出正式开工指令，指令中指定2002年2月21日为总承包工程开工日期。

2002年4月28日，申请人进场施工。2003年11月20日，工程通过竣工验收，并交付被申请人使用。

2004年1月15日和2004年10月20日，建筑师两次正式批核的工程延期天数合计158天。

2004年3月22日，建筑师发出《工程竣工证书》，证明总承包工程已于2003年12月5日按合同和建筑师指示竣工，并自2003年12月6日起进入保质期。

2002年6月至2004年1月期间，被申请人分22笔向申请人总共支付工程款人民币12622万元。但此后被申请人未再支付任何款项。申请人认为，扣除垫付的相关费用，被申请人尚拖欠工程款人民币1712万元，并造成申请人利息损失人民币643万元（包括保留金及未付工程余款的利息）。

2006年12月26日，被申请人为涉案工程聘请估算师结算，确认涉案工程的最终结算金额为人民币14278万元。根据合同条件附录的约定，工程保留金为竣工结算合同价的5%，即人民币717万元。

（二）争议内容简介

1. 申请人的仲裁请求

（1）裁令被申请人向申请人支付工程款人民币1712万元及利息人民币643万元；

（2）裁令被申请人向申请人赔偿因工期延误造成的窝工损失人民币200万元；

（3）本案的仲裁费用由被申请人承担；

（4）裁令被申请人补偿申请人因仲裁本案需支出的律师费人民币100万元。

2. 被申请人的反请求

（1）请求裁决确认被申请人有权在应付给申请人的工程款中扣除申请人应当承担的拖期违约赔偿金人民币1758万元；

（2）请求裁决申请人向被申请人支付扣减应付工程款后剩余的拖期违约赔偿金人民币119万元；

（3）本案反请求的仲裁费用由申请人承担。

3. 立案及仲裁过程简介

（1）申请人在2010年向中国国际经济贸易仲裁委员会（下称"贸仲"）华南分会（下称"华南分会"）提出仲裁申请，并于2010年7月20日提交了仲裁申请书及证据材料。被申请人于2010年9月1日向华南分会秘书处提交了答辩书、反请求申请书及证据材料。

申请人指定了C先生、被申请人指定了W先生为仲裁员，贸仲主任指定H先生为首席仲裁员。以上三名仲裁员于2010年8月19日组成仲裁庭审理本案。

本案仲裁程序适用贸仲自2005年5月1日起施行的《仲裁规则》。

（2）为查清本案相关事实，仲裁庭于2010年10月11日向双方当事人发出书面问题单，要求双方在2010年10月20日前进行书面答复。

（3）2010年11月3日，仲裁庭在深圳进行了开庭审理，申请人委托代理人和被申请人委托代理人均到庭参加了庭审程序。庭审中，双方当事人各自陈述了本案案情、发表了意见，出示和质证了相关证据，并进行了辩论。仲裁庭进行了询问和调查。

开庭后，经双方当事人同意，在仲裁庭主持下进行了调解，申请人也提出了和解方案，但被申请人未同意。经征得双方当事人同意，本案于2010年12月2日在仲裁庭的主持下再次进行了调解，但最终因双方意见不一致，未能达成和解。

因此，仲裁庭于2010年12月18日对本案做出裁决。

二、本案双方争议的关键问题和仲裁庭裁决意见

工期和工期延期问题的争议影响到双方各个主要争议点的裁决，所以仲裁庭首先就工期和工期延期的相关问题进行了分析和裁决。

（一）开工日期和竣工日期的认定问题

1. 申请人的观点

（1）开工日期

开工日期应为2002年4月28日。依据是：

1）被申请人获得涉案工程的"建筑工程施工许可证"时间为2002年4月28日。根据《建筑法》第七条规定"建筑工程开工前，建设单位应当按照国家有关规定向工程所在地县级以上人民政府建设行政主管部门申请领取施工许可证"。原建设部《建筑工程施工许可管理办法》第十条规定"对于未取得施工许可证或者为规避办理施工许可证将工程项目分解后擅自施工的，由有管辖权的发证机关责令改正，对于不符合开工条件的，责令停止施工，并对建设单位和施工单位分别处以罚款"。可见，"建筑工程施工许可证"是法定的进行施工的许可证书，未获得不能进行施工。

2）涉案工程的"单位工程开工报告"中监理单位批准的开工时间为2002年4月28日。

3）被申请人虽向申请人发出了"开工指令"且定于2002年2月21日开工，但实际未获得政府许可，不具备开工条件，申请人无法实际进行施工。

（2）竣工日期

竣工日期应为2003年11月19日。依据是：

1）涉案工程"建筑工程竣工验收报告"明确记载竣工日期为2003年11月19日。《S市施工监理规程》第25.3.1条规定"工程的竣工日是承包人按照25.1的规定通过竣工初步验收并整改完毕后最后一次向监理工程师提交竣工验收申请报告的日期。"《建设工程质量管理条例》第十六条规定"建设单位收到建设工程竣工报告后，应当组织设计、施工、工程监理等有关单位进行竣工验收"。"建筑工程竣工验收报告"系被申请人认可工程通过竣工验收的正式资料，也是《房屋建筑工程和市政基础设施工程竣工验收暂行规定》中规定的工程验收合格的证明材料。

2）《房屋建筑工程和市政基础设施工程竣工验收备案管理暂行办法》第四条规定"建设单位应当自工程竣工验收合格之日起15日内，依照本办法规定，向工程所在地的县级以上地方人民政府建设行政主管部门（以下简称"备案机关"）备案"。根据《房屋建筑工程和市政基础设施工程竣工验收备案管理暂行办法》的规定，"竣工验收备案"只是主管单位对建设工程质量监督的一种行政管理手段，是对工程竣工验收的事后监督，不是事中监督。竣工验收备案时间不应作为工程竣工验收时间，而应以实际竣工验收时间为准。

3）无论建筑师是否发出被申请人所称的《工程竣工证书》，其认定的工程竣工时间也应以事实为依据，否则其认定的竣工时间也应是无效的。

（3）工期

工程实际施工期间为571天（2002年4月28日~2003年11月19日），比合同中约定的400天工期延长了171天。

2. 被申请人的观点

（1）开工日期

2002年2月9日，建筑师向申请人发出正式开工指令，定于2002年2月21日为总承包工程开工日期。

据此，被申请人认为，应当自建筑师正式开工指令中确定的2002年2月21日起算。

（2）竣工日期

2004年3月22日，建筑师发出《工程竣工证书》，证明总承包工程已于2003年12月5日按合同和建筑师指示竣工，并自2003年12月6日起进入质保期。

据此，被申请人认为，实际竣工日期为建筑师在其发出的《工程竣工证书》中指明的日期，即2003年12月5日，而非申请人在其仲裁申请书中主张的工程竣工验收日期2003年11月20日。

（3）工期

工程实际施工期间为653天（2002年2月21日~003年12月5日），比合同中约定的400天工期延长了253天。申请人提出的实际工期为571天的主张不符合合同约定。

3. 仲裁庭的意见

（1）开工日期

根据《中华人民共和国建筑法》第七条规定："建筑工程开工前，建设单位应当按照国家有关规定向工程所在地县级以上人民政府建设行政主管部门申请领取施工许可证；但是，国务院建设行政主管部门确定的限额以下的小型工程除外。"

根据中华人民共和国原建设部《建设工程施工许可管理办法》第三条规定："本办法规定必须申请领取施工许可证的建设工程未取得施工许可证的，一律不得开工"。

建设监理单位2002年5月11日出具的《单位工程开工报告》中注明了总承包工程的开工日期为：2002年4月28日。

根据上述法律法规和监理单位的开工报告，仲裁庭确认，开工日期应该是领取了施工许可证的日期，即2002年4月28日。

（2）竣工日期

根据《建筑法》第六十一条："交付竣工验收的建筑工程，必须符合规定的建筑工程质量标准，有完整的工程技术经济资料和经签署的工程保修书，并具备国家规定的其他竣工条件。建筑工程竣工经验收合格后，方可交付使用；未经验收或者验收不合格的，不得交付使用。"

根据2005年1月1日起施行的《最高人民法院（以下简称"高法"）关于审理建设工程施工合同纠纷案件适用法律问题的解释》（法释〔2004〕14号）第十四条："当事人对建设工程实际竣工日期有争议的，按照以下情形分别处理：

1）建设工程经竣工验收合格的，以竣工验收合格之日为竣工日期；

2）承包人已经提交竣工验收报告，发包人拖延验收的，以承包人提交验收报告之日为竣工日期；

3）建设工程未经竣工验收，发包人擅自使用的，以转移占有建设工程之日为竣工日期。"

综上，仲裁庭认为：竣工日期应为《S市建筑工程竣工验收报告》中标明的竣工日期，即2003年11月19日。

（3）工期

综上所述，仲裁庭认为：总承包工程的开工日期为2002年4月28日，竣工日期为2003年11月19日，总承包工程的实际工期应为571天。

（二）工期延期问题

1. 申请人的观点

根据前述开工和竣工时间，涉案工程工期为571天（2002年4月28日－2003年11月19日）。

（1）2004年10月20日，地产公司聘请的建筑师S市某建筑师事务所出具的"关于延期申请评估事宜（二）"确认顺延工期158天。

（2）建筑师唐某单项确认的顺延工期共108天。

上述合计，建筑师确认顺延工期266天。

2. 被申请人的观点

2004年1月15日，建筑师正式批核工程延期122天。2004年10月20日，建筑师又正式批核新增工程延期36天，合计总评估批核的工程延期天数为158天。

建筑师唐某在申请人提交的延期申请函（共计108天工程延期）上草签的意见仅为非正式的内部工作草稿，并非建筑师事务所对工期顺延的正式确认，不应构成对工期顺延的批核及确认。被申请人对此不予认可。理由如下：

（1）建筑师事务所出具的建筑师正式批核指令是以其单位信笺打印，并由建筑师签字后正式发送给申请人，同时抄送被申请人、×××（估算师）中国公司（以下称估算师）等，并在其后附有《延期申请评估表》。

（2）建筑师唐某仅在申请人提交的延期申请函上草签意见，且在签名前加上"CA"，以区别于建筑师事务所出具的建筑师正式批核指令上的签字格式区别。此外，该5页草签意见也没有像建筑师事务所出具的建筑师正式批核指令那样抄送相关各方，也没有在其后附有《延期申请评估表》。

（3）建筑师唐某本人出具的经过公证的《声明书》中明确澄清："附件一内本人手写批注的内容仅为非正式的批核草稿，其中拟批核的天数并未最终确定，仅供施工单位与建设单位双方就工期顺延问题再次进行协商时参考。上述手签批注尚未完成建筑师事务所出具正式建筑师指令的有关程序，并非正式的建筑师批核指令，不应构成对总承包工程工期延误的批核及确认。所有工期延误的批核应以相关合同为原则而确定，以建筑师事务所出具的建筑师正式批核指令为准。"

（4）申请人于2006年7月7日向被申请人提出"建筑师事务所已就我司提供的延期申请资料最终评审303天"，被申请人从未见过该文件，并随即向建筑师事务所查询，该所建筑师刘某即以正式函件回复澄清：

"函中横线所示业主委托顾问已经对总包延期申请资料'最终评审303天'的提法并不确实。经查该评审仅为业主、顾问等相关多方在工程延期评审过程中的讨论草稿，尚未得到确认，现予以澄清。经复核，迄今业主、顾问共同评审已确认的工程延期为158天，特此记录。"

3. 仲裁庭的意见

根据涉案双方提交的资料，可以看出，当时确有一些干扰施工进度的外界因素，申请人也提交了工期延期的申请，建筑师唐某也在申请人提出的申请报告上签署了同意工期延期的意见。这五份证据是真实的。

但根据双方对问题的回答以及申请人提交的证据，签字人建筑师唐某在《声明书》中的澄清，这五份证据不是建筑师事务所正式批准的工期延期证明。

因而，不能根据这五份证据认定建筑师事务所已正式批复了108天的工期延期。建筑师事务所正式批准的工期延期为158天。

三、申请人的仲裁请求及仲裁庭裁决意见

（一）申请人第一条仲裁请求

裁令被申请人向申请人支付工程款人民币1712万元及利息人民币643万元。

1. 关于支付工程款人民币1712万元的请求

（1）申请人观点

请求裁令被申请人向申请人支付工程款人民币1712万元。

申请人认为，2006年12月26日，被申请人为涉案工程聘请的估算师出具《总承包工程最终结算账目表》，确认涉案工程的最终结算金额为人民币14278万元。申请人认为被申请人扣减人民币56万元的维修费没有依据，认为最终结算金额实际应为人民币14334万元。根据《总承包工程合同文件》之《合同条件》附录的约定，工程保留金应为人民币717万元。

2002年6月至2004年1月，被申请人分22笔向申请人总共支付工程款人民币12622万元。但此后被申请人未再支付任何款项，至今尚拖欠申请人工程款人民币1712万元。

申请人于2010年10月15日在对仲裁庭问题单的书面答复中，对扣除工程缺陷维修费人民币73万元和定额检测费人民币1万元予以确认，即认可被申请人未付的工程款余额为人民币1638万元。

（2）被申请人的观点

1）经过双方当事人的核对和协商工作，最终于2008年4月25日双方确认总承包工程最终结算账目金额为人民币14334万元。

2）应该以双方确认的总承包工程最终结算账目金额减去被申请人已经支付的工程款人民币12622万元，再减去申请人同意并确认应当扣除的工程缺陷维修费用人民币73万元（截止至2008年2月29日）和定额检测费人民币1万元，被申请人尚未支付的工程款数额为人民币1638万元，而非申请人在其《仲裁申请书》中主张的数额人民币1712万元。

3）被申请人认为其有权从根据合同应付或届期应付与承包人的金额内扣除拖期违约赔偿金的金额远高于申请人主张的工程款欠款（见本案例后一部分），因此，申请人关于工程款本金的请求不能成立。

（3）仲裁庭的裁决意见

1）涉案双方均确认，总承包工程的最终结算金额为人民币14334万元。

2）涉案双方均确认，总承包工程的结算费用，被申请人已向申请人支付人民币12622万元。

3）涉案双方均确认，总承包工程最终结算金额人民币14334万元中应扣除：

① 雇主另雇其他单位维修缺陷之费用人民币73万元；

② 雇主代缴之定额检测费用人民币1万元。

4）仲裁庭根据以上情况确认，被申请人应向申请人支付至今尚拖欠的总承包工程的结算款人民币1638万元。

2. 关于支付工程款利息人民币643万元的请求

（1）申请人的观点

申请人认为被申请人应支付工程款利息人民币643万元，计算方法如下：

1）保留金人民币717万元的一半人民币358万元的利息自竣工之日即2003年11月20日起计算；

2）保留金的一半人民币358万元的利息自竣工两年即2005年11月20日起计算；

3）工程余款的利息自竣工一年即2004年11月20日起计算。

以上均暂计算至2010年7月31日，应计至付清之日止。

（2）被申请人的观点

利息的计算不应从申请人主张的竣工验收之日起算，而应自双方基本确定总包工程最终结算金额的2008年4月25日起算，因为最终结算迟延的责任不应由被申请人承担。

（3）仲裁庭的意见

1）相关合同条款

根据相关合同条款《总承包工程合同文件》之《合同条件》中：

第30条（4）（b）约定：在发出"实际竣工证书"时，建筑师或建设单位应发出一份为数相等于保留金总额一半的证书，而承包人向建设单位出示任何该证书后，应在本合同条件附录中所指明的"承兑证书期"内获支付上述款项。

第30条（4）（c）约定：在合同条件附录中所指明的缺陷保修期届满后或在发出缺陷修复竣工证书时，取其较迟者，建筑师或建设单位应发出一份为数相等于保留金余额的证书，而承包人向建设单位出示任何该证书后，应在本合同条件附录中所指明的"承兑证书期"内获支付上述余额。

本合同条件附录中约定："承兑证书期"为14天。

第30条（6）约定：在尽快时间内，惟应在根据本合同条件附录中所指定的缺陷保修期届满三个月内、或在根据本合同条件第15条缺陷修复竣工后三个月内或当建筑师收到根据本条第（5）款（b）项所提及的文件后三个月内，取其最后日期，建筑师或建设单位应发出最终证书。最终证书应注明：（a）先前已被证实的所有款项的总和，及（b）

依照本合同条件所需调整后的承包金额。

而两项金额间的差额（如有时）应明确地在该证书中按其情况作为应由建设单位付予承包人或由承包人付予建设单位的余额显示。该项余额，于根据本合同授权扣除的款项后，应在承包人向建设单位出示最终证书后十四天内作为一项欠款由建设单位支付给承包人，或按其情况应在建筑师或建设单位发出最终证书后十四天内作为一项欠款由承包人支付给建设单位。

2）承包人欠款利息计算起始日期

根据《总承包工程合同文件》之《合同条件》中第30条（4）(b)、(c)，仲裁庭认为，承包人欠款利息计算起始日期应为：

① 保留金人民币717万元的一半358万元应自竣工之日后14天的次日，即2003年12月4日起计算；（按五年以上贷款利率计算）

② 保留金的另一半358万元应自竣工两年后14天的次日，即2005年12月4日起计算；（按五年以上贷款利率计算）

③ 根据《总承包工程合同文件》之《合同条件》中第30条（6）以及上述的双方来往信函可以确定：应支付的最终金额中未支付的部分欠款的利息的计算日期应自2008年4月25日之后的14天的次日，即2008年5月10日起计算。（按两年贷款利率计算）

3）欠款利息计算的截止日期及应支付的利息款额

关于被申请人欠款利息的计算数额，暂计至2010年12月18日，即应由被申请人向申请人支付拖欠款项利息人民币387万元。被申请人还应向申请人支付由2010年12月19日至全部应支付工程款款项付清之日的利息。

（二）申请人第二条仲裁请求

裁令被申请人向申请人赔偿因工期延误造成的窝工损失人民币200万元。

1. 申请人观点

由于非申请人的原因引起工期延误，给申请人造成了巨额经济损失。仅设备、管理人员工资、周转材料停工窝工一项，申请人受到的损失就达人民币470万元，本次仲裁申请人只请求人民币200万元。

2. 被申请人观点

申请人仅在其《仲裁申请书》中提出了要求被申请人赔偿窝工损失的请求，但没有提供任何证据，也没有解释其所谓的窝工损失是如何计算出来的。被申请人认为，申请人的该项请求没有任何事实依据或者法律依据，理应予以驳回。

3. 仲裁庭裁决意见

仲裁庭已裁定（见上文）总承包工程开工日期应为2002年4月28日，竣工日期应为2003年11月19日，实际工期应为571天，工程实际延长了171天（包括拖期13天）。

经查阅建筑师事务所批准的158天延期的《延期申请评估表》，可以看出，158天延期中，既包括大量变更（而变更是应该由建设单位根据《合同条件》第23、24条给予费用补偿的），也包含一些不属于变更的其他原因的停工，对申请人也会造成一些窝工损失。另外，建筑师唐某签署同意的108天的延长工期，虽未经建筑师事务所正式发函批准顺延，但考虑到申请人所申请的一些延期理由是实际存在的，也会造成一定的窝工损失。

据此，仲裁庭经合议商定，由被申请人给予申请人窝工损失费共人民币20万元。

（三）申请人第三条仲裁请求

1. 申请人观点

本案的仲裁费用由被申请人承担。

2. 仲裁庭裁决意见

本案所有仲裁费以及因审理本案而发生的仲裁员实际开支费用，根据《仲裁规则》第四十六条的规定，考虑到申请人的仲裁请求以及被申请人的仲裁反请求获得支持的情况，仲裁庭裁定，由申请人承担30%，被申请人承担70%。

（四）申请人第四条仲裁请求

1. 申请人观点

裁令被申请人补偿申请人因仲裁本案需支出的律师费人民币100万元。

2. 仲裁庭裁决意见

经仲裁庭合议，由被申请人向申请人支付申请人的律师费用人民币50万元整。

四、被申请人的反请求及仲裁庭裁决意见

（一）被申请人第一条反请求

1. 被申请人观点

请求裁决确认被申请人有权在应付申请人的工程款中扣除申请人应当承担的拖期违

约赔偿金人民币1757万元。

2. 申请人观点

工程总工期为571天，减去266天顺延工期，申请人实际施工时间为305天。申请人不存在拖延工期的事实。被申请人长期以来要求申请人承担95天的拖期违约赔偿金没有事实依据。

3. 仲裁庭裁决意见

根据仲裁庭核算后得出，实际的总工期为571天，也就是说，比原定工期拖延了171天。但根据双方提交的材料，建筑师事务所正式批准的顺延工期为158天，因此可以认定，申请人一方拖延的工期为13天。

根据《总承包工程合同文件》之《合同条件》第22条以及附录的规定，拖期违约赔偿金按每天人民币18.5万元计算。

据此，被申请人的第一项反请求，即请求确认申请人承担的拖期违约赔偿金人民币1757万元，不能得到仲裁庭的全部支持。

仲裁庭裁定，由申请人向被申请人支付13天的拖期违约赔偿金，共计人民币240万元。

（二）被申请人第二条反请求

1. 被申请人观点

请求裁决申请人向被申请人支付扣减应付工程款后剩余的拖期违约赔偿金人民币119万元。

2. 仲裁庭裁决意见

驳回被申请人的第二项反请求。

（三）被申请人第三条反请求

1. 被申请人观点

本案反请求的仲裁费用由申请人承担。

2. 仲裁庭裁决意见

本案所有仲裁费以及因审理本案而发生的仲裁员实际开支费用，根据《仲裁规则》第四十六条的规定，考虑到申请人的仲裁请求以及被申请人的仲裁反请求获得支持的情况，仲裁庭裁定，由申请人承担30%，被申请人承担70%。

五、分析评论

（一）工期

1. 开工日期

（1）本项目合同文件对"开工日期"的约定以及在项目实施过程中的有关约定十分混乱。如，《总承包工程合同文件》中有关开工日期就有三个约定：

1）"中标协议书"第三条合同工期约定："由建筑师发出开工指令的当天开始计算合同工期"。

2）"总承包工程合同条件"第21条约定："在本合同条件附录中指明的进占工程现场日期为本工程的开工日期"。

3）在附录中的约定：建设单位发出开工指令后七天内。

如果按照合同文件的优先顺序，应该是上述"中标协议书"第三条的约定优先，但实际上，发包人在《仲裁答辩书》中认为，开工日期是建筑师向承包人发出正式开工指令函中规定的日期（发出开工指令后的第12天），和他们自己准备的合同文件也不一致。

以上这些不一致的约定必将引发合同双方的争议。

（2）我国发改委等九部委编制的《标准施工招标文件》（2007年版）中第11.1.1款"开工"中规定："监理人应在开工日期7天前向承包人发出开工通知。监理人发出开工通知前应获得发包人同意。工期自监理人发出的开工通知中载明的开工日期起计算。承包人应在开工日期后尽快施工。"

（3）FIDIC（国际咨询工程师联合会）合同条件的不同版本中，对开工日期规定的变化也很值得我们研究、思考和借鉴。

1）FIDIC《土木工程施工合同条件》（1987年第4版）第41.1款中规定："承包人在接到工程师有关开工的通知后，应在合理可能的情况下尽快开工。该通知应在中标函颁发日期之后，于投标书附件中规定的期限内发出。"

而在"定义"中，"开工日期"指承包人接到工程师根据第41条发出开工通知书的日期。

2）FIDIC《施工合同条件》（1999年第1版），第8.1款规定："工程师应至少提前7天向承包人通知开工日期。除非专用条件中另有说明，开工日期应在承包人收到中标函后42天内。"

3）FIDIC《施工合同条件》"2010年多边银行协调版"修改为：除非合同专用条件

另有规定，开工日期的确定必须满足下列三个条件：满足下列全部前提条件；在工程师的通知中记录了双方对满足下列全部前提条件的认可；并且是承包人收到工程师开工指示的日期。

（a）双方签订了合同协议书，并且如果需要，该合同已获得该国相关部门的审批；

（b）业主按照2.4款［业主的资金安排］的规定，向承包人出示了其资金安排的合理证据；

（c）除非合同数据中另有规定，业主将可用的通往现场的通道和现场占用的许可以及1.13款（a）中作为开工所需的各类许可证移交给承包人；

（d）按照14.2款，承包人收到了业主的预付款并向业主提供了预付款保函；

如果在收到中标函后的180天内，承包人仍然没有收到工程师的开工指示，则承包人根据16.2款［承包人提出终止］有权终止合同。

对开工日期的分析和评论：

由于从开工日期起即开始计算工期，所以开工日期是一个非常重要的日期。在开工时，往往觉得工期还很长，所以时间观念不是特别强烈，但在施工过程中，常常由于各种原因影响工程进度，造成工期延误，所以合同双方均应十分重视开工日期的确定。

我们从FIDIC的几个版本说起。

1987年第四版有关开工日期的规定是不太合理的，因为在签订合同协议之后，承包人接到工程师发出开工通知书的日期即为开工日期，这样完全不能保证承包人开工准备工作的时间。笔者曾就这一点去函FIDIC并与FIDIC的有关专家进行过讨论，他们的回答是：工程师应该在充分考虑到业主和承包人的情况之后再发出开工指令。这个回答的理念是正确的，但又有些理想化，因为实际上，工程师一般只会了解和考虑到业主是否做好了开工准备（如征地、拆迁等），而多半不会去询问承包人是否做好开工准备工作，这就对双方不公平。

FIDIC"新红皮书"1999版对开工日期的规定做了一些改进。

在多边银行（世界银行、亚洲开发行等九家金融机构）决定采用FIDIC"新红皮书"时，有关专家对1999版合同条件又做了多处改动。并分别于2005年、2006年、2010年出版了"多边银行协调版（MDBs）"一、二、三版，在其中对开工日期做了很好地修改和完善，充分地保证了双方的权益，特别是承包人的权益。

由此可见，国际组织也是非常重视如何确定开工日期的。

我国九部委《标准施工招标文件》（2007版）中关于开工日期的规定中提到"监理人在发出开工通知前应获得发包人同意"，这样的规定是不全面的，宜改为"监理人在发出开工通知前应获得发包人和承包人的同意"。因为承包人的开工准备工作量也是很大的，监理人也应该听取承包人的意见。这也是上文中FIDIC专家对笔者提问的回答的理念。

总之，如果合同双方在合同文件中对如何确定开工日期有明确的约定，而双方之间也没有异议时，则应遵照合同文件中的约定。

如果有不同意见而政府法律法规文件中对此有明确的规定时，则按法律法规文件中的规定执行，如本案的裁决则是根据建筑法和建设部的有关法规来确定开工日期的。

2. 竣工日期

（1）本案《合同条件》中约定了"建筑师发出实际竣工证书视为工程竣工"。发包人认为应按该约定确定竣工日期。建筑师也在2004年3月22日向承包人发出了实际竣工证书，内中写明了2003年12月5日为竣工日期。

而申请人认为应以竣工验收合格的日期作为竣工日期。双方对竣工日期的约定出现了分歧。

高法的司法解释中指出：当事人对建设工程实际竣工日期有争议的，而建设工程已竣工验收合格的，以竣工验收合格之日为竣工日期。

仲裁庭参照上述司法解释裁定了实际竣工日期的争议。

（2）在国际上，如果项目所在国没有特殊的法律规定，一般均按合同条件中约定的方法确定竣工日期。

如FIDIC《施工合同条件》（1999年第1版），在第9.1款中规定：承包人在根据4.1款[承包人的一般义务]规定提交各种文件后，应按照本条和7.4款[检验]的要求进行竣工检验……通过竣工检验后，承包人应尽快向工程师提交正式的检验报告。

在10.1款中规定：当工程已按合同要求完工，通过竣工检验并颁发了接收证书时，业主应接收工程；当承包人认为工程（或某区段）已完工，可向工程师申请工程（或区段）的接收证书。

在接受证书上注明的正式竣工日期一般应为竣工验收合格通过的日期。

（3）工程申请竣工验收的条件

承包人并不一定要等到工程全部完成时再申请竣工验收。只要主体工程（或某个区段）按照合同的预定目的基本完工，可以被业主占有和使用时，承包人即可要求进行工程检验，当检验通过时，即可申请颁发竣工证书，在证书中应规定竣工日期、缺陷责任期的开始日期和结束日期以及在缺陷责任期内还需要完成的扫尾工作。

按照这个理解去申请竣工验收是对双方有利的，对发包人一方可以早接收工程（或某个区段），早投入运营，早获得收益；对承包人一方则可早些解脱该区段或整个工程的照管责任，有一些不影响主体工程运营的扫尾工作完全可以放在缺陷责任期内完成。

3. 工期延期

本案主要是由于发包人的多项变更引起工期延期引发的争议。

（1）变更是合同给予的发包人的权利。因发包人变更而提出延长工期的请求则是承包人的权利。

（2）承包人针对发包人的变更提出了工期延期的申请，合同条件中约定建筑师应"尽快"批复承包人的申请，这是发包人一方的合同义务。但发包人的建筑师在工程竣工后2个月和11个月才先后分两次批核工期延期，本案共158天。

（3）"建筑师"的定义是什么

本案争议的焦点是建筑师唐某对承包人的五次工期延期申请的批复是否有效。

承包人先后于2002年7月15日至2003年12月5日先后五次向驻地建筑师唐某提出工期延期申请，共计357天，建筑师唐某分别于2004年12月28日和2005年1月4日对该五份申请进行了批示，合计同意108天的工期延期，但这108天未经建筑师事务所以事务所的公文形式正式发函。

在《总承包合同文件》第21（2）款中约定："建筑师可以对本合同的任何工程的施工发出延期指示"。在合同条款中对"建筑师"的定义是：指S市×××建筑师事务所或建设单位随时指派并以书面形式通知承包人充任合同约定目的的建筑师，以代替上述指定的建筑师。

根据合同条款中对"建筑师"的定义可以认定，驻地建筑师唐某对承包人的工期延期申请虽有批示意见，但不能作为"建筑师"的正式批复意见，即108天不能作为正式批准的工期延期。

这也是以后承包人在申请有关事项批复时应引以为训的，不论建筑师或监理人均应为合同定义中确认的法人单位，而非个人。

4. 关于"工期"讨论的小结

（1）承包人在工程项目合同中的主要义务可以简单地概括为四个字：保质、守时，即保证工程质量、按照合同工期要求完工。

按期完工不仅是承包人的合同义务，也可以避免被扣减拖期违约赔偿金，减少经济损失，同时对于树立企业的信誉和品牌也非常重要。因此从开工第一天起就应十分重视工期管理，一方面是项目内部采用各种先进的管理方法，缩短工期，另一方面凡是遇到有机会索赔工期时，一概不要放过，哪怕是一天。而且对于工期索赔也要和费用索赔一样，不断地督促发包人一方给予批复，对不合理的批复，还要据理力争，及时回函申明己方的观点。这类信函都是仲裁或诉讼时的有效证据。

（2）对发包人一方而言，首先应该认识到，承包人如能按期或提前完工，自己是最大的受益方。当发包人行使变更的权力时，应该及时批复承包人的工期索赔，给予承包人以合理的工期补偿，才能体现出伙伴关系的精神。本案的发包人一方采取了在工程全部完工很长一段时间之后才批复承包人的工期延期申请，这种做法既不符合国内和国际的各类范本的有关规定，也是十分不合理的，是完全错误的违约行为。

如果工程提前完工，能为发包人创造巨大的经济效益时，可考虑在专用合同条件中增加提前竣工奖励的条款（但一定要事先在合同中约定），这样可以达到双赢的目的。

（二）保留金

1. 保留金的扣留限额

根据《总承包工程合同文件》附录中约定的保留金限额应为承包金额的5%（取千元以上整数），而在合同条件的定义中，"承包金额"指在中标协议书上注明的金额，并可按下文的约定予以增加或减少。也就是说保留金限额应按签订合同时的承包金额12983万元的5%，应为649万元计算，而不是如同发包人主张的按照总包工程最终结算金额14334万元的5%（717万元）计算保留金。

但在本案中，承包人并没有仔细研究合同文件中的约定，指出发包人的计算错误，并索赔相关款项的利息。而仲裁庭不能代承包人指出这个问题，所以只有按717万的保留金款额数计算利息。

2. 保留金的利息计算

根据《总承包工程合同文件》之《合同条件》中约定，保留金的一半应自竣工之日后14天（承兑证书期）的次日，即2003年12月4日起计算；（按五年以上贷款利率计算）保留金的另一半应自竣工两年后14天（承兑证书期）的次日，即2005年12月4日起计算。而竣工日期应为竣工验收证书上写明的日期。发包人提出按估算师提出"总包工程最终结算金额"之日起计算保留金利息的观点是错误的，当然得不到仲裁庭的支持。

（三）窝工费

1. 承包人申请的工期延期大部分是由于发包人变更的原因，按照相关合同条款的约定，估算师对于这些工期延误引起的费用应给予相应的费用补偿。但承包人提交的窝工损失计算证据均为企业内部的租赁合同和材料结算单等，这些证据都不是在施工过程中提交的证据，仲裁庭不可能采用。

但考虑到有一些不属于变更的其他原因的停工，如台风影响、停电等，也会对申请

人造成一些窝工损失，所以仲裁庭经合议给予了承包人一些窝工费用的补偿。

2. 承包人在遇到各种原因引起的窝工时，应及时提交窝工费用的索赔报告，附上窝工费用计算和相关证据，报请监理工程师审批和支持，即使在当时该项索赔不一定能得到批准，但这些证据在仲裁或诉讼时，都可以作为有效证据提交。

（四）对发包人的合同文本和合同履约的评论

1. 拖期违约赔偿金的约定很不合理

本合同约定拖期违约赔偿金每天18.5万元，占本合同中标价的万分之十二，与世界银行合同范本中的万分之五对比高出很多，而且不封顶（国际和国内一般最高限额是中标合同价的10%），这些约定是很不合理的，使承包人承担了很大的风险。

承包人在遇到此情况时，应该在签约前的合同谈判时提出要求按国际惯例和国内相关的权威性的合同示范文本进行调整和修改。

我国承包人一般不敢在合同谈判时提出合理的谈判要求，怕丢掉签约机会，而实际上这些合理的要求一方面反映了承包人的合同管理水平，另一方面也是正常的权利要求和风险防范措施。只要"有理、有利、有节"地去谈判，有时反而会赢得对方的尊重，在国际工程合同谈判时，尤应如此。

2. 对本案发包人合同履约情况的评论

（1）本案发包人在工程期中支付款方面还是比较及时的，这一点应该肯定。

（2）但本案发包人在批复由于变更引起的工期延期申请方面拖延的时间太长，在工程竣工后2~11个月才正式批复。此行为可视为违约行为。

（3）本案的估算师在工程竣工之后4年零5个月才提出"总包工程最终结算金额"，拖延时间太长，同时还借口承包人工程拖期，不合理地扣押了承包人大量的款额，给承包人造成巨大的损失。

（4）一个工程项目，承包人能按期或提前完工的最大受益方是发包人。所以发包人在工期延期的批复和竣工款项的结算方面，应该本着伙伴关系的理念来执行合同。本案发包人在这方面存在巨大的缺陷。

（五）如何尽早拿到工程竣工结算款

1. 我国九部委的《标准施工招标文件》中规定：在工程竣工证书颁发后，承包人应按专用合同条款约定的份数和期限向监理人提交竣工付款申请单，并提供相关证明材料。

2. 在FIDIC《施工合同条件》（1999年第1版）中也是要求承包人在收到履约证书后

56天内,向工程师提供最终报表(草案)。

在使用上述这类文本时,承包人更应主动抓紧该项工作,在缺陷责任期中,则应尽早做好工程竣工图,以及和(监理)工程师沟通,核对全部工程量,这样就有把握在履约证书颁发后尽早送上最终报表(草案)(即我国的竣工付款申请单),以争取早日拿到竣工结算款。

3. 承包人应按照合同条款中的有关约定,抓紧此项工作,本案合同文本来自业主方在香港的母公司,是采用英国早年合同文本的有关条款,是由工料测量师或估算师(QS)提出最终工程款结算(草案),在使用这类文本时,承包人就应催促发包人一方早日提出最终工程款结算(草案),并抓紧谈判定稿,以便能尽早拿到工程竣工结算款。

4. 财政部、建设部的法规与"高法"的解释。

高法"法释(2004)第14号"第20条规定:"当事人约定,发包人收到竣工结算文件后,在约定期限内不予答复,视为认可竣工结算文件的,按照约定处理。承包人请求按照竣工结算文件结算工程价款的,应予支持。"

《财建(2004)369号文》:第十六条"发包人收到竣工结算报告及完整的结算资料后,在本办法规定或合同约定期限内,对结算报告及资料没有提出意见,则视同认可"。

这两个文件的基本精神,都是要求合同双方应按照合同约定或双方的其他约定,在工程验收合格且发包人收到竣工结算文件后,及时按照约定结算工程价款。不支持发包人以任何借口拖延支付工程价款的做法。

参考文献

[1] 发改委、建设部等九部委.标准施工招标文件(2007年版).北京:中国计划出版社,2007

[2] FIDIC.土木工程施工合同条件应用指南(1987年第4版).北京:中国航空工业出版社,1992

[3] FIDIC.施工合同条件(1999年第1版).北京:机械工业出版社,2002

[4] FIDIC, Conditions of Contract for Construction MDB HARMONISED EDITION, 2010

变更引起的工期和相关费用索赔的仲裁案例

摘要

本案是一起由于发包人在开工后发出大量变更令,但对承包人的工期索赔未及时答复引起的关于工期和相关费用索赔的争议仲裁案例。具体内容包括:工期应该如何确定,施工中的加班费是否可以索赔,由于变更引起的工期延误产生的固定管理费和机械设备费以及基本工资上涨费是否可以索赔,因发包人原因引起的工期拖延导致的延迟返还履约保证金额和保留金金额以及发包方拖欠支付工程款可否索赔利息损失和效益损失金等。发包人提出申请人的索赔要求时效期已经届满,并在反请求中请求裁决确认其有权扣除承包人的拖期违约赔偿金等款项。

本文最后专门从工程项目管理的角度对涉案有关的问题进行了分析评论,如:对索赔的理解、工期索赔、费用索赔、垃圾索赔以及合同管理、证据的有效性等。

为了阅读理解方便,本文在仲裁案情部分均用申请人和被申请人,在分析评论部分则用承包人和发包人。

关键词 变更 工期索赔 加班费 垃圾索赔

一、本案内容简介

（一）工程项目简介

2001年9月20日，广东某建设公司（承包人，下称"申请人"）通过招投标的方式和某房地产公司（建设单位、发包人，下称"被申请人"）签订了《总承包工程合同文件》之《中标协议书》，并于2001年9月26日与被申请人签订了《总承包工程合同文件》之《协议书》，约定由申请人承包位于S市某住宅工程（包括主项目三期住宅工程以及小学工程）（以下简称"三期住宅工程"），合同工期为370天，自2001年9月26日起至2002年9月30日止，总承包金额为人民币15865万元。

工程于2001年9月26日开始施工。自开工后的第二天起，被申请人便开始对工程进行变更，在整个施工过程中，申请人认为被申请人总共进行了309项变更。

申请人自开工后即因被申请人的变更而陆续提出申请延长工期的请求，但建筑师在工程竣工验收合格三个月后才开始审批申请人的上述申请。自2003年8月22日至2004年1月8日，建筑师分四次批核的工程延期天数合计225天。

合同签订后，因为被申请人不认可申请人提供的担保公司以及准备提交履约保函的银行资质，所以在应付工程款中分批扣除了履约保证金1586万元。

按照工程合同条款的规定，被申请人扣留了保留金793万元。

总承包工程的主项目三期住宅工程于2003年3月25日由建设单位（合同中有定义，指被申请人）组织设计、施工、工程监理和有关部门进行了竣工验收，并签发了《竣工验收报告》，对该工程的质量评定为优良等级。2003年3月31日，S市建设局向被申请人发出了《S市建设工程竣工验收备案证明书》。

2003年5月8日，小学工程也通过了竣工验收。并签发了《竣工验收报告》。2003年5月23日，S市建设局向被申请人发出了《S市建设工程竣工验收备案证明书》。

2003年7月28日，建筑师发出《"三期住宅工程"开工、竣工日期证明书》，证明三期住宅工程已于2003年5月23日按合同和建筑师指示竣工，并自2003年5月24日起进入保质期。

2003年9月29日，被申请人聘请的×××中国有限公司（下称"估算师"）向申请人发出了"三期工程最终结算账目表（草稿'1'）"。其后，根据与申请人协商的进展，估算师又分别在2004年7月26日至2005年7月25日期间，向申请人发出了"三期住宅工程最终结算账目表"草稿"2"至"5"。

2005年7月25日，估算师于发出的三期住宅工程"最终结算账目表（草稿'5'）"，提出三期住宅工程最终结算账目金额为17858万元，2005年7月28日，承包人的项目经理×××回函确认此结算金额，但申请人对此金额并未正式确认。

在合同约定的原总承包金额基础上，被申请人以申请人延迟工期10天为由（拖期违约的赔偿金为每天18.5万元），扣除申请人工程款185万元；因建筑师变更指示的调整而加账3615万元、减账2494万元，合计净增金额1121万元。双方财务资料显示，被申请人已付工程款为17697万元。申请人所开工程款发票的金额亦是17697万元。

（二）争议内容及仲裁过程简介

1. 申请人的仲裁请求

（1）请求被申请人支付因设计变更、工程量增加及停工待料等原因给申请人造成的额外工程费用。包括：

1）因被申请人的原因造成申请人追赶工期，申请人多支付的超时加班费及加班津贴1315万元；

2）申请人因被申请人的原因延长工期而多承担的固定管理费和机械设备等固定资产使用费1591万元；

3）申请人因被申请人的原因延长工期而增加的基本工资上涨费25万元。

（2）请求被申请人赔偿因其违约延迟返还履约保证金额而造成申请人的效益损失金及银行贷款利息损失。

（3）请求被申请人赔偿因其违约延迟返还保留金额而造成申请人的效益损失金及银行贷款利息损失。

（4）请求被申请人支付被拖欠的合同内的工程款185万元，请求被申请人赔偿因其违约延迟支付工程款而造成申请人效益损失金及银行贷款利息损失。

（5）申请人因仲裁支付的律师费268万元由被申请人承担。

（6）被申请人承担本案仲裁费以及因仲裁所支出的一切费用。

2. 被申请人的反请求

（1）请求裁决确认被申请人有权在应付申请人的工程款中扣除申请人应当承担的拖期违约赔偿金185万元。

（2）本案反请求的仲裁费用由申请人承担。

3. 仲裁过程简介

（1）申请人在2010年8月17日向中国国际经济贸易仲裁委员会（下称"贸仲"）华

南分会（下称"华南分会"）提出仲裁申请。被申请人于2010年11月2日向华南分会秘书处提交了答辩书、反请求申请书及证据材料。

申请人指定了HCH先生、被申请人指定了SNS先生为仲裁员，贸仲主任指定HBS先生为首席仲裁员。以上三名仲裁员于2010年11月16日组成仲裁庭审理本案。

2010年12月7日，申请人提交反请求答辩书。

本案仲裁程序适用贸仲自2005年5月1日起施行的《仲裁规则》。

（2）为查清本案相关事实，仲裁庭于2010年12月15日向双方当事人发出书面问题单，要求双方在2010年12月24日前进行书面答复。

（3）2011年1月12日，仲裁庭在深圳进行了开庭审理，申请人委托的代理人和被申请人委托的代理人均到庭参加了庭审程序。庭审中，双方当事人各自陈述了本案案情，发表了意见，出示和质证了相关证据，并进行了辩论。仲裁庭进行了询问和调查。

开庭后，经双方当事人同意，在仲裁庭主持下进行了调解，但最终因双方意见不一致，未能达成和解。

因此，仲裁庭于2011年3月16日对本案做出裁决。

二、本案双方的核心争议问题及仲裁庭裁决意见

（一）工期问题

1. 申请人的观点

（1）开工日期

工程于2001年9月26日开始施工。

（2）竣工日期

总承包工程的主项目工程于2003年3月25日由建设单位组织设计、施工、工程监理和有关部门通过了竣工验收，并对该工程的质量评定为优良等级。

2003年5月8日，小学工程也通过了竣工验收。

申请人认为：工程竣工验收的日期，应以建设单位会同设计、监理、施工和有关专业工程主管部门通过验收，并在《S市建筑工程竣工验收报告》中评定工程质量等级时算起，对此由各方签署确认。

按双方《合同条件》第15条第5款的约定，申请人已全面履行了合同规定的义务，

建筑师也在《S市建筑工程竣工验收报告》中签名盖章予以确认,据此,申请人认为"建筑师已验收满意并发出实际竣工证书了"。

按我国法律规定和《最高人民法院关于审理建设工程施工合同纠纷案件适用法律问题的解释》(以下用高法"法释[2004]第14号")第十四条规定:"当事人对建设工程实际竣工日期有争议的,建设工程经竣工验收合格的,以竣工验收合格之日为竣工日期"。既然双方合同条款上约定仲裁适用中国法律,这一解释就应被适用,所以应该以验收合格之日为竣工日期。

(3)工期

按原合同约定的工期370天加上被申请人已审批的顺延工期225天,整个工程工期为595天,申请人只要在2003年5月14日前通过竣工验收就不存在违约,更何况还有被申请人无理不予审批的工期。因此,申请人是提前完工的,并没有延期。

2. 被申请人的观点

(1)开工日期

2001年9月26日为开工日期。

(2)竣工日期

1)竣工验收报告及备案证明书

2003年3月25日,建设单位、设计单位、监理单位和施工单位组织对"三期住宅工程"中的5栋住宅进行了竣工验收,并签发了《竣工验收报告》。

2003年5月8日,建设单位、设计单位、监理单位和施工单位组织对小学工程进行了竣工验收,并签发了《竣工验收报告》。S市建设局对以上两项工程分别于2003年3月31日和2003年5月23日向被申请人发出了《S市建设工程竣工验收备案证明书》。

2)建筑师发出的《工程竣工证书》

2003年7月28日,建筑师发出《工程竣工证书》,证明三期住宅工程已于2003年5月23日按合同和建筑师指示竣工,并自2003年5月24日起进入保质期。

(3)工期

1)被申请人认为:合同中约定的工程开工日期为2001年9月26日,竣工日期为2002年9月30日。

实际竣工日期应为建筑师发出《工程竣工证书》中指明的日期,即2003年5月23日。因此,工程实际施工期间为605天,比合同中约定的370天工期延长了235天。

2)建筑师正式批核的延长工期

截止至2004年1月8日,建筑师先后四次正式批核的工程延期天数总数为225天。

3）根据以上分析，被申请人认为，申请人拖延工期10天。

3．仲裁庭的意见

（1）开工日期

双方均认可2001年9月26日为开工日期，2001年9月26日也是S市建设局颁发的"建筑工程施工许可证"上的合同开工日期。仲裁庭认定此日期为开工日期。

（2）竣工日期

仲裁庭注意到，在《合同条件》第15条第（5）款约定了建筑师发出实际竣工证书视为工程竣工。经查明，建筑师并没有向申请人发出形式上符合上述合同条款约定的实际竣工证书。被申请人认为建筑师于2003年7月28日发出的《"三期住宅工程"开工、竣工日期证明书》就是实际竣工证书。但是，该证明书只是工程开工、竣工日期的证明书，并不是合同中所说的"实际竣工证书"。申请人也不认可该证明书属于上述合同条款约定的实际竣工证书。其次，建筑师签发的上述开工、竣工证明是以建设局竣工验收备案证明书中注明的建设单位组织竣工验收的5月23日为实际竣工日期的，与事实不符，因为双方已经明确认可的实际竣工日期为5月8日，且竣工验收报告中已经注明当时所有问题已整改完毕，验收合格，因而不存在5月8日组织验收、整改合格日期为5月23日问题。在没有证据证明建筑师发出了实际竣工证书，且双方对实际竣工日期有争议的情况下，仲裁庭只能依据有关法律法规的规定以及参考有关司法解释作出判断。

高法"法释[2004]第14号"第十四条规定，"当事人对建设工程实际竣工日期有争议的，建设工程经竣工验收合格的，以竣工验收合格之日为竣工日期"。

本案双方当事人对建设工程实际竣工日期存在争议，仲裁庭认为上述司法解释适用于本案情况。

据此，仲裁庭确认以本工程验收合格之日为竣工日期，即2003年5月8日为竣工日期。

（3）工期

仲裁庭确认：2001年9月26日为开工日期，2003年5月8日为竣工日期，合同实际实施的工期为590天。

合同约定的工期为370天，建筑师先后四次正式批核的工程延期天数总数为225天，合计595天。因此，申请人不存在工程拖期问题。

（二）时效问题

根据被申请人在2010年11月2日提交的"仲裁答辩书"中提出的申请人的索赔要求"时效期间已经届满"的问题，以及申请人在2010年12月30日"对仲裁庭提出的问题的答复（二）"中对时效问题的举证和回答，仲裁庭的意见如下：

不支持被申请人认为"2005年7月28日，双方对总包工程的工程款最终结算已经完成"的观点。

在被申请人的估价师于2005年7月25日提交了工程款"最终结算账目表（草稿'5'）"之后，申请人的项目经理XXX于2005年7月28日回信认可了上述"最终结算账目表（草稿'5'）"中的结算额。

在《总承包工程合同文件》之《合同条件》第30条"证书和付款"（6）中约定："在尽快时间内，惟应在根据本合同条件附录中所指定的缺陷保修期届满3个月内、……建筑师或建设单位应发出最终证书。最终证书应注明：

（a）先前已被证实的所有款额的总和，及

（b）依照本合同条款所需调整后的承包金额。……"

根据以上引用的合同条款的规定，本项目并未由建筑师或建设单位发出最终证书。

虽然项目经理XXX于2005年7月28日回信认可了上述"最终结算账目表（草稿'5'）"中的结算额，但是在2005年7月28日之后，申请人与被申请人之间的多次来往函件，均表明三期住宅工程的最终款额结算工作并未完成，如：2005年10月8日申请人致建设单位的函（要求审批工期并再次提出"在工期互不索赔的条件下双方放弃对工期的索赔"）；2006年5月23日被申请人一方的建筑师致申请人的函（要求申请人"自收到本函之日起14日内提供以下资料供业主/顾问审核"）；2006年7月28日申请人致XXX建筑师事务所的函（对批准的工期和支付款持不同意见）；2006年8月30日申请人委托广东某律师事务所致被申请人的函（申请人表示撤回前述互不索赔的条件并附有索赔的清单）；2007年9月10日申请人致被申请人的函（要求补偿损失和延长竣工期限）；2007年11月21日申请人致被申请人的函（附有索赔的清单）；2009年11月12日申请人致XXX建筑师事务所的函等。

据此，仲裁庭不支持被申请人认为申请人的索赔要求"时效期间已经届满"的观点。

三、申请人的仲裁请求及仲裁庭裁决意见

（一）申请人第1条仲裁请求

请求被申请人支付因设计变更、工程量增加及停工待料等原因给申请人造成的额外

工程费用计2932万元。具体包括1.1、1.2、1.3等3条仲裁请求：

1. 申请人的第1.1条仲裁申请

（1）申请人观点

因被申请人的原因造成申请人追赶工期，申请人多支付的超时加班费及加班津贴1315万元。

申请人投标书预算是按照本工程项目的范围和合同工期370天来设计施工计划的，本工程完全可在合同工期内完工，所以核算原投标金额时没有考虑加班，单价上未计入加班费，中标的工程款总额中也不包含加班费。因此，每次建筑师发出变更指令时，申请人都及时申请延长工期，但建筑师没有及时审核，直到本工程竣工后，被申请人的建筑师才开始书面批核申请人的延长工期申请。

在当时递交了延长工期申请而没有及时得到回复的情形下，申请人为了完成建筑师的变更指令而又不影响工期，不得不增加人手，加班加点赶抢工期，以尽可能减少被申请人的损失。按双方合同约定，拖期违约的赔偿金为每天18.5万元，而申请人追赶工期的加班成本每天仅为5万余元，所以申请人的加班为被申请人挽回了巨大的经济损失。

产生额外加班费和加班津贴的责任在于被申请人。被申请人既然要求309项变更，就应该为自己的行为承担责任。申请人在当时延长工期的申请得不到及时回复的情形下，为了避免更大的损失，采取加班措施，这在当时是最行之有效的唯一合理行为。同时申请人按照我国《劳动合同法》第二十九条、第三十一条的规定，支付合理的劳动报酬给劳动者，也是合情合理合法的。被申请人应当按照总承包工程的《合同条件》第24条之规定补偿申请人因工程正常进度受到干扰所引起的损失和费用。

（2）被申请人观点

在合同约定工期加上顺延工期的期限内完工是申请人最基本的义务。至于采用何种方式确保其能够在期限内完工，包括是否需要增加人手、加班加点，都是申请人自己的商业决定，其后果应当由申请人自行承担。

设计变更是大中型建设工程的建设过程中普遍出现的正常情形，而不是例外情形，假定因为设计变更而使得工程量或工期增加时，按照《总承包工程合同》的约定，申请人作为承包人会在顺延工期和增加总承包金额两个方面得到合理的补偿。但是，以设计变更为由而要求发包人承担超时加班费及加班津贴的主张，显然没有合同依据。

《总承包工程合同》的《合同条件》第24条约定：在特定情况下，由于发包人的特定原因，致使施工进度慢于计划进度，承包人因此而遭受的损失和费用应当得到赔偿。本案中，申请人所主张的设计变更显然不属于该合同条款约定的特定原因，因此，申请

人依据该条款主张发包人承担其超时加班费及加班津贴的损失,显然是基于其对该条款的错误理解。

基于以上理由,被申请人认为,申请人以设计变更等为由要求被申请人承担所谓的加班费和加班津贴的请求没有合同依据,也没有法律依据,该项请求不能成立,理应予以驳回。

（3）仲裁庭裁决意见

1）被申请人一方自开工后对工程进行了大量变更

根据申请人在仲裁申请时提供的证据（四）可以充分说明被申请人一方自开工后对工程进行了大量变更,申请人一方认为被申请人一方自开工后对工程进行了309项变更,被申请人一方认为并没有309项,但从被申请人一方的估算师已审批的178项变更来看,也可以说明变更是大量的。

2）申请人一直在陆续申请工期延长

从申请人提供的证据以及回答仲裁庭问题的材料中可以看出,申请人从2001年11月24日开始直到2003年5月一直在发函索赔工期延长,共提出了25次工期延长申请,合计353天。但建筑师至2003年8月22日才分两次核批了工期顺延天数合计199天；于2003年11月13日核批了工期顺延天数19天；于2004年1月8日核批了工期顺延天数7天；以上合计核批工期顺延225天。

3）被申请人未按照合同约定尽快批复申请人要求延长工期的申请。

《总承包工程合同文件》之《合同条件》第23条"延长竣工期限"中约定：当工程的进度合理地明显出现受到拖延时,承包人必须立即书面通知建筑师有关拖延原因,同时,如建筑师认为工程的竣工可能或已受拖延至超过本合同条件附录指定的竣工日期……则建筑师在可估算出在上述日期或时间后所拖延时间的长短后,应尽快以书面为工程的竣工作出公平和合理的延长期限。

九部委编制的中华人民共和国《标准施工招标文件》（2007版）,要求监理人在42天内答复承包商的索赔要求；建设部编制的《建设工程施工合同》范本（1999版）,要求监理工程师在28天内答复承包商的索赔要求。

在国际上,国际咨询工程师联合会（FIDIC）编制的《施工合同条件》要求工程师在42天内答复承包商的索赔要求。

申请人从2001年11月24日开始一直在发函索赔工期,但建筑师直至2003年8月22日,在工程项目竣工验收三个多月之后,才开始批准工期顺延,直至2004年1月8日（距工程项目竣工验收日期长达八个月）,共分四次合计批准工期延长225天。

被申请人批准工期顺延的日期距申请人提交申请工期延长信函的日期长达一年半以上。

仲裁庭认为：对照本项目《总承包工程合同文件》之《合同条件》中要求建筑师"应尽快以书面为工程的竣工作出公平和合理的延长期限"的约定，以及参照国内合同范本的相关规定和国际惯例，被申请人在批准申请人要求延长工期的工作方面没有认真履行合同中要求"尽快"审批的义务，拖延时间太长，不符合合同约定。

4）在《总承包工程合同文件》之《合同条件》中约定了每天的拖期违约赔偿金为18.5万元，由于被申请人在工程项目实施期间一直拖延审查和批准申请人的延期申请，申请人在不知道建筑师最终可能批准延长工期天数的情况下，为了避免损失，在工程施工期间加班加点，以保证工程能按时完工，是可以理解的，也是符合常理的。

5）考虑到本案整体工程（含小学工程）全部竣工验收日期为2003年5月8日，相较于被申请人核批的顺延日期2003年5月13日提前竣工了5天，工程提前竣工为被申请人创造了经济效益。而提前竣工与申请人的加班工作是分不开的。

6）《合同法》第一百零七条规定：当事人一方不履行合同义务或者履行合同义务不符合约定的，应当承担继续履行、采取补救措施或者赔偿损失等违约责任。

7）但是，申请人在工程实施期间并没有及时向被申请人提供其支付了超时加班费和加班津贴的证明材料。根据前述分析，仲裁庭综合本案的具体情况认为，对于申请人超时加班费及加班津贴的申请，由被申请人给予申请人200万元的补偿是适宜的。驳回申请人在本项中的其他请求。

2. 申请人的第1.2条仲裁申请

申请人因被申请人的原因延长工期而多承担的固定管理费和机械设备等固定资产使用费1591万元。

（1）申请人观点

在工程尚未完工之前，申请人的生产管理人员及支援人员和机械设施等不能撤离工地，直至2003年3月25日三期住宅工程的住宅验收合格和2003年5月8日小学工程验收合格。此期间总公司行政管理费和工地的管理费、管理人员的费用、其他支援人员的费用及机械、设备租赁费、脚手架、钢支顶、排山钢管、排山扣件、排架板等的租赁费及装卸运输费、水电费、保险费、职工住宿费等费用持续发生。

申请人按照与项目经理部签订的《内部承包合同书》和《机械、设备和周转料租赁费》来计算工期延长期间的费用。

这些费用发生在原合同工期外，而申请人在工期顺延这段时间内必须要持续支付这些随工期产生的费用才能完成本工程项目,这些费用支出是由于被申请人变更设计、增加工作量等所引起的,无论是按照双方签订的总承包工程的《合同条件》第二十三条、第二十四条的约定,还是《中华人民共和国合同法》(下称《合同法》)第一百零七条、第一百一十三条的规定,被申请人都应当无条件补偿这些费用和损失。

（2）被申请人观点

即便是由于设计变更而顺延工期,申请人也在顺延工期和增加总承包金额两个方面得到合理的补偿,额外要求所谓的增加固定管理费、机械设备等固定资产使用费,显然是重复计算,也是没有任何合同依据或者法律依据的。

在申请人于2005年7月28日致函估算师确认的三期住宅工程"最终结算账目表（草稿'5'）"中,因建筑师指示之调整而加账3615万元、减账2494万元,净增金额就达1121万元。由此可见,由于设计变更等原因造成的工程量增加,申请人已经得到了合理的补偿。在双方对工程总承包金额进行结算确认之后,申请人还以此为由提出索赔,显然是不合理的,也不符合《总承包工程合同》中约定的工程款支付程序。

（3）仲裁庭裁决意见：

在申请人提交的证据（一）中,《工程量清单—第二章》第68页第1.88条"报价形式和承包金额"明确约定："承包人所报的单价须以包干形式报计,应包括工程施工的任何费用：包括人工、材料、损耗运输、直接费、间接费、施工措施费、税金、利润、征费、风险等等。中标后,每一单价不得再做任何调整,亦不能以实际施工情况下所须更改在议标期间设计的施工技术方案而要求额外费用和延长竣工期限。"

据此,仲裁庭认为,双方当事人在合同中约定的计价模式是全费用单价的综合单价包干方式。申请人在"本案申请人的补充意见"中所论述的"……《工程量清单》内的单价只包括部分施工措施费,是属于部分费用单价"是没有合同依据的。

从估算师于2005年7月25日提交的"最终结算账目表（草稿'5'）"中可以看出,原合同约定的承包金额为15 865万元,最终结算账目金额为17 858万元,各项工作调整增加了合同款额19 93万元,其中仅建筑师指示包含的调整即为：加账3 615万元,减账2 494万元,净增1 121万元。

该"最终结算账目表（草稿'5'）"附录四中,"建筑师指示之调整"共有178项变更内容,经建筑师审查过,其中：

1）在变更时有加账或减账的共108项；

2）在变更时加账或减账均为0的共9项；

3）在变更时注明已包括在暂定金额内的共33项；

4）在变更时注明已包括在暂定数量内的共21项；

5）在变更时注明已包括在其他项目内或重复、或被取代的共7项。

根据以上情况可以说明，经建筑师和估算师审查过的变更大部分都有加账或减账，说明建筑师在批准变更时，除了考虑工期外，也逐项考虑了费用的增减，也就是说申请人在延长工期内增加的工作量大都得到了相应的费用补偿。

这些审核过的变更的费用补偿，应包含固定管理费和机械设备等固定资产使用费。申请人在收到估算师于2005年7月25日提交的"最终结算账目表（草稿'5'）"之后，并未对其中的加账、减账及时提出费用方面的不同意见，也没有及时提出其他索赔要求。

据此，仲裁庭不支持申请人的该项请求。

3. 申请人的第1.3条仲裁申请

申请人因被申请人的原因延长工期而增加的基本工资上涨费257 326.50元。

（1）申请人观点

在投标期间，为了稳定本工程的劳动力，本工程项目经理部与各员工签订的劳动合同约定了合同工期内和工期外的工资。原合同约定竣工日期为2002年9月30日，所以在2002年10月1日至2003年5月8日申请人多支付现场工人基本工资上涨费257 326.50元。

申请人按照与各员工签订的"合同外的工资、加班费和施工津贴每年增加百分之十"的合同条件来支付延长工期内的工资和加班费及津贴有合同依据。申请人按照合同期外实际支付的基本工资减去合同期内约定支付的基本工资，其差额就是上涨工资的额外支出。

（2）被申请人观点

如前所述，即便是由于设计变更而顺延工期，申请人作为承包人也在顺延工期和增加总承包金额两个方面得到合理的补偿。

而且，《总承包工程合同》的《合同条件》第13条第2款明确约定："承包金额，将不再受薪金的波动、物料的成本、货币兑换率或政府因上述的工资、物料、汇率波动而发出的指示/公告或通知的影响而做出进一步的修订。"第36条明确约定"工资的波动"不适用于本合同。因此，申请人的此项索赔完全不符合合同约定。

（3）仲裁庭裁决意见

《总承包工程合同文件》之《合同条件》第13条第2款中约定，"承包金额，将不再受薪金的波动、物料的成本、货币兑换率或政府因上述的工资、物料、汇率波动而发出的指令、公告或通知的影响而作出进一步的修订。"

建筑师和估算师审查过的变更大部分都有加账或减账，说明建筑师在批准变更时，除了考虑工期外，也逐项考虑了费用的增减，也就是说申请人在延长工期内增加的工作量大都得到了相应的费用补偿，这些变更的费用补偿，均应包含人工费。

申请人对其中的加账、减账并未及时提出费用方面的不同意见，也没有及时提出基本工资上涨费的索赔。

申请人在仲裁申请书中提到：按照与各员工签订的"合同外的工资、加班费和施工津贴每年增加百分之十"的合同条件来支付延长工期内的工资和加班费及津贴是有合同依据和事实依据的。

但是这个"合同"只是"广东省某建筑公司"（申请人）与"三期住宅工程项目经理部"定的内部合同（下称内部合同），是项目经理部内部的工程报价的计算方案，并未在投标时向被申请人声明并要求列入双方的合同文件，因而该内部合同与被申请人无关，不能作为索赔依据。

据此，仲裁庭不支持申请人的该项请求。

（二）申请人第2条仲裁请求

请求被申请人赔偿因其违约延迟返还履约保证金额而造成申请人的效益损失金294万元及银行贷款利息损失58万元。

1. 申请人观点

依据总承包工程的《合同条件》第31条约定，申请人可以在合同竣工日（2002年9月30日）取回履约保证金额即1586万元。由于被申请人违约延长了工期，申请人于2003年6月2日和2003年9月10日分两次取回这笔资金，分别延误了245天和345天，使申请人不但损失了294万元的资本效益金，同时还要承担63万元的银行贷款利息损失。

2. 被申请人观点

按照《总承包工程合同》的《中标协议书》第六条"履约保函"和《总承包工程合同》的《合同条件》第31条"履约保函"的约定，申请人应当提供符合指定条款的、保证金额为1586万元的履约保函。若承包人未能提交该履约保函或所提交的履约保函不符合指定条款时，建设单位有权在支付给承包人的款项中暂扣该保证金额直至本工程实际竣工后或承包人提交符合指定条款的履约保函后，建设单位才无息发还暂扣该保证金额予承包人。

由于申请人未能按照合同约定提供符合要求的履约保函，被申请人在分期支付给申请人的前四期期中工程款中按照约定扣除了相当于10%合同金额的保证金额1586万元。

在2003年5月21日的第二十期期中估价证书中，该笔保证金中的1435万元已经返还给申请人；在2003年8月29日的第二十二期期中估价证书中，该笔保证金的余额151万元也返还给申请人。至此，保证金1586万元已经全部还给申请人。

按照前述合同约定，上述暂扣的保证金额应当在工程实际竣工后才无息发还予承包人，而非在合同约定的竣工日发还给承包人。如前所述，2003年5月23日是按合同和建筑师指示的实际竣工日。因此，被申请人在合同约定的履约期限届满之前已经将保证金的90%多返还给了申请人，剩余的不到10%的保证金也在发出实际竣工证书之后一个月内返还给申请人，根本不存在申请人所主张的迟延情形。申请人提出的该项索赔请求完全没有依据，应当予以驳回。

3. 仲裁庭裁决意见

（1）仲裁庭已确认，本工程验收合格之日为竣工日期，即2003年5月8日为竣工日期。

（2）相关合同条件

《总承包工程合同文件》之《合同条件》第31条"履约保函"中约定：承包人必须有一家保险公司或银行担保，以本合同条件附录内指定的金额及在保函的条件下向建设单位担保必须如约履行本合同；……

如承包人未能提交该保函或所提交的保函不符合指定格式时，建设单位有权在付给承包人的款项内暂扣该保函在本合同条件附录内指定的金额，直至承包人提交经建设单位批准的履约保函，或根据合同条件第15条的实际竣工证书发出后，上述暂扣的金额才会经付款证书发还予承包人。如本合同期限延长或发生拖延时，保函必须延期而所需费用应由承包商负责。

（3）根据上述两条款的规定，如承包人未能提交该保函或所提交的保函不符合指定格式时，建设单位有权在付给承包人的款项内暂扣该保函在本合同条件附录内指定的金额，直至承包人提交经建设单位批准的履约保函，或"实际竣工证书"发出后，上述暂扣的履约保证金额才会经付款证书发还予承包人。

在投标时，申请人提交了"××保证担保有限公司"的保函，后又准备提交"S市农村信用合作社联合社某支社"的保函，均未得到被申请人的认可，从而导致在开工后被扣全部数额为1586万元的履约保证金。事后申请人也没有补充提交合格的履约保函。

仲裁庭认为导致扣留履约保证金的责任在申请人一方。

（4）本合同经建筑师批准延期225天。上述合同条件中还规定：如本合同期限延长或发生拖延时，保函必须延期而所需费用应由承包商负责。

综上，仲裁庭不支持申请人从原定的合同竣工日（2002年9月30日）开始计算履约保证金额索赔利息的要求。

经仲裁庭在开庭审理中询问双方当事人以及查阅证据资料后确认，被申请人并未正式发出实际竣工证书。仲裁庭认定未按期返还的履约保证金的利息起算日期应为2003年5月8日（即工程竣工验收合格之日）再加上14天承兑证书期的次日，即应从2003年5月23日起计算利息。

（5）关于效益损失金问题。

仲裁庭裁决：因已裁定被申请人向申请人支付由于被申请人延误返还履约保证金款项的利息4.2万元，且申请人要求被申请人支付延误返回履约保证金的效益损失金没有法律依据和合同依据，故驳回申请人关于要求被申请人支付延误返还履约保证金款项的效益损失金的请求。

（三）申请人第3条仲裁请求

请求被申请人赔偿因其违约延迟返还保留金额而造成申请人的效益损失金332万元及银行贷款利息损失62万元。

1. 申请人观点

依据双方签订的总承包工程《合同条件》第30条之约定，保留金的金额应分别于原合同中约定的竣工日期和缺陷保修期届满日期返还给申请人，即在2002年9月30日和2003年9月30日（笔者注：应为2004年9月30日）分别返还50%的保留金，合计792万元。现在由于被申请人违约的原因，申请人于2003年9月10日和2005年9月14日分两次取回保留金，分别被延误了345天和715天（笔者注：应为350天），造成申请人资金效益损失332万元及银行贷款利息损失62万元。

2. 被申请人观点

按照《总承包工程合同》的《合同条件》第30条第(4)款约定，保留金应当分两期按照下列程序发还给申请人：

① 在发出"实际竣工证书"时，由建筑师或建设单位发出一份为数相当于保留金总额一半的证书；

② 在缺陷保修期届满后或在发出缺陷修复竣工证书时（取其较迟者），由建筑师或建设单位发出一份为数相当于保留金余额的证书；

③ 发出上述证书的期限为一个月；

④ 承包人向建设单位出示该证书的承兑期为十四天。

依据上述合同约定，发出上述证书的时间分别应当为2003年6月23日和2005年6月23日。假定申请人于收到中期付款证书的当日向被申请人出示证书要求付款，被申请人的最后付款时间应当为2003年7月7日和2005年7月7日。上述日期的计算还没有包括邮寄文件的在途时间、申请人收到证书和出示证书要求承兑的时间。

事实上，在2003年9月10日和2005年9月14日，保留金792万元已经全部还给申请人。

综上所述，被申请人认为，申请人提出的该项索赔请求完全没有依据，应当予以驳回。

3. 仲裁庭裁决意见

（1）仲裁庭已确认，本工程验收合格之日为竣工日期，即2003年5月8日为竣工日期。

在工程竣工验收之后，被申请人没有按照合同规定，及时返还保留金，因此，应该支付相关保留金款项延迟支付的利息。

（2）有关的合同条款

根据《总承包工程合同文件》之《合同条件》中：

第30条（4）（b）约定：在发出"实际竣工证书"时，建筑师或建设单位应发出一份为数相等于保留金总额一半的证书，而承包人向建设单位出示任何该证书后，应在本合同条件附录中所指明的"承兑证书期"内获支付上述款项。

第30条（4）（c）规定：在合同条件附录中所指明的缺陷保修期届满后或在发出缺陷修复竣工证书时，取其较迟者，建筑师或建筑单位应发出一份为数相等于保留金余额的证书，而承包人向建设单位出示任何该证书后，应在本合同条件附录中所指明的"承兑证书期"内获支付上述余额。

（3）按合同条件规定应返还保留金的日期根据上述的第30条（4）（b）的规定"……承包人向建设单位出示任何该证书后，应在本合同条件附录中所指明的'承兑证书期'内获支付上述款项。"

本合同条件附录中规定的"承兑证书期"为14天。

经仲裁庭在开庭审理中询问双方当事人以及查阅证据资料后确认，被申请人并未正式发出实际竣工证书。

此外，申请人主张保留金应分别于原签订合同中约定的竣工日期和缺陷保修期届满日期，即2002年9月30日和2004年9月30日，返还给申请人。

仲裁庭不支持申请人的上述主张，理由是在工程实施过程中，由于变更，申请人申请的延期已得到建设单位批准的225天工期延长，同时也获得了相应的费用补偿。

综上，仲裁庭认定，未按期返还的前一半保留金的利息起算日期应为工程实际完工并经竣工验收合格之日，即2003年5月8日，再加上14天承兑证书期的次日，即应从2003年5月23日起计算利息；另一半保留金的利息起算日期应为相应的缺陷保修期届满日期，即2005年5月8日，再加上14天承兑证书期的次日，即应从2005年5月23日起计算利息。

每次利息的计算基数为保留金总额的一半,即396万元。经计算,应由被申请人向申请人支付延迟返还保留金的利息12万元。

关于申请人要求被申请人赔偿因其违约延迟返还保留金额而造成申请人的效益损失金,仲裁庭不予支持。

(四)申请人第4条仲裁请求

请求被申请人支付被拖欠的合同内的工程款185万元,请求被申请人赔偿因其违约延迟支付工程款而造成申请人效益损失金1227万元及银行贷款利息损失172万元。

1. 申请人观点

被申请人以申请人延迟工期10天为由,无理扣押申请人工程款185万元至今未付,使申请人面临无法按正常规定支付工人工资、到处举债的困难局面。事实上申请人并没有延误工期。理由是:

(1)建筑师严重拖延工期延长申请,严重侵犯了申请人的合法权益。

(2)根据高法"法释[2004]第14号"第十四条的有关规定,依据《S市建筑工程竣工验收报告》,三期住宅工程和小学工程通过竣工验收合格时间分别为2003年3月25日和2003年5月8日。被申请人声称申请人"延误工期10天",这是违背事实和法律规定的。从另外的角度说,按原合同约定的工期370天加上被申请人已审批的顺延工期225天,整个工程工期为595天,申请人只要在2003年5月14日前通过竣工验收即可,所以申请人并未延期。被申请人故意扣押工程款,不但造成申请人无法取回本属于自己的185万元的工程款,而且造成申请人1227万元的资金效益的损失,同时造成了巨额的银行贷款利息损失计172万元。

2. 被申请人观点

根据《总承包工程合同》的《合同条件》第22条"拖期违约赔偿金"及附录的约定,被申请人有权扣除拖期违约赔偿金185万元,因此,不存在被申请人拖欠工程款的情形,抵扣后,双方当事人之间的工程款及索赔事项已经全部结清。

3. 仲裁庭裁决意见

(1)仲裁庭确认:2001年9月26日为开工日期,2003年5月8日为竣工日期,合同实际工期为590天。

合同约定的工期为370天,建筑师先后四次正式批核的工程延期天数总数为225天,合计595天。

(2)仲裁庭认为该项目不存在工程拖期问题,支持申请人请求被申请人返还扣押申请人的工程款185万元及银行贷款利息损失。该利息损失应从2003年5月23日开始计算，利率按照中国人民银行人民币同期贷款5年期利率计算。仲裁庭裁定的利息计算的截止时间为2011年4月16日，利息款额为94万元。

被申请人自2011年4月17日之后至本裁决书裁定的款项实际支付之日为止期间的利息由申请人与被申请人自行结算。

（3）关于申请人要求被申请人赔偿因其拖欠合同内的工程款而造成申请人的效益损失金，仲裁庭不予支持。

（五）申请人第5条仲裁请求

申请人因仲裁支付的律师费268万元由被申请人承担。

仲裁庭意见：申请人称已经支付了30万元的律师费，剩余238万元律师费尚未支付。申请人提供了已支付30万元律师费的发票。经合议，考虑到对申请人仲裁请求的支持情况，仲裁庭裁定被申请人向申请人补偿律师费6万元。

（六）申请人第6条仲裁请求

被申请人承担本案仲裁费以及因仲裁所支出的一切费用。

仲裁庭意见：由申请人承担申请人本请求仲裁费的80%，由被申请人承担本请求仲裁费的20%。

四、被申请人的反请求及仲裁庭裁决意见

（一）被申请人第1条反请求

请求裁决确认被申请人有权在应付申请人的工程款中扣除申请人应当承担的拖期违约赔偿金185万元。

1. 被申请人观点

工程实际施工期间为605天（2001年9月26日～2003年5月23日），比合同中约定的370天工期延长了235天。而建筑师正式批核的工程延期天数总计为225天。因此，申请人拖延工期10天。

按照约定拖期违约赔偿金每天18.5万元计算，申请人拖延工期10天，应当承担拖期

违约赔偿金共计185万元。

2．申请人观点

申请人没有拖期反而提前竣工，并不存在违约的情形，建设单位扣10天拖期违约赔偿金是无视合同约定的单方主张。

按《合同条件》第15条第5款的约定，申请人已全面履行了合同规定的义务，建筑师也在《S市建筑工程竣工验收报告》中签名盖章予以确认，对申请人所完成的工程没有表示任何不满意，也没有出具任何反对意见的文字。据此，申请人认为"建筑师已验收满意并发出实际竣工证书了"。

被申请人尚有许多合理的工期被建筑师扣压未予批复给申请人，根据申请人在仲裁请求中对开工日期和竣工日期的申述，申请人并没有拖延工期，反而提前竣工。被申请人以延误工期10天为由扣压申请人工程款185万元实属错误。

3．仲裁庭裁决意见

（1）前文中，仲裁庭确认：2001年9月26日为开工日期，2003年5月8日为竣工日期，合同实际工期为590天。

合同约定的工期为370天，建筑师先后四次正式批核的工程延期天数总数为225天，合计595天。不存在工程拖期问题。

（2）根据以上对工期的认定，仲裁庭不支持被申请人关于"有权在应付申请人的工程款中扣除申请人应当承担的拖期违约赔偿金185万元"的请求。

（3）本案反请求的仲裁费用全部由被申请人承担。

（二）被申请人第2条反请求

本案反请求的仲裁费用由申请人承担。

仲裁庭裁定：

1．本案本请求仲裁费由申请人承担80%，由被申请人承担20%。

2．本案反请求仲裁费全部由被申请人承担。

3．本案仲裁员实际开支费用，由申请人承担70%，被申请人承担30%。

五、分析评论

本仲裁案的基本情况和双方的争议以及仲裁庭对每个子项的裁决意见已在上文中做

了比较详细的介绍。工程项目争议产生的原因一般可概括为：招标文件和合同签订时存在的问题；合同实施过程中存在的问题。

下文中，针对本仲裁案例中的一些问题，结合国内的法律法规、合同范本以及国际惯例，从工程项目合同管理和法理的角度对若干问题进行分析和评论，以期对工程管理界和法律界的朋友有一些启示。

（一）关于索赔的几点认识

1. 索赔是合同一方的权利主张，是正当的权利要求。广义的索赔包括由于变更引起的请求以及价格调整等。在施工过程中，当任一方发现自己的权益受到损害时，或被要求完成原定合同规定之外的更多的工作时，应按合同规定及时地向合同另一方提出对自身权利的补偿要求，即提出索赔要求。

2. 承包人应敢于索赔和善于索赔。本案承包人在面对发包人开工后的多次变更而又长期拖延不批复承包人工期延长申请的情况下，为了避免每日18.5万的高额拖期违约赔偿金，采取加班赶工的方式并向工作人员发放了加班费，这一点是可以理解的，由于这种情况是发包人造成的，所以承包人完全有理由不但提出工期索赔，还应该及时提出费用索赔。

本工程施工质量优良，工期也略有提前，但工程的项目管理，特别是合同管理水平很低，不敢索赔，更没有及时地准备和向建筑师提交各类索赔的证据，所以在本案裁决时，有一些要求得不到支持。

本案承包人未及时就加班费提出索赔，其原因可能是考虑双方的合作关系或是考虑到发包人一方不会批准，但如果在每个月的结算报告中，均附上由于发包人未批复变更延期而导致加班产生的费用索赔和相应的证据时，则这些资料就有可能成为仲裁时可供参考的证据。

（二）工期索赔有关问题

对一个工程项目来说，工期问题无论对发包人一方或承包人一方都是十分重要的，发包人在招标时，都应对工期提出明确的要求，因为这牵涉到项目的及时投产和投资的回收问题，而承包人在投标时也应该仔细推敲研究在发包人要求的工期内能否按时完成任务，也就是说，在签订合同后，承包人对发包人承担的最重要义务就是"按时"、"保质"地完成项目。

工期问题涉及开工日期、竣工日期、工期延长等几个问题，现结合本仲裁案例，分别讨论如下：

1. 开工时间

（1）一般在合同条件中都对开工日期有一个约定，如果采用发改委等九部委编制的《标准施工招标文件》（2007年版），则其中第11.1.1款开工："监理人应在开工日期7天前向承包人发出开工通知。监理人发出开工通知前应获得发包人同意。工期自监理人发出的开工通知中载明的开工日期起计算。承包人应在开工日期后尽快施工。"

如果合同双方都同意，则应按该合同条件中约定的日期开工。

（2）我国《建筑法》中规定，一般在开工前，建设单位应向有关政府建设行政主管部门领取施工许可证。建设部《建设工程施工许可管理办法》第三条规定："本办法规定必须申请领取施工许可证的建设工程，未取得施工许可证的，一律不得开工"。

（3）本工程双方均同意2001年9月26日为开工日期，这一天正好是领取施工许可证的日期。双方并未按照本工程合同条件中对开工日期的约定执行。

（4）如果我国企业去国外承包或发包工程项目，不论是作为承包人或是发包人，都应调查了解当地政府有无关于开工日期的规定，若有，则应严格遵照执行；若无，则应遵守合同条件中的约定。

2. 竣工时间

（1）一般合同条件中都在某一条款中对竣工日期有明确的约定，如果合同双方都对此条款没有异议，则按此条款的约定确定竣工日期。

（2）本案《合同条件》中约定了"建筑师发出实际竣工证书视为工程竣工"。发包人认为应按合同条件中的该约定确定竣工日期。但实际上建筑师并没有向承包人发出形式上符合上述合同条款约定的实际竣工证书。

而申请人认为应以竣工验收合格的日期作为竣工日期。

双方对竣工日期的规定出现了分歧。

（3）"高法"有关司法解释指出：当事人对建设工程实际竣工日期有争议的，建设工程经竣工验收合格的，以竣工验收合格之日为竣工日期。

仲裁庭参照上述司法解释裁定了实际竣工日期的争议。

（4）在国际上，如果项目所在国没有特殊的法律规定，一般均按合同条件中的约定确定竣工日期。

3. 工期延长

工期延长涉及由于发包人的原因或承包人的原因引起的工期延长，本案主要是由于发包人的大量变更引起工期延长引发的争议。

（1）在本案中，发包人开工后陆续提出了大量的变更，变更是合同给予发包人的权利，而因发包人变更而提出延长工期的请求则是承包人的权利。

（2）承包人针对发包人的大量变更提出工期延长的请求是可以理解的。合同条件中规定了建筑师应"尽快"批复承包人的申请，这是发包人一方的合同义务。但本案中发包人的建筑师在工程竣工后3个多月至8个月期间才先后分四次批核工期延长，共225天，没有认真履行"尽快"批复的义务，在执行合同条款的规定上存在严重的缺陷，甚至可以视为是主观上有意的违约行为。

在合同双方之间，发包人一方一般是强势的一方，发包人利用自己的强势地位长期地、任意地不按合同约定办事是非常错误的，由此导致承包人的经济损失也是应该给予适当的经济补偿的。

所以本案仲裁庭合议给予了申请人一定的加班费补偿。

（三）费用索赔的几个问题

1. 索赔的证据必须是项目实施过程中及时提交的有效证据

索赔时证据是非常重要的，但必须按照合同条款的规定，在相关事件发生时，及时将有关的证据提交给对方。本案例下面列举的费用索赔证据为什么是无效的，应该吸取什么教训呢？

本案中，承包人提交了大量的承包人法人单位和项目经理内部承包的合同，这些文件都是承包人的内部管理文件，提交了大量的工人加班的加班费签收单据以及大量的机械设备内部收费和材料的领取清单，也都属于承包人内部管理的单据，这些文件和单据均非双方合同文件，均与发包人无关，不可能得到发包人的认可，所以是既无效又无用的"证据"。

仲裁庭认可的证据应该是工程实施过程中双方交换的签发和签收的正式文件和相关的材料。相关证据应随着事件的发生一并及时提交。即使业主方当时不予支持，但在仲裁时可作为有效的证据考虑。

（1）索赔工程延长导致的加班费

在项目实施过程中，承包商申请工期延长而未得到及时批复，在不得不加班时，依据内部合同向工人发放了加班费，提交了大量的工人加班的加班费签收单据，但是并未在加班期间的每个月末，将这些加班费提交开发商索赔，因而构不成有效的证据。

（2）索赔工程延长期的机械设备费

1）变更审批中包含估算师的加账和减账，这些费用补偿的增减都是按照工程量清单中的单价，而合同文件中已明确约定包干的单价中是包含机械设备费的。

2）承包人并未对估算师所做的费用变更中的加账和减账及时提出不同意见。这也从另一个方面反映出承包人的合同管理水平不高，对于发包人提出的与变更有关的费用结算，缺乏及时跟进的索赔意识，拖延多年后再找出当年的"施工机械设备内部收费清单"、"周转材料领取清单"等，是不可能作为证据的。

如果承包人的造价工程师对发包人一方的费用变更账单逐笔跟进，进行核对，发现问题时，特别是数额大的问题，应该依据合同规定和当时的证据及时提出索赔要求，这种及时提交的证据，仲裁庭是可以作为证据考虑的。

（3）索赔延长工期造成的基本工资上涨费

1）工程量清单中的包干单价是包含基本工资的，而且在合同条款中明确规定物价上涨时不予调整，所以承包人的此项请求未得到仲裁庭的支持。

2）企业内部工资的调整属于承包商的内部管理，而在合同中规定的单价是包干的，并且这些内部管理的资料是对方不认可的。仲裁庭也不可能采用。

3）国际上的合同范本都有价格调整公式，国内九部委的《标准施工招标文件》中也列入了价格调整公式。考虑到国内国外物价的上涨趋势，如果发包人的招标文件没有列入价格调整公式，承包人可参照国际和国内的合同范本，在合同谈判阶段，要求发包人列入价格调整公式，以减少价格波动风险，保证自己的合法权益，这一点是非常重要的。

在选择价格调整公式的调价因子时，要注意列入工程实施期间（包括可能延长的工期）价格可能上涨较多的因子（包含人工、材料费等），并且要选定官方或某个机构定期公开公布的价格指数。

2. 索赔履约保函手续费

工程项目合同文件中均规定承包人应提交履约保函，这个规定实际上对承包人是有利的和合理的，提交履约保函时只需支付少量的保函手续费（且可计入报价），但可以免去发包人一方扣留承包人大量的流动资金作为履约保证金。本案承包人不懂这个基本道理，没有提供合格的保函，以致被长期扣留大量的现金流，并且也不计算利息，是非常失策的。

由于承包人提交的保函或担保机构不合格，因而被扣留了相当于合同额10%的履约保证金，也就是说被扣押了大量的流动资金。如果提交了履约保函，虽然工程延期时承包人应该去办理延期，但保函延期时向银行交付的费用，也有权要求承担延期责任的一方来支付，在本案中承担延期责任的是发包人，所以承包人是可以索赔这笔费用的。

但本案承包人没有提交合格的保函，被扣的履约保证金在工程实际竣工之后才分两次归还，但合同中并没有条款规定可以索赔履约保证金这笔款额由于工程延期225天所产生的利息，所以仲裁庭不能支持承包人的这一笔利息索赔要求，仅裁决发包人向承包人支付在工程竣工验收之后才归还的151万元的利息4.2万元。如果承包人提交了合格的保函,则就可索赔相关利息。实际上承包人是缺乏合同管理的有关基本概念,因小失大了。

3. 索赔保留金的利息

承包人要求保留金的利息从原定的竣工日期算起,但仲裁庭没有支持其要求,因为最后批准的225天工期延长,承包人也认可了,这相当于双方之间构成了新的要约与承诺,所以不能从原定竣工日期起计算保留金利息。

应遵照合同约定,如本合同有14天的支付承兑期,所以算利息应在规定的支付日加上14天之后的次日起算利息。

4. 索赔"资本效益金"

承包人提出对若干项延迟返还的款额,既索赔利息,又索赔"资本效益金"(指假定相关款项能及时收回并用于投资,可能创造的效益)。仲裁庭认为,承包人对"资本效益金"的索赔既没有法律依据,也没有合同依据。而且对"资本效益金"的计算数据是假设的,数据来源也没有依据,同时与利息的索赔也是重复请求。所以这项请求是不可能得到仲裁庭支持的。

5. 垃圾索赔

(1)什么是垃圾索赔

索赔是一种权利要求,是受损害的一方向另一方请求补偿的措施。但在仲裁工作中,笔者发现当事人(不论是申请人还是被申请人)有时候会提出不少十分不切实际的索赔,在这里姑且叫做"垃圾索赔"。

对垃圾索赔,可以从两个方面来理解:

一方面,索赔的内容常常不着边际,如本案中的资本效益金,且不说资本效益金的索赔与利息索赔是重复索赔,只就资本效益金本身的计算,也是建立在许多假定的数据和因素之上的(如本案,是建立在对方可以用这笔资金去投资可能产生的资本效益上,完全是猜测的)。况且,如果将这些款项用于投资还存在着赔钱的风险,因而只能认为这种索赔是垃圾索赔。

另一方面,提出索赔的依据不足,也就是说,既无法律和合同依据,也没有可以被仲裁庭接受的证据作为依据,这样必然导致索赔完全不可能得到支持。

(2)为什么会产生垃圾索赔

产生垃圾索赔往往是一方当事人(包括他们聘请的律师)由于错误的心理状态所导致的,他们的一种心态是认为索赔的款额越多越好,即使砍掉一部分,还可以得到较多的索赔款;另一种心态是将垃圾索赔作为一种对抗对方索赔的措施,企图以自己一方提出的索赔来抵消对方的索赔。

反请求是被申请人的一种权利,但如果提出了大量的垃圾索赔,非但不能抵消对方的索赔,反而使被申请人多交了一笔仲裁费。

(3)仲裁庭的裁决方式和依据

仲裁庭对任一方提出的索赔都是一个子项、一个子项的研究。一方面研究申请(或反请求)的内容,更重要的是研究每个子项的裁决依据,也就是从法律、合同、证据等几个方面,看看这个子项是否可以得到支持。而与申请的款额大小、对方的反请求没有太大的关系。也就是说,提出大量的垃圾索赔,对案件的裁决不会起到什么正面的作用。

(四)其他相关问题

1. 现场项目经理部下应设立合同管理部

(1)承包人应在现场项目经理部下设合同管理部,由一位项目副经理来领导并负责处理合同管理的各项有关事宜,包括变更、索赔与风险管理等。

(2)合同管理部的任务包括负责签订好各类合同,以及在项目实施过程中管好有关的合同。

在签订合同时,一方面是要认真分析有关方(如业主方、贷款方、保险方等)提出的招标文件,分析其中存在的风险和可以争取通过谈判修改的不合理的条款,并分析其中有索赔可能性的条款;另一方面还要负责准备对分包商、供应商进行招标的文件,此时要注意各类分包合同与主合同的关联性。

合同管理是项目管理的核心。在项目实施过程中,要依据合同对工程项目的商务要求和技术要求进行管理,包括对工程进行工期、质量、成本、安全等方面的管理。同时要依据合同条款,注意防范风险和做好索赔工作。

(3)结合本案情况,如果本案的项目经理部下面设有合同管理部,及时提交各类索赔报告和相关证据,定期反复地去信催要由于变更导致的工期延长索赔申请的回函,并妥善留存各类往来的信函和文件等。这样将会对事后的仲裁申请提供大量可供参考的证据。

2. 应加强文档和证据的保管和提交

文档管理工作非常重要,应设专人负责管理,在实际工作中,我国的工程项目各方,不论在国际还是国内的合同管理中,常常不重视书面文件的正确书写、签章和文件的合法有效性,不重视书面文件的提交、签收手续和保管。结合本案情况:

(1)证据的保管。施工过程中的各种往来文件和证据的原件,均应由专人妥善保管,正式编号入档。本案中,双方对变更的数量认识不一致,但当仲裁庭向涉案双方索取全部的变更通知和变更索赔函件时，双方均未能全部提交，说明双方对证据文件的保管均存在严重缺陷，这也必然对仲裁庭的裁决造成了一定的困难。

（2）证据的提交。除了前面提到的索赔证据提交的及时性之外，凡仲裁时计算索赔款额的内容，均要逐项提交相关的证据，才能得到仲裁庭的支持。本案中，承包人提出要求发包人偿付延迟付款的相应的利息，从提交的拖欠工程款的利息计算表中可以看出，发包人有十次以上未按时付款，但承包人没有提交每次发包人向承包人支付工程款的相关期中支付证书佐证，所以仲裁庭无法支持这些承包人原本可以索赔到的利息款（估算约90万元）。

3. 对发包人的合同文本部分条款的评论

（1）误期损害赔偿费的相关规定很不合理

本合同规定误期损害赔偿费18.5万/天，占本合同中标价的0.12%，比国际上世界银行贷款项目一般规定的0.05%高出很多，而且没有封顶值（国际国内一般是中标合同价的10%），这些规定显然很不合理，使承包商承担很大的风险。

承包商在遇到此情况时，应该在合同谈判时理直气壮地提出要求按国际和国内惯例进行调整和修改。

（2）对合同文本相关规定的评论

发包人所使用的合同文本是从香港的英文版本翻译过来的，总体结构比较严密细致，但也有些地方并不合理，如，规定建筑师对承包人的申请应"尽快"批复，没有"定量"的概念，执行中任意性太大。对照FIDIC、九部委和建设部的相关合同范本，一般均规定应在42天或28天内批复。

今后承包人在投标时，如发现合同条件中有该类模糊的不合理的规定时，应该在合同谈判时争取参照国内外的惯例（包括国内外的合同范本等）进行修改，能定量的尽可能定量。

4. 关于索赔律师费的问题

本案承包人提出的律师费索赔高达260万元。但没有相应的计算和依据。

在仲裁庭审议时，一般均按照实际支付的律师费的收据，参照申请人申请金额被支持的程度，由仲裁庭裁量决定。

参考文献

何伯森. 国际工程合同与合同管理（第二版）. 北京：中国建筑工业出版社，2010

某啤酒厂德方供货人与发包人工程拖期索赔仲裁案例*

摘要

本案是一个国际工程项目争议仲裁案，涉及的工程是我国南方某省一个中外合资啤酒厂的改建扩建项目，相关设备由德国某厂商供货，在施工过程中，由于多种原因引起工程拖期长达两年以上。

本案争议的焦点是工程拖期的责任归属问题。其中牵涉到施工进度表的提交和确认、土建设计所需资料的提交是否延误以及设备调试是否延误等问题。供货人向发包人提出了由于工程拖期引起的18项索赔以及该笔款项的利息，而发包人认为工程拖期是由供货人一方的原因引起的，从而向供货人提出合同价5%的索赔款项。

本案例中详细说明了本案的关键问题——工期拖期的情况，涉案双方的观点和仲裁庭的裁决意见。

最后，本文从工程管理角度对涉案的有关问题，如：工程项目的管理模式及合同关系，施工进度计划的编排和实施，文档管理的重要性，仲裁庭的自由裁量权以及本案被申请人的代理律师的执业态度等内容进行了分析和评论。

为了阅读和理解的方便，本案在案情及仲裁部分均用申请人（即供货人）和被申请人（即发包人），在工程项目简介和分析评论部分则用供货人和发包人。

关键词 工程拖期 施工进度计划 工程项目管理模式 供货人

---

* 本案例首次发表在《仲裁与法律》第124辑（2013年6月），这次发表时做了少量修改。

一、本案内容简介

（一）工程项目简介

1995年11月25日，我国某省WT啤酒厂（发包人）与T国ZD集团合资，拟对原有老啤酒厂进行改建和扩建。本项目土建施工承包人是ZJ集团下属某公司，本项目设计方是GZ轻工设计院。

发包人与德国ST公司（供货人）签订了啤酒生产设备供货和提供有关技术服务的WKS 9589号合同。供货人（本案申请人）向发包人（本案被申请人）提供的服务包括：提供将原有啤酒厂（以下简称老厂）由年产100万百升改造成年产150万百升的生产设备和另外兴建一座年产100万百升的新啤酒厂（以下简称新厂）的生产设备以及相关的技术服务。合同总价为8900万德国马克。

1995年11月30日，发包人与供货人又签订了WKS 9589A号合同，供货人向发包人提供现有存储仓改造以及10个新的清酒罐和5个填充线进行连接所需的设备以及相关的技术服务。合同总价为410万德国马克。

以上两份合同均为啤酒厂交货的固定总价合同。两份合同分别对供货人收到信用证之后的交货日期、支付方式和支付日期，安装、试运行、调试和运行测试，以及提供操作和维修手册等技术服务的相关事项作出了具体规定。两份合同的附件VI还对工程施工、设备制造、发运、安装、测试、调试以及培训规定了一个预计的时间表。

在工程开工后不久，根据供货人的建议，将原签订合同中先改建老厂后建新厂改为先建新厂后改建老厂，以保证啤酒生产不间断地供应市场，发包人也同意了这一合理化建议。因此，对WKS 9589号合同附件IV中原定的老厂和新厂的设备安装和调试的时间表做了重大的变更：即由"先老后新"改为"先新后老"，再加上各种原因导致的拖期，所以合同原定的老厂设备安装开始时间为1996年8月12日，调试结束时间为1996年12月22日，而实际开始时间为1999年9月30日，实际调试结束，《验收证明》的签字日期为2000年6月26日；合同原定的新厂设备安装开始时间为1997年1月6日，调试结束时间为1997年11月2日，而实际开始时间为1997年5月13日，实际调试结束，《验收证明》的签字日期为1999年4月29日。

因工程项目严重拖期，供货人向发包人提出了由于拖期引起的各项相关费用的索赔，但发包人对拖期原因持有不同看法，双方未能就供货人的索赔要求达成一致意见，从而供货人作为申请人提出仲裁请求。

（二）双方争议内容简介

1. 申请人的仲裁请求

（1）裁决给付申请人1 325 742.16欧元以及参照德国某银行的贷款利率，自1998年5月30日起至实际支付之日止按下述年利率计算的索赔款额的利息：① 至2000年4月30日止，5.00%；② 自2000年5月1日起至2000年8月31日止，8.42%；③ 自2000年9月1日起至2001年8月31日止，9.26%；④ 自2001年9月1日起至2001年12月31日止，8.62%；⑤ 自2002年1月1日起至2002年6月30日止，7.57%；⑥ 自2002年7月1日起，7.47%；

（2）被申请人承担一切仲裁费用（仲裁委员会的行政费用和仲裁员的支出）；

（3）被申请人赔偿申请人与本仲裁程序有关的包括律师费的一切费用。

申请人称，上述（2）（3）项费用的总额为466 610.00欧元（包括仲裁费用67 225.23欧元、律师费352 802.45欧元、翻译费15 874.91欧元、差旅费25 938.28欧元和其他费用4 769.13欧元）。

2. 被申请人的反请求

被申请人认为申请人在提交技术资料、调试等方面的延误均构成违约，导致了工期延误，给被申请人造成了重大的经济损失。这些损失包括被申请人的人员费用和项目贷款利息损失。人员费用损失总额为2 649 878.93美元，贷款利息损失总额为3 183 338.95美元。

考虑到同申请人之间长远的业务合作关系以及申请人上述延误的后果与WKS 9589号合同第8.6条和WKS 9589A号合同第8.5条迟延交货的后果相似，被申请人愿意不要求申请人赔偿全部损失，而比照该条的规定确定申请人的赔偿数额。

据此，被申请人提出了其反请求，要求仲裁庭裁决：

（1）申请人因违约赔偿被申请人合同总价的5%（9 310万德国马克×5%=465.5万德国马克）；

（2）申请人支付被申请人因本案支出的仲裁费、律师费及其他因办理本案所开支的费用。

（三）立案及仲裁过程简介

中国国际经济贸易仲裁委员会（以下简称贸仲）于2000年12月26日收到了本案申请人提交的仲裁申请书，接受了该申请，并于2001年2月8日向申请人和被申请人分别寄送了仲裁通知及其附件。2001年4月16日，贸仲秘书局收到了被申请人于2001年4月11日书写的反请求状。

本案仲裁程序适用贸仲自2000年10月1日起施行的仲裁规则。

申请人选定了Dr. M（奥地利籍）为仲裁员，被申请人选定H先生为仲裁员，贸仲主任根据仲裁规则指定了T先生为首席仲裁员。上述三位仲裁员于2001年5月10日组成仲裁庭，审理本案。

仲裁庭于2001年11月、2002年8月、2003年9月三次在北京开庭审理本案。因为本案案情复杂等原因，贸仲委员会秘书长根据仲裁庭的申请以及仲裁规则第二十五条的规定，多次批准将本案的裁决期限延长，最终延长至2005年3月10日。

申请人和被申请人均委派仲裁代理人出席了每次庭审，并提交了补充材料。贸仲秘书局均将补充材料在当事人之间进行了交换。双方当事人在庭审过程中均向仲裁庭陈述了本案案情，阐述了各自的观点，进行了质证和辩论，并回答了仲裁庭的有关提问。

仲裁庭根据双方提交的书面文件以及庭审所查清的事实和证据，经合议后做出了裁决。

二、双方争议的关键问题和仲裁庭的裁决意见

申请人与被申请人争议的关键问题是：整个工程项目是拖期了25个月（申请人的主张）还是32个月（被申请人的主张）？哪一方应承担工程拖期的责任。申请人认为是被申请人的责任，而被申请人持相反意见。

（一）双方对工程拖期原因和责任的主要观点

1. 有没有一个共同认可的施工进度表

1995年11月25日和1995年11月30日，申请人（卖方）和被申请人（买方）先后签订了WKS 9589号合同和WKS 9589A号合同。两份合同的附件VI均规定了一个预计的施工进度表。但在项目开始实施后，新厂和老厂的施工顺序与合同规定的完全相反，且施工进度表多次改动，由此产生了一个拖期的责任归属问题。

（1）申请人观点

1996年4月17日，在双方当事人代表参加的会议上，申请人向被申请人提交了项目的《总体时间表》。1996年4月17～25日，双方首次就申请人提供的设备"准入"被申请人土建施工项目进行安装调试的日期达成一致意见。

但由于被申请人延误了申请人准入老啤酒厂（1号和2号糖化间）土建工程和准入新

啤酒厂（3号糖化间）土建工程的工期，总体时间表和时间表中老啤酒厂和新啤酒厂的"准入日期"至少根据被申请人的要求修改了七次。这些修改包括：1996年11月的修改、1996年12月的修改、1997年4月的修改、1997年5月的修改、1997年11月的修改、1998年3月的修改以及1999年7月的修改。

（2）被申请人观点

根据本案合同，被申请人负责土建工程的设计及施工，申请人负责土建设计资料的提供、设备供应、安装和调试。

合同附件Ⅵ对申请人提交土建设计资料的日期以及设备安装、调试的开始日期和结束日期作出了约定。由于申请人和被申请人未签订单独的承包合同，被申请人作为发包人和申请人作为供货人应遵照合同附件Ⅵ约定的各段工程的时间表。合同附件Ⅵ是确定交付啤酒厂工程土建设计资料的日期和设备安装调试的开始、结束日期的唯一依据。

按照合同附件Ⅵ的约定，整个工程设备应在1997年11月2日调试结束。实际上，啤酒厂最后一个项目调试结束日期是2000年6月26日，应将该日期视为整个工程结束时间，比合同约定结束日期延误了32个月，工程延误的责任应由申请人承担。

除本案合同附件Ⅵ（项目预定时间表）外，在项目建设自始至终不存在双方一致确认的任何总体时间表。被申请人认为，申请人在其第一次于1996年4月1日提交给被申请人的时间表的函上就注明了"Proposal"字样，因此，申请人从一开始向被申请人提出的时间表就是一个建议性的时间表。申请人1996年4月1日和1996年4月25日提供的两个时间表都没有土建施工安排的内容，不能认为是工程进度的总体时间表。

被申请人还认为：本案啤酒厂不是一个按照申请人所谓的总体时间表进行建设的工程，而是一个边设计边施工的工程。申请人不断修改设计必然造成工程延误，因此工程延误的责任应由申请人承担。

2. 是否被申请人延误了土建工程施工

（1）申请人观点

"土建工程"（包括"土建工程图纸的设计"）由被申请人负责。应该在土建工程准入的准备工作就绪后才可进行安装工作。

实际上，申请人准入老啤酒厂和新啤酒厂土建工程的时间均被延误，申请人认为这是由于被申请人延误了对土建承包人和设计院的付款，导致被申请人的设计和土建工程均未能按时完成。

（2）被申请人观点

工程延误的主要原因是由于申请人一方提供土建设计资料延误，以至于影响了设计工作和土建工程施工。此外，申请人的调试工作也比合同约定的时间延误了不少。

3. 是否申请人延误了提交土建设计资料

此处所谓"土建设计资料"系指申请人（供货人）向被申请人（发包人）提交的，在土建工程设计和施工中需要符合设备安装要求的相关技术资料，包括流程图、布置图、基础图、建筑物要求图和公共设施连接图等。这些资料由发包人转交设计院和土建承包人使用。

（1）申请人观点

根据本案合同的内容，本项目不是"交钥匙"项目。申请人只负责啤酒厂设备的供应、运输、安装、调试和提供技术资料。根据合同的措辞，申请人是"卖方"，被申请人是"买方"，"卖方"只负责"提供设备和资料"。

啤酒厂项目中耗时最长、工艺最复杂的"项目组"始终是糖化间。因此，执行整个啤酒厂项目所需要的总体时间（包括所有类型的设计工作、土建工程和安装工作）由执行糖化间所需的总体时间来确定。在1996年4月15日至18日的会议上，申请人向被申请人移交了3号糖化间的土建设计资料，而晚一些时候移交的管桥、油罐和废水处理间的土建设计资料与正在进行的土建施工是不相关的，在收到3号糖化间的土建设计资料后，被申请人就可以开始土建工程图纸的设计了。

以上情况说明，申请人按时履行了其相应的合同义务。

此外，在这样（近1亿德国马克）的大项目中，土建施工要求修改图纸是非常正常的。这些修改既不会导致施工设计和土建施工的延误，也不会导致整个啤酒厂项目的延误。所谓的土建施工要求图纸修改不是申请人造成的，所以也不属于申请人的责任。

在提交本案反请求和答辩之前，被申请人从来没有向申请人就其提供的土建设计资料或其他工程和技术资料提出过任何所谓的缺陷。

（2）被申请人观点

在啤酒厂工程中，被申请人负责啤酒厂土建工程，申请人在土建施工前应负责向被申请人提供合同附件Ⅵ约定的土建设计资料。申请人应提交的单项工程土建设计资料有12项，包括：麦芽筒仓/入口、麦糟站、水处理间、糖化间、旧发酵改造、发酵/公用工程间、清酒间、锅炉间、包装间、管桥、油库和污水处理间。但实际上，申请人违反合同附件Ⅵ的约定，延误提交土建设计资料的有11个单项工程，申请人提交工艺资料延误和多次更改是造成整个工程推迟完工的根本原因。申请人在提供老啤酒厂土建设计资料上也存在延误。由于申请人迟延提交完整、正确的土建设计资料，GZ轻工设计院无法及时出具土建施工图纸，并导致土建工程延误，而土建工程的延误是整个项目延误的重要原因。

4. 是否申请人延误了工程的调试时间

（1）申请人观点

根据原定的合同附件Ⅵ的时间表，老啤酒厂的安装工作被安排在1996年8月12日开始，"新啤酒厂"的安装工作被安排在1997年1月6日开始。

如果安装工作按照这个顺序进行，在老啤酒厂的安装工作期间，由于3号糖化间尚未安装，不可能再生产啤酒，被申请人的啤酒生产就会完全停下来。因此，根据申请人的建议，双方同意背离原定的合同时间表，先安装新啤酒厂，此后再开始老啤酒厂的改建工程。这一变化使得被申请人能够在进行老啤酒厂的改建工程期间利用新啤酒厂生产啤酒，保护了被申请人不间断地生产啤酒的能力。被申请人的代理人在开庭时提出其没有同意这一变更是很荒谬的，因为实际上已经这样实施了。

申请人对安装、调试期延长不负有任何部分或者全部责任，这一点得到以下理由的有力支持。

在即将安装设备的地方，土建工程完工且建筑准入之前，设备安装是不能开始的，双方对此没有异议，并且也是符合逻辑常识的。

根据合同附件Ⅵ时间表，新啤酒厂的安装、调试期约定为322天。根据申请人于1998年2月19日签发的"准入函"，新啤酒厂一层也于同一天"准入"，应该到1999年1月7日才期满。实际上，试车结束时间为1998年11月7日，整整提前了两个月。

根据申请人于1998年4月10日签发的新啤酒厂二层的"准入函"，从1998年4月10日开始的322天期限应该到1999年2月26日期满。实际上，试车结束时间为1998年11月7日，提前了四个月，新啤酒厂的《验收证明》于1999年4月29日签字。

根据合同附件Ⅵ时间表，老啤酒厂的合同约定安装、调试期为252天。根据申请人于1999年9月30日签发的"准入函"，老啤酒厂于同一天"准入"，应该到2000年6月8日期满。实际上，试车结束时间提前了大约两个月，于2000年2月23日和2000年3月20日结束，老啤酒厂的《验收证明》于2000年6月26日签字。

将合同约定的安装、调试期限与实际结束的调试的日期以及与签发《验收证明》的日期对比，事实证明申请人根本没有超过安装、调试的合同约定期限。

（2）被申请人观点

新啤酒厂和老啤酒厂1号和2号糖化间的调试均有延误，延误时间共计18个月，并因此造成整个工程推迟完工。

被申请人认为申请人调试延误的原因包括：

1）蒸汽管故障造成新啤酒厂生产线调试的延误。蒸汽管事故的发生是由于申请人供应设备的质量差造成的，其责任在申请人；

2）从调试开始之日起，申请人供应单项工程的设备存在的问题就不断暴露，解决这些问题花费了大量的时间；

3）申请人供应的设备达不到合同约定的规格要求，需重新扩充。

（二）仲裁庭裁决意见

申请人偶尔延期向被申请人提交一些设计图纸并在调试方面有延误，但是从技术的观点和事实上来看，申请人偶尔延误提交一些设计图纸会对土建工程造成一些影响，但并没有实质性地影响土建工程的进行。整个项目完成的延误主要是被申请人延误土建工程开始和完工造成的。

三、申请人的仲裁请求及仲裁庭裁决意见

（一）申请人第一条仲裁请求

裁令被申请人向申请人支付额外增加成本/费用1 325 742.16欧元以及自1998年5月30日起至实际支付之日止按下述年利率计算的利息：① 至2000年4月30日止，5.00%；② 自2000年5月1日起至2000年8月31日止，8.42%；③ 自2000年9月1日起至2001年8月31日止，9.26%；④ 自2001年9月1日起至2001年12月31日止，8.62%；⑤ 自2002年1月1日起至2002年6月30日止，7.57%；⑥ 自2002年7月1日起，7.47%。

1. 关于支付申请人额外增加成本/费用1 325 742.16欧元的请求

（1）申请人观点

合同约定安装、调试期延长是由被申请人的责任范围的情况所造成的，进而导致申请人额外增加成本/费用总计为1 325 742.16欧元。

申请人在其2002年2月28日提交的材料中对增加的成本和费用进行了详细说明。这些成本和费用包括：

第1项	发酵罐工具折旧	56 161.55德国马克
第2项	标准工具折旧	72 763.54德国马克
第3项	在德国工资上涨增加的成本（第二选择）	171 000.93德国马克
第4项	在中国工资上涨增加的成本	160 404.00德国马克

第5项	延长总监督人周增加的成本	1 428 090.00德国马克
第6项	现场办公增加的成本	80 292.00德国马克
第7项	糖化3机械安装工作的中断	67 071.90德国马克
第8项	过滤间、清酒间和CIP间的机械罐安装工作的中断	70 550.00德国马克
第9项	糖化3电气安装工作的中断	6 032.00德国马克
第10项	安装保险（增加）	20 498.74德国马克
第11项	看守人（增加）	85 106.38德国马克
第12项	外汇损失	137 671.24德国马克
第13项	海关：仓储和运输	13 970.44德国马克
第14项	重新设计管桥	30 724.10德国马克
第15项	空调设备和相关成本	99 788.41德国马克
第16项	重新设计油罐	12 000.00德国马克
第17项	发酵管平台的道路	34 501.06德国马克
第18项	预制槽的重新设计	46 300.00德国马克
共计		
		<u>2 592 926.20德国马克</u>
		<u>＝1 325 742.16欧元</u>

（备注：仲裁申请时 1欧元=1.95583德国马克）

（2）仲裁庭裁决意见

第1项：关于支付申请人发酵罐工具折旧费用56 161.55德国马克的请求。

仲裁庭裁决意见：申请人对工具的贬值使用了高度的理论性的计算方法。实际上，工具的贬值是应根据工具在使用期间内计算出来。由于项目的延期，虽然工具按期到位，但在项目延期的期间内并没有使用。因此，它们并没有贬值。故，申请人此项56 161.55德国马克的请求应予以驳回。

第2项：关于支付申请人标准工具折旧费用72 763.54德国马克的请求。

仲裁庭裁决意见：申请人此项72 763.54德国马克的请求也应予以驳回，理由同第1项。

第3项：关于支付申请人在德国工资上涨增加的成本171 000.93德国马克的请求。

仲裁庭裁决意见：申请人171 000.93德国马克的请求的计算基本上是正确的，被申请人有义务赔偿申请人的此项损失；但是，仲裁庭认为申请人有义务减少此项损失，鉴于并无证据证明申请人已经减少该项损失。因此，仲裁庭只能支持申请人的索赔金额

110 949.34德国马克。

第4项：关于支付申请人在中国工资上涨增加的成本160 404.00德国马克的请求。

仲裁庭裁决意见：申请人的请求金额是160 404.00德国马克。仲裁庭只能支持其60%，即96 242.40德国马克的请求，因为申请人没有全部证明其请求的金额的准确性。

第5项：关于支付申请人延长总监督人周增加的成本1 428 090.00德国马克的请求。

仲裁庭裁决意见：申请人1 428 090.00德国马克请求的计算是正确的。但是，仲裁庭只能支持其70%，即999 663.00德国马克的请求，理由是没有证据证明申请人已经尽力减少损失。

第6项：关于支付申请人现场办公增加的成本80 292.00德国马克的请求。

仲裁庭裁决意见：没有证据证明如果该汽车于更早的日期出售就可以卖到更好的价钱。因此，仲裁庭驳回其索赔金额的一部分即22 781.00德国马克，只支持其索赔金额57 511.00德国马克。

第7项：关于支付申请人糖化3机械安装工作中断的损失67 071.90德国马克的请求。

仲裁庭裁决意见：仲裁庭支持申请人此项67 071.90德国马克的请求，因为它是正确的和有充分理由的。

第8项：关于支付申请人过滤间、清酒间和CIP间的机械罐安装工作中断的损失70 550.00德国马克的请求。

仲裁庭裁决意见：仲裁庭也支持申请人此项70 550.00德国马克的赔偿请求，因为它是正确的。

第9项：关于支付申请人糖化3电气安装工作中断的损失6 032.00德国马克的请求。

仲裁庭裁决意见：仲裁庭驳回申请人此项6 032.00德国马克的请求，因为没有充分的证据支持此项请求。

第10项：关于支付申请人安装保险增加的费用20 498.74德国马克的请求。

仲裁庭裁决意见：仲裁庭支持申请人此项20 498.74德国马克的请求，因为它是正确的和有充分理由的。

第11项：关于支付申请人增加看守人的费用85 106.38德国马克的请求。

仲裁庭裁决意见：仲裁庭也支持申请人此项85 106.38德国马克的请求，因为它是正确的和有充分理由的。

第12项：关于支付申请人的外汇损失137 671.24德国马克的请求。

仲裁庭裁决意见：仲裁庭驳回申请人此项137 671.24德国马克的请求，因为申请人的外汇损失是以纯理论的计算为基础的，实际的损失没有证据。

第13项：关于支付申请人的仓储和运输费用13 970.44德国马克的请求。

仲裁庭裁决意见：仲裁庭支持申请人此项13 970.44德国马克的请求，因为它是正确的和有充分理由的。

第14项：关于支付申请人的重新设计管桥的费用30 724.10德国马克的请求。

仲裁庭裁决意见：此项损失的责任应由申请人和被申请人分担。因此，仲裁庭降低申请人此项30 724.10德国马克的请求的50%，即降低为15 362.05德国马克。

第15项：关于支付申请人空调设备和相关成本99 788.41德国马克的请求。

仲裁庭裁决意见：被申请人应补偿申请人空调设备及相关费用99 788.41德国马克，因为设备是申请人提供的。

第16项：关于支付申请人重新设计油罐的费用12 000.00德国马克的请求。

仲裁庭裁决意见：被申请人应如数补偿申请人重新设计油罐的费用12 000.00德国马克。

第17项：关于支付申请人建造发酵管平台的道路的费用34 501.06德国马克的请求。

仲裁庭裁决意见：仲裁庭驳回申请人此项34 501.06德国马克的请求，因为这项增加费用是申请人在租赁吊车日期上的错误决定的结果。

第18项：关于支付申请人重新设计预制槽的费用46 300.00德国马克的请求。

仲裁庭裁决意见：仲裁庭驳回申请人此项46 300.00德国马克的请求，因为如果申请人在制定图纸之前先到工厂现场察看，这一问题就可以解决了。

2. 关于支付自1998年5月30日起至实际支付之日止增加费用的利息的请求

（1）申请人观点

老啤酒厂的安装工作本应在第33周（1996年8月12日）开始，调试本应在第96周（1997年11月2日）以新啤酒厂的"自动模式试车"结束。因此，合同约定的安装加调试的期限总共为63周（96周－33周）或14.7个月（64周÷4.35）。

实际上，申请人的工程师是在1997年的第1周到达被申请人施工现场的，申请人的工程师最后离开施工现场是在2000年4月28日。申请人的工程师在被申请人的施工现场停留的时间总共为39.7个月。

合同约定的14.7个月的时限和实际在施工现场所度过的39.7个月的时限之间的差异为25个月。

申请人认为应按德国某银行的年利率计算利息，即：① 至2000年4月30日止，5.00%；② 自2000年5月1日起至2000年8月31日止，8.42%；③ 自2000年9月1日起至2001年8月31日止，9.26%；④ 自2001年9月1日起至2001年12月31日止，8.62%；⑤ 自2002年1月1日起至2002年6月30日止，7.57%；⑥ 自2002年7月1日起，7.47%。

(2)被申请人观点

被申请人认为:按照合同附件Ⅵ的约定,整个工程设备应在1997年11月2日调试结束。实际上,啤酒厂最后一个项目调试结束日期是2000年6月26日,比合同约定结束日期延误了32个月。而整个工程延误32个月是申请人提供土建设计资料延误、调试延误以及申请人在圣诞节、新年擅自休假造成的,责任在申请人一方。

(3)仲裁庭意见

至于申请人提出被申请人应向申请人支付842 973.91欧元的利息,仲裁庭认为,申请人要求的利率过高。仲裁庭认为按6.5%的年利率计算是合理且符合实际情况的。对于利息的起算日期,仲裁庭认为,从仲裁委员会秘书局收到申请人仲裁申请书之日即2000年12月26日开始计算是合适的,计算至实际支付之日止。

(二)申请人的第二条仲裁请求

1. 申请人观点

本案的一切仲裁费用(包括仲裁委员会的行政费用和仲裁员的支出)由被申请人承担。其中,仲裁委员会仲裁费用为67 225.23欧元。

2. 仲裁庭裁决意见

由于申请人和被申请人双方在完成整个项目上都有延误,考虑到申请人的仲裁请求没有获得全部支持以及被申请人的仲裁反请求没有获得支持的情况,仲裁庭裁定,本案的仲裁费用由被申请人承担90%,申请人承担10%。

申请人选定Dr. M为本案仲裁员,Dr. M往返北京/维也纳的旅费和他的报酬应由申请人承担。被申请人选定H先生为本案仲裁员,H先生往返北京/天津的实际费用应由被申请人承担。

(三)申请人的第三条仲裁请求

1. 申请人观点

被申请人赔偿申请人与本仲裁程序有关的包括其律师费的一切费用。

申请人称,其费用总额为466 610.00欧元,包括律师费352 802.45欧元、仲裁委员会仲裁费用67 225.23欧元、翻译费15 874.91欧元、差旅费25 938.28欧元和其他费用4 769.13欧元。

2. 仲裁庭裁决意见

根据仲裁委员会仲裁规则第五十九条的规定并考虑到本案事实情况,仲裁庭认为,除仲裁费外,由被申请人向申请人支付的赔偿金额确定为65 000欧元是公平合理的。

申请人由于本案而支出的其他任何费用应由申请人独立承担。

四、被申请人的反请求及仲裁庭裁决意见

（一）被申请人第一条反请求

1. 被申请人观点

请求裁决确认申请人因违约赔偿被申请人合同总价的5%（9 310万德国马克×5%＝465.5万德国马克）。

2. 仲裁庭裁决意见

仲裁庭不能支持的被申请人的反请求，因为：

（1）被申请人提出的证据没有支持被申请人的反请求；

（2）几乎所有更改约定的时间表的要求都是被申请人提出的；

（3）被申请人没有在任何文件中对更改时间表而延误工期正式向申请人提出非议，而该时间表是要求双方在约定的时间之内完成工程项目的；

（4）被申请人用来作为其约定的计算基础的合同第8.6款，对于被申请人所声称的这种延误是不适用的。

（二）被申请人第二条反请求

1. 被申请人观点

申请人支付被申请人因本案支出的仲裁费、律师费及其他因办理本案所支出的费用。

2. 仲裁庭裁决意见

参见申请人的第三条仲裁请求的仲裁庭裁决意见。

被申请人由于本案而支出的其他任何费用应由被申请人独立承担。

五、分析评论

（一）项目的发包方和相关各方必须弄清项目的管理模式及合同关系

本案开庭之初，双方代理人争论的一个核心问题就是项目的管理模式。发包人一方

的律师坚持说本工程项目是设计–采购–施工（EPC）模式，企图把工程拖期的责任推向对方，似乎应由供货人承担一切责任。当然供货人一方代理人不可能同意，发包人律师的这种明显的企图误导仲裁庭的说法被仲裁庭及时制止。

工程项目的管理模式是指一个工程项目建设的基本组织模式以及在完成项目过程中各参与方所扮演的角色及其合同关系，在某些模式（如设计–建造–运行，DBO）下，还要规定项目完成后的运行方式。确定了项目的管理模式才能决定项目的采购方式和招标方式。由于它确定了工程项目管理的总体框架、项目参与各方的职责、义务和风险分担，因而在很大程度上决定了项目的合同管理方式以及建设速度、工程质量和造价，所以它对业主和项目的成功都非常关键。

本案显然是一个国际上通用的传统的项目管理模式（见图1），即由啤酒厂的业主（发包人）直接将设计、施工和设备供货、安装分别签订合同发包给国内外不同的公司，所以项目的总体协调管理显然应该由发包人负责。因为这个项目是T国ZD集团参股投资来改造原有啤酒厂和扩建新啤酒厂，所以在项目实施过程中发包人还聘请了一位澳大利亚的项目经理。实事求是地说，这位项目经理的管理水平并不高，从而导致了许多各方职责不清和项目严重拖期的问题。

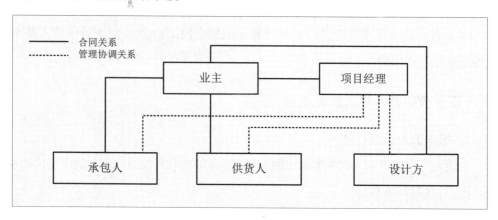

图1　本项目使用的国际上传统的项目管理模式

（二）施工进度计划的编排和实施

施工进度计划无论在招投标阶段或项目实施阶段都是一个十分重要的文件，它属于施工组织计划的一部分，但并不是正式的合同文件。在施工过程中，承包商可以根据实际情况，包括人力和设备资源调度的需要，修改施工进度计划，并将修改后的进度计划报送监理工程师。

一般情况下，在项目招投标阶段，参加投标的土建承包人在其投标文件中都应该提交一个初步的安排合理的施工组织计划（包括施工进度计划），供货人也会提交一个供货（包括安装、调试、试运行）计划。

1. 施工进度计划应该由哪一方提供？

在传统模式下，一般是在开工之初由施工承包人（即本项目的土建承包人）考虑设计进度和供货人的供货安排及安装调试的要求，提交一个建议性的进度计划，但土建承包人与设计方、供货人之间没有合同关系，所以在此情况下，发包人一方的项目经理就有责任组织各方讨论此建议进度计划，并协调各方进度，在开工后委托土建承包人制定一个新的可供实施的进度计划，之后由项目经理负责批准该施工进度计划，交付有关各方去实施。在项目进行过程中，如果由于任何一方的原因导致该进度计划需要修改，也应该由发包人项目经理召集各方开会协调，之后再由土建施工承包人提交修改的进度计划。

2. 本案施工进度计划不能落实和实施的原因和责任

本案的情况非常特殊，在开庭时提交的5份进度计划（即一开始编排的和后来4次修改的）都是由德方供货人提交的外文的进度计划。在本项目中是否由发包人项目经理委托德方供货人编制施工进度计划？双方都说不清楚。申请人（德方供货人）认为每次的进度计划都经过讨论并被批准了，而被申请人（发包人）一方则认为所有进度计划均未正式批准，也就是说都是建议稿（Proposal）。但双方又均未提供讨论施工进度的会议记录，也未能提供任何批准或未批准某一份进度计划的书面证据。所以仲裁庭就很难依据哪一份进度计划来判断有关各方拖期的责任。

笔者认为，根据本项目的情况，施工进度计划一直没有被双方确认，其责任应在发包人一方，特别是发包人的澳籍项目经理没有尽到管理项目有关各方并协调他们之间的施工进度和工作安排的职责。从这一个侧面也反映了本项目发包人一方项目管理工作的混乱。

与施工进度计划相关的还有是否供货人延误提交土建设计资料的问题。一般在安排施工进度计划时，要看关键路线上的项目是什么，本项目关键路线上的项目是糖化间，根据供货人提供的资料可以看出，糖化间的资料提供工作并无延误，也就是说供货人并没有耽误发包人一方的设计和施工工作。

（三）文档管理工作的重要性

一个工程项目的文档管理工作看似技术含量不高，但却是件非常重要的工作。

在FIDIC合同条件中、或定义中、或条款中，常有"in writing"（书面文件）一词，就是强调书面文件的重要性。正如中国人常说的"口说无凭，书面为据"，也是强调书面文件的重要性。

1. 正确地书写文件

书写往来信函时，一定要写给相关法人单位，即：致某某公司（法人单位），下面再写某某先生。这样负责具体工作的人员变动，信函还是有效的。

涉及变更、造价和索赔等事项的重要信函，一般应在该信函开头首先引用相关的合同条款，再论述具体事项。

信函后一定要签字，盖章。但在一些国际工程项目信函中，有相关人员签字即可，国内除了相关人员签字外，一般应加盖公章。

2. 会议记录十分重要

会议记录也是重要的书面文件，应指定专人记录整理，写明会议日期、地点和参加人，后面要有各方与会负责人（有时全体人员）签字。应一式几份，分存有关各方。

本案中提到的双方对进度计划是否已批准的争议，如果能提交各次讨论进度计划的会议记录，则仲裁庭就可以比较容易地判断工期拖延的责任方了。

本案中的核心争议为开工时间和验收时间，供货人一方认为其向发包人提出了合理化建议，即将原订合同中的先改建老厂改为先修建新厂，老厂可以继续生产啤酒供应市场，等新厂建好投产后再改造老厂。在工程的实施中，发包人也接受了这个建议。但发包人一方代理人在开庭辩论时却坚持认为仍应该用原合同上写明的老厂改建的开工日期作为开工日期。

当仲裁庭要求双方提供将"先老后新"改为"先新后老"的会议记录时，双方都提不出来。实际上这是对合同的一个十分重大的变更，如此重大的变更没有一个书面文件作为证据，只能说明双方的项目管理水平都太低了。

上述对函件和会议记录的要求看似简单，但笔者参与的不少仲裁案件中都没有按照这些基本的要求来书写、签字和盖章。

3. 及时提交相关各方

现在国内国际的合同条件均严格规定了索赔报告的提交时间，不按合同条款中规定的时间限制提交索赔报告，即丧失索赔的权利。

有时承包人认为，某项索赔可能业主方不会批准，因而就不提交了。这个理念是不对的，索赔方应该懂得这样一个原则：凡是确有根有据的索赔一定要及时提交，即便当时业主或（监理）工程师驳回了，但这些证据在仲裁或诉讼时即可作为正式的证据提交，仲裁庭或法庭会认可这些证据。而未按合同条件规定日期提交，到开庭时再补交的"证据"往往不被对方和仲裁庭认可。

关于"时效性"，各国法律有不同的规定，我国的规定一般是两年，这是指整体的索赔事件，在事件发生后两年内应提出索赔要求，之后再次提出索赔的时间间隔也不应大于两年。如果过了两年之后再提出，即被认为已丧失了时效性了。

4. 重视对方文件签收

在本案中，德国供货人提交给发包人的资料大多有记录，而业主方和设计方之间、业主方和承包方之间来往的信函大多没有记录，因而在确定工期拖延的责任时，缺乏有效的依据。

所以，在工程项目进行中一定要注意发文给对方时的签收手续，以便在产生矛盾时确定有关责任方。

5. 专人负责文档保管

文档保管是一项十分重要的工作，任何单位在工程实施过程中，都必须设专人负责各类文件的保管。原始文件一律由专人编目入档，收存保管，而只将复印件发到相关人员手中。这样就可以保证原始文件的有效保存，避免了遗失或损坏的可能性。在日后如果提起仲裁或诉讼时，就能很快地提供相关的证据。

文档管理看似简单，但国内的许多公司都不重视，反之，外国公司、香港公司这方面就做的比较好。

（四）关于仲裁员的自由裁量权问题

在仲裁庭审理仲裁案时常常会遇到一个难题，就是某一方的索赔申请使仲裁庭的多数仲裁员认为是合情合理的，但是找不到相关的法律条款或合同条款支持该项索赔，而且针对该项索赔提交的证据也不充分，甚至完全提不出证据，这时该如何裁决呢？一般就要行使仲裁员的自由裁量权了。

自由裁量权（Discretion）在《牛津法律大辞典》中的定义为：对案件酌情做出决定的权利，并且这种决定在当时特定情况下应是正义、公正、正确、公平和合理的。法律常常授予法官以权力或责任，确保其在某种情况下可以行使自由裁量权。有时是根据情势所需，有时则仅仅是在规定的限度内行使这种权力。

结合仲裁的特点，仲裁员的自由裁量权可理解为：仲裁员在审理案件时，在法律或仲裁规则没有规定或规定不够明确，又没有相似的判例可以遵循时，仲裁员可以根据案件本身的事实和证据，做出符合法律原则、精神和法理的公平、公正的灵活裁量。

在遇到这类问题时，因没有具体的计算数字做依据，在合议之初，三位仲裁员每个人对个子项的自由裁量的意见常常是不一致的，这时首席仲裁员就要善于引导，要允许每一仲裁员充分自由地表达自己的意见，因为按照我国仲裁法的精神和贸仲仲裁规则的规定，每个仲裁员都不代表涉案的任何一方，都应公平公正地处理争议，所以首席仲裁员要引导大家心平气和地讨论。如果仲裁庭的多数仲裁员认为该索赔申述合情合理，则应根据证据和该子项的实际情况合议一个大家都认为比较合理的裁决意见。尽可能不要为了合议裁决某一个子项时存在分歧意见导致一位仲裁员不在裁决书上签字，甚至写下反对意见。

本案仲裁庭在确定工程拖期的主要责任方的问题上意见是一致的，对申请人申请的18个子项中的大约三分之一的子项，因为证据不足，无法具体计算，所以都是在三位仲裁员充分交换意见后，自由裁量的。

（五）评本案被申请人代理律师的执业态度

本案被申请人代理律师在案情准备发言和辩论中，缺乏认真的工作态度和敬业精神，仅举两例以说明。

一是在本案开始时，强调本案是一个EPC项目，其目的就是把矛头指向德方供货人，认为该项目的拖期应由德方负责。实际上该律师根本就没有弄明白什么是EPC项目。EPC是一种将设计–采购–施工均交给一个承包人负责的总承包模式，而德方仅仅是供货人，合同中没有任何文字显示德方供货人是本项目的总承包人。这只能说明该律师连项目的基本管理模式的概念都没弄明白，就在仲裁庭上与对方开展辩论，企图把责任推给对方，这显然是十分错误的。

二是被申请人代理律师在准备本案答辩的过程中，似乎没有弄明白该项目在实施中早已由"先老后新"变更为"先新后老"，还死死抱住原定合同中规定的；老厂和新厂的开工和完工日期来计算对方的拖期时间，以一种逻辑上十分混乱的思路来答辩，怎么可能说服对方和仲裁庭呢？

从这两个例子可以看出该律师的敬业精神很差，既不去认真学习在案件中遇到的新问题，又连项目实施的基本情况都没有弄清楚，这怎么可能帮助被申请人辩护和争取胜诉呢？

参考文献

[1] 何伯森. 工程项目管理的国际惯例. 北京：中国建筑工业出版社，2007

[2] 李正华. 论"自由裁量权". 长春：当代法学，2000年第4期

[3] 陈忠谦. 仲裁员自由裁量权探析. 广州：仲裁研究，2009年第3期

业主方未遵守双方协议导致的仲裁败诉案例

摘要

　　本案涉及的是一个承包人（申请人）和业主方（被申请人）之间的争议，争议的焦点是竣工决算资料审核期限的确定，以及未在约定期限内审核完成决算资料会产生什么后果。最后，因为承包人有效地采用了相关的法律法规，而业主方由于未能遵守双方关于竣工决算的"会议纪要"而败诉，并付出了本可避免的一笔赔款。此外，本案还涉及承包人的多项索赔是否合理等问题。

　　本文最后专门从工程项目管理的角度对涉案有关的问题，如：本案审理过程中遇到的"合法"与"合理"之间的冲突问题，项目双方的管理漏洞问题以及司法鉴定的相关问题等进行了分析和讨论。

　　为了引用文件和阅读理解方便，本文在案情介绍部分均用申请人和被申请人，在分析评论部分则用承包人和业主方。

关键词　竣工决算　会议纪要　合法合理合情

一、工程项目与本案争议内容简介

（一）工程项目简介

ZT建设公司（以下简称"ZT公司"或申请人）与TY设备有限公司（境外公司在中国的子公司，以下简称"TY公司"或被申请人）签订《建设工程施工合同》（以下简称"《施工合同》"），约定由ZT公司为TY公司在浙江省某地建设新厂房项目，合同约定开工日期为2003年12月31日，竣工日期为2004年10月31日；工程中标指导价为人民币3 188万元，最终按实际完成工作量及固定单价进行结算。双方有关工程事项的洽商、变更等书面文件视为合同的一部分。合同有中英文两个版本，如有不一致处，以英文版本为准。

工程开工后，因TY公司进行了不少设计变更，增加了大量原合同范围外的施工内容，导致工期延长及合同造价增加。工程于2005年8月26日竣工，通过竣工验收并移交给TY公司。

2005年9月2日，ZT公司与TY公司进行洽商并形成书面会议纪要（以下简称"九二会议纪要"），确认本工程质量、工期符合合同要求。同时约定TY公司应在收到ZT公司决算书及决算资料（以下简称"竣工决算资料"）之日起30日内完成本工程造价决算审核工作，并给出书面审核意见，如未按时审核完毕，按国家建设部、财政部联合颁发的财建（2004）369号《建设工程价款结算暂行办法》（以下简称"《结算暂行办法》"）的规定执行。

ZT公司于2005年9月28日将竣工决算资料送交TY公司，送审造价为人民币119 010 067元。

之后，由于对工程款的结算依据产生争议，遂按照合同约定将争议提交中国国际经济贸易仲裁委员会（以下简称"贸仲"）。

（二）本案争议内容简介

1. 申请人提出如下仲裁请求：

（1）裁决被申请人向申请人支付工程款人民币55 939 668.85元；

（2）裁决被申请人向申请人支付逾期付款违约金（自2005年11月29日起，按欠付额的日万分之三计算至实际履行日，暂计人民币100万元）；

（3）确认申请人就被申请人新厂房工程折价或者拍卖的价款享有优先受偿权；

（4）本案仲裁费用由被申请人承担。

2. 被申请人在其提交的答辩书中称:

(1) 申请人在其提交的工程决算书中,严重背离事实,缺乏诚信精神,编造虚报了大量未发生的工程量,用夸大工程量及错误单价的手段提高结算价,并提供了不真实的单据和发票。

(2) 双方在"九二会议纪要"中规定的30天为工作日。且被申请人在2005年11月14日将A咨询公司的核算结果递交给申请人,已经在该30个工作日内明确拒绝了申请人的决算结果。

(3) 被申请人请求驳回申请人全部仲裁请求,并恳请贸仲考虑A咨询公司作为中立的第三方进行的专业核算结果。

被申请人并未提出其他反请求。

(三) 本案立案及仲裁过程简介

贸仲于2006年2月5日收到了本案申请人提交的仲裁申请书,贸仲接受了该申请,并于2006年2月14日向申请人和被申请人分别寄送了仲裁通知及其附件。

本案仲裁程序适用贸仲自2005年5月1日起施行的仲裁规则。

申请人选定了W先生为仲裁员,被申请人选定J先生为仲裁员,贸仲主任根据仲裁规则指定了H先生为首席仲裁员。上述三位仲裁员于2006年8月14日组成仲裁庭,审理本案。

仲裁庭于2006年11月、2007年1月、2007年8月、2007年9月在北京四次开庭审理本案,在每次开庭时,仲裁庭都进行了调解,但均未成功。因为本案案情复杂等原因,贸仲秘书长根据仲裁庭的申请以及仲裁规则第六十五条的规定,多次批准将本案的裁决期限延长,最后一次是延长至2007年11月14日。

申请人和被申请人均委派仲裁代理人出席了每次庭审,并提交了补充材料。贸仲秘书局均将补充材料在当事人之间进行了交换。双方当事人在庭审过程中均向仲裁庭陈述了本案案情,阐述了各自的观点,进行了质证和辩论,并回答了仲裁庭的有关提问。

2007年1月15日,在第二次开庭时,被申请人提出希望仲裁庭进行造价鉴定的申请。申请人就被申请人的造价鉴定申请提出了异议,并且提出由于被申请人迟迟未支付工程款,导致其拖欠了巨额民工工资,希望仲裁庭作出期中裁决,及时执行。

2007年1月19日,仲裁庭经合议后决定: ① 被申请人应于2007年2月5日之前暂向申请人支付人民币8 500 000元,工程最终结算款额以仲裁庭的最终裁决书为准; ② 被申请人应根据仲裁庭决定的日期,先行垫付进行造价鉴定所需缴纳的相关费用;如被申人未能按时垫付该费用，则不再对本案涉案工程进行造价鉴定；③ 对本案涉案工程进行造价鉴定的鉴定单位将由仲裁庭指定。

2007年2月，仲裁庭合议后委托B工程咨询公司（以下简称"B咨询公司"）对本案进行鉴定。2007年6月，B咨询公司向仲裁庭出具了初步鉴定报告，经复审后，确定本工程造价鉴定结果为95 333 589.01元。

仲裁庭根据双方提交的书面文件以及庭审所查清的事实和证据，经合议后做出了裁决。

二、双方争议的关键问题

本案合同项下工程款的结算依据影响到双方各个主要争议点的裁决，所以仲裁庭首先就工程款的结算依据进行了分析和裁决。

（一）双方对于"九二会议纪要"的理解

1. "九二会议纪要"的内容及双方执行情况

（1）2005年9月2日，申请人与被申请人进行了洽商，并形成了"九二会议纪要"，确认本工程质量、工期符合合同要求。

同时约定申请人应尽快提交决算书以及所有竣工结算资料，被申请人在收到申请人竣工决算资料之日起30日内审核完毕，给出书面审核意见，未按时审核完毕，按《结算暂行办法》的规定执行。

（2）申请人于2005年9月28日将竣工决算资料送交被申请人，送审造价为人民币119 010 067元，被申请人在印有"本工程送审资料已全部提供完整、齐全"意见的资料签收单上签署并加盖了公章。

（3）被申请人收到竣工决算资料后立即书面通知申请人："我方将于30个工作日内审核完毕并给出书面意见"，申请人未予回复。

（4）2006年1月12日，双方就涉案工程结算事宜再次会商并形成当日会议纪要，该会议纪要第三条，双方决定就"工程造价争议另行解决"。

2. 申请人的观点

（1）审核期限30天应理解为30个日历日。依据是：该30天期限是双方在"九二会议纪要"中约定的，而"九二会议纪要"的性质属于补充协议，是双方对原合同的补充和修订。故"九二会议纪要"中没有对"天"做出明确定义，应以原合同的相关约定为准。

而双方原合同中对规定的"天"有明确规定：英文合同5.9条和中文合同通用条款1.23条均规定"天"是日历日，包括全部节假日，而不是工作日。

至于申请人未对被申请人"将于30个工作日内审核完毕"的致函表示异议，不构成默认，被申请人的函件仅属于单方意思表示，未改变双方对审核期限应为30个日历日的约定。

（2）最高人民法院《关于审理建设工程施工合同纠纷案件适用法律问题的解释》【法释（2004）14号】（以下简称"《司法解释》"）第二十条规定："当事人约定，发包人收到竣工结算文件后，在约定期限内不予答复，视为认可竣工结算文件的，按照约定处理。承包人请求按照竣工结算文件结算工程价款的，应予支持。"

1）本案发包人收到竣工结算文件后，在约定期限内不予答复，则应视为认可竣工结算文件。

双方在"九二会议纪要"中约定，对未按时审核完毕，给予答复的法律后果，引用了《结算暂行办法》，以该文件的规定作为双方的约定。《结算暂行办法》第十六条规定："发包人收到竣工结算报告及完整的结算资料后，在本办法规定或合同约定期限内，对结算报告及资料没有提出意见，则视同认可"。据此规定，双方实际上约定了被申请人必须在30天内对申请人的竣工结算文件进行审核，给予书面答复，未按时审核完毕给予答复的，则视为被申请人已经认可了申请人的竣工结算文件。

2）被申请人事实上并未在约定期限内审核完毕给予答复。

被申请人未按约定应在30天内（即2005年10月28日前）审核完毕，也未给申请人任何答复。而是直至2005年11月17日才出具了结算审核意见初稿，且列明该初稿结论为不完整造价。

综上所述，被申请人未在合同约定的30天内对结算报告及资料提出意见，应视为被申请人已认可申请人送审造价，即截至2005年10月28日，双方已确认本工程的工程造价为人民币119 010 067元。

3. 被申请人的观点

（1）被申请人认为"九二会议纪要"中30天审核期限中的"天"是指工作日。

双方在"九二会议纪要"中并未规定30天是否为工作日，且被申请人在收到申请人提交工程决算书后立即以书面通知申请人："我方将于30个工作日内审核完毕并给出书面审核意见"。申请人收到被申请人该函件后签收且从未表示异议。因此，双方已明确该30天是指30个工作日。

（2）被申请人在2005年11月14日将A公司的核算结果递交给申请人，因此，被申请人已经在该30个工作日内明确拒绝了申请人的决算结果。

（3）如双方应符合《结算暂行办法》的规定，申请人的决算结果为人民币119 010 067元。根据《结算暂行办法》第14（3）条的规定，工程竣工结算报告金额为5 000万以上的，发包人应在接到竣工结算报告和完整的竣工结算资料之日起60天内提出审查意见，而非30天。之所以作该等规定，是因为如果工程结算数额达到5 000万以上时，发包人必定有大量的审核工作，需要的时间当然要更长，30天显然是不够的，因此，被申请人在接到漏洞百出的结算报告后，立即通知了申请人，明确审核时间为30个工作日。

（4）申请人不具有"九二会议纪要"单方确定工程造价的权利，且"九二会议纪要"违背中标合同结算条款的实质性内容，应属无效，不具有约束力。

"九二会议纪要"第2条约定"申请人应尽快提交决算书以及所有竣工结算资料，交被申请人审核，被申请人在收到申请人竣工决算资料之日起30天内审核完毕"，其中，申请人提交竣工决算资料是先行义务，而经查明，申请人2005年9月28日提交的竣工决算资料中并不包含竣工图纸和竣工结算报告，其提交的竣工决算资料并不完整。因此，申请人并未完成其先行义务，不应当享有"九二会议纪要"单方确定工程造价的权利。

而且，中标合同专用条款、附件五及中标通知书均就工程造价的结算程序、方式作出明确约定，即工程造价应按工程量清单据实确定及结算，并未设定在如"九二会议纪要"约定情形下依据单方决算数额予以确定的程序，因此，"九二会议纪要"已在根本上违反了上述中标合同文件之结算条款的实质性约定。根据我国招投标法及《结算暂行办法》相关规定，当事人双方背离中标合同实质性内容另行签订的协议应认定为无效，则"九二会议纪要"应属无效。

最后，2006年1月12日新的会议纪要作为本案争议交付仲裁前的最后协议，该会议纪要已明确"九二会议纪要"不再作为争议解决依据的主旨，因此"九二会议纪要"已不再具有约束力。

（5）《司法解释》不适用于本案。

仲裁在实体审理方面只应适用于国家立法机关颁布实施的实体法或立法机关对相应实体法所作出的解释，而最高人民法院颁布施行司法解释的目的在于规范、指导各级人民法院的审判行为，其效力所涉范围不应及仲裁机构。

4. 仲裁庭的意见

（1）关于"九二会议纪要"的效力

"九二会议纪要"是双方当事人共同签订的，具备生效的形式要件，同时，鉴于本案合同中文版第一部分第六条规定："……双方有关工程的洽商、变更等书面或文件视

为本合同的组成部分",并且本案合同英文版并未作出相反约定。所以,"九二会议纪要"所约定的关于竣工决算资料的审核事宜属于"双方有关工程的洽商"。而且,"九二会议纪要"主要对提交和审核决算资料的程序作出了约定,并非像被申请人所主张的"依据单方决算确定工程造价"。同时,2006年1月12日的会议纪要的文字表述并不能用以证明被申请人关于"九二会议纪要"不再具有约束力的主张。因此仲裁庭认为,根据本案合同的约定,"九二会议纪要"构成了本案合同的有效组成部分,应当对双方当事人具有约束力。

(2)关于30天审核期限中"天"的解释

根据《中华人民共和国合同法》(以下简称"《合同法》")第一百二十五条第一款关于"当事人对合同条款的理解有争议的,应当按照合同所使用的语句、合同的有关条款、合同目的、交易习惯以及诚实信用原则,确定该条款的真实意思。"作为本案合同的有效组成部分的"九二会议纪要",如双方对其文意解释上产生分歧,应当参照合同的一般条款进行解释。本案合同英文版第5.9条规定:"All periods of time referred to in this Agreement shall include all Saturdays, Sundays and state or national holidays, unless the period to time specifies working or business days; however, if the date or last day to perform any act or give notice or approval shall fall on a Saturday, Sunday or state or national holiday, such act, notice or approval shall be timely if performed or given an the next succeeding day which is not a Saturday, Sunday or state or national holiday".(本合同所约定的所有的时间期限均包含星期六、星期日和法定节假日,除非明确指明该期限为工作日或营业日。然而,如果履行期限或通知期限以及获得审批期限的最后一天是星期六、星期天或法定节假日,则应顺延到下一个工作日。——仲裁庭注)。本案合同中文版词语定义中,第1.23条关于"小时或天"的约定为:"…;规定按天计算时间的,开始当天不计入,从次日开始计算,时限的最后有一天是休息日或者其他法定节假日的,以节假日次日为时限的最后一天,但竣工日期除外,时限的最后一天的截止时间为当日24时。"根据上述的约定,英文及中文合同对期限的解释均为日历日而不是工作日,"九二会议纪要"作为合同的有效组成部分对期限的规定也应当与合同的约定保持一致,因此,"九二会议纪要"中约定的30天应当为日历日。

至于被申请人称其书面通知函件中表明为30个工作日,而且申请人没有及时提出相反意见,应当视为接受30个工作日并且构成了对"九二会议纪要"的更改,仲裁庭认为,根据《最高人民法院关于贯彻执行<中华人民共和国民法通则>若干问题的意见》第66条关于"……不作为的默示只有在法律有规定或者当事人双方有约定的情况下,才可以视为意思表示"的规定,申请人未对被申请人通知函件作出回应的行为不应构成对通知函中"30个工作日"的约定以及合同中关于"日历日"的约定的修改,因此,仲裁庭认定"九二会议纪要"中的"30天"应为日历日30天。

(3)关于申请人2005年9月28日是否向被申请人提交了全部竣工决算资料

仲裁庭认为,被申请人在接受申请人提交竣工决算资料的同时具有审核竣工决算资料是否齐全的义务,并且被申请人在"TY公司联合厂房、设备基础、室外单体及附属竣工决算资料报送资料"上已经签字并盖章确认"本工程送审资料已全部提供"。所以,仲裁庭认定,上述事实表明了申请人已于2005年9月28日向被申请人提交了"所有竣工决算资料"。因此,根据"九二会议纪要"关于30天的规定,被申请人应于自2005年9月28日起的30日内也就是2005年10月28日之前审核完毕,给出书面审核意见。

仲裁庭经审理后查明,被申请人并未在2005年10月28日之前向申请人出具书面审核意见,所以应当按照双方当事人在"九二会议纪要"中的约定,也就是按《结算暂行办法》的相关规定处理。《结算暂行办法》第16条第一款规定:"发包人收到竣工结算报告及完整的结算资料后,在本办法规定或合同约定的期限内,对结算报告及资料没有提出意见,则视同认可。"根据"九二会议纪要"的约定和《结算暂行办法》的上述规定,仲裁庭认定,"九二会议纪要"做出了被申请人如果在30天内未向申请人提交书面审核意见,则视同认可的约定。

(二)设备基础钢筋支撑问题

1. 基本情况

建设单位、设计单位、监理单位、施工单位于2004年1月7日签字确认资料001-2和001-3技术核定单,内容为设备基础及大板上层钢筋支撑及预留孔洞钢筋加固,B咨询公司根据在施工过程中经设计、监理、业主、施工单位四方签字确认的技术核定单进行造价鉴定,并计入鉴定结果,涉及金额851万元。

2. 被申请人的观点

(1)申请人未提交实施该项目的证据,仲裁庭对其主张无权直接认定

B咨询公司的造价鉴定报告计入价格的$\phi 25$钢筋共有856吨,而申请人所进场的全部$\phi 25$钢筋总共仅有535.05吨,且该535.05吨钢筋全部用于基础、梁等结构配筋。根据合同专用条款第28.1条承包人采购材料设备的约定:承包人在采购设备、材料时,应提前至少24小时将采购清单提交发包人/发包人授权人确认。被申请人及监理、项目管理公司从未收到所谓的856吨"支撑钢筋"的采购清单。依据上述事实,即便是申请人也并未提交相应证据证实确有上述造价发生。

（2）设备基础图纸未有任何更改的事实已构成对申请人上述主张的直接反证

该工程项目所涉及的设备基础图纸并未发生任何更改，被申请人据此认为，上述事实即已构成证实所谓的设备基础钢筋支撑技术措施并未实施、申请人主张的上述费用未发生的直接反证。

（3）现场检测是解决上述争议的唯一途径

被申请人认为当前解决双方争议的唯一公正、直接且有效的途径即为对涉及上述工程项目的已建成厂房进行破坏性检测（被申请人自愿承担由此造成的损失及费用）。被申请人认为除非采取上述措施，否则所谓设备基础钢筋支撑项目是否实施的问题根本无法得以解决。2007年4月16日现场踏勘时，被申请人就向相关人员提出进行现场破坏性取证并已准备好设备及工作人员，如果确实发生此部分费用，被申请人同意支付，但当时没有人同意立即进行破坏性取证。后被申请人主动在厂房支撑钢筋计算数量较大的基础实施破坏性检验，结果未发现技术核定单001-2，001-3所要求的支撑钢筋。

以上事实证实，所谓的设备基础钢筋支撑，计851万元并不存在，至少申请人、鉴定方均无任何有效的证据证实该项目及造价的发生，在此情况下，鉴定结论仍然认可并将其纳入造价计算，结论本身没有事实依据是显然错误的。

（三）工程款额及工程造价的司法鉴定

1. 基本情况

工程中标指导价为3 188万元，申请人向被申请人提交的送审报价为119 010 067元，被申请人聘请A咨询公司所作的核算初步结论造价为65 876 473元，仲裁庭指定B咨询公司所作的鉴定造价为95 333 589.01元。

2. 申请人的观点

由于被申请人未移送A咨询公司完整竣工图纸，故其审核初步结论为不完整造价，未包含部分工程量及全部索赔签证单，不具参考意义。申请人送审的造价不存在弄虚作假的问题，且根据双方合同和"九二会议纪要"的约定，双方已确认工程造价为人民币119 010 067元。

3. 被申请人的观点

（1）关于申请人的送审造价

申请人提交的工程决算书，严重背离事实，编造虚报了大量未发生的工程量，并用夸大工程量及错误单价的手段提高结算价，并提供了不真实的单据和发票，导致申请人的送审报价与A咨询公司的核算造价差额巨大。故被申请人申请仲裁庭进行造价鉴定。

（2）关于B咨询公司的鉴定造价

B咨询公司出具的鉴定报告中主要是以预算定额进行计价，与本工程合同约定的清单计价方式不符，并有将并不存在的所谓的设备基础钢筋支撑等与事实不符的项目和被申请人不认可的联系单内容计入造价内的问题，被申请人对上述鉴定报告存在错误的部分结论不予认可。

4. 仲裁庭的意见

（1）关于A咨询公司出具的核算初步结论造价

由于被申请人聘请的A咨询公司在其发送给被申请人的落款日期为2005年11月17日的"关于TY公司新建厂房项目工程结算审核初稿的意见征求函"中表明："……由于贵公司（即"被申请人"）无法提供完整的设备基础竣工图和其他结算资料，本公司仅按现有资料进行审核，初稿结论为不完整造价……"。也就是说被申请人提交至A咨询公司的资料并不完整，A咨询公司指明其出具给被申请人的报告为不完整报告。因此，仲裁庭认为即使从实质公平的角度出发考虑被申请人于约定期限之后提出的异议，被申请人用以支持其异议的A咨询公司的审核结果因为其资料来源的不完整性也使得被申请人的异议不具备完整有效的证据支持。

（2）关于B咨询公司出具的鉴定造价

仲裁庭考虑到本案申请人与被申请人双方对工程款结算数额的主张差距很大的实际情况以及被申请人的申请，基于对公平解决本案争议的考虑，作出了对本案涉案工程进行造价鉴定的决定，同时仲裁庭告知双方当事人，根据仲裁庭对本案法律问题的认定，最后的造价鉴定结果将可能只供仲裁庭作出裁决时参考。

B咨询公司依据本案双方当事人提交的有效文件资料、质证会议纪要及现场踏勘会议纪要独立、公正地对本案涉案工程进行了造价鉴定。经核算，B咨询公司在其出具的"TY公司新厂房工程工程造价鉴定复审报告"中确认对本案涉案工程进行造价鉴定的结果为人民币95 333 589.01元。仲裁庭注意到，上述数值作为仲裁庭进行裁决的参考数值，和被申请人所提交的A咨询公司的审核价款相去甚远。

三、申请人的仲裁请求及仲裁庭裁决意见

（一）申请人的第一条仲裁请求

裁决被申请人向申请人支付工程款人民币55 939 668.85元。

1. 申请人的观点

申请人已按照合同约定完成所有施工内容并通过竣工验收移交给被申请人，且根据合同和"九二会议纪要"的约定，截至2005年10月28日，双方已确认本工程的工程造价为人民币119 010 067元。被申请人应在2005年11月28日前，支付至工程总造价的95%，剩余5%作为质量保证金在工程缺陷责任期满后结清。

现工程总造价的95%为人民币113 059 563.65元，被申请人已支付人民币57 119 894.8元，尚欠人民币55 939 668.85元。

2. 被申请人的观点

申请人提交的送审造价中存在严重背离事实，弄虚作假的问题，与A咨询公司的核算造价差额巨大，被申请人已在2005年11月14日拒绝了申请人的送审造价。被申请人从未拒绝支付工程款，但被申请人需要支付有事实依据的、符合合同和诚实信用原则的、在实际发生的工程量基础上计算的真实的工程款，被申请人不认可更不会支付编造的、虚假的、欺骗性的工程款。

3. 仲裁庭的意见

仲裁庭认为，被申请人在约定期限内未提出审核意见，根据约定和《司法解释》的相关规定，负有依据申请人提交的决算资料向申请人支付工程款的义务。考虑到被申请人在本案审理过程中已支付了人民币850万元给申请人，因此被申请人应向申请人支付剩余工程款人民币47 439 668.85元。

（二）申请人的第二条仲裁请求

裁决被申请人向申请人支付逾期付款违约金；自2005年11月29日起，按欠付额的日万分之三计算至实际履行日，暂计人民币100万元。

1. 申请人的观点

被申请人逾期支付工程余款，还应按约支付欠付额日万分之三的违约金。

2. 仲裁庭的意见

仲裁庭认为，被申请人在申请人催告付款之后，应当承担依据约定和相关法律规定向申请人支付工程款的规定，被申请人未支付工程款的行为，已经构成了合同项下的违约。根据本案合同中文版第35.1条的规定（英文合同不存在相反规定），被申请人应当按照本案合同的约定向申请人支付违约金。但考虑到项目实施的过程中，申请人一方的一些做法不符合合同的规定和要求（如根据工作联系单C1-312，由于各种原因造成工期拖延六个月的索赔，就严重背离了合同中有关索赔期限的规定），仲裁庭经研究决定，支持申请人在仲裁申请书中所提出的由被申请人向申请人支付逾期付款违约金100万元的要求。不支持其他进一步的要求。

（三）申请人的第三条仲裁请求

确认申请人就被申请人新厂房工程折价或者拍卖的价款享有优先受偿权。

1. 申请人的观点

申请人作为承包人，在被申请人逾期支付工程款的情况下，依法享有《合同法》第二百八十六条规定的建设工程优先受偿权。

2. 仲裁庭的意见

仲裁庭认为，根据《合同法》第二百八十六条关于"发包人未按照约定支付价款的，承包人可以催告发包人在合理期限内支付价款。发包人逾期不支付的，除按照建设工程的性质不宜折价、拍卖的以外，承包人可以和发包人协议将该工程折价，也可以申请人民法院将工程依法拍卖。建设工程的价款就该工程折价或者拍卖的价款优先受偿"以及《最高人民法院关于建设工程价款优先受偿权问题的批复》第一款关于"人民法院在审理房地产纠纷案件和办理执行案件中，应当依照《合同法》第二百八十六条的规定，认定建筑工程的承包人的优先受偿权优于抵押权和其他债权"，本案并未出现依约或依法拍卖的情况，同时人民法院在办理执行案件中有权认定承包人的优先受偿权，而且仲裁庭并不了解被申请人的其他债权债务情况，因此仲裁庭对申请人的此项仲裁请求不予支持。

（四）申请人的第四条仲裁请求

本案仲裁费用由被申请人承担。

1. 申请人的观点

本案仲裁费用由被申请人承担。

2. 仲裁庭的意见

考虑到本案的实际审理情况，仲裁庭认为，本案仲裁费（包括申请人选定外地仲裁员的实际费用）应由申请人承担10%，由被申请人承担90%。

四、分析评论

1. 一个仲裁案的裁决应该遵循合法、合理、合情的原则

本案按照"合法"的原则和"合理"的原则计算出的裁决款额差距比较大,且在"合法不合理,合理不合法"的矛盾中,究竟应该采用哪一个原则合适呢?仲裁庭经过认真研究案情和多次推敲后,认为还是应该首先遵守"合法"的原则。

(1) 合法

"合法"就是要符合国家的法律,行政法规、最高人民法院的司法解释、各部委相关的部门规章以及地方性的法规和规章。如果是涉外案件,则既需要考虑到项目所在国的法律管辖和相关法律,还应考虑到相关的国际条约和国际公约,并参照国际惯例。

仲裁庭在合议后认为:如果参照工程造价鉴定的款额来裁决,最终裁决给申请人的款额可能对双方都比较合理,但该款额将比按照"九二会议纪要"洽商的原则支付要少很大一笔款额。可是法律文件又不能违背和割裂,所以在"合法"与"合理"的冲突之间,还是首先应该按照"合法"的原则来裁决,而不能参照工程造价鉴定款额来裁决。

(2) 合理

在采用"合理"的原则时,最重要的依据是双方之间的合同。一个建设工程的仲裁案件,往往是法律问题、合同规定和许多技术问题混杂在一起,所以要做到合理,必须要下很大的功夫,对申请人的各项申请内容,都要从合同的角度,包括条款规定、技术要求等逐项进行分析和判断,才能做到"合理"。

考虑"合理"的原则时,另一点非常重要的就是证据,双方提交的证据数量往往很多,仲裁庭必须十分仔细地审查,必要时应对双方提交的证据进行质证,并认真校核证据中的数字,同时还要认真听取涉案双方在质证过程中提出的问题,综合进行合理的判断。

在需要时,仲裁庭应该请咨询专家或专业公司作为案件的顾问,以弥补仲裁员知识的不足,这对于合理判案也是十分重要的。

(3) 合情

"合情"指的是在"合法"、"合理"的原则下,使最终的裁决更加人性化,更加完善。

具体做法是在初步考虑好裁决意见后,仲裁员要采用换位思考的方式,分别从胜诉一方和败诉一方的角度去感受和推敲本案的裁决是否"合情",对双方都尽可能地做到公平与公正,特别是对败诉一方,也应该给予人性化的关怀,使各方在情感上均比较容易接受,得到一个心理上的"平衡"。

在本案中,承包人在申请书中引用了高法的司法解释和建设部、财政部的规章,作

为自己申请索赔的依据，仲裁庭虽然觉得按照申请人的索赔要求全部支付不尽合理，但是考虑到首先要"合法"，因而也只能按照"合法"的原则先做了一个不太合理的初步裁决。

在此情况下，就需要进一步考虑如何按照"合情"的原则来适当平衡和调整。虽然被申请人在合同执行和合同管理过程中有不少失误，但裁决被申请人需赔付的款额确实过多了。为此，我们考虑到"合情"这一点，在赔付款额的违约金方面，只同意了申请人在申请书中提出的基本要求，支付了100万元，而没有按照索赔款额全部迟付的日期来计算违约金和裁决，从这方面为被申请人节省了一笔不小的开支，以适当弥补按照"合法"裁决所造成的不太合理部分的支付。

同样按照"合情"的原则，在本案进行中期，承包人一方提出了一个请求，即希望业主方先支付一笔款额，以解决承包人春节向工人发放工资的困难。仲裁庭经合议后，作出了一个期中裁决，即要求业主方在2007年2月5日之前，向承包人暂时支付850万元。但工程最终结算款额以仲裁庭的最终裁决书为准。业主方也按时支付了该笔款项。

2. 项目管理各方都应该有法律顾问

对每一个工程项目的管理者来说，无论是业主方或承包人方，都应该有法律顾问。如能有本企业的律师兼任最好，否则就应该招聘一位律师作为法律顾问。

本案承包人胜诉很重要一点就是他们抓住了相关法律文件，而业主方在双方会谈协商时，对如何确定审核竣工结算报告及支付工程款的日期时，并不了解建设部和财政部的相关规定（包括：5 000万以上的施工项目可以有60天的审核期）。一般来说，业主方是强势的一方，如果在协商时提出要求，按60天为审核期，一般对方也会同意，这样时间就可以宽裕很多。但双方协定只定了30天，并且按照合同条件的规定"Day"是日历日不是工作日，以至于最后败诉。其主要原因就是不了解未能遵守相关的法规，业主方为此失误多支付了不少"学费"，教训应该是非常深刻的。

因此任何工程项目，都必须要有律师帮助企业和项目经理把好法律关与合同关。国际工程项目尤应如此。

3. 本案业主方还应吸取的其他经验教训

（1）业主方的项目管理

业主方在工程项目开工后，委托了一家项目管理公司和一家监理公司（以下简称"两家咨询公司"）来为业主进行该项目的管理，应该说对项目的管理是重视的。问题在于，外方业主代表对工程项目管理十分生疏，对这两家咨询公司的管理要求不明确，不到位，以为和在国外一样，交由项目管理公司管理就可以完全放手了。而这两家咨询公司并没有尽职尽责地做好工作，因而仅在仲裁过程中就暴露了不少问题，如：

1）业主方在仲裁过程中需要一些项目施工时的资料，而在要求两家咨询公司查找时，竟然回答找不到了。这说明，这两家咨询公司在施工结束时未能将完整的项目管理资料整理好交给业主方，可能业主方也没有一个明确的移交资料的要求。

2）业主方应做好对两家咨询公司的管理。例如承包人对停工、窝工六个月的"工期索赔"（实质是索赔停工导致的费用）两家咨询公司随意签署"情况属实"，并分别盖了两个公章，这是完全违背合同条件规定的错误做法，是应该及时批评制止的。（详细论述见下文）

（2）业主方将承包人提交的竣工决算资料交由一家专业的咨询公司审核是正确的。但在审核时间不够的情况下，应该采取两种策略，即：

1）先对竣工决算资料进行初步审核，在适当时机，向承包人发函提出要求对若干问题质疑并要求补充资料的信函，这样处理就不受原协议要求在30天内审核完毕的局限了，也就是说把矛盾交给对方，说明因为资料不全所以才不能在30天内审核完毕。

2）应派专人与A咨询公司洽商，要求造价核算人员在所有节假日（包括国庆节及周末）加班，认真审核竣工决算资料，为此业主方可以大量增加加班费，以保证能在规定的30个日历日内提出正式书面审核报告，使自己立于主动地位。

（3）不熟悉合同条件：合同文本既是中英对照，说明是业主方提供的合同文本。文本中明确规定"Day"是日历日而非"工作日"，而业主方在收到承包人提交的竣工决算资料后又声明"Day"是工作日，这明明是违反合同中约定的对"Day"的定义，对方不认可是毫无疑义的。应该说在"九二会议纪要"中，约定业主方在收到竣工决算资料后30天内完成本造价决算审核工作，提出书面意见，业主方就应该想到"天"是日历日，也就是说实际工作日是很少的。

（4）图纸未全部交给A咨询公司。根据A咨询公司结算编制说明记载，被申请人未移送A咨询公司全部竣工图纸，导致大量项目的工程款无法计算；而申请人声称已经将全部工程竣工图纸移交被申请人，未移交A咨询公司的责任应由被申请人承担。A咨询公司根据不完整的图纸计算得出的工程造价款额自然是不具有说服力的，就使被申请人处于十分不利的地位。

这里反映出两个问题：一是收到申请人送来的图纸时，是否认真检查验收了。如果没有，为什么在收到这些资料时签字盖章确认"本工程送审资料已全部提供"？二是为什么收到"全部提供"的资料没有全部交给A咨询公司？从逻辑上分析推理，很可能是收到的资料就不齐全，因而不能满足A咨询公司审核竣工造价的要求。总之，这反映业主方管理工作的疏漏。

(5) 关于机械设备基础钢筋网架的支架筋问题

1) 按照国际和国内招投标的惯例,在工程量表上列出的相关部位的钢筋,除非有特殊的说明,都是受力筋而不包括支架筋。因为支架筋的作用仅仅是为了保证不同受力筋之间的间距,在设计图纸中,只要求机械设备基础的钢筋网架与底板和四周模板要保持一定的间距。底层完全可以用在碎石子上面打一层素混凝土垫层,钢筋网与四周模板间的保护层也用混凝土垫块即可。如果基础钢筋网上下两层间距较大,实际上也可以用小尺寸的混凝土柱来支撑,而这些所有的支撑和保证各边间距的措施的有关零星费用都应该由承包人在投标时含在钢筋本身的报价中了。

2) 本项目在开工后,承包人提出来要求增加支架筋的费用,本来业主方(包括设计方和两个咨询公司)是完全可以拒绝的,但不知为什么,几方还开了会议来确定所需要的支架筋并讨论了相关的费用(B公司鉴定金额为851万元)。笔者认为,这种做法本身就不符合国内外工程报价的惯例。

3) 在开庭时,业主方提出,在施工过程中,有许多机械设备的基础钢筋网架承包人并没有用支架筋(其实不用和少用是合理的),因而业主方提出不应该向他们支付这笔款,业主方还邀请仲裁庭去浙江现场察看,因为仲裁庭不可能去,为此,业主方选择了两三个基础把混凝土打开,拍了照片证明其中的钢筋网并没有放支架筋。这里又反映出两个问题,一个是在施工过程中如果没有放置几方协议的相关支架筋,为什么两个咨询公司没有做记录?另一个问题是,业主方打开了两个机械设备基础,并不能说明其他的基础也没有支架筋。

好在本案最后是按照"合法"的原则裁决了,也就没有单独去裁决这笔支架筋的金额,但承包人1.19亿元的工程造价中肯定是把这几百万都包括进去了,这笔钱其实是业主不应该支付的冤枉钱,或者说是"合法不合理"的一笔比较大的款项。

4. 本案承包人(申请人)应该吸取的经验教训

(1) 承包人在项目管理过程中,其法律顾问发挥了重要的作用,以致在拟定竣工决算审议相关的"九二会议纪要"时,充分地利用了建设部、财政部的文件及高法的解释,使承包人占据了优势,并且最后胜诉。这也是笔者前面说到的,无论业主方还是承包人方都应该有法律顾问帮助把关。

(2) 承包人方在本案中可以说是大获全胜,但这绝不是说承包人在项目管理上也是十全十美的。在本案在审理过程中,特别是经过造价公司对工程造价重新进行鉴定之后,可以看出承包人的某些大额的索赔项目是完全站不住脚,如:

关于停工六个月的索赔问题,承包人在一张索赔报告中提出了由于停电、居民阻挠施工等原因耽误了工期,合计六个月,后面附了一张结算单,耽误每一天工期索赔的款额总计五万多元，也就是说由于停工6六个月（180天）引起的费用索赔高达900多万元。这样的索赔显然是不符合合同条件规定的。因为在合同条件中明确规定，索赔事件发生后15天内就应该提出索赔报告，而承包人只在最后提出了一张合计的6个月的笼统的索赔报告，开庭时仲裁庭要求承包人提交每次停工的索赔报告，他们谎称每次索赔报告都提交给监理公司了，并且说没有留底，这是不可能的。实际上是拿不出每次停工的索赔报告，如果单独考虑这900多万停工索赔是一分钱也拿不到的，但是由于按照"合法"的原则一并裁决了，所以承包人只此一项就又多拿了900多万元，这也就是笔者在前面所说的"合法不合理"的另一笔相当大的款额。

奇怪的是，两个咨询公司都在这份停工合计6个月的索赔报告中签上"情况属实"，有签字，并且还盖了公章，也就是说，两个咨询公司也没按合同条件的规定要求承包人在每次停工事项后提交索赔报告。如果没有其他问题，至少说明两个咨询公司项目管理水平不高，工作责任心不强。

5. 关于司法鉴定

（1）司法鉴定是仲裁和诉讼时一种必要的手段，主要是借助仲裁庭之外的专业公司，做一些专业性的鉴定，如本案聘请的B咨询公司。但要强调的是必须是经过高法或相关省市的高法审核批准的有资质的公司才能做这项工作。

（2）在开庭过程中如果有任一方要求仲裁庭找造价公司进行鉴定，仲裁庭可以接受，但造价鉴定结果只是一个供参考的结果，仲裁庭并不一定完全按照鉴定结果的款额进行判决。

（3）造价鉴定费用一般由要求进行此工作的一方先行垫付，最后由仲裁庭根据裁决结果来确定双方应负担的比例。

（4）本案中仲裁庭委托的B造价鉴定公司提交的工程总造价的鉴定结论，涉案双方都提出了一些不同意见，但最终本案按照"合法"的原则来裁决了，因而仲裁庭就没有一笔一笔地算细账。但造价鉴定报告中的工程总造价对于仲裁庭在最后按照"合情"的原则，裁定业主方减少支付一笔违约金还是很有参考价值的。

参考文献

[1] 何伯森. 论和谐仲裁. 北京：中国仲裁与司法，2011年2月第一期（本文已收集在本书论文中）

[2] 何伯森. 担任首席仲裁员的体会. 北京：仲裁与法律119辑，2011年4月（本文已收集在本书论文中）

合同调价条款不同理解引起的争议案例

摘 要

本案涉及的是一个外国承包商（申请人）与国内业主（被申请人）之间的争议。争议的焦点是沥青材料的调价问题。申请人请求被申请人支付由于水工沥青价格上涨而产生的费用，但被申请人认为按照双方签订的合同，水工沥青的涨价风险应由申请人自行承担。为此双方将发生的争议提交仲裁。

本案的关键问题是作为联合体中一方的申请人的主体资格问题。之后，围绕申请人仲裁请求的核心问题——沥青材料的调价问题，详细介绍了涉案双方的观点和仲裁庭的裁决意见。

三位仲裁员对本案的裁决未能达成一致意见。所以最后发出的裁决书只有两位仲裁员签字确认，另一位没有签字同意，并将他的意见写成材料附在裁决书后。

在分析案情和仲裁请求的基础上，本文最后专门从工程项目管理的角度对本案例相关问题进行了分析：首先讨论了联合体中的一方能不能单独申请仲裁的问题，也就是仲裁主体资格问题；之后围绕沥青调价问题详细讨论了对FIDIC合同条件中若干条款的理解、对格式合同的理解以及对高法司法解释中的"情势变更"的理解等问题。

在案例介绍中均用申请人和被申请人，在分析评论中多半用业主、承包人。

关键词 联合体（联营体） 调价公式 格式合同 情势变更

一、本案内容简介

（一）工程项目简介

该工程是一个抽水蓄能电站工程，为亚洲开发银行（以下简称"亚行"）贷款的项目，要求按照亚行《工程项目采购标准招标文件》（以下简称"亚行招标文件"）相关规定进行招标和实施，采用的合同条件为FIDIC《土木工程施工合同文件》（1987年第四版，1992年修订版）（以下简称"FIDIC红皮书"）。

该项目是一个涉外项目，可以由外国公司、中国公司单独投标或由外国公司和中国公司组成联合体（Joint Venture，JV）投标。本案涉及的是该电站上池的防水沥青护面的施工项目。由J国DC公司和中国GZB公司组成了联合体，2005年4月15日该联合体与业主方，即中国ZHW抽水蓄能电站有限责任公司签订了本案合同。2007年6月21日，涉案合同工程全部竣工验收合格。

本案申请人仅是该联合体中的牵头公司一方，即DC公司（以下简称"申请人"），被申请人是业主方，即中国ZHW抽水蓄能电站有限责任公司（以下简称"被申请人"）。申请人认为，在项目投标时，沥青市场价格走势平稳，水工沥青价格（含运费）仅为人民币2 150元/吨，但在施工过程中，沥青价格发生暴涨，涨幅远远超出一个有经验的承包商能够合理预见的范围。

申请人多次要求工程师和被申请人调整沥青价格，但是，工程师和被申请人一直不同意对工程量清单中部分沥青价格进行调整。双方多次协商未果，遂将争议提交仲裁。

（二）本案双方争议内容简介

1. 申请人的仲裁请求

（1）被申请人支付水工沥青价格差额人民币10 612 393.20元（申请人保留继续主张改性沥青价格差的权利）；

（2）被申请人承担本案仲裁费用；

（3）被申请人承担申请人因办理本案所支出的费用（包括律师费支出等）。

申请人在其2009年1月13日提交的"增加仲裁请求申请书"中增加了如下仲裁请求：

（1）被申请人支付水工沥青价格差额人民币10 612 393.20元的利息（按合同约定的利率自涉案工程约定交付之日，计至支付完毕之日止），目前暂计从2007年8月1日至2009年1月11日的利息共计人民币562 015.36元；

（2）被申请人支付水工沥青价格差额人民币10 612 393.20元的税金，共计人民币800 174.45元。

2. 被申请人的反请求

被申请人曾提出仲裁反请求，但又于2008年12月22日将其反请求撤回。因此，被申请人提交的仲裁反请求申请不属本案审理范围。

（三）立案及仲裁过程简介

中国国际经济贸易仲裁委员会（以下简称"贸仲"）于2008年7月24日收到了本案申请人提交的仲裁申请书，并接受了该申请，并于2008年9月8日向申请人和被申请人分别寄送了仲裁通知及相关材料。2008年10月24日，被申请人提交了"答辩及反请求书"及相关材料。

本案仲裁程序适用贸仲自2005年5月1日起施行的《中国国际经济贸易仲裁委员会仲裁规则》（以下简称"《仲裁规则》"）。

申请人选定Y先生为仲裁员，被申请人选定C女士为仲裁员，贸仲主任根据仲裁规则指定了H先生为首席仲裁员。上述三位仲裁员于2008年10月27日组成仲裁庭，审理本案。

仲裁庭于2008年12月18日、2009年6月18日先后两次在北京开庭审理本案。根据本案的审理需要，经仲裁庭请求，贸仲主任同意将本案裁决最终延长至2009年10月27日。

申请人和被申请人均委派仲裁代理人出席了庭审，并提交了补充材料。贸仲秘书局将补充材料在当事人之间进行了交换。双方当事人在庭审过程中均向仲裁庭陈述了本案案情，阐述了各自的观点，进行了质证和辩论，并回答了仲裁庭的有关提问。在2008年12月18日开庭过程中，仲裁庭曾征求双方意见，是否同意由仲裁庭主持进行调解，申请人同意，但被申请人不同意，因此仲裁庭未能对本案进行调解。

仲裁庭根据双方提交的书面文件以及庭审所查清的事实和证据，经合议后做出了裁决。

二、关于申请人作为联合体中一方的仲裁主体资格问题和仲裁庭的裁决意见

被申请人认为，申请人作为联合体中一方，不具备仲裁主体资格。

这个问题是双方争议的焦点，它决定了申请人是否有权申请仲裁，所以仲裁庭首先就申请人的仲裁主体资格的相关问题进行了分析和裁决。

1. 被申请人观点

（1）被申请人与申请人之间并无仲裁条款或仲裁协议，与被申请人存在仲裁协议的只有联合体，因此，贸仲没有立案受理本案的依据。

申请人将《补充协议二》作为被申请人与申请人的仲裁协议，提起本案仲裁，错误在于：

1）从《补充协议二》的形式上看，该协议是被申请人与联合体签订的，联合体的另一方GZB公司没有签章，因而效力待定，绝不是申请人与被申请人之间的仲裁协议；

2）从《补充协议二》的内容上看，该协议根本没有关于申请人与被申请人约定以仲裁方式解决彼此分歧的内容，而是对本案合同中已存在的、被申请人与联合体之间的仲裁条款做出了变更约定，即一旦被申请人与联合体发生仲裁，则适用仲裁委员会《仲裁规则》以中文仲裁，因此，该《补充协议二》不能成为贸仲受理本案的依据。

（2）提起仲裁的权利不是申请人一方享有的权利，申请人作为联合体的牵头方能够启动仲裁的前置必经程序是经联合体管理委员会一致表决通过。联合体双方，即GZB公司和申请人协议约定："联合体设立管理委员会，其基本事务均应由管理委员会决定。管理委员会的决定应当一致通过。"显然，向业主提出仲裁，要求约占合同总价10%的调价金额，是属于联合体的重大基本事务之一，未经管理委员会的一致表决通过，任何一方无权单独提起仲裁。

（3）只有联合体有权提起本案仲裁，申请人无权代位联合体提起仲裁。被申请人的合同相对方是联合体，而非联合体的任何组成部分。《招标投标法》第31条规定"两个以上法人或其他组织可以组成一个联合体，以一个投标人的身份共同投标。……联合体各方应当共同与招标人签订合同，就中标项目向招标人承担连带责任"。涉案合同专用条款第77.1条亦约定承包商只有一个即联合体，且联合体的组成成员之间承担连带责任。因此，与被申请人签约的主体、履约的主体、以至于最后的收款的主体均是联合体一个主体，根据合同的相对性原则，也根据《仲裁法》第2条、《民事诉讼法》第3条以及《最高人民法院关于适用民诉法若干问题的意见》第40条之规定，只有联合体才有权提起本案仲裁；申请人无权代位联合体提起本案仲裁。

（4）申请人在既无联合体的授权又无GZB公司授权的情况下，擅自代位提起本案仲裁，已经成为事实上的不可能，因为在GZB公司于2008年11月25日出具的最终意见中，已经明确表明了其不同意仲裁的决定；申请人若对此有异议，应当根据其与GZB公司之间的《联合体协议》，主张自己的权利。

2. 申请人观点

申请人认为，作为本案合同的一方当事人，与被申请人之间存在仲裁协议，有权单独向被申请人提起仲裁，同时，联合体的另一方（即中国GZB公司）也书面同意申请人单独提起仲裁。

（1）本案工程所涉的联营体属于《中华人民共和国民法通则》（以下简称"《民法通则》"）第53条规定的松散的合同型联营，合同型联营体不能对外独立承担民事责任，不具有民事主体资格，不具有仲裁主体资格。合同型联营体对外发生纠纷的，组成成员应该各自对外承担民事责任，联营体成员具有独立仲裁主体资格，享有独立的诉权，因此，本案中申请人有权单独向被申请人提起仲裁。

本案联营体并未单独组建新的法人，也没有依法登记领取营业执照，而是由联营体成员基于联营合同完成施工合同项下义务，联营体不能独立对外承担法律责任，这完全符合《民法通则》第53条规定的合同型联营，也称协作型联营体。

《最高人民法院关于印发<关于审理联营合同纠纷案件若干问题的解答>的通知》第9条（一）3规定，"联营是协作型的，联营各方按照合同的约定，分别以各自所有或经营管理的财产承担民事责任"。据此，联营体各方都是施工合同的独立一方，各自独立对外承担民事责任，申请人有权利单独提起仲裁。

《中华人民共和国仲裁法》（以下简称"《仲裁法》"）所称"其他组织"是指领取营业执照的非法人组织，而合同型联营体并没有独立的营业执照，不能对外独立承担民事责任，不具有民事主体资格，不是提起仲裁的适格主体，联营体成员各方均有权独立提起仲裁请求。被申请人辩称联营体是"其他组织"，没有法律依据。

本案中，联营体没有在工商行政管理部门登记注册是双方共知的事实，被申请人对此从未提出异议。虽然被申请人认为联营体是经建设部和河北省建设厅批准合法设立的，但被申请人至今没有提供任何证据证明联合体进行了依法设立，而且也没有明确联营体根据什么法设立。

中华人民共和国《招标投标法》第31条和《建筑法》27条均规定，在多个投标人组成联营体进行投标，或承包工程时，必须对业主承担连带责任。因此，连带责任根本不是区分合同型联营和其他联营形式的法律特征。被申请人认为"施工合同项下的承包商是联营体而非申请人，联营体各方应对外承担连带责任，……申请人根本没有资格单独向被申请人提起仲裁"没有法律依据。

（2）本案合同中约定通过仲裁的方式解决双方争议问题，申请人和被申请人作为本案合同协议书的签字方,是合同当事人,都应该受合同约定的仲裁条款约束,申请人有权依据合同约定的仲裁条款单独向被申请人提起仲裁。

本案合同的签约方有四方,即被申请人、申请人、GZB和ZDJ国际招标有限责任公司(招标代理机构)。这符合《招标投标法》第31条的规定,"联营体中标的,联营体各方应当共同与招标人签订合同"。同时,《建筑法》第27条将联营体各方与招标单位的合同关系也定性为,"承包单位联合共同承包"。因此,本工程由申请人和GZB共同承包,申请人是承包人之一,是本案合同独立的一方当事人,被申请人是合同的相对方,两者都受仲裁条款约束。

本案合同履行完毕后,申请人与被申请人于2008年7月8日签署了《补充协议二》,达成了新的独立的仲裁协议,双方受此仲裁协议的约束,申请人有权根据该协议单独向被申请人提起仲裁。

2008年4月15日,申请人与GZB签署了变更仲裁规则和仲裁语言的《协议书》,该《协议书》的内容与申请人和被申请人之间的《补充协议二》是一样的。根据《联营体协议》第6条和第9条,申请人作为联营体的牵头方和代表,有权代表联营体签署合同文件,据此,申请人与被申请人之间的《补充协议二》为本案合同的有效组成部分,申请人作为本案合同的当事人,有权按照《补充协议二》单独向被申请人提起仲裁。

根据申请人与GZB签订的《联合体协议》,申请人享有60%权益,因此,在前述水工沥青价差中,申请人享有人民币10 612 393.20元的权益。

3. 仲裁庭裁决意见

在本案中,申请人DC公司与GZB公司为联合承包ZHW抽水蓄能电站项目上池沥青混凝土面板工程而组成联合体,该联合体参与工程项目的投标,在中标后,并没有在中国成立独立的法人实体,而是以联合体的名义作为承包商与作为业主方的被申请人之间,由联合体的各方共同与业主和招标方签署了本案合同。

关于这类联合体的法律地位,现行的中国法律缺乏明确的规定。按照《招标投标法》规定:"联合体中标的,联合体各方应当共同与招标人签订合同,就中标项目承担连带责任。"这里有两层意思,一是说,如果联合体中标后不成立法人实体,是由联合体的各方共同与招标方签订合同;第二层意思是,联合体各方应当对项目的业主承担连带责任。仲裁庭注意到,在本案合同中,合同的双方是业主和联合体,但是,联合体的两方是在合同上分别签字。这样做符合《招标投标法》关于"联合体各方应当共同与招标人签订合同"的规定。鉴于联合体不是一个独立的法人实体,签订合同的各方均作为独立的法人实体根据本案合同和《联合体协议》共同和分别享有权利和承担义务,同样,仲裁条款应适用于签订合同的每一方。

在法律意义上，承担连带责任是指合同的相对一方可以要求承担连带责任的任何一方承担相应的责任，但是，法律并没有要求承担连带责任的各方在提出诉讼或仲裁请求时必须与连带责任的其他方共同行动。由于联合体没有在中国成立法人实体，联合体也没有独立的账户和资产，不具备以联合体名义独立承担法律责任的能力。仲裁庭注意到，《联合体协议》中要求联合体的基本事务均应由管理委员会决定，管理委员会的决定应当一致通过。仲裁庭认为，这一规定应当约束联合体双方在项目实施过程中的行为，但是，不能排除联合体各方在法律上应有的权利。

因此，根据上述情况以及双方提交的有关证据，仲裁庭认为：J国DC公司为本案适格的申请人，具有仲裁主体资格，因而有权提出仲裁申请。而贸仲对本案具有管辖权，仲裁庭有权审理本案。

三、申请人的仲裁请求及仲裁庭裁决意见

（一）申请人第一条仲裁请求

被申请人支付水工沥青价格差额人民币10 612 393.20元（申请人保留继续主张改性沥青价格差的权利）。

1. 申请人观点

申请人认为，投标报价时，厂家提供的水工沥青报价（含运费）为2 150元/吨（2004.12.10），但施工过程中，水工沥青价格每月价格上涨3.24%，涨幅远超出一个有经验的承包商能够合理预见的范围。申请人实际购买水工沥青的平均价格（不含运费）为人民币3 297.2元/吨。

申请人多次要求工程师和被申请人调整沥青价格，工程师拖延至2007年4月才予以答复，不同意调整。

竣工验收文件证明工程已全部竣工合格并于2007.6.21完工（原定2007.7.30）；实际使用了13 635吨水工沥青，仅水工沥青一项，申请人就实际承担了人民币17 687 322元价差损失。

申请人要求被申请人调整沥青价格的理由如下：

（1）根据合同通用条款第12.2款规定，在工程实施过程中，发生一个有经验的承包

商不可预见的实际障碍和情势时，工程师应在合同价款中增加承包商因此发生的费用。此处"实际障碍和情势"包括本案沥青价格暴涨等对工程施工造成实质性影响的任何因素。

（2）根据专用条款第70条的相关规定：

1）第70.1款规定了可调价的范围，包括劳务、承包商的设备、材料和工程其他投入，沥青作为涉案工程重要主材，当然包含在调整范围内；本条规定的沥青调价并未附有任何限制性条件，不以调价公式的存在为前提。

2）第70.2款文义的逻辑是，根据"本条或合同其他条款的规定"不能得到补偿的，则已经在合同单价中包含。但是，在合同单价中包含的前提必须是，"根据本条或合同其他条文"规定无法得到补偿的成本。如前所述，第70.1款已经规定沥青可以得到补偿，因此沥青成本的上涨风险并没有包含在合同单价中。

3）第70.3款并未明确规定除当地油料以外其他工程投入因素均不调整，更没有规定沥青材料价格不能调整，因此，限制调价公式的适用范围并不等于同时改变了价格调整范围。

（3）合同协议书附件四第3条约定，沥青不予调价；本案合同将沥青排除在调价公式之外是对"会议备忘录"的再次进一步确认和补充。该约定仅表示沥青价格不因投标时建议的沥青产地来源不同而调整，而不是指因沥青价格上涨不允许调整。合同协议书附件四第3条规定的是因沥青进口而增加的运费、关税等额外费用和工期风险由承包商承担，而不包括材料市场价格风险。

申请人在投标报价中提出国内沥青价格按照国内物价指数调整，但是被申请人没有同意，因为没有适用的调价指数，双方因此同意需要调价时另行协商。

（4）在2007年7月25日，双方通过会议纪要，确定了24吨沥青的洽商变更，并约定按照合同约定的方法支付价款。2007年10月18日工程师批准了前述工程变更中的沥青混凝土价格，业主也已实际支付了前述变更价款。业主所批准的沥青价格与2007年7月26日联合体致工程师关于调整沥青价格的函所主张调整的沥青价格一致，均为4 625.63元/吨。

据此，申请人认为该会议纪要说明了业主和工程师批准对变更洽商中的沥青进行调价，确认根据合同约定的定价方法，沥青应该进行调价，还认可了被申请人提供的沥青实际购买均价是合理价格，更同意了沥青价格的调整方法，即应按照实际购买均价调整沥青价格。

（5）申请人认为，本案合同属于格式合同，合同中的价格调整问题规定的不明确，根据FIDIC合同解释原则及我国《合同法》规定的合同解释原则，在合同约定不明确的时候，应做出不利于合同提供者的解释。

（6）申请人认为本案应根据最高人民法院的司法解释，采用情势变更的原则，对申请人予以补偿。

申请人引用2002年8月5日《最高人民法院关于审理建设工程合同纠纷案件的暂行意见》（下文中用《高法暂行意见》）第27条的规定："建设工程合同约定对工程总价或材料价格实行包干的，如合同有效，工程款应按该约定结算。因情势变更导致建材价格大幅上涨而明显不利于承包人的，承包人可请求增加工程款。但建材涨价属正常的市场风险范畴，涨价部分应由承包人承担。"

申请人还引用2009年5月13日《最高人民法院关于适用〈中华人民共和国合同法〉若干问题的解释（二）》（下文中用《高法解释（二）》）第二十六条的规定："合同成立以后客观情况发生了当事人在订立合同时无法预见的、非不可抗力造成的不属于商业风险的重大变化，继续履行合同对于一方当事人明显不公平或者不能实现合同目的，当事人请求人民法院变更或者解除合同的，人民法院应当根据公平原则，并结合案件的实际情况确定是否变更或者解除。"

2. 被申请人观点

（1）合同条款12.2款规定的是"不可预见的除现场气候条件以外的自然障碍或条件"，不可预见的基础是业主招标时提供的资料和承包商现场视察所得的情况，沥青价格上涨不属于此范畴。

合同第12.2条讲的是因自然力原因而导致的不可抗力之风险承担的问题，沥青涨价为非自然力原因而导致，故而显然不能适用本款规定。

（2）本案合同第70条，包括专用条款第70.1条、70.2条、70.3条和作为本案合同附件的备忘录明确规定了合同价格调整，特别是沥青价格调整的有关问题。

1）专用条款第70.1款所示的因素，在根本没有双方具体约定说明和附件补充的情况下，不能作为认定责任界面的依据；申请人在脱离了合同附件投标函附录4-9、2005年3月25日《备忘录》，和第70.3条调价公式情况下单独援引第70.1条，根本不能作为其索赔的依据。专用条款70.1规定材料价格应按调价公式调整。

2）专用条款第70.2款的约定，即除oils以外的承包商所有的成本和材料的涨落以及其他不确定费用，均已包含在了其单价和价格中。即除了oils以外的所有材料的价格涨落，包括承包商的不可预见费，均是承包商的责任。

3）专用条款第70.3款规定调价公式仅适用于用人民币采购的当地油料。

（3）被申请人认为施工合同协议书附件四第3条约定，沥青不予调价；本案合同将沥青排除在调价公式之外是对"会议备忘录"的再次进一步确认和补充。合同协议书附件四规定：承包商确认，所有的风险（如使用进口沥青产生的额外费用以及工期的拖延，如果有）均由承包商承担。

（4）2007年7月25日签订的会议纪要与本案无关，该会议纪要中关于委托联合体另行加工24吨备用沥青的约定，是联合体与被申请人重新达成的、独立于涉案合同以外一个新的委托合同。工程师批准的24吨防渗层沥青混凝土变更洽商单与本案无关，不能证明申请人的证明目的。该变更洽商单不是对原涉案合同的变更，而是在原涉案工程结束后，对被申请人与联合体达成之合同的价格的确认。

（5）在2005.3.25"会议备忘录"第6条中规定，承包商确认，即使在合同实施期间，当所使用沥青的实际来源与投标书建议的不同时，沥青价格也不予调整。

（6）关于情势变更问题，被申请人认为本案联合体对沥青的涨价已经预见到了，且沥青涨价属于正常商业风险，因而申请人引用的2009年5月13日《高法解释（二）》第二十六条，不适用于本案。

被申请人认为，适用《高法解释（二）》第二十六的前提之一是申请人提出了"变更或者解除合同的请求"，二是发生了"无法预见"的重大变化。但本案并未提出该项请求，联合体对沥青的涨价也已经预见到了。因此第二十六条不适用本案。

被申请人还认为，情势变更具有不可预见性，即不利一方当事人对引起突变的原因中的主要因素不可预见时，才构成情势变更。商业风险则是具有可预见性的，该预见能力只需当事人对引起商业风险发生的主要因素预见到即可，而不要求绝对的全部的预见到。本案中，申请人显然预见到了引起沥青涨价的主要因素即石油价格的上涨，因此，本案构成了商业风险而非情势变更。

承包商计日工材料价格水工沥青3 383.74元/吨，改性沥青5 590.85元/吨，说明联合体对沥青涨价已有预期。

承包商实际使用的沥青比投标中承诺使用的价格低，被申请人接受，双方才对沥青不调价达成一致。

沥青涨价已为双方所预料，是正常的市场风险。根据《高法暂行意见》第27条规定，价格变化风险应由申请人承担。如果价格上涨界定为无法预见，则被申请人怀疑申请人低价中标后以差价获利。

所称沥青出厂价2 000元/吨不能作为计算依据，购买的平均价格3 297.20元/吨，均无合法证据支持。

3. 仲裁庭裁决意见

（1）仲裁庭认为：本案合同第12.2款中的"physical obstructions or physical conditions"指的是外界的条件，而不应包括价格因素这种纯商业因素。在大型建设项目工程施工的实践中，在施工过程中可能会发现地质条件的重大变化情况，并且这些情况是事先现场考察无法发现的，是有经验的承包商无法预见的，克服这种障碍需要增加一定的工程量。从第12.2款中对于出现这种情况的补救方式可以看出，首先是同意承包商根据第44条延期，然后是考虑对于承包商因遇到这种障碍而发生的费用给予补偿，将增加的费用加入合同价格。并且，从本案合同条款的合同结构上，本条并不涉及价格调整问题，因此，仲裁庭认为，申请人引用第12.2条要求对沥青涨价获得差价补偿，是对合同条款的理解有误，仲裁庭不予支持。

（2）仲裁庭认为：对于上述涉及价格调整的70.1、70.2、70.3三个条款必须全面综合地分析和理解，从这三个条款中可以看出，双方在订立合同专用条款时明确了以下几点：

1）第70.1条明确了需要调价的因素应依据本条中所列的调价公式进行调价。尽管第70.1条所述的价格调整范围提及劳务、承包商的设备、材料和工程其他投入，但是该条款最终明确的是，要根据本条所列的公式进行价格调整。

2）第70.2条明确了当承包商费用涨落的全部补偿没有包含在合同本条和其他条的规定中时，合同中包含的单价和价格均应被认为包含了此类价格涨落的意外开支的金额。

3）第70.3条列出了调价公式，并对调价范围作出了明确的约定，即在该公式的有关调价因素中只考虑当地油料，而不包含其他因素。

仲裁庭对于本案合同关于价格调整的有关条款作出上述解释的基础是，一项大型建设工程，除了劳务之外，设备、材料和其他价格构成因素有成百上千，承包商作出的报价是根据详细的分项单价的直接费和间接费，并加上承包商的利润、税费及风险费后综合计算出总的报价。业主和承包商之间对于风险的分担是通过投标和谈判，根据相关项目的具体情况，以合同条款的内容确定下来的。尽管投标人提交了合同总价，但是根据合同约定，同时允许对部分因素进行价格调整。

合同专用条款中的价格调整公式体现了业主和承包商双方同意的对于价格变化风险的合理分担，即固定价格部分的风险应由承包商承担，可调价部分的风险应由业主承担。合同各方经过投标和双方最终谈判后，在对可调整的因素和调整方式（即调价公式）达成共识后，在合同条款中做出了明确规定，这是合同双方意思的真实表示。因为工程的设备、材料等费用构成因素很多，不可能将所有不调整的因素列出。根据工程项目管理的国际惯例，调整的因素仅适用于调价公式中明确列出的因素，不包含未列入的成百上千项其他的费用构成因素。不列入调价公式的人力、设备和材料等因素所涉及的单价和价格涨落的意外开支，均应被认为是包含在合同中其他子项的单价与价格中，不能进行调整。如果认为未明确说明不是不可调整的因素就都是可以调整的，那么合同中价格调整因素和调价公式的规定就完全失去了它的意义。

仲裁庭注意到，支持上述观点的还有投标书附件（APPENDIX TO TENDER）。在这部分的序言中明确说明：The Appendix to Tender was updated during the Contract negotiation and finalized by the Employer and the Contractor. 在这部分中，涉及价格调整公式因素（Factors for price adjustment formula）一项，所列出的相对应的合同条款是第70.3条，在这一项下面的列表中明确列出：当地货币支付，固定部分（Fixed）占90.28%，油料（Oils）占9.72%，合计100%。投标书附件是申请人投标书的一部分，也是本项目合同的一部分，这进一步明确说明了，除当地油料之外，其他均为不可调整因素。由此可以看出，第70.3条是本项目合同价格调整的依据，这一点是非常明确的。

综上所述，仲裁庭认为，本工程项目合同第70.1条至第70.3条的规定和第70.3条调价公式中的调价因素不包含沥青。因此，根据合同，沥青价格是不可以调整的。申请人认为"70.2条不能排除沥青价格调整"，以及"第70.3条并未明确规定除当地油料以外其他工程投入因素均不调整，更没有规定沥青材料价格不能调整"的观点，仲裁庭不予支持。

（3）合同协议书附件四第3条的规定以及2005年3月25日"会议备忘录"第6条的规定，只说明了如果沥青产地来源有变化时，价格不予调整。但上述两个文件也不能支持申请人提出的在合同实施期间沥青价格上涨应予调价的要求。

（4）2007年7月25日签订的会议纪要涉及的是向业主移交维修时所需的工具材料等事项，要求承包商为业主生产24吨备用的防渗层沥青混合料，由于这项工作属于本案工程的一部分，是为工程维修备料，但这项工作又是在原合同工作内容之外，应属于对本案合同的变更。该会议纪要并不构成一个新的委托合同。

（5）本案合同不属于格式合同。根据《中华人民共和国合同法》第三十九条，格式条款是当事人为了重复使用而预先拟定，并在订立合同时未与对方协商的条款。

本项目是亚行贷款项目，规定采用FIDIC合同条款，FIDIC合同条款体现了工程建设项目管理的国际惯例。但是众所周知，FIDIC条款是个示范文本，并且FIDIC的专用条款部分是针对每一个具体工程项目，对通用条款进行修改、补充和具体化，为合同相关方设计了根据项目的具体情况拟定具体内容的机制。

再则，争议所涉的相关价格调整的条款更不是格式条款。每一个合同都有不同的价格调整机制，都是经过合同双方谈判之后确定的，本案合同也不例外。

所以，本案合同不属于格式合同，相关的条款更不属于格式条款，而且价格调整条款的文字表达并没有不明确的地方。申请人基于格式合同而要求对合同条款作出对其有利的解释，仲裁庭不予支持。

（6）关于情势变更问题

仲裁庭认为，本案合同并不是固定价格的总价包干合同，而是允许价格调整的合同。本案合同明确地列出了价格调整条款、相关公式和调价因素，即只有当地油料价格是可以调整的。允许价格调整的合同就应要求各方严格按照合同规定的调价原则和方式进行价格调整。

关于上述申请人引用的最高人民法院两个文件中的两条规定，首先本案合同不属于总价包干合同。同时，作为一个有经验的承包商，在其进行合同投标报价时，就应该对价格涨跌的商业风险作出适当的预期。并且本案合同中，沥青属于石油产品，本案合同谈判过程中国际石油价格正在上涨，在国际石油价格上涨的趋势中，承包商完全应该对沥青的涨价有所预计。在本案合同中，将当地油料价格的变化放入调整公式，即当地油料涨价的风险由业主承担。由于预计沥青可能会涨价，双方专门就沥青问题进行了深入的谈判，确定不将沥青价格的变化放入调整公式，即沥青价格变化的风险由承包商承担。仲裁庭认为，材料价格的涨跌问题，性质上属于商业风险，不能因为沥青涨价的幅度超出了承包商的预计，就可以认为沥青涨价不是商业风险，而是情势变更。本案不应适用情势变更的原则。

本案合同是通过招标投标程序和充分谈判之后签订的，合同的价格构成包括多项因素，在实践中，承包商的实际工程费用与报价并不完全相同是正常的，本案合同中有明确的价格调整机制，承包商和业主之间就价格问题的风险分配在签订合同时就已经确立。从《合同法》的角度，一旦双方签订了合同，就应严格按照合同条款履行，除非双方另行同意修改合同。

综上所述，仲裁庭认为，申请人请求裁定被申请人支付水工沥青价格差额的问题既没有法律依据，也没有合同依据。申请人提交的大量沥青涨价的材料并不能支持其仲裁请求。仲裁庭对申请人的水工沥青价格差额索赔的请求不予支持。

（二）申请人第二条仲裁请求

1. 申请人观点

要求被申请人承担本案仲裁费用。

2. 仲裁庭裁决意见

本案仲裁费为34 249美元，其中由申请人承担90%，即30 824.10美元，被申请人承担10%，即3 424.90美元。

（三）申请人第三条仲裁请求

1. 申请人观点

被申请人承担申请人因办理本案所支出的费用（包括律师费支出等）。

2. 仲裁庭裁决意见

仲裁庭认为，应由申请人自行承担其因本案而支出的律师费。

（四）申请人第四条仲裁请求

1. 申请人观点

要求被申请人支付水工沥青价格差额人民币10 612 393.20元损失相关的利息，共计人民币562 015.36元；以及要求被申请人支付水工沥青价格差额人民币10 612 393.20元的税金人民币800 174.45元。

2. 仲裁庭裁决意见

鉴于仲裁庭不支持申请人关于要求被申请人支付水工沥青价格差额的仲裁请求，所以也不支持申请人关于要求被申请人支付相应的利息和税金的仲裁请求。

四、被申请人的反请求及仲裁庭裁决意见

被申请人曾提出仲裁反请求，但又于2008年12月22日将其反请求撤回，因此，被申请人原提交的仲裁反请求已不属本案审理范围。

仲裁庭仅对申请人的仲裁请求予以审理。

五、分析评论

（一）有关联营体中各方是否有单独申请仲裁的权利

1. 我国《民法通则》中第四节"联营"规定：

第五十一条 企业之间或者企业、事业单位之间联营，组成新的经济实体，独立承

担民事责任、具备法人条件的，经主管机关核准登记，取得法人资格。

第五十二条　企业之间或者企业、事业单位之间联营，共同经营、不具备法人条件的，由联营各方按照出资比例或者协议的约定，以各自所有的或者经营管理的财产承担民事责任。依照法律的规定或者协议的约定负连带责任的，承担连带责任。

第五十三条　企业之间或者企业、事业单位之间联营，按照合同的约定各自独立经营的，它的权利和义务由合同约定，各自承担民事责任。

第五十二条、五十三条均属合同型，五十二条是投资入股型，五十三条是一种松散的合同型，也可以称之为协作型。申请人DC公司称自己是松散的合同型。

2. 在与业主方签约时，签约的有四方，即业主方、DC公司、GZB公司和一家招标代理机构，DC公司和GZB公司是各自盖自己公司的公章。二者并没有如《民法通则》第五十一条中去注册成为一家联营体公司，所以也就没有一个注册的法人单位，也没有营业执照和公章。它既不是我国民法意义上的法人，也不是民事诉讼法规定的不具备法人资格的其他组织。

在投标阶段，该联合体以一个投标人的身份投标是符合《招标投标法》的，也是符合亚行招标范本要求的，在项目实施期，以联合体的名义和形式履约也是允许的。但联合体终究不是独立行使权利和义务的法律实体。合同承包方的实际享有者和义务的实际承担者是组成联合体的双方，即DC公司和GZB公司。两个公司就中标项目向业主方承担连带责任。

由于DC公司是合法的签约的一方，不论在形式上还是实体上都应有权根据本工程项目合同中的仲裁条款独立地提起仲裁。

3. 至于《招标投标法》中规定"联合体中标的联合体各方应根据中标项目承担连带责任"以及《联合体协议》中"要求联合体的基本事务均应由管理委员会决定。管理委员会的决定应当一致通过。"是否影响DC公司单独提起仲裁，在裁决书（即本文二、3）中已说得很清楚，此处不再赘述了。

（二）对FIDIC"红皮书"中若干条款的理解

本案采用的是FIDIC"红皮书"，在本案争议过程中，对其中的一些条款的理解出现了分歧，下面我们来讨论一下这些分歧。

1. 通用合同条款第12.2款

条款标题是：Not Foreseeable Physical Obstructions or Conditions（不可预见的外界障碍或条件），条款原文是：

If, however, during the execution of the Works the Contractor encounters physical obstructions or physical conditions, other than climatic conditions on the Site, which obstructions or conditions were, in his opinion, not foreseeable by an experienced contractor, the Contractor shall forthwith give notice thereof to the Engineer, with a copy to the Employer. On receipt of such notice, the Engineer shall, if in his opinion such obstructions or conditions could not have been reasonably foreseen by an experienced contractor, after due consultation with the Employer and the Contractor, determine:

(a) any extension of time to which the Contractor is entitled under Clause 44, and

(b) the amount of any costs which may have been incurred by the Contractor by reason of such obstructions or conditions having been encountered, which shall be added to the Contract Price.

申请人认为，本案沥青价格暴涨属于在工程实施过程中，一个有经验的承包商不可预见的实际障碍或条件，工程师应在合同价款中增加承包商因此发生的费用。

笔者认为：在任何工程合同条件范本中，相关的这一条都是指自然条件的变化。对商业风险中的价格波动调整都是单独列为一条。所以，这一条不是讲物价调整的。

本款中提到"…如果工程师认为这类障碍或条件是一个有经验的承包商无法合理预见到的，在与业主和承包商适当协商之后，应决定：(a)按第44条规定，给予承包商延长工期的权利和(b)确定因遇到这类障碍或条件可能会使承包商发生的任何费用额，并将该费用额加到合同价格上。"物价调整和工期调整是完全不相关的，这也从侧面说明本款是与价格波动无关的。

不但FIDIC的所有文本中均如此，英国ICE、美国AIA以及国外的其他相关文本中也是如此，国内的合同条件文本也是如此。也就是说，申请人对于本款的理解以及用这一款作为沥青价格上涨索赔的理由是完全错误的。

2. 专用合同条款第70.1、70.2、70.3款

合同的专用条款是对合同通用条款的修改、补充和具体化。

本合同专用条款的第70条是针对工程项目专门编写拟定的，在正式签订合同前，通过长时间的谈判后，双方都确认的。

在阅读和理解合同条款时，应将第70.1、70.2、70.3以及本条中其他各款作为一个整体来理解。下面我们对第70条的这三款分别进行分析和讨论。

(1) 专用合同条款第70.1款，条款标题是：Price Adjustment（价格调整），条款原文是：

The amounts payable to the Contractor and valued at base rates and prices pursuant to Sub-Clause 60.1 (d), (e) and (f) shall be adjusted in respect of the rise or fall in the cost of labor, Contractor's Equipment, Plant, materials and other inputs to the Works, by the addition or subtraction of the amounts determined by the formulae prescribed in this Clause.

本款只说明,因为物价波动所引起的人工、承包商的设备、生产设备、材料以及工程的其他投入的变化,可以依据本条中所规定的公式予以调整。

申请人认为"沥青作为主要材料,当然地包含在调整范围内,而不以调价公式的存在为前提",是断章取义的,本款强调的是需要调价的项目应按本条中所规定的公式予以调整,正是强调以调价公式为前提。

(2)专用合同条件第70.2款,条款标题是:Other Changes in Cost(成本的其他变化),条款原文是:

To the extent that full compensation for any rise or fall in costs to the Contractor is not covered by the provisions of this or other Clauses in the Contract, the unit rates and prices included in the Contract shall be deemed to include amounts to cover the contingency of such other rise or fall of costs.

条文的原意是:如果应给予承包商成本涨落的补偿未被该合同的本条或其他条款涵盖的,则该合同中的费率和价格应被视为已涵盖了此种成本涨落而产生的意外的款额。

申请人认为"未被该合同的本条或其他条款涵盖的成本涨落不能得到补偿,但70.1款已经规定沥青可以得到补偿,沥青成本的上涨风险并没有包含在合同单价中"。

这种认识是基于对70.1款的错误理解,同时也没有读懂第70.2款的英文原文。70.2款是说,如果在第70条(的价格调整公式)或其他条款当中没有涵盖的价格调整因素,应视为这种不可预见的风险已经包含在合同的其他单价和价格中了,换句话说,不再给予补偿了。

因为一个工程项目中,有几十个甚至上百个子项,有成百上千种材料,可能有的材料涨价,有的材料降价,有的子项赚钱,有的子项赔钱,这种价格风险,除了在70.3公式中明确列出者外,都应该在投标报价阶段,就由承包商考虑承担了。

(3)专业合同条件第70.3款,条款标题是:Adjustment Formulae(调价公式),条款原文是:

The amount to be added to or deducted from the Adjustment Interim Payment Certificates in respect of changes in cost and legislation shall be determined from formulae for each of the currencies of payment and each of the types of construction work to be performed and Plant to be supplied. The formulae will be of the following general type:

$$Pn = a + b\frac{Ln}{Lo} + c\frac{Mn}{Mo} + d\frac{En}{Eo} + etc.Ec$$

(公式中相关符号的说明略)

The Employer and the Contractor agree to apply the formula only to local oil against RMB, and adjustment will be done every six months in principle.……

第70.3款规定了施工合同中唯一的价格调整公式，同时在公式中仅列入了当地油料（Local Oil）这一项。

申请人认为第70.3款并未明确规定除当地油料以外的其他工程投入因素均不调整，更没有规定沥青材料价格不能调整。

这只能说明申请人的代理人完全不了解调价公式的基本应用条件。在调价公式中列入的因素属于可调价的因素，也就是说这部分价格风险由业主方承担，而在调价公式中所有未列入的因素都属于不可调价的因素，其价格风险都由承包商一方承担。

按照工程管理的国际惯例和国内惯例，只列入需要调价的项目，不调价的成百上千种材料和其他子项（如人力等）均不列入。本案涉及合同在调价公式中仅列入了当地油料，就意味着其他未列入的一概不调价。

专用条款中列入调价公式的子项，是双方自愿达成协议的，是合同双方意思的真实表示。

本案合同签订前的谈判时间长达四、五个月，而本案联合体各方都是具有丰富的国际工程承包经验的大承包商，经过谈判中的讨价还价之后，只列入了当地油料一项作为调价因素，就意味着他们同意承担所有其他因素的价格风险。笔者认为，申请人一方在本案中对合同条款做出的"解读"是十分令人不解和遗憾的。

（三）涉案工程项目的合同是不是格式合同

什么叫格式合同？我国《合同法》第三十九条有明确的定义，即：格式合同是当事人为了重复使用而预先拟定，并在订立合同时未与对方协商的条款。

1. 工程项目的特点：一个"项目"有四个基本的特点，即：一次性、唯一性、目标的明确性和实施条件的约束性。而一个工程项目至少有以下十个特点：投资巨大、技术水平要求高、复杂程度高、整体性强、建设周期长、不确定性因素多、风险大、容易产生争议、不可逆转性、产品地点的固定性等。而国际工程（含本案这类涉外工程）是更为复杂的工程项目。

由之可见，工程项目绝对是一个与另一个不一样的，涉案项目为亚行贷款项目更是如此。仅此一点便很容易理解工程合同绝对不是格式合同。

2. 亚行贷款的工程项目是要求按照亚行拟定的"工程采购标准招标文件"来招标的，内中包括某一个版本的FIDIC合同条件，这是国际金融组织贷款项目的通用方式，也可以说是一种国际惯例。

（1）招标是要约邀请，招标文件是业主方拟定的工程采购的蓝图和合同草案，体现了业主对工程项目的技术、经济和实施管理的要求。

但这个亚行的招标文件绝不是"当事人为了重复使用而预先拟定，并在订立合同时未与对方协商的"格式条款，只是一个范本，业主可结合每一个工程项目的实际情况进行修改，而且修改后的招标文件是要报亚行审批的。

（2）亚行招标文件和内中包含的FIDIC合同条款都是一个范本，在应用时必定要结合某一个国家、某一个地点、某一类型的工程项目以及其业主的要求进行修改，编成招标文件。由于工程项目的上述特点，所以每一个工程项目的招标文件均不可能相同，绝不可能重复使用。

（3）招标文件仅用作招标，待某一个承包商中标之后，业主和承包商双方在签订合同之前都有一个谈判过程，国际工程合同尤其如此。谈判达成共识形成的文件一般称作"备忘录（Memorandum）"或"谅解备忘录（Memorandum of Understanding, MOU）"，也可以称作"附件（Appendix）"，这是一个双方对招标文件进行补充、修改的重要合同文件。

以本案为例，合同谈判进行了近五个月，将达成的多项共识写在合同协议书"备忘录"中，还在专用合同条款70.3中明确了调价公式中仅"当地油料"一项调价。这怎么可能是一个格式合同呢？本案合同既不是格式合同，又不是申请人所说的"合同中价格调整问题规定的不明确"，应该说合同中的价格调整问题规定的非常明确。当然，更谈不上"应做出不利于合同提供者的解释"，从而支持沥青调价了。

（四）可否依据情势变更原则处理本案

申请人在申请书中引用了2002年8月5日和2009年5月13日的两个高法意见和解释（相关条款和文字见本文 三、（一）1.（6））。下面笔者仅就关于在某些情况下因情势变更而可以调价涉及的几个问题讨论如下：

1. 2002年8月5日高法《暂行意见》第27条中指的是"建设工程合同约定对工程总价或材料价格实行包干的，如合同有效，工程款应按该约定结算。因情势变更导致建材价格大幅上涨而明显不利于承包人的，承包人可请求增加工程款。但建材涨价属正常的市场风险范畴，涨价部分应由承包人承担。"至于本案合同，根本不属于总价包干合同，是属于单价合同，而且还附有调价公式，当然就不适用。当时国内各类建设工程合同范本绝大部分是没有调价公式的。

2. 2009年5月13日的《高法解释》第26条中提到的是"合同成立以后客观情况发生

了当事人在订立合同时无法预见的、非不可抗力造成的不属于商业风险的重大变化，继续履行合同对于一方当事人明显不公平或者不能实现合同目的，当事人请求人民法院变更或者解除合同的，人民法院应当根据公平原则，并结合案件的实际情况确定是否变更或者解除。"

FIDIC《设计、建造及运营项目合同条件》（2008年第一版）中对"商业风险（Commercial Risk）"的定义是："导致业主或承包商产生财产损失和（或）时间损失的风险，这些风险一般无法投保。"

根据该定义判断，本案遇到的问题是非常明确的商业风险，所以该司法解释根本不适用本案，而且涉案合同早已执行完毕，也不存在"变更或解除合同"的问题。

（五）有没有可能按照"合情"的思路给予承包商以适当补偿

从实际情况看，承包人按时保质地完成了承包项目，保证了业主方的权益，而在项目实施过程中，确实也遇到了沥青材料大幅涨价的情况，经济上受到了损失。能不能用什么办法给予适当的补偿呢？

如果本案从"合情"的角度去裁决，将违背国际上多年通用的惯例，即对调价公式的理解和应用。所以仲裁庭很难支持申请人的请求。

在仲裁开庭过程中，我们努力试图说服双方在仲裁庭主持下进行调解。因为在调解过程中，每个仲裁员都可以自由地与各方交换意见。我们就可以从"合情"的角度去劝说业主方同情承包人，给予其适当的经济补偿，即从"道义"的角度对承包人给予适当补偿。但业主方最终没有同意调解，他们考虑到，一个项目有上百个承包人，如果对一个承包人进行了补偿，可能会引起"多米诺效应"。仲裁庭的这种努力未能成功是十分遗憾的。

参考文献

[1] FIDIC. 土木工程施工合同条件应用指南（1987年第4版）. 北京：中国航空工业出版社，1992

[2] FIDIC. Conditions of Contract for Design, Build and Operate Projects（First Edition 2008）

[3] 何伯森.国际工程合同与合同管理（第二版）.北京：中国建筑工业出版社，2010

石油钻井分包商与总承包商支付争议案例

摘要

本案涉及的是一个石油钻井分包商（申请人）与总承包商（被申请人）之间的争议，争议焦点在于工程拖欠款的支付。分包商请求总承包商支付剩余钻井工程及作业费的尾款以及违约金和延付利息，但总承包商认为按照双方的合同约定，应在业主向总承包商支付尾款后，再由总承包商向分包商支付剩余的工程尾款，故以业主还未向总承包商支付工程尾款为由，拒绝向分包商支付剩余工程尾款。为此双方将此争议提交仲裁。

本案的关键问题是工程合同的合法有效性以及诉讼时效的问题。

最后，本文从工程管理角度对涉案的有关问题，如：合同的风险管理、合同争议的诉讼时效以及索赔中的计算错误等进行了分析和评论。

关键词　合同风险　诉讼时效　索赔计算

一、本案内容简介

（一）工程项目简介

本案钻井工程项目的业主是CQ公司；申请人CQZT公司是CQ公司下属的施工企业，为该钻井工程项目业主指定的分包商；被申请人是WDF公司，为该钻井工程项目的总承包商。

2005年11月，CQZT公司（以下用申请人）与WDF公司（以下用被申请人）在SX省XA市签订合同，约定由申请人为被申请人提供一台ZJ50/3150DB钻机，按照被申请人的指令完成JP1钻井相关作业。工程名称：煤层气多分支水平井；工程地点：SX省S县WC东1500米。井别：试验井；井型：煤层气多分支水平定向井；工程内容包括钻机搬迁、安装、井口坐标初测、复测、录井作业等工作；承包方式：钻井工程单项承包；付款方式：合同签订后支付合同款的30%，在水平钻井作业结束并验收后支付尾款，即总合同款的70%。合同期限为六个月。

合同签订后，申请人按照被申请人的计划和指令完成JP1井相关作业。自2005年10月30日开始搬迁安装，2006年5月8日遵照被申请人的指令终止作业，截至2006年5月22日设备复员，作业服务周期205天，钻井进尺2546米。终止作业后，申请人请求被申请人清付钻井等费用，而被申请人认为，合同项下的付款履行条件不成立，被申请人还未收到业主方CQ公司所付的款项，所以暂不付款。

双方就钻井等费用的支付发生了争议，申请人遂向中国国际经济贸易仲裁委员会（以下简称"贸仲"）提起仲裁请求，被申请人随后提出了反请求。

（二）本案双方争议内容简介

1. 申请人的仲裁请求

（1）被申请人向申请人支付剩余钻井工程及作业费人民币14 138 400元；

（2）被申请人向申请人支付违约金人民币1 747 500元；延迟付款利息人民币2 121 605元；

（3）被申请人向申请人支付人民币600 000元以补偿申请人花费的律师费；

（4）被申请人向申请人偿付其为办理本案支出的差旅费人民币100 000元；

（5）被申请人承担本案仲裁费。

2. 被申请人的反请求

（1）申请人支付因其设备不具备冬期施工条件造成冬休的赔偿金人民币4 753 200元；

（2）申请人赔偿因其过错造成的被申请人设备损失人民币4 470 592.33元；

（3）申请人赔偿被申请人支付的打捞费用人民币339 563元；

（4）申请人承担被申请人因本案发生所有相关费用（包括但不限于有关律师费用）；

（5）被申请人承担本案全部仲裁费。

（三）立案及仲裁过程简介

"贸仲"根据申请人和被申请人于2005年11月签订的《钻井工程承包合同书》（以下简称"本案合同"）中的仲裁条款以及申请人于2008年5月5日向仲裁委员会提交的仲裁申请书及附件材料受理了上述合同项下的仲裁争议案，并于2008年5月27日向双方当事人寄送了仲裁通知，2008年7月21日，被申请人向仲裁委员会提交了仲裁反请求书。

本案程序适用自2005年5月1日起施行的《中国国际经济贸易仲裁委员会仲裁规则》（以下简称"《仲裁规则》"）。

申请人选定W先生担任本案仲裁员，被申请人选定Y先生担任本案仲裁员。由于双方当事人未在规定期限内共同选定首席仲裁员，贸仲主任根据《仲裁规则》的规定指定H先生担任本案首席仲裁员。上述三位仲裁员于2008年8月18日组成仲裁庭，审理本案。

仲裁庭于2008年12月16日、2009年8月26日在北京两次开庭审理本案。庭审中，双方当事人的仲裁代理人向仲裁庭就本案事实和法律问题进行了陈述和辩论，对相关证据的原件进行了质证，并回答了仲裁庭提出的问题。

经双方当事人同意，在仲裁庭的主持下对本案进行了调解，但调解未能成功。最后，仲裁庭经合议后做出裁决。

二、本案双方争议的关键问题和仲裁庭的裁决意见

申请人与被申请人争议的关键问题是：合同中第6.2条项下的约定是否是合法有效的，以及被申请人的反请求是否超过诉讼时效。

（一）关于合同第6.2条项下的约定是否合法有效的问题

1. 申请人观点

申请人认为，合同条款6.2条的设置显失公平，权利、义务和责任的划分严重失衡。

合同中第6.2条：结算方式的规定如下：

"首款：在合同签订后支付合同款的30%，应在CQ公司向甲方付款后10天内付至乙方指定的银行账户内。

尾款：水平段钻井作业结束验收后应支付总合同款的70%，款项应在CQ公司向甲方付款后10天内付至乙方指定的银行账户内。

若由于地层的技术限制，或其他非预期的情况，包括但不限于：非预期断层、煤层缺失、不规则和突然出现的地层倾角改变等，导致钻井计划未能实现，钻井作业有可能终止。在此情况下，承包费用按以下条款支付：

1）钻机动复原费用共计RMB2 600 000（人民币贰佰陆拾万元整）。

2）在一开及二开作业中，按每米进尺RMB1 723.89计算。

3）在水平定向钻井过程中，按日费RMB93 200天计算。

总付款累加不超过合同总金额。以上款项已含税。

付款将在收到正确发票后进行。"

关于合同6.2条约定的"总付款累计不超过合同总金额"。申请人认为：首先，该总金额与总承包价格不是同一个概念。总价格是在6.1条约定的承包费用；总承包价格为人民币705万，界定的是该工程劳务的计费依据。而6.2条规定的合同总金额对应的是18.3.3条约定的工程最终以决算金额为准，也就是说，该条约定总付款累计不超过工程的最终决算。其次，合同6.2条约定的"总付款累计不超过合同总金额"，也是显失公平的。

2. 被申请人观点

被申请人认为，合同第6.2条项下的约定是合法有效的。与本案合同的其他条款相同，第6.2条为双方当事人在商定合同条款过程中，根据合同所涉工程的具体情况做出的共同意思表示，应属合法、有效的约定。

（1）合同条款的形成过程：本案合同项下工程为"煤层气多分支水平井钻井工程"（下称"钻井工程"），其业主为CQ公司。按照业主的要求，该项目采取了总承包方式。为满足业主上述要求，双方当事人就钻井工程分包进行了协商，并最终在申请人提供的合同模板上就相关条款与条件达成一致。

（2）第6.2条的实际履行情况：在收到业主与被申请人签订的《总承包合同》项下第一笔30%的付款之后，被申请人立即知会申请人，并在申请人忽视第6.2条有关付款程序的情况下，善意提醒申请人开具正确发票。在申请人发票开出后，被申请人即按照第6.2条的规定付出相应款项。对此，申请人从未提出异议。

2006年4月，因受地层条件限制，钻井工程未能按照原定计划完全实现，钻井作业提前终止。此后，被申请人根据工程实际情况撰写并向业主提交了《煤层气多分支水平井钻井工程完工报告》及《JP1井钻井工程费用结算报告》，并依据《总承包合同》中附件A的规定，多次要求业主支付相关尾款，但均未得到业主积极回应。业主至今仍未向被申请人支付任何工程尾款。

尽管如此，被申请人也多次积极与申请人协商，并一度与其达成双方共同解决业主付款问题的共识，但最后均因申请人无意继续认同并遵守合同的相关约定而未能解决付款问题。

（3）申请人相关意思表示：如前所述，申请人对第6.2条的规定不曾持有任何异议。在申请人于2007年9月11日发给被申请人的《律师函》中，申请人不但未对第6.2条的合法有效性提出任何异议，而且还对其中条款原文予以援引，并主张按其规定计算相关合同款项。而在仲裁申请书中，申请人却转而对此条款予以彻底否认。

3. 仲裁庭意见

仲裁庭认为，申请人提出"本案合同中，第6.2条约定存在效力瑕疵，况且所附条件成就与否既取决于第三方，又受被申请人单方意思表示决定，该约定不平等、不公平，是无效的"。仲裁庭不支持申请人的上述观点，认为合同中的第6.2条是签订合同双方的真实意思表示，应认定有效。

（二）关于被申请人的反请求是否超过诉讼时效的问题

1. 申请人观点

申请人指出被申请人的前三项反请求均超过诉讼时效。

根据本案事实，钻井工程冬休发生在2005年12月22日至2006年2月28日，共计68天。那么，被申请人在2006年2月28日就应知道其"合法权益"遭受侵害并知道其"损失"具体数额。而被申请人是在时隔两年又五个月时第一次向申请人主张"冬休赔偿金"的。在两年又五个月时间里，被申请人并未以任何形式向申请人主张"冬休赔偿金"，所以也不存在时效中断问题。根据我国法律关于仲裁时效的规定，被申请人向申请人主张"冬休赔偿金"的请求事项已经超过仲裁时效。

2006年3月1日，钻井工程重新开钻。2006年4月5日发生卡钻事故，使被申请人的定向钻井工具落井。那么，被申请人在2006年4月5日就应该知道其合法权益遭到"侵害"，而被申请人是在反请求申请书中第一次向申请人主张"设备损失赔偿"的，根据以上法律规定，该"设备损失赔偿"的请求事项也已经超过仲裁时效。

如前所述，2006年4月5日发生卡钻事故，卡钻打捞工作于2006年4月15日结束。那么被申请人最迟在2006年4月15日就应知道其权益遭到"侵害"，根据以上法律规定，被申请人向申请人主张"打捞费用"的请求事项也已经超过仲裁时效。

2. 被申请人观点

被申请人认为其提出的前三项仲裁反请求没有超过仲裁时效。

被申请人没有根据本案合同第13.14条的规定,在2006年2月28日之后就向申请人索赔作业中断损失的原因是:2005年12月29日,双方当事人和业主就此事召开会议,进行过协商,并达成共识,即"在2005年12月12日至2006年2月26日期间,鉴于由于气候等不可抗力原因造成工期推迟,三方各自承担损失,相互之间不存在任何停工、误工等费用补偿"。

会议结束后,业主根据上述共识起草了备忘录。尽管申请人否认这份备忘录的存在,但其不能否认的事实是:在其对被申请人提起仲裁之前,其在2005年12月22日后再也没有向被申请人主张过冬防保温的费用和因此产生的暂停施工待命费用。2005年12月29日的会议后,被申请人也一直没有向申请人主张过2005年12月12日至2006年2月28日(注:实际的作业中断期间的最后一天)期间的作业中断赔偿。

根据《民法通则》第137条的规定,诉讼时效期间从知道或者应当知道权利被侵害时起计算。被申请人是在申请人于2008年5月5日对其提出仲裁时,才知道申请人违反共识,损害被申请人的权益。因此被申请人知道或应当知道权利被侵害的时间应该是2008年5月5日。被申请人于2008年7月20日对申请人提起仲裁,要求其对作业中断进行赔偿没有超过仲裁时效。

被申请人在2006年4月5日的卡钻事故发生后,没有立即向申请人要求赔偿埋井钻具的损失和打捞费用的原因是:双方当事人均知道,根据合同第6.2条的规定,被申请人向申请人支付合同项下的工程款的前提条件是项目业主先行向被申请人付款,因此双方在工程款问题上的利益是一致的,即都取决于项目业主的付款。

鉴于申请人是业主指定的工程分包商,和业主是关联企业,且表示过配合被申请人向业主索要工程尾款的工作,因此,基于双方的共同利益,被申请人当时并未提出CQ公司赔偿卡钻造成的设备损失和打捞费用的要求。但是,在业主没有向被申请人支付《总承包合同》项下尾款的情况下,申请人却提起仲裁,要求被申请人支付工程尾款和各项费用,其中还包括本应由申请人自行承担的埋井钻杆的费用。被申请人此时才真正意识到其有关埋井设备和打捞费用的权益被损害。

因此,被申请人知道或应当知道权利被侵害的时间应该是2008年5月5日。被申请人要求赔偿埋井设备和打捞费用没有超过仲裁时效。

3. 仲裁庭意见

仲裁庭认为,冬季停工事项是发生在2005年12月22日至2006年2月28日,被申请人在该时段即应知道自己的权益受到损害,也就是说自2006年2月28日起的两年内应该提出该项损害的索赔。

仲裁庭认为,卡钻事故发生的日期是2006年4月5日,而钻井工具打捞结束时间是2006年4月15日,被申请人在该时段即应知道自己的权益受到损害,也就是说自2006年4月15日起的两年内应该提出该项损害的索赔。

仲裁庭认为,仲裁时效的起始时间应为知道或者应该知道自己的合法权利受到侵害之时,而不是被申请人在申请人提交仲裁申请时才认识到自己的权利被侵害的时间。所以,仲裁庭认为,被申请人的前三项反请求均超过诉讼时效,不予支持。

三、申请人的仲裁请求及仲裁庭裁决意见

(一)申请人第一条仲裁请求

关于支付申请人剩余钻井工程及作业费人民币14 138 400元请求。

1. 支付申请人工程款人民币493.5万元;

(1)申请人观点

申请人与被申请人在2005年签订了本案合同,约定由申请人按照被申请人钻井施工设计完成JP1钻井施工及相关施工作业。JP1由于被申请人在施工服务过程中的服务故障,中断正常施工27天,进行打捞作业,导致申请人的14根3.5寸钻杆埋井。终止作业后,申请人即要求被申请人清付费用,被申请人一直以未收到CQ公司款项为由,根据合同第6.2款的规定,推诿并且不进行支付。

申请人认为:第6.2条约定存在效力瑕疵,况且所附条件成就与否既取决于第三方,又受被申请人单方意思表示决定,该约定不平等、不公平,是无效的。因此被申请人应该立即付款。在所附仲裁请求款计算表中:合同约定承包费用为人民币705万元,被申请人于2007年7月28日支付了30%,即人民币211.5万元,未付工程款人民币493.5万元。

(2)被申请人观点

被申请人认为,合同第6.2条为双方共同意思表示,应属合法、有效的约定。2004年4月,因受地层条件限制,钻井工程未能按照原定计划完全实现,钻井作业提前终止。此后,被申请人多次要求业主支付工程尾款,但均未得到业主积极回应,业主至今仍未向被申请人支付任何工程尾款。因此被申请人未能向申请人支付合同尾款。

（3）仲裁庭裁决意见

仲裁庭不支持申请人提出的本案合同中"第6.2条约定存在效力瑕疵，况且所附条件成就与否既取决第三方，又受被申请人单方意思表示决定，该约定不平等、不公平，是无效的"的观点，并认为合同中的第6.2款是签订合同双方的真实意思表示，应认定有效。

仲裁庭认为，根据第6.2款约定，并考虑到本案被申请人已与业主方达成和解协议，在业主方向被申请人付款后，被申请人应按照本案合同约定的方式向申请人支付工程尾款493.5万元。

2. 支付申请人合同外增加费用人民币721.255万元

第一项：支付申请人待命费用500.95万元

（1）申请人观点

申请人认为，接到被申请人冬期施工安全问题通知之后待命了14天，随后又冬休停工了53天。

计算方法：14天×93 200元/每天（作业日费）+冬休53天×93 200元/每天×75%=人民币500.95万元。

依据合同第3.1条、第3.2条、第18.3.3条及第18.3.4条、第13.14条规定，以及申请人于2005年12月15日、12月21日、12月22日先后致函被申请人均提出，此次整改是超出当初约定范围的……申请人在整改过程中均属合同外增加的费用，被申请人应给予认可并补偿。

申请人认为依据以上条款和证据，充分说明申请人是依照被申请人的指令，进行冬期待命及冬休的，这些都属于合同外工作量，应由被申请人承担费用。申请人认为己方的钻井经验和钻井设备是可以在冬期有效施工的，但是由于被申请人要求申请人暂停冬期施工，和申请人设备无关。井队进入冬期待命期，是由于被申请人原因造成窝工的。

（2）被申请人观点

被申请人认为，申请人提及的"合同外工作"完全属于合同范围内的申请人义务，其中大部分还是由于申请人违约所致。此外，申请人未能满足冬期安全作业要求从而导致冬期施工待命，被申请人为了保证井上施工的安全以及钻井设备的正常运行，要求申请人进行冬期设备整改。经过14天的设备整改，设备仍不具备冬期钻井作业的条件，由此产生的14天的施工待命是申请人未能使钻机满足冬期施工作业要求造成的，申请人无权要求被申请人支付冬期施工作业期间待命的费用。

被申请人还指出，冬期施工待命是由项目业主、双方当事人三方协商一致做出的决定。该三方协议是在申请人的钻机虽经十四天的整改仍不能满足冬期作业要求的情况下达成的，被申请人于2005年12月14日致函申请人认为不能无限期的将人员设备保留在现场，申请人于2005年12月15日提出对于是否继续施工应由被申请人征求中石油总公司高层意见，随后项目业主就此问题向中石油总公司做出请示，2005年12月22日中石油总公司作出批复，"经研究，为保证该井安全顺利实施，同意你们的意见，将三开推迟到明年春天"。据此，项目业主、双方当事人于2005年12月29日召开会议，形成了会议"备忘录"，在该"备忘录"中，三方一致同意"在2005年12月12日至2006年2月26日期间，鉴于由于气候等不可抗拒原因造成工期推迟，三方各自承担损失，相互之间不存在任何停工、误工等费用补偿。"

（3）仲裁庭裁决意见

根据本案合同第7.2条"乙方的权利和义务"中第7.2.7款："无条件接受甲方的技术指令。当技术指令与实际情况不符时，有权向甲方建议更改指令，但必须经甲方同意后方可实施"。仲裁庭认为，做好冬期施工的有关准备工作是申请人的义务，被申请人有权对此提出相应的技术指令，如果申请人不同意，可以在当时建议被申请人更改指令，但被申请人不同意时，仍应执行被申请人的指令。此外，根据当时的实际情况，申请人在当时已经认可了是由于气候等不可抗拒原因造成的工期推迟，而不是其他原因。而且由三方在2005年12月29日会议"备忘录"中一致同意，各自承担损失，相互之间不存在任何停工、误工等费用补偿。

根据以上分析，仲裁庭不支持申请人提出的由于被申请人的指令产生的待命费用人民币500.95万元的补偿要求。

第二项：支付申请人保温费用人民币128.89万元

（1）申请人观点

申请人认为，依据合同的第3.1条、第3.2条、第6.2条、第18.3.3条、第18.3.4条，以及申请人之前提交的对冬防工程的建议致被申请人的函件，函件中提出已按照被申请人提出的冬期保温要求加装了保温设施，要求被申请人验收，并认为"这些整改产生的费用属于合同外增加的费用，被申请人应给予认可并给予补偿"。申请人有权要求被申请人支付保温费用人民币128.89万元。

计算方法：5天 × 93 200（元/每天）+822 900元（材料费、人工费）=128.89万元。

申请人认为是按照被申请人的指令进行保温服务工作的。申请人的合同义务中，没有提供保温服务工作这一项，也就是说固定价的范围中不包括保温服务工作，其设备清单里也没有保温设备明细。对合同外的工作量应该按照合同中的18.3.3和18.3.4条来予以确认和支付工程款。

（2）被申请人观点

被申请人认为，根据合同第7.1.4条，被申请人有权随时对井场的设备器材及钻井作业等进行质量、操作检查。当发现申请人违反质量和操作规范时，被申请人有权要求申请人立即进行整改。第7.1.7条：被申请人有权责令停止申请人施工过程中存在重大事故隐患的作业。根据合同上述两条，被申请人认为，申请人应保证安全生产，不仅是其默示的合同义务，也是其法定的义务。但由于申请人提供的钻井设备根本无法满足冬期作业需要，为保证冬期作业施工和井上人员的施工安全，被申请人根据合同的约定曾多次致函要求申请人对钻井设备进行冬期整改。保证钻井设备具备冬期作业要求是申请人应当履行的合同义务，基于冬期保温服务而产生的费用理应由申请人自行承担，不属于合同外费用。

（3）仲裁庭裁决意见

根据合同中第7条中的有关条款，仲裁庭认为，北方封冻地区进行钻孔作业，必须做好冬期施工的有关准备工作，包括按照被申请人相应的技术指令做好有关设备的保温工作，这应该是申请人的义务，也是为了保证井上施工作业和人员安全，预防生产事故和人身事故所应该做的工作。如果申请人认为被申请人的技术指令不符合实际，应该及时提出，要求被申请人更改指令，但申请人当时并未对被申请人的更改指令提出异议，只是要求给予经费补偿。作为在北方地区长期工作有经验的申请人在投标时应该考虑到冬期的各项保温措施并将有关费用计入投标报价中。

根据以上分析，仲裁庭不支持申请人要求被申请人支付保温费用的请求。

第三项：支付申请人技术套管费用人民币91.415万元

（1）申请人观点

申请人认为，申请人有权要求被申请人支付技术套管费用人民币91.415万元。计算方法：1 365米 × 660（元/每米）+ 13 250（运输费）= 人民币91.415万元

申请人认为依据合同的第3.1、第3.2条、第18.3.3条、第18.3.4条、第6.1.1条和相关证据，申请人没有提供技术套管的义务，但实际上提供了1 365米技术套管，被申请人也予以接收。申请人和被申请人的买卖合同权利义务明确，被申请人应以发生价格履行付款义务。

（2）被申请人观点

被申请人认为，申请人提交的证据不能证明被申请人曾经指令其购买技术套管，且不能证明其自己购买了技术套管并已经付款的事实。

根据《总承包合同》合同条件第3.2条明确约定，项目业主提供技术套管，根据上述规定，钻井工程所需的技术套管应由项目业主直接供应至作业现场。在项目具体执行

过程中,技术套管均是由项目业主向技术套管供应单位,即"管子公司"支付相应款项,并由"管子公司"向申请人直接供应技术套管。被申请人在钻井过程中没有义务另行向申请人提供技术套管,也没有义务承担任何技术套管费用。

所以,被申请人认为,根据总承包合同约定,技术套管应由项目业主提供,申请人始终未能提交充分证据证明被申请人曾经指令其购买过技术套管,因此,申请人要求支付技术套管费用没有任何合同依据和事实依据。

(3)仲裁庭裁决意见

仲裁庭注意到,根据被申请人与业主签订的《总承包合同》中的"合同条件"第3.2条的规定:"甲方提供技术套管"。在申请人作为分包商实施该项钻井作业过程中,由"CQ石油勘探局器材供应处"直接发料给申请人。本案中,申请人仅提交了发料单,并没有提交采购该项套管并付款的相关发票。同时,申请人一方提供的证据"签认单",也只能说明当时在JP1井事故处理过程中报废的钻具、工具及井内所埋钻具单,而并不能说明是被申请人指令申请人去采购了技术套管。

根据以上分析,仲裁庭不支持申请人要求被申请人支付技术套管费用人民币91.415万元的请求。

3. 支付申请人卡钻打捞费用和损失199.0916万元

(1)申请人观点

申请人认为,申请人有权要求被申请人支付卡钻打捞费用和损失共计人民币199.0916万元。计算方法:27天×93 200(元/每天)(作业日费)×75%+103 616.12元(服务故障损失费用)=人民币199.0916万元。

依据合同第7.1.1条:"(甲方)提供地质设计和钻井工程设计,审批乙方提交的直井段钻井工程设计、泥浆设计和固井设计",以及申请人提交的证据,证实了是被申请人地质设计、钻井设计存有瑕疵,导致在JP1井施工过程中出现了四次卡钻事故,申请人也为此付出了27天的额外打捞作业损失,按照约定损失计算,被申请人应该支付日费标准的75%作为补偿。

(2)被申请人观点

被申请人认为,JP1申请人无权主张钻具损失。作为钻井业的行业惯例,除非在钻井合同中明确约定了"Lost in hole"条款,即项目业主承担承包商在钻井过程中埋在井下无法打捞的设备损失,否则,承包商只能自行承担埋井设备的损失。由于合同中没有约定"Lost in hole"条款,所以要求被申请人承担钻具损失没有法律依据和合同依据。

同时,被申请人认为,申请人也无权主张卡钻打捞费用。首先在合同书中,双方并未约定卡钻费用的承担，其次申请人适用合同第13.14条的约定，该条的补偿支付前提是被申请人存在服务故障，而造成卡钻事故和打捞费用的原因是JP1井煤层不稳定，并非被申请人的服务故障。

（3）仲裁庭裁决意见

仲裁庭认为，根据本案合同中的相关规定，在JP1井钻井工程中，被申请人承担技术责任，包括提供地质设计和钻井工程设计，审批申请人提交的直井段钻井工程设计、泥浆设计和固井设计。并可依据需要调整工程量、更改设计，并决定更改设计后的作业方式。

申请人应根据被申请人的地质设计、钻井工程设计，制作一、二开钻井工程施工设计、泥浆设计和固井设计，经被申请人审核批准后，作为施工组织的依据，并送交被申请人备案，也就是说，申请人也承担一定的技术责任。

考虑到JP1井钻井工程为试验井，地质条件不清楚，在该地区从来没有钻过水平井，JP1井的目的就是探索当地煤层中钻大水平位移井及多个分支的可能性。在此情况下，项目业主、被申请人对于该井井下情况没有给予充分的参考资料，也不清楚该井所在8号煤层存在不稳定性及高脆性，从而经常发生卡钻事故；同时考虑到申请人在处理四次卡钻事故的打捞作业中，确实也增加了一定的工程量。根据以上分析，仲裁庭认为，应由被申请人向申请人适当补偿该项作业费用，即给予申请人人民币50万元补偿，此笔补偿款项不另支付利息费。

（二）申请人第二条仲裁请求

关于支付申请人违约金人民币1 747 500元；延迟付款利息人民币2 121 605元的申请。

1. 支付申请人违约金人民币1 747 500元

（1）申请人观点

申请人认为，依据合同第15.1条："合同期限为6个月。"、第6.2条："3）在水平定向钻井过程中按日费RMB93 200天计算"，以及申请人提交的有关证据，说明从搬迁动工到搬迁完工，实际合同周期为205天，超过了合同约定的6个月（按180天计），构成违约。申请人有权要求被申请人支付违约金人民币174.75万元。计算方法：205天−180天=25天，25天（超合同期限）×93 200（元/天）（作业日费）×75%=人民币174.75万元。

（2）被申请人观点

被申请人认为，申请人要求被申请人支付违约金没有合同依据。被申请人在合同项下不存在任何违约行为，且合同中也没有约定违约金；申请人在对被申请人提起仲裁之前从未主张过违约金，其在2008年5月5日提起仲裁并主张违约金时已经超过仲裁时效。

（3）仲裁庭裁决意见

仲裁庭注意到，本案合同中并没有关于申请人所要求的该项违约金的规定；同时考虑到在被申请人批准冬季暂停施工后，三方在2005年12月29日的会议"备忘录"中，一致同意"在2005年12月12日至2006年2月26日期间，鉴于由于气候等不可抗拒原因造成工期推迟，三方各自承担损失，相互之间不存在任何停工、误工等费用补偿。"

根据以上分析，仲裁庭不支持申请人关于该项违约金的请求。

2. 支付申请人延迟付款利息人民币212.1605万元

（1）申请人观点

申请人认为，申请人有权要求被申请人支付延迟付款利息人民币212.1605万元。计算方法详见后文中、五、分析评论（三）。

（2）被申请人观点

被申请人认为，依据合同第6.2条，被申请人不存在延期付款的现象，申请人无权向被申请人主张工程首款及尾款的延期付款利息。

由于项目业主至今未将《总承包合同》项下尾款支付给被申请人，申请人也没有向被申请人出具相应发票，被申请人支付尾款义务的条件尚未成就，所以不存在延期支付工程尾款。

申请人于2007年6月27日在被申请人的善意提醒下开出了工程首款的发票，被申请人收到发票后即按照第6.2条规定向申请人付了款，被申请人不存在延迟支付工程首款。

（3）仲裁庭裁决意见

仲裁庭注意到，在仲裁庭对申请人的各项申请的上述各项意见中，仅支持申请人关于第6.2条中的总合同款的70%的尾款，即人民币493.5万元，该项款项的支付应按照合同第6.2条中关于付款的相关规定支付，不存在支付拖欠应付利息的问题；此外，仲裁庭同意由被申请人向申请人适当补偿卡钻打捞费用和损失，即给予申请人人民币50万元的补偿，但此笔补偿款项不另支付利息费。至于申请人提出的总合同款的首款支付拖欠问题，在合同签订后支付合同款的30%，应在业主向被申请人付款后10天内付至申请人指定的银行账户内。但合同6.2款同时规定"付款将在收到正确发票后进行"，由于申请人在2007年6月27日才开出了工程首款的发票，被申请人收到该发票后即按照规定向申请人付了款，因此也不存在拖延支付款的利息问题。

根据以上分析，仲裁庭不支持申请人的上述利息要求。

（三）申请人第三条仲裁请求

1. 申请人观点

被申请人应支付申请人所花费的律师费人民币600 000元。

2. 仲裁庭裁决意见

仲裁庭认为律师费应由双方自行承担。

（四）申请人第四条仲裁请求

1. 申请人观点

被申请人向申请人偿付其为办理本案支出的差旅费人民币100 000元。

2. 仲裁庭裁决意见

仲裁庭认为差旅费应由双方自行承担。

（五）申请人第五条仲裁请求

1. 申请人观点

申请人认为应由被申请人承担本案仲裁费。

2. 仲裁庭裁决意见

仲裁庭认为，根据仲裁庭上述分析以及认定，本案仲裁费人民币191 210元，由申请人承担40%，计人民币76 484元，由被申请人承担60%，计人民币114 726元。

四、被申请人的反请求及仲裁庭裁决意见

（一）被申请人的第一条反请求

关于申请人应承担因其设备不具备冬期施工条件造成冬休的赔偿金总计人民币4 753 200元的请求。

1. 被申请人观点

被申请人认为，申请人提供的钻机不具备冬期安全施工条件从而导致停工整改，造成作业中断责任方是申请人，其应承担相应赔偿责任，支付赔偿金共计人民币4 753 200元。

依据合同的第1.1条："乙方向甲方提供一台ZJ50/3150DB钻机及井队（编号50243）按照甲方钻井施工设计完成JP1井施工及相关施工作业"。第7.1.4条："甲方有

权随时对井场的设备器材及钻井作业等进行测量、操作检查。当发现乙方违反质量和操作规范时,甲方有权要求乙方立即进行整改"。第7.1.7条:"甲方有权责令停止乙方施工过程中存在重大事故隐患的作业"。证明被申请人有权要求申请人对不符合质量规范要求的设备器材立即进行整改,并有权责令停止申请人施工过程中存在重大隐患的作业。证据也证明了由于申请人未满足合同要求,而且整改不力,以致钻井作业中断68天。

2. 申请人观点

申请人认为,申请人于2005年12月18日已经按照被申请人指令积极整改,完成冬防工作,并付出了巨大的人力物力。JP1井冬期停工原因主要是被申请人钻井工程设计不全面和组织施工不力造成的。被申请人提供的完工报告中钻井工程设计内容关于钻机主要设备清单中没有锅炉等保温设备。按照被申请人指令增加保温设备后,要求其进行验收时,无人验收,导致无法继续施工,申请人停工待命67天。

被申请人的钻井设计不全面、组织混乱是造成冬休待命的真正原因,申请人一直按照指令施工,不存在设备或人员故障,被申请人要求冬休赔偿金没有合同依据。此外,该项请求已经超过诉讼时效。JP1井冬休发生在2005年12月22日至2006年2月28日。如果被申请人要主张钻井公司因设备"不具冬防条件"造成冬休事实,其应在2006年2月28日就知道"合法权益"遭受侵害并知道其损失具体数额,在两年又5个月后首次提出该项主张显然已经超过诉讼时效。

3. 仲裁庭裁决意见

仲裁庭考虑到在2005年12月29日的会议"备忘录"中,已经一致同意"在2005年12月12日至2006年2月26日期间,鉴于由于气候等不可抗拒原因造成工期推迟,三方各自承担损失,相互之间不存在任何停工、误工等费用补偿",所以不应该再要求费用补偿,而且该项反请求已超过仲裁时效,所以仲裁庭不支持该项反请求。

(二)被申请人第二条反请求

关于申请人应承担因其违规操作而造成被申请人设备损失人民币4 470 592.33元的反请求。

1. 被申请人观点

被申请人指出,2006年4月5日,由于申请人的大班司钻操作失误,造成卡钻事故并最终导致被申请人的定向钻井工具落井,工具总价值折合人民币4 470 592.33元。

依据合同第13.1条:"当事人一方不履行合同义务或者履行合同义务不符合约定的,

应当承担继续履行、采取补救措施或者赔偿损失等违约责任"。第13.10条："由于乙方未按甲方要求进行设计和施工，或因乙方技术失误等原因给甲方或第三方造成损失的，由乙方负责赔偿"。该设备损失费用应由申请人赔偿。

2. 申请人观点

申请人认为，被申请人提出的由于钻井公司的过错导致4.5卡钻事故，主张设备损失，证据与事实不符，没有合同及法律依据。理由如下：

被申请人是JP1井工程的总承包商，按照合同应完成地质设计、钻井工程设计。卡钻事故频发的原因在于地质煤层不稳定、脆弱的特性和井周塑性区较容易失衡以及技术方面被申请人没有深入实地勘探，缺乏地址详细资料、参考数据、8号煤层水平钻井经验。所以被申请人是频发卡钻事故的直接责任人。卡钻事故发生后应组织独立第三方组成调查组对事故原因进行调查，被申请人的做法不符合行业惯例及规定的程序。被申请人的完工报告中的工作总结和每日作业概述中均未提及"4.5卡钻事故"是申请人大班司钻操作失误造成的，而是将卡钻事故原因归结为地质不稳定。回复"关于JP1井提高司钻业务水平，减少操作失误等问题"的传真与卡钻事故之间不存在关联性。

此外，申请人认为，被申请人的请求已经超过仲裁时效。2006年4月5日发生卡钻事故，使被申请人定向钻井工具落井，被申请人在2006年4月5日就应该知道其合法权益受到"侵害"。另外，卡钻打捞事故于2006年4月15日结束，被申请人最迟应于2006年4月15日知道其权益受到"侵害"，从而应在2008年4月15日前主张上述费用的索赔。

3. 仲裁庭裁决意见

仲裁庭认为，卡钻事故发生的日期是2006年4月5日，而钻井工具打捞结束时间是2006年4月15日，被申请人在该时段即应知道自己的权益受到损害，也就是说自2006年4月15日起的两年内应该提出该项损害的索赔。

仲裁庭认为，仲裁时效的起始时间应为知道或者应该知道自己的合法权利受到侵害之时，而不是被申请人在申请人提交仲裁申请时才认识到自己的权利被侵害的时间。所以，仲裁庭不支持该项反请求。

（三）被申请人第三条反请求

关于裁决本案申请人赔偿被申请人支付的打捞费用人民币339 563元的反请求。

1. 被申请人观点

被申请人指出，2006年4月5日，由于申请人的大班司钻操作失误，造成卡钻事故并最终导致被申请人的定向钻井工具落井，被申请人专门聘请打捞公司进行打捞，支付费用为人民币339 563元。

2. 申请人观点

申请人认为，被申请人认为是钻井公司的过错导致4.5卡钻事故，从而主张设备损失，证据与事实不符，没有合同及法律依据。此外，申请人认为，被申请人的请求已经超过仲裁时效。

3. 仲裁庭裁决意见

仲裁庭认为，被申请人的该项反请求已经超过仲裁时效。所以，仲裁庭不支持该项反请求。

（四）被申请人第四条反请求

1. 被申请人观点

裁决本案申请人承担被申请人因本案发生所有相关费用（包括但不限于有关律师费用）。

2. 仲裁庭裁决意见

仲裁庭认为涉案相关费用应由双方自行承担。

（五）被申请人第五条反请求

1. 被申请人观点

裁决本案申请人承担本案全部仲裁费。

2. 仲裁庭裁决意见

仲裁庭认为，根据仲裁庭上述分析以及认定，本案仲裁费人民币191 210元，由申请人承担40%，计人民币76 484元，由被申请人承担60%，计人民币114 726元。

五、分析评论

（一）合同与合同风险

1. 合同的概念

合同是一个契约，是平等主体的自然人、法人以及其他组织之间设立、变更、终止民事权利义务关系的协议。

合同体现了双方的意思自治，表述了双方的权利和义务。

2. 工程合同的技术风险与商务风险

工程合同主要包括两部分内容，即技术条款和商务条款。业主方准备的招标文件实际上是业主方准备的合同草案。因此，承包商在投标时，一定要充分地研究招标文件中隐含的风险，一方面要分析技术风险，即组织技术专家组仔细地研究技术规范、图纸等相关技术文件；另一方面要分析商务风险，主要体现在合同条款中，但往往国内的承包商不善于分析研究商务风险，有时候承包商即使发现了风险，在签订合同之前，也不敢通过和业主（或总包商）的谈判，去力争修改其中十分不合理的内容，害怕失去签约的机会。

从理论上说，业主方在编制招标文件时应努力做到风险分担合理，但实际上能做到这一点的业主极少。因此，承包商在中标后将承担大部分风险，项目实施过程中风险管理的任务很重。

所以在理论上说，合同是公平的，但实际上，没有绝对公平的合同，公平是相对的，不公平是绝对的，但是承包商既然签订了合同，就必须按照合同履行。合同中某些不公平的条款在合同签订时可能没有注意到，但在产生争议时，特别是将争议提交争议评判委员会（DAB）、或仲裁、或诉讼时，合同中某些不太公正的条款就会凸显出对承包商不利的一面了。

3. 本案合同的性质

本案的申请人一再声称"合同条款6.2条的设置是显失公平的，权利、义务和责任划分严重失衡"。实际上，本案合同是分包合同，是根据总包人与业主签订的合同改写而成的，其中很多条款都是从总包合同中引用过来的。而总包合同是业主CQ公司根据中石油的合同范本编制的，应该说是一个使用多年的比较成熟的合同范本。这类范本中由承包商（分包商）承担了较多的风险，这也可以认为是一个"行规"了，更何况本案的合同模板是申请人提供的，本案的申请人（分包商）在仲裁时，提出合同不公正，就不可能对本案的裁决起到什么作用了。

从承包商（分包商）的角度需要总结的经验教训是，在以后投标时应该加强合同的风险分析，做好合同的谈判工作。

（二）诉讼时效的问题

《民法通则》第135条的规定：向人民法院请求保护民事权利的诉讼时效期间为二年，法律另有规定的除外。

《民法通则》第137条的规定：诉讼时效期间从知道或者应当知道权利被侵害时起计

算。但是，从权利被侵害之日起超过二十年的，人民法院不予保护。有特殊情况的，人民法院可以延长诉讼时效期间。

根据上述法律规定，仲裁时效的起始时间应为知道或者应该知道自己的合法权利受到侵害之时。

本案的被申请人认为他受到的损害有三个方面：第一个是冬期停工造成的损失，第二个是设备损坏造成的损失，第三个是打捞设备花费的费用。

如果被申请人认为这些损害可以索赔，就应该在知道或应该知道损害自己利益的事件发生时就及时向分包商提出索赔，而本案的被申请人在申请人申请仲裁时才提出自己的权利被侵害了，显然是距离应该知道权利被侵害发生的时间已两年有余，超过诉讼时效期了。

所以，被申请人提出的三项反请求均被仲裁庭驳回了。

（三）索赔中的计算错误

根据笔者参与的几十个仲裁案，代理人写的申请书或反请求书中的计算部分，大约有30%左右都存在计算错误，这是十分不应该的。

本案就是一个典型，下面我们看看本案数据计算的问题：

1. 申请人的仲裁申请书中的几项申请

（1）申请人第一条仲裁请求：关于支付申请人剩余钻井工程及作业费人民币1 413.8400万元请求，包括：

1）支付申请人工程款人民币493.5万元。

2）支付申请人合同外增加费用人民币721.255万元，其中：

第一项：支付申请人待命费用人民币500.95万元；

第二项：支付申请人保温费用人民币128.89万元；

第三项：支付申请人技术套管费用人民币91.415万元。

3）支付申请人卡钻打捞费用和损失199.0916万元。

（2）申请人第二条仲裁请求：

1）支付申请人违约金人民币174.7500万元；

2）延迟付款利息人民币212.1605万元。

以上两条仲裁请求合计：1 800.7505万元。

2. 上面两条仲裁请求中的各类计算错误

以下面的利息计算为例，表现为逻辑混乱，重复索赔。

申请人认为，申请人有权要求被申请人支付延迟付款利息人民币212.1605万元。利息的计算方法：

第一笔利息：2006年5月5日至2007年7月28日共计1年2个月24天，基数为1 800.0966万元，利息为：

1 800.0966万元×6.03%×1年=108.5458万元

1 800.0966万元×0.525%×2月=18.9010万元

1 800.0966万元×0.016%×24天=6.9123万元

小计：134.3591万。

第二笔利息：2007年7月29日至2008年4月28日共计9个月，基数为1 588.5966万元。

2007年7月29日至2007年12月29日利息为：

1 588.5966万元×0.54%×4个月=34.3136万元。

2007年12月29日至2008年4月29日利息为：

1 588.5966万元×0.5475%×5个月=43.4878万元。

小计：77.8014万元。

利息合计：134.3591万元+86.7372万元=212.1605万元。

从以上的计算表中我们可以看出，存在以下几个问题：

（1）在计算利息时，基数的选用错误。上述两条仲裁请求合计1 800.7505万元中已经包括了利息212.1605万元，以1 800.7505万元为基数计算利息显然是错误的，相当于把利息作为本金又算了一遍利息。

（2）数字来源不明。上述利息合计：134.3591万元+86.7372万元=212.1605万元中的86.7372万来源不明。因为，应该是134.3591万元+77.8014万元=212.1605万元。

（3）加法错误：原仲裁申请书中下列三项之和为767.855万元。

第一项：支付申请人待命费用500.95万元；

第二项：支付申请人保温费用人民币128.89万元；

第三项：支付申请人技术套管费用人民币91.415万元。

经仲裁庭复核指出其计算错误后，申请人才将三项之和的款数改为721.255万元。

为此笔者建议，案件的代理人在写仲裁申请材料时：

1）应该严肃、认真、细心，防止工作不负责任、粗枝大叶造成的各类计算错误；

2）最好采用律师计算，工程师或财务人员校对的方式，以尽量减少这类不应该有的错误。

笔者还建议，仲裁庭对各类案子中的数字计算，必须仔细地检查以下几点：

1）全部计算公式是否正确；

2）核对计算数字是否正确；

3）查找计算数字来源是否可靠：即一定要从原始证据中查找各项计算数字的来源，绝对不能仅仅依靠申请人（或反请求人）递交的文字报告中的数字。

石油钻井总承包商与业主支付争议和解案例

摘要

　　本案涉及的是一个石油钻井总承包商（申请人）与业主（被申请人）之间的争议，争议焦点在于拖欠工程款的支付。申请人提供钻井服务，但由于地层钻探技术限制等原因，而未能完成该试验井的钻探，申请人与被申请人因合同款项的支付问题产生争议，并将此争议提交仲裁。

　　本案例介绍了在仲裁庭的调解下双方和解的过程，申请人撤案申请书的内容，被申请人撤回仲裁反请求的内容以及仲裁庭的决定。

　　最后，本文从工程管理角度对仲裁中的调解进行了分析和评论。

关键词　调解　和解仲裁

一、本案内容简介

(一) 工程项目简介

本案的总承包商（以下简称申请人）为WDF公司，业主（以下简称被申请人）为CQ公司。2005年11月，申请人与被申请人签订了《JP1井钻井工程合同书》。合同约定，申请人为被申请人提供位于SX省DNJ县地区JP1井的钻井服务，施工内容包括：钻前、井队搬迁、表套及附件、井口坐标复测、配合录井、电测、钻井液、HSE管理等；合同总包服务费为20 115 800元人民币，支付方式为：合同生效后21天内支付总合同款的30%，水平段钻井作业结束并验收合格后21天内支付总合同款的70%。如果合同因约定原因停止或终止履行，按约定的申请人作业日费和钻机相关费用支付。

申请人2005年11月开始施工，2006年5月由于地层钻探技术限制等原因停止施工。申请人与被申请人因合同款项的支付问题不能达成共识，双方发生争议，申请人依双方签订合同中的仲裁条款向中国国际经济贸易仲裁委员会（以下简称贸仲）提起仲裁请求，被申请人随后提出了反请求。

(二) 双方争议内容简介

1. 申请人的仲裁请求

（1）被申请人向申请人支付工程款人民币29 836 176元；

申请人提出，从2005年11月21日到2005年12月22日，以及从2006年3月1日到2006年5月8日，其共施工102天，日标准为282 558元/天，总计工程款28 828 916元，钻机相关费用7 050 000元。两项合计35 870 916元，首付已付6 034 740元，工程款欠款为29 36 176元。

（2）被申请人向申请人支付应付工程款利息人民币4 382 337.53元；

申请人认为，CQ公司应在2006年5月8日完工后21天内付款，即应在2006年5月29日付款，至申请仲裁共计918天。日利率按人民银行2006年标准日0.016%，利息总额为4 382 337.53元。

（3）被申请人向申请人支付律师代理费人民币60 000元；

（4）被申请人承担本案全部仲裁费用。

2. 被申请人的反请求

（1）申请人返还30%的合同额，总计6 034 740元以及自2006年2月10日至实际返还日的同期银行利息；

被申请人提出，根据JP1井合同约定，合同生效后被申请人向WDF预付30%合同款。由于申请人现场技术指令不当和操作失误，导致该井多次发生卡钻、垮塌及钻具埋井事故，最终导致该井报废，作业环境被彻底破坏，WDF公司应承担违约责任，故要求将预付的30%合同款返还给被申请人。

（2）申请人赔偿被申请人支付给第三方的录井费用和测井费用共计645 526元；

被申请人提出，由于JP1井报废，要求申请人返还因此遭受的全部损失，包括测井费184 897元和录井费用460 629元。

（3）申请人赔偿JP1井报废的损失21 634 353元；

被申请人提出，参照另一吉试1井，试气产量2 847方/天，如JP1井钻探成功，将获得吉试1井5～10倍产量，由于JP1井报废，无法获得该收益。如若产量按五倍计算，自JP1井2006年4月30日停止作业到2008年12月20日提起仲裁共984天，按煤气售价1.7元/方计算，$2\ 847 \times 5 \times 984 \times 1.7 = 23\ 812\ 308$元。

（4）申请人承担被申请人因本案发生的律师费和差旅费等相关费用；

（5）申请人承担本案全部仲裁费。

（三）立案及仲裁过程简介

贸仲根据申请人和被申请人于2005年11月签订的《JP1井钻井工程合同书》中的仲裁条款，和申请人于2008年12月2日向贸仲提交的仲裁申请书，受理了申请人与被申请人之间产生的JP1井钻井工程合同项下的争议案。2008年12月8日，贸仲秘书局（以下简称"秘书局"）向申请人和被申请人寄送了本案仲裁通知等文件，同时向被申请人寄送了申请人提交的仲裁申请书。2008年12月23日，被申请人向秘书局提交了"延期答辩申请"，经秘书局同意，被申请人于2009年1月22日向秘书局提交了仲裁答辩及反请求书。

本案仲裁程序适用贸仲自2005年5月1日起施行的《中国国际经济贸易仲裁委员会仲裁规则》（以下简称"《仲裁规则》"）。鉴于本案争议不具有涉外因素，本案适用《仲裁规则》第五章"国内仲裁的特别规定"。

申请人选定Y先生担任本案仲裁员，被申请人选定T先生担任本案仲裁员。由于双方未在规定期限内共同选定或共同委托仲裁委员会主任指定首席仲裁员，贸仲主任根据《仲裁规则》之规定指定H先生担任本案首席仲裁员。上述三位仲裁员于2009年1月15日组成仲裁庭，共同审理本案。

2009年3月25日，仲裁庭在北京开庭审理本案。申请人与被申请人均委派仲裁代理人参加了庭审，在庭审中双方代理人就本案事实和仲裁请求进行了陈述，出示了相关证据的原件，并回答了仲裁庭的庭审调查询问。在征得双方当事人同意的情况下，仲裁庭主持进行了调解，双方当事人当庭未达成和解协议，但双方表示愿意在庭后继续商谈和解。

2009年4月27日，申请人向秘书局提交了延长调解时限申请书。仲裁庭同意了该申请，2009年7月17日，申请人向秘书局提交了"和解协议"和"撤案申请书"。2009年7月28日，被申请人向秘书局提交了"和解协议"和"撤回仲裁反请求申请"。秘书局于2009年8月6日将双方当事人提交的撤案申请书转寄给了对方。

仲裁庭根据双方的"和解协议"做出了裁决书。

二、申请人的撤案申请书内容

申请人在"撤案申请书"中称：

"该《和解协议》第三条约定：'本协议双方签字盖章后5日内，乙方（申请人）从仲裁委撤回仲裁申请及其所有请求事项，甲方（被申请人）同时撤回反请求申请及其请求事项。'；第四条约定：'本协议经甲乙双方加盖单位公章后对双方具有约束力，在仲裁委同意双方基于本协议撤回仲裁请求并作出裁定后正式生效。'

鉴于以上约定，申请人向贵委员会递交本《撤案申请书》并附《和解协议》，请贵委员会根据该协议对本案作出相应处理决定。"

三、被申请人的撤回仲裁反请求申请内容

被申请人在"撤回仲裁反请求申请"中称：

"……反请求人与被反请求人经过多次协商自愿达成了和解协议，根据和解协议约定，反请求人特向仲裁委提出撤回仲裁反请求。

需要特别申明的是，本撤回仲裁反请求申请在WDF书面向仲裁委撤回其全部仲裁请求事项并取得仲裁委同意后生效。"

四、仲裁庭的决定

鉴于申请人和被申请人均要求撤案,根据《仲裁规则》第四十一条之规定,仲裁庭认为,申请人和被申请人的请求符合法律及《仲裁规则》的有关规定,特作出如下决定:

1. 撤销申请人提出的仲裁请求和被申请人提出的反请求;
2. 本案请求仲裁费人民币301 500元,由申请人承担,并与申请人预缴的仲裁预付金相冲抵;本案反请求仲裁费人民币259 752元,由被申请人承担,并与被申请人预缴的仲裁预付金相冲抵。

五、分析评论

本案是在仲裁庭主持下调解成功的一个案例,下面结合这个案例,对仲裁中的调解进行分析评论。

在案件争议的仲裁过程中,接受仲裁庭主持下的调解与和解不失为涉案双方的最佳选择。

1. 仲裁庭主持下调解的做法

(1)仲裁庭在调解之前,首先应该消除双方的顾虑

在开庭时,允许双方进行申述、答辩和质证,然后再向双方说明仲裁庭主持下进行调解的实施步骤、注意事项和优点。

特别要说明的是,在调解过程中所有参与调解人员(包括仲裁员)的发言均代表个人意见,如果调解不成功,所有发表的个人意见均不算数,不能在以后的开庭或仲裁中引用。

在征求双方意见后,如果都同意,则可以开始进行调解;如果有一方不同意,则继续仲裁程序。

(2)仲裁庭主持下调解的实施步骤

笔者参与的调解案件一般采用背对背的方式,先由仲裁庭和申请人一方交换意见,指出申请书中不尽合理和证据不足之处,以启发该方考虑让步。之后再和被申请人一方交换意见,首先要帮助他们认识到自己在项目中的责任和义务,特别是支付的义务,以启发他们自觉地提出应支付的款额,同时也要对他们的反请求的合理性和相关证据的问题进行分析。

如本案中被申请人的反请求中，有一项是用另外一个钻探成功的试井的年产量来估算本案中未能打成的JP1井的年产量，用这个年产量来估算所得的效益，用估算出的款额来提出反请求，这显然是十分不合理的，油气田钻井由于地质情况的不同，每一个井的产量是完全不同的。但是，在开庭过程中，仲裁员是不允许表述这种观点的，而在仲裁调解过程中，仲裁员可以以个人身份指出这种估算方式是错误的，因而是不会得到仲裁庭支持的，从而使其知难而退，主动让步进行和解。

但仲裁庭对双方均不宜提出具体的让步要求，而是启发双方自觉地靠拢。当双方让步后的款额比较接近时，仲裁庭就可以适时提出一个折中的建议，供双方考虑，但绝不能勉强任一方接受。

2. 仲裁庭主持下调解的艺术

（1）消除双方的顾虑才有可能启动调解

在调解前，要详细地向双方介绍调解的做法和优点，因为即使是律师身份的代理人也不见得都了解仲裁中的调解，而来自工程单位的代理人就更不了解了。

（2）仲裁庭要善于分析双方的心态

双方代理人来到仲裁庭上，都是想"赢"怕"输"的，一方面不了解仲裁庭可能裁决的结果，另一方面又害怕回去之后对本单位领导不好交代，所以是抱着一种和对方斗争的心理来参加开庭的。

因此，我们在仲裁开庭之初，首先要向双方宣传和谐仲裁的概念，告诉大家仲裁是构建和谐社会的重要法律手段，仲裁员是会公正、公平地对待双方的，在开庭时要保持一个良好的气氛，各方可以依据法律、合同、证据为自己的观点辩护，但不得伤害对方。

在开庭过程中也要注意双方的心态，特别在背对背的调解过程中，有的代理人怕负责任，怕让步之后回去领导责备，若是仲裁庭裁决，回去之后领导不会对自己有意见，因而在调解时要注意做相关人员的思想工作。

（3）尊重双方的自主权十分重要

有时出庭的代理人对于比较大的让步不敢承担责任，这时就要留给他们一定的时间，让这些代理人找主管的上级领导去请示和讨论，以减轻他们的压力。但在这之前，一定要帮助他们认识自己一方的劣势和存在的风险，正确理解对方的让步意图和仲裁庭的建议，以帮助上级领导全面地理解本案的调解过程和做出正确决策。

（4）要趁热打铁

当双方在仲裁庭的努力下达成和解方案时，一定要趁热打铁，要求双方代理人一口气把"和解协议书"写出来,并且由首席代理人签字,交给仲裁庭。因为有时夜长梦多,拖延时间长可能双方单位中某一位领导又提出不同意见,以至导致前功尽弃,调解失败。

参考文献

[1] 何伯森. 论和谐仲裁. 中国仲裁与司法,2011年2月第一期.(本文也收集在本书论文中)

[2] 何伯森. 担任首席仲裁员的体会. 仲裁与法律,119辑 2011年4月.(本文也收集在本书论文中)

江底隧道巨型管段沉放工程索赔争议和解案例

摘要

本案涉及的工程项目是S市的一个隧道越江工程，该项目由一个中外联合体中标，该联合体由四家公司组成，其中包括一家香港公司，即HK建设工程有限公司。

HK建设工程有限公司（以下简称"被申请人"，或"HK建设"）与GZ打捞局（以下简称"申请人"）签订了该隧道江中段的管段沉放工程，其中每段巨型管道重达4.5万吨。本案争议的焦点主要涉及申请人要求被申请人支付拖欠的工程款，包括合同内工程款、合同外新增项目工程款以及E3管段进水处理施工款和相关利息。而被申请人则认为申请人所完成的绝大部分工作属于合同项下工程量，所产生费用应由申请人承担。被申请人在反请求中则以申请人没有按合同约定及时归还施工器材为由，要求申请人承担违约赔偿责任。

仲裁庭在两次仲裁开庭过程中均进行了调解，最后争议双方达成了和解协议，双方签订了"和解协议书"，仲裁庭据此做出了裁决。

本文最后从项目管理的角度对涉案有关问题行了分析和讨论，主要包括：本案的调解与和解、合同中有关的规定和用语（包括技术用语）应该有界定和说明、关于漏水事故的性质界定问题。

本案例在案情、仲裁部分以及分析评论部分均用申请人和被申请人，在和解书中则用甲方（申请人）和乙方（被申请人）。

关键词 联合体（联营体） 管段沉放工程 和解

一、本案内容简介

（一）工程项目简介

本案涉及的工程项目是S市的一个隧道越江工程，该项目由一个中外联合体中标，联合体由四家公司组成，该项目中的管段沉放工程由HK建设分包。

2001年2月23日，申请人同被申请人之间签订了《S市外环线隧道建设项目管段沉放工程合同书》（以下简称"工程合同"），由申请人承建该隧道管段沉放工程。

工程合同约定，申请人工作范围为从A处穿越SC港到B处的基础灌砂与七节管段的拖运、沉放。之后，被申请人以三份"工程量增加指示函"的形式，分别将沉管临时垫块分项工程、沉管管内作业分项工程、沉管最终接头分项工程交由申请人。

在进行上述合同内项目施工过程中，根据被申请人的要求，申请人还进行了双方称之为"合同外新增项目工程"的施工。

2002年4月23日在外环线隧道建设过程中发生了E3管段进水事故（以下简称"进水事故"）。根据被申请人的委托和指示，从2002年4月23日至11月30日，申请人对该进水事故进行了处理。

申请人按约定以及被申请人的要求完成了工程合同中的有关工作，且经被申请人验收，满足工程合同要求。2003年6月21日由被申请人正式接收，并交付隧道越江工程业主方使用。

（二）争议内容简介

1. 申请人的仲裁请求

（1）被申请人向申请人支付建设工程款人民币29 935 919.76元及其利息人民币1 492 810.89元以及从2006年2月27日至被申请人实际支付之日的利息；

（2）被申请人承担仲裁费及其他在仲裁中产生的必要费用；

（3）被申请人向申请人支付因本仲裁产生的律师费用人民币194万元；

（4）被申请人向申请人偿付为办理本案支出的差旅费以及其他相关费用。

2. 被申请人的反请求

（1）裁决申请人向被申请人返还领用的周转材料、机具设备以及已全额计入合同内工程款的施工剩余材料；

（2）裁决申请人向被申请人提交基础灌砂原材料复试报告；

（3）裁决被申请人有权从申请人的合同内工程款中扣除申请人工程竣工资料保证金及被申请人相应损失人民币55万元；

（4）申请人支付本案反请求仲裁费、立案费及其他相关费用。

（三）立案及仲裁过程简介

2005年12月13日，在当事人双方就有关工程款结算和支付等问题协商未果的情形下，申请人根据双方《工程合同》中的仲裁条款，以HK建设为被申请人向中国国际经济贸易仲裁委员会（以下简称贸仲）提起仲裁申请，贸仲受理了本案。

2006年1月27日，申请人选定L先生为仲裁员，被申请人选定B先生为仲裁员，由于申请人和被申请人没有按照《仲裁规则》的规定共同选定或共同委托仲裁委员会主任指定首席仲裁员，仲裁委员会主任根据《仲裁规则》之规定指定H先生为首席仲裁员，共同组成仲裁庭审理本案。

2006年5月9日与10日，仲裁庭在上海对本案进行了第一次开庭审理，且仲裁庭经征得双方同意，对本案进行了调解，但当时双方未能达成一致意见。

2006年12月21日仲裁庭在上海对本案进行了第二次开庭审理。仲裁庭在庭审中决定就本案所涉工程造价事项进行造价咨询，并要求双方当事人推荐相关造价咨询机构。庭后，双方均就造价咨询事宜发表了相关书面意见。仲裁庭再次进行了调解，双方同意庭下交换意见，争取和解。

2007年5月10日，双方当事人达成书面和解协议并提交仲裁庭，请求仲裁庭根据该和解协议的内容做出仲裁裁决。仲裁庭依据申请人和被申请人达成的上述和解协议和仲裁规则第四十九条的规定做出了最终裁决。

二、申请人的仲裁请求

（一）合同内工程款

1. 申请人观点

2001年2月23日申请人与被申请人在香港签订工程合同，约定工程范围为从A处穿越SC港到B处的七节管段托运、沉放与基础灌砂等，合同总价为人民币33 643 805.00元。之后，被申请人又以三份"工程量增加指示函"的形式，分别将沉管临时垫块分项工程、沉管管内作业分项工程、沉管最终接头分项工程交由申请人建设,三个分项工程的价款合计为人民币21 676 563.50元。

上述工程合同及工程量增加指示函中工程的施工,双方将其称为"合同内工程",扣减由被申请人承担的水泥熟料款人民币1 270 000.00元和最终接头现浇项目款人民币607 312.50元,双方一致同意该合同内工程最终结算价款为人民币53 443 056.00元。

被申请人只向申请人支付了合同内工程款人民币37 116 677.50元,尚拖欠人民币16 326 378.50元。

2. 被申请人观点

被申请人认为,被申请人向申请人已经支付的款项中除一笔人民币183 360元款项外,其余均为合同内工程款。被申请人的理由如下:

(1)被申请人于2001年11月22日向申请人支付的人民币100万元本身未明确系合同外新增项目工程款。

申请人仲裁申请书所附的会议纪要讨论的内容实际上包括了E1、E2管段起浮、出坞、拖运、沉放的施工工艺和工期调整,其中虽有合同外新增项目,但绝大部分内容属于合同内工程。在此会议上,被申请人提出要求项目公司(即整个隧道越江工程的总承包商)在资金上给予支持,项目公司亦同意先支付人民币100万元,但均未特指该人民币100万元属于仅占会议讨论内容很小比例的合同外新增项目付款。鉴于项目公司向被申请人支付的该100万元被计入合同内工程付款,相应地,被申请人支付的上述100万元款项也应属于合同内工程款。

(2)申请人所谓的被申请人已付款中的人民币884万元事故处理工程款应视为或抵充合同内工程款。

隧道E3管段进水事故发生后,被申请人为了工程的安全和减少工期损失,在事故原因及责任未查清之前,先行垫付了部分费用。被申请人在紧急情况下垫付费用的行为不应被曲解为被申请人必然对抢险费用负有合同约定的或法定的支付义务。被申请人认为其被迫垫付的款项人民币884万元应抵充此前已确认的合同内工程款,而非合同外工程款。

(二)合同外新增项目工程款

1. 申请人观点

申请人认为,申请人根据被申请人的要求还进行了双方称之为"合同外新增项目工程"的建设,因此,被申请人应当向其支付此部分新增项目工程款,其中新增工程包括:临时钢管桩基础,E7、E6、E4、E3、E2、E1管段试浮作业,A、B坞口二次舾装区设置,

E1、E2、E3、E4、E5管段浮筒助浮，E2管段返工作业，零星项目，灌砂数量增加，碎石锁定回填减少。其依据是：

（1）2001年2月23日双方签订的工程合同约定的工程范围是从A处到B处的基础灌砂与七节管段托运、沉放，之后，被申请人以三份"工程量增加指示函"的形式，分别将沉管临时垫块分项工程、沉管管内作业分项工程、沉管最终接头分项工程交由申请人施工。

（2）以上所谓"合同外新增项目工程"是申请人在进行上述合同内工程施工过程中，根据被申请人的要求而进行的，双方一致同意"合同外新增项目工程"结算价款为人民币6 398 352.00元。

（3）同时，双方已经确认在上述沉管管内作业施工建设中增加的工作量及产生的增加工程款人民币1 092 072.00元不在上述双方已经确认的合同外新增项目工程范围及其结算价款之内，但是，这笔工程款无疑也应该在被申请人应当支付的合同外新增项目工程款之内。

综上所述，本申请人应付申请人合同外新增项目工程款人民币7 490 424.00元，已付人民币1 183 360.00元，尚欠人民币6 307 064.00元。

2. 被申请人观点

被申请人认为，申请人仲裁申请书所附的会议纪要的内容实际上包括了E1、E2管段起浮、出坞、拖运、沉放的施工工艺和工期调整，其中虽有一些内容属于工程合同外新增项目，但绝大部分内容属于工程合同范围内的工作。

（三）E3管段进水处理施工款

1. 申请人的观点

E3管段进水事故施工费用应由被申请人承担，其依据是：由于非申请人的原因，2002年4月23日在外环线隧道建设中发生了E3管段进水事故。根据被申请人的指示，从2002年4月23日至11月30日，申请人对该进水事故进行了处理，合计产生工程费用人民币16 142 477.26元。

被申请人虽然以种种理由拒绝对上述E3管段进水处理施工款进行确认，但在其已支付的工程款中，仅有人民币8 840 000.00元属于该部分款项，所以被申请人尚欠申请人E3管段进水处理施工款人民币7 302 477.26元。

2. 被申请人的观点

E3管段进水事故施工费用应由申请人承担，其依据是：

（1）依照工程合同约定，被申请人对申请人发生的因工程事故引起的抢险费用或因此增加的完成工程的成本无补偿义务，且工程抢险费用应由申请人垫付；

（2）被申请人认为，就本案工程事故而言，依据S市建设和管理委员会科学技术委员会2004年4月3日组织的包括三名中国工程院院士在内的10名工程技术专家出具的技术分析意见的结论，本案工程设计和施工方案基本合理可行，是多项未能预计的施工区域水环境因素变化综合导致了工程事故的发生，因此本案工程事故是一起未能预料的事故，同时有关各方对于该事故的发生均无法克服或避免，因此该事故属于不可抗力；

（3）根据工程合同第5.2.5款的约定，申请人应对施工和施工方法的适应性、可靠性和安全性负责；

（4）根据工程合同第14.2款的约定，只有在因被申请人原因造成申请人损失或增加本工程的成本时，才由被申请人向申请人补偿，而在上述专家结论未认定被申请人是事故责任人的情况下，申请人作为工程实际承揽人只能自担风险或者通过保险索赔分担风险；再根据工程合同第6.5款的约定，在保险人赔付之前，所有本工程抢险费用应由申请人垫付。

三、被申请人的反请求

1. 被申请人观点

被申请人与申请人于2001年2月签订本案工程合同，申请人在合同履行过程中向被申请人领取了钢丝绳等材料及机具设备，施工结束后未予归还，故申请人应归还领用被申请人的上述材料及机具设备，此外，申请人尚应将已全额计入合同内工程款的施工剩余材料返还给被申请人。

工程合同第10.2条约定，"本工程完工后，乙方（即申请人）须在5个月内提供完整竣工资料五份"。然而，申请人至今未能提供完整的竣工资料，特别是缺少基础灌砂原材料复试报告。虽经被申请人数次催要仍未果，导致被申请人不能按约向总包方提交完整竣工资料，进而造成被申请人被总包人扣除竣工档案保证金的损失。根据申请人在其仲裁申请中提供的作为工程合同附件的"竣工档案有关规定"的规定，由于申请人未提交完整竣工资料导致的被申请人的相应损失为人民币55万元，申请人应予承担，被申请人有权从申请人的合同内工程款中作相应扣除。同时，申请人承担了上述损失赔偿责任后，仍应向被申请人提交构成竣工资料重要组成部分的基础灌砂原材料复试报告。

综上，由于申请人未按合同约定，全面履行自己的义务，造成被申请人重大经济损失。被申请人为维护自身合法权益，特向贸仲上海分会提起反请求，请依现行《仲裁规则》作出裁决。

被申请人的仲裁反请求如下：

（1）裁决申请人向被申请人返还领用的周转材料、机具设备，以及已全额计入合同内工程款的施工剩余材料；

（2）裁决申请人向被申请人提交基础灌砂原材料复试报告；

（3）裁决被申请人有权从申请人的合同内工程款中扣除申请人工程竣工资料保证金及被申请人相应损失人民币55万元；

（4）由申请人支付本案反请求仲裁费、立案费及其他有关费用。

2. 申请人的观点

申请人对被申请人的反请求答辩意见如下：

（1）被申请人要求返还的材料和机具在工程建设过程中已被正常消耗或磨损完毕，不存在返还或是已无返还的必要。

如果被申请人一定要收回已被废弃的某些机具，申请人愿意归还或是折价补偿。

（2）申请人没有义务向被申请人交付已全额计入合同内工程款的施工剩余材料，而对申请人愿意交付给被申请人的施工剩余材料，已实际完成交付。

（3）申请人已按照规定频率进行了基础灌砂原材料的检验（复试），并已提交全部复试报告，不存在少提交复试报告的问题。

（4）申请人已向被申请人提供了完整的竣工资料，被申请人无权从申请人应得工程款中扣留所谓的"竣工档案保证金"；被申请人并未举证证明其被合同相对方扣留所谓"竣工档案保证金"，即使存在该损失，其也未证明该损失是由申请人造成的，其所谓损失当然不应由申请人承担。

综上所述，申请人认为，被申请人的反请求没有事实和法律依据，恳请仲裁庭驳回其全部反请求。

四、双方和解协议及仲裁庭裁决

（一）和解协议

申请人：GZ打捞局（以下简称"甲方"）

被申请人：HK建设（以下简称"乙方"）

（甲方、乙方合称为"双方"）

（关于本工程合同的内容，实施过程，申请仲裁过程略去）

现双方愿意友好协商，并在此基础上达成如下条款和条件解决各自间因题述一事产生的全部争议：

1. 从甲方应得的工程款中扣除上述乙方已经为甲方代缴的人民币2 800 000.00元工程款对应的税款人民币93 240.00元后，乙方同意还需支付，甲方同意接受人民币24 400 000.00元（大写：人民币贰仟肆佰肆拾万元整）（以下简称"和解款"），作为甲乙双方之间因S市外环隧道管段沉放工程产生的纠纷的全部的最终的解决，包括上述第一、第二、第三段提及的所有工程和施工。

本"和解款"包括以下事项：

（1）本案中合同内及合同外新增加工程欠款共计人民币10 900 202.50元；

（2）本案中全部E3管段事故处理费用人民币10 000 000.00元；

（3）上述两项欠款的利息及费用人民币3 499 797.50元。

2. 甲方已缴纳的仲裁费人民币460 687.00元，以及乙方已缴纳的反请求仲裁费人民币59 250元，由甲乙双方各负担一半；乙方尚应向甲方一次性支付仲裁费人民币200 718.50元。

3. 双方各自承担并支付因本案产生的律师费用和其他相关费用。

4. 甲方同意放弃本案其他仲裁请求，乙方同意放弃本案全部反请求。

5. 双方同意并要求仲裁庭根据本和解协议的内容作出最终仲裁裁决；该裁决是终局的，对双方当事人均有约束力，任何一方不得再就本案纠纷向任何法院起诉，也不得向其他任何机构提出变更仲裁裁决的请求。

6. 综合上述事宜，双方对和解款的支付、税金及发票约定如下：

（1）和解协议生效之日起5个工作日内，乙方将工程款2 800 000.00元的代扣代收税款凭证交给甲方；甲方在收到代缴税款凭证后10个工作日内开具2 800 000.00元S市税务发票交给乙方。

（2）和解协议生效之日起15个工作日内，乙方将扣除应缴税后的50%和解款计人民币11 793 740.00元汇入甲方指定的银行账号。

（3）乙方在仲裁庭根据本和解协议内容作出裁决书之日起15日内，支付扣除应缴税后的剩余50%和解款计人民币11 793 740.00元及乙方应承担的仲裁费计人民币200 718.50元汇入甲方指定的银行账号。

（4）甲方在收到扣除应缴税额的全部和解款及仲裁费和乙方的代扣代缴税款凭证后

的10个工作日内,将以下凭证交给乙方:

a)金额为24 400 000.00元的S市税务发票;

b)乙方承担的仲裁费200 718.5元的收款收据;

c)甲方缴纳460 687.00元仲裁费的发票或收据复印件。

(5)上述乙方代扣税款的税率固定为3.33%,税率若有变化,乙方应承担税率变化引起的风险和费用。

(6)乙方应将上述和解款项及仲裁费汇入甲方指定的银行账户。

7. 如乙方未按照上述期间履行上述付款义务,乙方应当加倍支付迟延履行期间的上述款项的利息,利率按照中国人民银行发布的同期贷款利率标准。

8. 甲方因乙方不履行裁决书而被迫通过法律程序强制执行裁决的,因此产生的一切费用,包括申请及执行费用、律师费用、有关差旅费及其他必要费用,都由乙方承担。

9. 本和解协议用中文书写,正本一式陆份,甲乙双方各执两份,两份留存贸仲上海分会。

10. 本协议经双方盖章或双方正式授权代表分别签字后生效。

签署　　　　　　　　　　　　　　签署

授权代表：　　　　　　　　　　　授权代表：

(申请人公司盖章)　　　　　　　(被申请人公司盖章)

(申请人授权代表签字)　　　　　(申请人授权代表签字)

GZ打捞局　　　　　　　　　　　HK建设

日期：2007年5月10日　　　　　日期：2007年5月10日

(二)仲裁庭裁决书

从申请人应得的工程款中扣除被申请人已经为申请人代缴的人民币2 800 000.00元工程款对应的税款人民币93 240.00元后,被申请人向申请人支付人民币24 400 000.00元(下称"和解款"),作为双方之间因S市外环隧道管段沉放工程产生的纠纷的全部的最终的解决。

上述"和解款"包括以下事项:

(1)本案中合同内及合同外新增加工程欠款共计人民币10 900 202.50元;

(2)本案中全部E3管段事故处理费用人民币10 000 000.00元;

(3)上述两项欠款的利息及费用人民币3 499 797.50元。

1. 申请人已缴纳的仲裁费用人民币460 687.00元,以及被申请人已缴纳的反请求仲裁费用人民币59 250元,由双方各负担一半;被申请人尚应向申请人一次性支付仲裁费用人民币200 718.50元。

2. 双方各自承担并支付因本案产生的律师费用和其他相关费用。

3. 申请人同意放弃本案其他仲裁请求，被申请人同意放弃本案全部反请求。

4. 综合上述事宜，双方对和解款的支付、税金及发票应按如下方式进行（同和解协议书）。

本裁决为终局裁决，自裁决书作出之日起生效。

五、分析评论

（一）争议双方和解是上策

1. 本工程项目是一个隧道越江工程中的管段沉放工程，工作范围包括基础灌砂、七节特大巨型预制混凝土管段（每一节管段长108米、宽43米、高9.5米，自重约达4.5万吨）的拖运和沉放。包括沉管临时垫块分项工程、管内作业分项工程以及沉管最终接头分项工程。此外还进行了"合同外新增项目工程"。在2002年外环线隧道建设过程中发生了E3管段进水事故时，申请人还对该进水事故进行了处理。

由于本工程项目涉及的施工技术十分复杂、施工难度很高，加之需要进行大量的水下施工作业，因此在施工过程中产生了多次工程量的变更，对于这些工程变更是属于合同内的工程还是合同外的新增项目工程，双方观点相去甚远。对于此类大量而复杂的工程纠纷，在仲裁庭的调解下，当事人双方能够通过和解达成协议是为上策。

2. 仲裁裁决可能面临着一些不确定因素

（1）因为本案涉及的技术问题相当复杂，双方对于支付款项的归属认识不一，仲裁庭原打算委托一家造价公司比较仔细地把完成的各个子项目的造价进行核算，同时对款项进行分类，以便供仲裁庭裁决时参考。

但由于该工程项目施工的内容十分复杂（不像一般的房建项目施工内容比较规范），很多子项目都没有定额，因而在造价公司核算造价过程中很可能会出现一些非人为的偏差。

（2）仲裁庭的几位仲裁员也不是该项工程方面的专家，虽然在裁决时会努力按照公正公平的原则对待双方，但由于对工程中一些涉及技术问题的难点的理解受知识面的限制，就很可能在裁决时出现非主观意向的偏差。

而双方让步和解，就避免了在裁决时各种可能的不确定性，同时双方对于应收和应支付的子项目和款额也都是最清楚的。达成的和解款额和支付方式满足了双方的要求，应该是争议解决的最佳选择。

（二）合同中有关的规定和用语都应该有明确的界定和说明

一般合同中的"定义"都包含在合同条件中，大多是商务用语，但在技术条款中，同样应重视相关规定和用语的准确定义。

以本案中一个比较细节的问题为例，即前文中提到的"对基础灌砂原材料复试报告"中相关规范的一项规定：按照每批或600吨的频率对灌砂原材料做一次复试报告。这里"每批或600吨"就是一个含混不清的概念，如果每批小于600吨做一次复试是可以的，但每批大于600吨（例如2 000吨）做几次复试呢？按"每批"做一个就够了，但按"600吨"做一次，则一船2 000吨砂子，就应该做4次。这个含混不清的概念就容易引起甲乙双方在灌砂原材料复试次数时的争议。

所以在合同中，无论技术用语还是商务用语，都需要有明确的界定和说明。

（三）漏水事故是属于未能预料的事故

该事故经S市建设和管理委员会科学技术委员会组织全国有关专家，对险情发生的原因进行了深入分析和全面论证。结论为："鉴于该工程是国内沉管施工前所未有的复杂工程，设计、施工单位缺乏实践经验，在实践中会遇到未能预料的技术难题，因此，根据提供的技术资料认为，该事故是一起未能预料的事故"。

在被申请人的答辩书中曾提到"该事故属于不可抗力"。而在合同条件中"未能预料的事故"与"不可抗力"则是两个概念。

让我们看一下FIDIC《施工合同条件》（1999年第一版）中的定义和相关条款。

[1.1.6.8]不可预见（Unforeseeable）

"不可预见"指一个有经验的承包商在提交投标书的日期之前不能合理预见。

[4.12]不可预见的物质条件（Unforeseeable Physical Conditions）

"物质条件"指承包商在现场遇到的自然界条件。承包商在发现不可预见的物质条件（不包括气象条件）时，应及时通知工程师，并说明其不可预见性，同时应采取适当措施继续施工，并遵守工程师的指令，如指令构成变更，按变更处理。如不可预见的外界条件导致承包商受到损失，他可以索赔工期和费用。……

[19.1]不可抗力的定义（Definition of Force Majeure）

凡满足下列全部条件的事件或情况构成不可抗力：

（a）一方无法控制的；

（b）在签订合同前，该方无法合理防范的；

（c）事件发生后，该方不能合理避免或克服的；

（d）该事件本质上不是由合同另一方引起的。

在满足上述全部条件下，下列任一事件均为不可抗力（但不限于此）：

（i）战争、敌对行为、入侵、外敌活动；

（ii）叛乱、恐怖活动、革命、暴动、军事政变或篡夺政权，或内战；

（iii）承包商的人员和承包商及分包商的其他雇员之外的人员的暴乱、骚乱、混乱、罢工或封锁工程；

（iv）战争军火、爆炸物资、电离辐射或放射性污染，但承包商使用此类材料除外；

（v）地震、飓风、台风、火山爆发等自然灾害。

[19.4] 不可抗力的后果（Consequences of Force Majeure）

若承包商受到不可抗力影响，且按规定向业主方发出通知，则：

（a）承包商可索赔工期；

（b）对19.1款[不可抗力的定义]中第（i）、（ii）、（iii）、（iv）类不可抗力，且（ii）、（iii）、（iv）类情况发生在工程所在国时，承包商可索赔费用。

由FIDIC的上述条款，可以清晰地看出不可预见和不可抗力是两类程度不同的风险，这两种情况同时也是业主方在招标时不可预见的，应当由双方分担风险，但承包商是受业主方的邀请来实施该项工程，因而应该得到合理补偿。如遇到不可预见的自然界条件，承包商受到损失时可以索赔工期和费用，但不补偿利润，也就是说承包商承担损失利润的风险；如遇到不可抗力，承包商一般受到的损失较大，所以不但可以索赔工期和费用，在某些情况下，还可以索赔利润。

本案专家结论十分明确，该事故属于未能预料（即不可预见）的事故。由于该沉管隧道是目前国内和亚洲最大的沉管隧道工程，管段挖槽底面深达-28.9米，河道受涨潮落潮影响很大，水体泥沙含量高，河底淤积区的淤泥比重大于1，属于饱和悬淤粒的泥浆，对管段形成上浮力，地质条件和水文条件复杂，加之河道每天有数十条大型船舶通过，对沉管施工产生很大的干扰和影响，给沉管工程施工带来相当大的难度和风险。

同时我们还应该考虑到，在漏水事故发生后，申请人花费了七多月的时间进行该进水事故的补救和修理，最后使该江底隧道竣工通车。因而，被申请人对申请人花费的大量人工、材料和机具应该给予合理的补偿。这个案子的和解方案实际上也是考虑了这些因素的。

参考文献

FIDIC. 施工合同条件（1999年第1版）.北京：机械工业出版社，2002

联合体内部分包人诉主办方涉及的仲裁主体资格案例

摘要

本案涉及的项目是一个S市隧道越江工程，该项目由一个中外联合体中标，联合体由四家公司组成，其中SH城建（集团）是联合体主办方，其他三家公司各分包一部分工程的施工。

本案是联合体内分包施工的一方HK建设工程有限公司（申请人）和SH城建（集团）（被申请人）在履行《S市外环隧道越江工程分包合同》过程中产生的争议。本案争议的焦点是被申请人主体资格的问题，即分包合同中与申请人签订合同的是"SH城建（集团）公司"还是"SH城建（集团）公司（联合体）"。

本案例首先介绍了工程项目简况和双方争议的关键问题、双方申诉和答辩的观点和依据，以及仲裁庭对被申请人主体资格问题的裁决意见。

本文最后从工程管理的角度对涉案有关的问题，如联合体是否合法，如何按照实事求是的原则进行仲裁，合同文件及合同管理工作中术语的规范化等问题进行了分析和讨论，对完善本案联合体文件提出了建议。

为了阅读和理解的方便，本案在案情及仲裁部分均用申请人和被申请人，在分析评论部分则用分包人和总承包人。

关键词　联合体（联营体）　联合体主办单位　仲裁主体资格　分包人　总承包人

一、本案内容简介

（一）工程项目简介

本工程名称为S市外环隧道越江工程（以下简称"隧道越江工程"），工程业主方为SH外环隧道建设发展有限公司，工程总承包人为S市隧道越江工程项目公司（以下简称"联合体"）。

为了投标该隧道越江工程，由SH城建（集团）公司，HK建设工程有限公司（以下简称"HK建设"），SH隧道工程股份有限公司（以下简称"SH隧道"），SH航道局（以下简称"SH航道"）四家公司（以下称四家单位）与另外三家公司组成联合体，1999年2月，联合体的四家单位与另外三家公司共同签订《联合体协议书》（下称"《标前联合体协议》"），组成"S市隧道越江工程项目公司"，共同参与S市隧道越江工程设计、施工总承包的投标。

项目中标后，联合体的四家单位于2000年6月共同签订了《联合体协议》（下称"《标后联合体协议》"），另外三家公司不再参加联合体及该项工程的实施。

标后联合体协议书第2.2款中规定："在S市进行工商注册，组建中外合作机构，负责项目实施和管理"。

标后联合体协议书第2.3款"联合体各方分工"中规定："SH城建（集团）作为联合体主办单位，代表各方执行与项目有关的事务，并负责合同的总体协调与管理。"

2000年12月，总承包人与项目工程的业主签订了《外环线隧道越江工程总承包合同》（下称"《总承包合同》"），合同落款加盖的是SH城建（集团）公司的公章。

中标后，因为某些原因，联合体并未按照协议书中的规定去注册为法人实体。

在工程实施中，实际上是将工程分别分包给联合体的另三个成员，即HK建设，SH隧道，SH航道这三家单位去实施。

2001年4月9日，SH城建以"SH城建（集团）公司（联合体）"的名义分别与联合体的其他三家单位签订了分包合同，其中HK建设与联合体签订了《外环隧道越江工程江中段管段沉放合同》（下称"《分包合同》"或"系争合同"），负责江中段管段沉放工程的施工，合同落款分别加盖的是"SH城建（集团）公司"的公章（因联合体未在工商局注册，无公章）与HK建设的公章。

联合体中四方经过两年多时间的施工，完成了这个巨型工程，并于2003年6月23日投入运营。

项目竣工投产至本案立案已有3年多时间,但联合体与业主方的结算并未最后完结,同时与保险公司的理赔也一直没有完成。在联合体内部,账目也没有最后结清,三个分包单位上报的工程结算款的合计总额大大地超过联合体已从业主方得到的款额(112 888万元)。

由于工程结算问题未得到解决,HK建设根据《分包合同》中的仲裁条款以"SH城建(集团)公司"为被申请人提起仲裁申请。

(二)争议内容简介

1. 申请人的仲裁请求

(1)裁决被申请人向申请人支付合同内工程款余额人民币3 596.88万元及支付合同内工程欠款逾期利息及工程进度款利息合计人民币6 279 586元(其中保留金逾期利息人民币378 550元)(上述利息暂算至2006年2月28日,并追索至被申请人实际支付日);

(2)裁决被申请人向申请人支付合同外增加工程量及合同外新增项目造价合计人民币2 358.8369万元及付款逾期利息人民币3 337 743元(上述利息从2003年9月27日起暂算至2006年2月28日,并追索至被申请人实际付款日);

(3)裁决被申请人向申请人支付工程抢险补偿费人民币2 538.0036万元及付款逾期利息人民币4 324 779元(上述利息从2003年3月30日起暂算至2006年2月28日,并追索至被申请人实际支付日);

(4)本案仲裁过程中发生的仲裁费、鉴定费等所有必要费用由被申请人承担;

(5)被申请人承担因本仲裁案产生的申请人律师代理费用人民币140万。

2. 被申请人反请求

被申请人请求仲裁庭驳回申请人的全部仲裁请求。

二、本案双方争议的关键问题和仲裁庭裁决意见

关于被申请人主体资格的争议是本案的关键问题,将影响到整个案件的裁决。因而仲裁庭首先需要作出判断的是,被申请人在系争合同上的盖章,是代表其自身,还是代表联合体,亦即被申请人的主体资格问题。

(一)申请人观点

本案是施工合同纠纷,不是联合体协议纠纷,被申请人仲裁主体资格没有问题,其

理由如下：

1. 合同打印文稿上的文字是"S市城建（集团）公司（联合体）"，但实际盖的是SH城建（集团）公司的章，合同的签订主体应以印章为准。

2.《标后联合体协议书》第3.2款约定"与业主进行的有关总承包合同的谈判、修改、补充、签约由主办单位统筹，每一方有权派代表参加上述活动……在其他方书面同意的前提下，主办单位或联合体授权的某一方可以与业主达成对联合体或其他方有约束力的协议"。该条款仅是就与业主方签订合同时给予主办单位或联合体某一方授权，并不涉及其他方面。此后，联合体各方亦并未就其他方面的授权达成一致意见，因此，SH城建（集团）公司在签订系争合同时所代表的只是其自身。特别是，本案是施工合同纠纷，不是联合体协议纠纷。联合体协议中各方权利义务的约定并不属于本案仲裁申请的内容和依据，被申请人SH城建（集团）公司与申请人HK建设签订的《外环隧道工程分包合同》才是本案仲裁的基础性合同，申请人提起本案仲裁申请所依据的仲裁协议也是基于该基础性合同的约定。

3. "SH隧道越江工程建设公司"和"SH外环隧道联合体项目公司"均是当事人双方对联合体拟成立的项目公司的称呼，即《标后联合体协议书》第二条第一款第五项中所指的"SH隧道越江工程项目公司"。然而，因该公司未在工商行政管理部门登记注册，最终未能予以设立，但被申请人一直以上述名义实施组织各种工程会议、签发工程指令、发放工程施工款等行为，使申请人认为上述"SH隧道越江工程建设公司"和"SH外环隧道联合体项目公司"是实际上成立并代表被申请人履行分包合同的，而申请人则一直因此而履行分包合同的义务。

4. SH城建（集团）公司混淆概念，将针对业主的《标前联合体协议》适用于本案系争合同中，根据《标后联合体协议》第3条第2款（内容见上文中二、（一）2.）的约定，已对授权范围作了限制。与业主有关的事务由SH城建（集团）公司代表联合体，但这不能想当然地理解为只要SH城建（集团）公司是联合体的主办单位，故其签订的合同均由联合体承担，必须有相应的授权。现本案的证据中均未能显示SH城建（集团）公司与申请人签订的系争合同获得了相应的授权。且直至今日，申请人包括联合体的其他几方成员均未对授权进行过追认。

5.《标后联合体协议》只履行了部分，有关联合体的注册、资金投入、董事会的协调等事宜均未实际履行。

（二）被申请人观点

系争的相关债务实质上是申请人HK建设、被申请人SH城建（集团）公司、SH隧道、

SH航道四方组成的联合体的债务，其理由如下：

1. "联合体"是S市外环隧道越江工程的总承包人，无论HK建设，还是SH城建（集团）公司或联合体其他成员均不是总承包人；

2. "联合体"是本案系争工程合同的发包人，无论HK建设，还是SH城建（集团）公司或联合体其他成员均不是发包人；

3. 系争工程合同由SH城建（集团）公司代表联合体而签订；

4. "SH城建（集团）公司（联合体）"、"SH隧道越江工程建设公司"、"SH外环隧道联合体项目公司"等名称是"联合体"在招投标、总承包合同及系争合同履行过程中的别称。

5. 申请人提起本案仲裁时，在仲裁申请书等材料中声称系争合同的相对方是SH城建（集团）公司，但是许多材料表明，关于系争合同的相对方不是SH城建（集团）公司而是联合体这一点，申请人一直是明知的。

6. 依民法通论，本案联合体系非法人组织的合伙联合体，与传统民法理论不同，现代民法理论强调合伙的主体性特征，根据《中华人民共和国合伙企业法》第三十九条规定，合伙债务首先由合伙企业的全部财产承担，不足部分才由合伙人承担连带无限责任。最高人民法院《关于审理联营合同纠纷案件若干问题的解答》中规定，联营体是合伙经营组织的，可先以联营体的财产清偿联营债务。联营体的财产不足以抵债的，由联营各方按照联营合同约定的债务承担比例，以各自所有或经营管理的财产承担民事责任。就本案而言，联合体财产属全体联合体成员共有，因此，为满足前述法律和法理规定，申请人若欲通过仲裁程序主张对联合体的债务，应将联合体成员作为被申请人。

7. 本案审理过程及裁决结果与其他联合体成员存在利害关系，本案裁决同时亦是对未参与本案并行使相应权利的其他联合体成员债务责任的裁决。因此，仅将SH城建（集团）单独作为被申请人，不符合法律规定的公平原则。

8. 《标前联合体协议》中约定"SH城建（集团）公司作为本联合体的主办单位，将全面负责本总承包工程的投标工作以及有幸中标后的工程实施，并代表联合体各方执行与本总承包工程有关的一切事务"，本案系争的分包工程合同本身就与总包合同有关，不可分裂开来，联合体的授权自然也与分包合同有关。

9. 对于申请人所称因为系争合同中加盖的是SH城建（集团）公司的公章就应由SH城建（集团）公司来承受合同的义务。但对于有授权的合同一方，则不可如此单纯的理解。

（三）仲裁庭的意见

据双方提交的证据材料，并经开庭审理，仲裁庭查明以下事实：

1999年2月8日，SH城建（集团）公司、XGZ（HK）有限公司（仲裁庭注：HK建设的原名）、SH隧道、SH隧道工程轨道交通设计研究院、AC工程顾问有限公司、SH航道、SH航道勘察设计研究院签订《标前联合体协议书》，组成联合体，并约定由SH城建（集团）公司为联合体主办单位。随后，联合体对SH隧道越江工程进行投标并中标。

2000年6月，申请人、被申请人、SH隧道、SH航道四家签订了《标后联合体协议书》，其中与分析本案分包合同主体问题所相关的约定如下：

第一条　定义

1.1 "总承包合同"指业主与联合体签订的项目总承包合同；

1.2 "联合体"指由本协议四方主体组成的，为参与S市外环线越江工程设计、施工总承包投标及中标后工作而组成的合作体；

1.4 "主办单位"指根据本协议由联合体指定的牵头单位；

1.5 "权益比例"指根据本协议规定的联合体各方在项目总承包过程中承担的权益和风险的比例；

第二条　联合体的组成

2.1.5 联合体名称与办公地点：

上海市TH路越江隧道工程项目公司

2.2 联合体工商注册：

联合体委托主办单位，按照中国法律在S市工商注册，组建中外合作机构，负责项目实施的管理。流动资金人民币2 000万元，按权益比例由各方投入。

2.3 联合体各方分工：

SH城建（集团）为联合体主办单位，代表各方执行与项目有关的事务，并负责合同的总体协调与管理。

第三条　总承包合同的签订

3.2（内容见上文中二、（一）2）

2001年4月9日，申请人作为施工单位与作为总承包人的主办单位"SH城建（集团）公司（联合体）"签订了本案系争《外环隧道工程分包合同》。在"SH城建（集团）公司（联合体）"的签字盖章处加盖了本案被申请人的公章。

《外环隧道工程分包合同》分包合同约定的涉争内容包括：

第一条　定义

1.4 总承包人：指S市城建（集团）公司（联合体），承接本工程的设计、施工总承包单位；

1.5 施工单位：指HK建设（控股）有限公司，承接本包干工程的承包商；

仲裁庭认为，就申请人的仲裁请求而言，如果其要求SH城建（集团）公司承担仲裁请求项下的支付责任，则相对的前提条件之一即为SH城建（集团）公司是系争分包工程的发包人。

首先可以确认的事实是，系争分包合同项下的工程并非一个单独的工程项目，鉴于该分包工程系涉及分包而产生，故仲裁庭根据现有材料认定系争分包工程属总承包合同项下的分包工程。

基于这一判断，仲裁庭需要进一步查明的是SH城建（集团）公司是否是总承包合同所载明的合同一方当事人，即总承包人，因为唯有总承包人才有可能是总承包合同项下分包工程的发包人。对于这一问题，仲裁庭不得不首先注意自身的管辖范围，以及双方当事人在本案中的举证及共同确认的事实。

在本案审理过程中，仲裁庭已注意到总承包合同签订的有关事实，以及与之相关的两份联合体协议，双方当事人均确认了该等文件的真实性，并以联合体协议为基础进而提出了各自的主张。尤为重要的是，申请人并不否认与系争分包工程直接相关的总承包工程的总承包人并非被申请人SH城建（集团）公司单独一家。因此，就本案仲裁庭的审理范围而言，总承包合同的总承包人按双方当事人所确认的法律事实，并不仅仅是SH城建（集团）公司一方，而是由申请人、SH城建（集团）公司及其他案外当事人共同组成的"联合体"。

仲裁庭进一步注意到，无论是《标前联合体协议》还是《标后联合体协议》，申请人均作为联合体成员一方签署，这就意味着申请人在系争分包合同签署之时即已知晓其自身也是总承包工程的总承包人之一。仲裁庭还注意到，双方均确认《标后联合体协议》中所载明的项目公司并未依约设立，但这并不影响总承包人并非被申请人单独一家这一客观事实的成立。因此，按常理分析，申请人在理应知晓整个工程的总承包人究竟为何人，也知晓其并未按《标后联合体协议》载明的权益比例投入流动资金的情况下，仍与SH城建（集团）公司签订分包合同，唯一合理的解释就是申请人认可SH城建（集团）公司当时以总承包人代表的名义与之签约。

此外，仲裁庭还注意到，依据申请人提供的大量证据材料，在本案分包合同的履行过程中，申请人更是因履行义务、主张权益等原因，多次致函给"联合体项目公司"、"SH

隧道越江建设公司"、"SH隧道越江工程建设公司"、"SH城建集团外环隧道项目公司",该等名称均与《标后联合体协议》第2.1.5条中约定的联合体名称相符或相似,而致函单位中从未见到"SH城建(集团)公司"的名称,这一客观存在的事实也完全可以说明,在长达数年的履约过程中,申请人认可的分包合同的发包人是联合体而非SH城建(集团)公司,显然与申请人在申请本仲裁案时主张的分包合同的相对方为SH城建(集团)公司的说法不符。综合本案实际情况及双方当事人所确认的事实,仲裁庭认为,申请人无法证明SH城建(集团)公司作为本案被申请人的仲裁主体是适格的。

三、申请人的仲裁请求及仲裁庭裁决意见

(一)申请人仲裁请求(具体内容见前文一、(二)1)

(二)仲裁庭裁决意见

根据仲裁庭前述分析意见,被申请人SH城建(集团)公司不具有仲裁主体资格,因此,申请人以SH城建(集团)公司作为系争分包工程合同的唯一发包人而提出的仲裁请求应予以全部驳回。同时,本案仲裁费用全部由申请人承担。

四、分析评论

(一)该联合体是一个合法的主体

1. 该联合体是符合《民法通则》的合法的主体。《民法通则》中第四节"联营"规定:

第五十一条　企业之间或者企业、事业单位之间联营,组成新的经济实体,独立承担民事责任、具备法人条件的,经主管机关核准登记,取得法人资格。

第五十二条　企业之间或者企业、事业单位之间联营,共同经营、不具备法人条件的,由联营各方按照出资比例或者协议的约定,以各自所有的或者经营管理的财产承担民事责任。依照法律的规定或者协议的约定负连带责任的,承担连带责任。

第五十三条　企业之间或者企业、事业单位之间联营,按照合同的约定各自独立经营的,它的权利和义务由合同约定,各自承担民事责任。

本案中"SH隧道越江工程联合体"属于《民法通则》第五十二条类型的联合体，虽然没有按联合体协议书的要求去登记成为法人单位（如登记成为法人单位则符合第五十一条），但也是符合《民法通则》的合法的主体。

2. 该工程已通过资格预审的隧道越江属于巨型工程项目，联合体投标前，其投标资格是经过代理招标单位（S市市政工程招投标咨询公司）资格预审的，也就是说该联合体的合法身份是经过市政府认可的。

（二）实事求是的原则很重要

笔者认为，在审理各类仲裁案的过程中，按照实事求是的原则，从实际情况出发来分析认识问题十分重要。以本案争议的关键问题——被申请人主体资格问题为例。

1. 相关合同和协议书中的名称

（1）《S市外环隧道工程设计施工总承包合同》中

第一条　定义

1.3 承包商：指SH城建（集团）公司（联合体），承接本工程的设计施工总承包单位；

（2）《标后联合体协议书》中

第一条　定义

1.4 "主办单位"指根据本协议由联合体指定的牵头单位；

第二条　联合体的组成

2.3 联合体各方分工：城建集团为联合体主办单位，代表各方执行与项目有关的事务，并负责合同的总体协调与管理。

（3）《外环隧道越江工程分包合同》中

1）第一条　定义

1.1 本项目：指业主及总承包人根据总承包合同对S市外环隧道工程项目建设投资及建设的全过程；

1.2 本工程：指施工单位根据本合同完成S市外环隧道工程项目江中管段沉放工程；

1.4 总承包人：指SH城建（集团）公司（联合体），承接本工程的设计、施工总承包单位；

2）分包合同的封面上，总承包人为：SH城建（集团）公司（联合体），施工单位为：HK建设（控股）有限公司；

3）分包合同最后一页的签署处，合同双方为SH城建（集团）公司（联合体）；HK建设（控股）有限公司。

但在SH城建（集团）公司（联合体）的签署处采用的印章为SH城建（集团）公司。

以上三份合同及协议书的文字中均明白无误地说明SH城建（集团）公司（联合体）就是总承包人的代名词，也就是说HK建设（控股）有限公司在签署这些合同及协议书的过程中，均认可SH城建（集团）公司（联合体）这个称谓是代表联合体的总承包商。

2. 项目实施过程中的信函是重要的证据。HK建设（申请人）在两年多的施工过程中，都是承认SH城建（集团）公司（联合体）是代表总承包人（即代表联合体的），这从HK建设提供的证据材料中查出的近百封信函也可以得到充分的证明。

（1）整个项目实施过程中的大量来往信函，反映了合同的实施过程。

HK建设致联合体的绝大多数信函都是发送给联合体的，信函和公文大量用到的名称是：联合体项目公司、SH隧道越江工程建设公司、SH隧道越江建设公司、SH外环隧道联合体项目公司、SH城建集团外环隧道项目公司等。

（2）在HK建设致联合体的大量信函和公文中，没有任何一封是致"SH城建（集团）公司"的信函和公文。

综上所述，我们再推敲一下申请人的一个重要"依据"，即在分包合同最后的签署处，文字是SH城建（集团）公司（联合体），公章是SH城建（集团）公司，申请人认为"印章文字效力显然大于打印文字"，如果只看这一句话似乎有一定道理，但综合前述三年多项目从投标、签约到实施的全过程，用实事求是的原则来衡量，就可以认为申请人的这个理由是站不住脚的。

3. 如果按照仲裁申请书中申请人提出的被申请人是"SH城建（集团）有限公司"，来进行本案的审理，很可能会出现以下问题：

（1）"SH城建（集团）有限公司"有权退出该仲裁案。因为"SH城建（集团）有限公司"并没有与"HK建设"签订任何合同，而是"SH城建（集团）公司（联合体）"与"HK建设"签的合同。

（2）除非双方达成和解协议，否则如果仲裁庭要找一家中介机构来审价，此时被申请人完全可以提出，来往公函中所有不是以"SH城建（集团）有限公司"为抬头的各类证据资料（包括提交的大量进度款函、变更函、工程决算单等）均无效，也就是说根本不可能用这些证据资料去进行审价。

（3）假设进行了审价，做出了最后的裁决，"SH城建（集团）有限公司"完全有理由可以去法院，要求"撤裁"。

从逻辑推理来看，SH城建（集团）公司如果没有参加联合体，不担任主办单位，不参与该隧道工程的投标和建设，则根本不会与HK建设有任何联系，更谈不上签分包合同，所以只凭印章就诉SH城建（集团）公司的做法是完全站不住脚的。

（三）合同文件及合同管理工作中的术语应该规范化

不重视合同文件的拟定和合同管理工作是我国工程项目管理工作中的通病。

以本案为例，对同一个工程（项目）的术语，在相关的不同合同文本中即有三种写法：

1. 总承包合同：S市外环隧道工程；
2. 联营体合同：S市TH路隧道越江工程；
3. 分包合同：S市外环隧道越江工程。

虽然相关工作人员都知道这是指同一个工程，但作为国内几个知名的大企业（包括香港的公司）对落实在合同文件上的工程名称这一重要术语不应该这样随心所欲。

又如本案申请人HK建设，在本工程项目两年多实施过程中写给总承包人（联合体）的93封信函（仅仅是由提交的证据中查到的）中，就对联合体有7个不同的称谓，这些信函涉及变更、增项、月报表、进度款、保险索赔、备料款以及工程决算单等工作，而总承包人（联合体）也都照办不误。

笔者可以理解，在这个巨型工程两年多的实施过程中，各方工作都异常繁忙，书写信函的人员众多，所以才会出现这种情况，但，合同管理是项目管理的核心，各个公司和项目组都应该有专门的合同管理部门和合同管理人员，合同管理工作中合同的拟定和各方信函的往来是十分重要的工作，所以上面指出来的这些瑕疵，各方还是都应该引以为戒的。

（四）对完善本案联合体文件的建议

笔者认为，在联合体没有去工商注册的情况下，联合体各方应该正式发函，授权"SH建设（集团）公司"用其公章代表联合体处理联合体的各种相关事务，这样，本案立案的"依据"也就不存在了。

（五）本案是以多数仲裁员的意思做出的裁决

本案从2006年6月1日组成仲裁庭开始审理，至2007年3月，先后开庭两次，并试图进行过调解，但未成功。

贸仲《仲裁规则》第四十三条（四）：由三名仲裁员组成的仲裁庭审理的案件，裁决依全体仲裁员或多数仲裁员的意见作出。少数仲裁员的书面意见应当附卷，并可以附在裁决书后，但该书面意见不构成裁决书的组成部分。

考虑到仲裁庭已充分听取并了解涉案双方的观点，而且三位仲裁员也已经详细查阅了相关资料和证据，并充分地交换了看法，但三人对案情的分析和仲裁结论仍未能全部取得一致。最后，本案依据贸仲《仲裁规则》的相关规定，由两名仲裁员签名做出了裁决，另一位仲裁员没有签名，但表示也不单写书面意见附卷。

笔者认为，贸仲仲裁规则的第四十三条规定既是尊重每一位仲裁员的意思自治，符合公平合理的原则，也符合国际惯例，这样对某些一时难以达成一致的仲裁案可以及时进行裁决，不至于拖太长时间。

总包分包巨额争议两次和解成功的案例

摘要

本案涉及的是一个香港分包商（申请人）和内地总承包商（被申请人）之间高达1.3亿元款额的争议。争议的焦点包括：竣工日期的确定；工期延误造成的损失由谁承担；变更造成的费用增加由谁承担等。分包商请求总承包商支付拖欠的材料费，以及由于变更产生的费用，总承包商则要求分包商赔偿工期延误的损失和质量缺陷的损失。

本案在仲裁过程中先后进行了四次调解，在仲裁庭的努力和双方的配合下，争议双方先后分两次达成了和解，双方签订了"和解协议书"，仲裁庭据此做出了裁决。

本案例的分析评论包括：成功的调解和分阶段和解的经验、对竣工验收与支付问题的理解、合同文件中新词组定义的重要性、对反请求的正确理解等。

为了引用文件和阅读理解方便，本文在案情介绍部分均用申请人和被申请人，在分析评论部分则大部分使用总承包商和分包商。

关键词　分包合同　调解　和解　变更　竣工验收

一、本案内容简介

（一）工程项目简介

本工程项目是位于BJ市的一座ZY大厦，由ZJ国际建设公司（以下简称被申请人）担任该项目的总承包商。被申请人将若干个子项目分包给其他公司实施。本案涉及的分包项目就是将该大厦的电气工程分包给香港的JD工程有限公司（以下简称申请人）。

1998年7月22日，JD工程有限公司通过总承包商的邀请招标与总承包商ZJ国际建设公司签订了《SUB—CONTRACT AGREEMENT》（以下简称《分包协议书》），其中包括《机电材料及设备供应分包合同条款》（以下简称《供应分包合同条款》）、《机电安装工程及其他有关工程分包合同条款》（以下简称《安装分包合同条款》）及《补充条件》，由申请人承建该大厦工程中的电气部分的工作。合同规定的完工时间为1999年8月31日。

《中标通知书》确定该电气工程部分的分包合同总额为人民币223 867 503.00元（包括材料、设备和其他有关工程安装款）。

由于设计变更等诸多原因，1999年8月30日，总承包商ZJ国际建设公司对原委托JD工程有限公司进行的电气工程分包的范围以及合同价作了调整，调整后的合同金额为人民币163 984 854.30元，其中，国内材料和设备供应核定为人民币106 664 324.60元，进口材料及设备供应核定为美元4 351 169.00元，工程安装费为人民币21 205 827.00元（上述款项已包含开办费）。

该分包项目于2001年5月8日竣工并交付给总承包商，ZY大厦也陆续投入使用，但由于种种原因，一直没有正式对该分包项目进行竣工验收（在大厦竣工前，电气系统在2001年4月23日调试过了），因而也就没有正式进行竣工决算，被申请人拖欠了申请人一大笔款额，引起双方的争议，为此，申请人将该争议提交中国国际经济贸易仲裁委员会（以下简称贸仲）。

（二）争议内容简介

1. 申请人的仲裁请求

（1）被申请人支付原合同项下拖欠的材料、设备款12 882 310.40元人民币和1 937 889.63美元，并偿付利息1 067 565.02元人民币和108 154.78美元；被申请人支付原合同项下拖欠的工程安装费4 067 722.35元人民币以及利息317 514.21元人民币；

（2）被申请人返还工程缺陷责任保留金2 438 290.46元人民币和15 396.41美元以及

偿付利息47 854.06元人民币和191.79美元；

（3）被申请人支付因设计变更而增加的材料、设备款29 167 189.65元人民币和2 729 596.88美元以及偿付利息2 276 703.32元人民币、213 064.14美元；被申请人支付因设计变更而增加的工程安装费14 870 991.53元人民币并偿付利息1 160 784.99元人民币；

（4）被申请人赔偿申请人的电气工程因被破坏而返工等造成的材料损失费603 518.00元人民币和17 041.46美元、返工费1 121 465.52元人民币，并偿付利息134 647.03元人民币和843.38美元；

（5）被申请人返还已扣取的建材发展补充基金1 231 309.05元人民币；

（6）被申请人赔偿因工期延期给申请人造成的损失11 000 000元人民币；

（7）被申请人支付申请人因仲裁而支出的费用，其中差旅费150 000元人民币、律师费1 520 719.47元人民币；

（8）本案仲裁费由被申请人承担。

2．被申请人的反请求

（1）申请人赔偿被申请人工期延误损失8 199 242.70元人民币；

（2）申请人赔偿被申请人因质量缺陷造成的损失2 000 000元人民币；

（3）申请人承担对其他分包商的成品造成破坏所发生的其他损失800 000元人民币；

（4）申请人承担被申请人为本案所支出的处理费用及律师代理费（暂估为1 000 000元人民币）；

（5）申请人承担本案案件处理费、案件受理费。

（三）立案及仲裁过程简介

申请人于2002年9月6日向贸仲提交的以ZJ国际建设公司为被申请人的书面仲裁申请，贸仲根据申请人和被申请人于1998年7月23日签订的《分包协议书》中的仲裁条款，受理了本案。

2002年12月13日，申请人选定仲裁员X先生、被申请人选定仲裁员H先生，但双方未在规定期限内共同选定或共同委托仲裁委员会主任指定首席仲裁员，因而由仲裁委员会主任指定W先生担任首席仲裁员，共同组成仲裁庭审理本案。

2003年3月27日和30日，仲裁庭在北京对本案进行了第一次开庭审理。并进行了调解，但未能达成一致，申请人和被申请人表示愿意在庭后继续进行和解协商。

2003年6月24日，仲裁庭在北京对本案进行了第二次开庭审理，并在开庭过程中对申请人和被申请人的部分争议进行了调解，双方达成了部分和解协议。2003年7月4日，仲裁庭根据双方达成的部分和解协议作出了（2003）贸仲裁字第0174号部分裁决书。

2003年10月8日，仲裁庭在北京对本案因变更而发生的工程款争议进行了第三次开庭审理。仲裁庭经合议后，决定委托一家具有甲级资质的工程造价咨询公司就本案设计变更部分工程的造价进行鉴定。之后，申请人和被申请人就设计变更工程部分按照仲裁庭和鉴定单位的要求提交了补充意见、证据和鉴定所需材料，贸仲秘书局均交换给了对方当事人。

2004年4月23日，仲裁庭在北京对本案进行了第四次开庭审理。仲裁庭再一次进行了调解，双方达成了和解协议。

仲裁庭依据申请人和被申请人达成的上述和解协议和仲裁规则第四十九条的规定，对申请人和被申请人之间的争议作出了最终裁决。

二、申请人的仲裁请求

（一）申请人第一条仲裁请求

被申请人支付原合同项下拖欠的材料、设备款12 882 310.40元人民币、1 937 889.63美元，并偿付利息1 067 565.02元人民币、108 154.78美元；被申请人支付原合同项下拖欠的工程安装费4 067 722.35元人民币以及利息317 514.21元人民币；

1. 申请人的观点

（1）根据《供应分包合同条款》23.1（I）（a）款规定，申请人认为：进口材料符合要求则见货即付；关于国内材料安装《供应分包合同条款》规定："纳入安装工程预付款及工程进度款，即参照工程安装费的付款方式，申请人按月度将国内材料费金额上报给被申请人"。

（2）根据《供应分包合同条款》23.1（I）（b）规定了设备供应付款方式，预付款10%，材料设备到工地并验收合格后60%，安装及测试完15%，系统调试完10%，保留金5%；同时说明"总包商在收到申请书后30天内应付款或作相应减扣"。

（3）根据《供应分包合同条款》31.2规定：总包商在获得业主支付后30天内支付分包商。

（4）《分包协议书》第4条总承包商保证按合同付款。

2. 被申请人的观点

（1）根据《供应分包合同条款》23.1（I）（a）款规定：被申请人认为，该款主要用于第三方清关单位进行清关理货之用,及设备、材料进场作为验收资料之用,而不能作为确定进口材料支付条件的根据。

(2)根据《供应分包合同条款》23.1(Ⅰ)(b)款明确注明了"设备供应付款方式",并未包括进口材料。

(3)根据《供应分包合同条款》31.4规定:"预付款为本合同价格与国内材料及进口材料部分价款之总和",明确进口材料部分的付款方式已纳入安装款的付款方式中。

(4)根据《供应分包合同条款》23.1(Ⅲ)规定:"国内材料部分之付款方法纳入安装工程之预付款及工程进度款中"。

(5)根据《供应分包合同条款》31.2规定总包商在获得业主支付后30天内支付分包商。而业主认为申请方部分工程整改工作未完成,被申请人尚未获得业主的相应支付。

(二)申请人第二条仲裁请求

被申请人返还工程缺陷责任保留金2 438 290.46元人民币、15 396.41美元以及偿付利息47 854.06元人民币、191.79美元。

1. 申请人的观点

(1)ZY大厦于2001年5月8日正式投入使用,申请人认为缺陷责任期应从次日算起。

(2)《合同法》第279条规定:建设工程经竣工验收后方可交付使用,申请人认为业主已于2001年5月8日全面使用就可以推定己方的合同义务已完成,缺陷责任期应当开始计算。

2. 被申请人的观点

总承包协议及《供应分包合同条款》33条均规定,ZY大厦工程竣工日期应以总承包商所承包的全部工程完成并经业主或政府主管部门验收通过后颁发的接收证书中所载日期为准,而目前申请人所承包的工程范围内仍有大量整改及未完成工作,造成本工程的整体调试及部分验收及检验工作一直未完全通过,业主因此拒绝颁发整体工程接收证书,因此尚不具备实际竣工结算的条件,也说明本工程并未全部竣工。

(1)根据《供应分包合同条款》23.1条Ⅰ(6)款规定:进口和国内设备付款规定:安装测试完后支付85%;系统调试完后支付10%;DLP期满后支付5%。但至今申请人未进行全负荷系统调试,业主未颁发接收证书。

(2)根据《安装分包合同条款》31.2款规定:总包获得业主支付后30天通知分包商,扣除下列三项后支付:一税两金,保留金5%,系统调试合格后5%。

《安装分包合同条款》23.1款规定:总包商工程竣工,业主、政府验收,交付业主使用之日起计12个月为分包工程的保修期。

（3）申请人主张的交付业主使用即视为验收，无法律依据，不符合合同约定。

（4）业主未向被申请人支付相应款项。

（5）申请人未按《安装分包合同条款》31.5.1款，提交有关报表资料（竣工结算报告、最终结算报告等等）。

（三）申请人第三条仲裁请求

因设计变更而增加的材料、设备款人民币29 167 189.65元、美元2 729 596.88以及偿付利息人民币2 276 703.32元、美元213 064.14。支付因设计变更而增加的工程安装费人民币14 870 991.53元并偿付利息人民币1 160 784.99元。

1. 申请人的观点

（1）根据《工程变更洽商费用函》以及《工程变更洽商冲减账明细表》，申请人认为变更指令文件已被申请人一一签收，证明他们已是合同的一部分；

（2）根据《供应分包合同条款》20.3和《供应分包合同条款》29.3，双方规定了变更指令价格的调整依据；

（3）根据《最高人民法院关于彻底执行<中华人民共和国民法通则>若干问题的意见（试行）》第66条规定，申请人认为被申请人未对变更预算报告提出异议，则可以推定已被批准。

2. 被申请人的观点

（1）证据《供应分包合同条款》29.1款规定：总包商在施工过程中有充分权利根据业主的要求和认可发出相应的变更指令。29.3款对变更估价作了进一步规定，据此规定双方协商签订了"F型灯具最终分工协议"。被申请人的做法是完全符合合同约定及双方意愿的。

（2）双方就证据《补充条款》5.2规定达成一致，即每次每分项5 000元以下的变更不予调整。且申请人无证据证明总承包商将所发现的问题分解成若干单项后再做设计变更发给申请人执行。

（3）证据《供应分包合同条款》29.1规定了分包商获得变更合同价款调整的前提是总包商取得业主的批准。而申请人在项目执行过程中，对申报资料问题消极应付，造成被申请人无法收集完整资料及时从业主处获得变更批复，因此申请人也无法获得被申请人的批复。

(四)申请人第四条仲裁请求

赔偿电气工程因被破坏而返工等造成的材料损失费603 518.00元人民币、17 041.46美元,返工费1 121 465.52元人民币,并偿付利息134 647.03元人民币、843.38美元。

1. 申请人的观点

(1)根据申请人与业主签订的总包合同《建设工程施工合同》32.3规定:"甲方在接到索赔通知后10天内给予批准或要求乙方进一步补充索赔理由和证据,甲方在10天内未答复,应视为该项索赔已被批准。"而《分包协议书》第二条(e)项已把机电总承包条款作为《分包协议书》的组成部分,《供应分包合同条款》5.1款和《安装合同条款》5.1款也赋予了申请人引用和执行总包合同有关条款的权利。申请人认为自己提交的69单索赔文件,被申请人均未在10天内答复,就可认为对方已默认批准。

(2)根据《分包协议书》第2条(e)已把总包合同纳入分包协议,《供应分包合同条款》第5条第1项以及《安装分包合同条款》第5条第1项也赋予了申请人引用和执行总包合同的有关条款的权利,因此申请人认为,根据总包合同,被申请人未答复就视为默认批准。

2. 被申请人的观点

证据《供应分包合同条款》27.1款对工程的照管进行了规定,规定申请人承担保护和维护合同内工程成品的责任和义务,且材料、设备受损不是因为27.2款中"特别风险"范围造成的,申请人应为自身的成品保护不力所造成的损失负责。

(五)申请人第五条仲裁请求

被申请人返还已扣取的建材发展补充基金1 231 309.05元人民币。

1. 申请人的观点

根据北京市建委1998年10月9日下达《取消》通知,申请人认为在1998年7月15日后的工程量不应代扣该笔基金。

2. 被申请人的观点

(1)证据《供应分包合同条款》26.1款及31.2款规定业主与被申请人之间的合同也实行"代扣代缴"。

(2)北京市建委1998年10月9日下达《取消》通知,监理及业主根据上述文件第2条规定,在批复被申请人工作量时取消了该项费用。

(3)证据《供应分包合同条款》31.2款规定:总承包商在获得业主支付有关款项后

批复分包商，且合同中规定申请人应当执行被申请人与业主所签订的有关合同条件，因此被申请人有理由取消申请人原报价中包含的"基金"。

（六）申请人第六条仲裁请求

被申请人赔偿因工期延期给申请人造成的损失11 000 000元人民币。

1. 申请人的观点

根据被申请人公司《关于ZY大厦机电境外分包商注册延期申请报告》，由于被申请人对施工工期一再延误，申请人认为造成了人员滞留费及相应的管理费，提交了4单索赔报告。

2. 被申请人的观点

（1）被申请人公司发出了《关于ZY大厦机电境外分包商注册延期申请报告》，但不能因为被申请人给申请人出具了该报告，而证明该项目是因为被申请人的原因造成的。

（2）附件"合同工期调整协议"明确说明"本合同工期的延长双方面均有原因"。

（3）《供应分包合同条款》24.1款明确规定："竣工日期因工程进度更改而修订不应构成索偿理由"，因此申请人的工期延误索赔无合同依据。

（七）申请人第七条仲裁请求

1. 申请人的观点

被申请人支付申请人因仲裁而支出的费用，其中差旅费150 000元人民币、律师费1 520 719.47元人民币。

2. 被申请人的观点

驳回申请人提出的其因仲裁而支出的律师费用的请求。

（八）申请人第八条仲裁请求

1. 申请人的观点

本案仲裁费由被申请人承担。

2. 被申请人的观点

本案仲裁费用由申请人承担。

三、被申请人的反请求

(一)被申请人第一条反请求

申请人赔偿被申请人工期延误损失8 199 242.70元人民币。

1. 被申请人的观点

申请人为境外工程承包商,其承包范围内部分未能在总包商及业主要求之工期内完成,一定程度上造成了被申请人未能在约定的工期完成业主的总承包协议。申请人造成工期延误主要体现在以下几个方面:

(1) 图纸送审延误;

(2) 材料设备送审延误;

(3) 设计变更未按合同要求及时执行;

(4) 申请人第一负责人不在场,造成管理不到位而引起的延误;

(5) 其他延误。

根据合同条款24.1条中规定"因工程进度更改而修订都不应成为索赔理由。"被申请人认为申请人应对工程延误承担主要责任。

根据《安装分包合同条款》第25.1款之规定:如因分包商的原因而引致全部之竣工日期有所延误,总承包商会核算分包商对全部竣工之延误所应负责任。当总承包商以书面确认因分包商之迟误而引起全部工程延迟之日数时,分包商应向总承包商支付按照拖期长短以每天为本合同及电气材料/设备供应合同之总额千分之一计算赔偿之金额,作为拖期违约罚金。该罚金的最高限额为合同总价的5%。申请人拖期造成的损失已超过最高限额,应承担合同总价5%的拖期罚金。

2. 申请人的观点

被申请人在施工过程中因其发出大量变更、修改指令和管理混乱,造成多方面的不协调,给申请人总工期造成了延误,具体体现在以下几个方面:

(1) 土建工作和机电工作的不协调;

(2) 被申请人管理混乱,协调各专业不力;

(3) 被申请人向申请人发出480多项变更(包括变更、指令、拆改等),直接造成整体工期的延误;

(4) 申请人的第一负责人因探亲(加拿大籍)和因公短时间离开工地并不违反合同,对工程工期无任何延误影响;

(5) 申请人延期注册都是由于被申请人设计变更及其他原因所致，不是申请人怠于行使权利所致。

（二）被申请人第二条反请求

申请人赔偿被申请人因质量缺陷造成的损失2 000 000元人民币。

1. 被申请人的观点

申请人施工范围内工作存在大量质量缺陷，主要有：

（1）到货部分材料和设备缺乏质量合格证；

（2）防雷接地安装不合格；

（3）灯具无法正常工作；

（4）部分控制柜、开关柜中的元件损坏或缺少；

（5）部分用电设备的电源接线方法不正确；

（6）部分配电柜的盘面标识不全或没有标识。

2. 申请人的观点

对被申请人指责申请人工程质量缺陷的反驳：

（1）到货部分材料和设备缺乏质量合格证

ZY大厦工程是国家级重点工程，主要设备、材料厂商均为被申请人、业主指定的，进场后先由被申请人、业主、监理验收合格后才能进入工地安装，任何不合格产品都不能到达工地，被申请人、业主、监理层层把关，若没有质量合格证，所有的材料设备不可能进入现场。

（2）防雷接地安装不合格

防雷接地安装是由国家级企业安装公司按规范要求施工，而且及时地得到各方的签字认可，符合施工工艺规范要求，因申请人对现场成品保护的重视，多次把被破坏的现场拍成照片，报送被申请人。

（3）灯具无法正常工作

被申请人曾多次指令要求申请人提前亮灯作临时照明用，当时现场不具备灯具运行条件，污染很厉害，同时有破坏和使用操作错误的问题，对此申请人多次行文告知被申请人，但被申请人行文强行通电，导致灯具、灯管使用寿命受很大影响。灯具的使用及保养应从使用之日起计算，部分超过保修期的质量问题当然由被申请人承担。

（4）部分控制柜、开关柜中的元件损坏或缺少

因被申请人在现场的管理混乱，造成许多成品遭到破坏，而且在申请人拿到证据

后，立即呈报被申请人，但被申请人始终没有采取任何措施，保护施工安全。

（5）部分用电设备的电源接线方法不正确

ZY大厦工程质量要求是严格的，若有设备的电源接线方法不正确，会导致设备的损坏，被申请人并没有足够的证据说明己方观点。

（6）部分配电柜的盘面标识不全或没有标识

这个问题也是被申请人管理不善，使现场的成品得不到保护造成的。

（三）被申请人第三条反请求

申请人承担对其他分包商的成品造成破坏所发生的其他损失800 000元人民币。

1. 被申请人的观点

申请人施工过程中存在大量野蛮作业，对其他专业分包商成品造成巨大损失。被申请人对其违规行为提出了警告。

损失估算应不少于80万元人民币。

2. 申请人的观点

被申请人并没有具体证据说明申请人造成80万元人民币的损失，应予驳回。

（四）被申请人第四条反请求

1. 被申请人的观点

申请人承担被申请人为本案所支出的处理费用及律师代理费（暂估为1 000 000元人民币）。

2. 申请人的观点

被申请人应自己承担为本案所支出的处理费用及律师代理费。

（五）被申请人第五条反请求

1. 被申请人的观点

申请人承担本案案件处理费、案件受理费。

2. 申请人的观点

被申请人应自己承担本案案件处理费、案件受理费。

四、仲裁庭的调解与裁决

（一）部分和解协议与仲裁庭的裁决

1. 仲裁庭开庭与调解过程

详见一、（三）本案立案及仲裁过程简介。

2. 部分和解协议

申请人：JD工程有限公司

被申请人：ZJ国际建设公司

关于申请人和被申请人之间的M20020307号机电设备供应及安装分包合同仲裁案，仲裁庭于2003年6月24日在北京对本案进行了再次开庭审理。双方在仲裁庭的主持下进行了调解，并对双方的争议达成了如下部分和解协议：

（1）双方同意上述仲裁案原分包合同总价（折合为人民币后）为163 984 854.30元人民币；

（2）在上述分包合同中，被申请人已向申请人支付的款项（折合为人民币后）为117 917 857.98元人民币；

（3）在上述分包合同中，双方在2003年6月24日开庭前，对下列扣减款项意见一致：

1）双方同意出口指示灯由进口改为国产扣减费用260万人民币；

2）双方同意扣减现场临时设施所发生的费用337 691.39元人民币；

3）双方同意扣减清关、滞关费及罚款272 209元人民币；

4）双方同意扣减进口设备、材料清关理货费用40万元人民币；

5）双方同意扣减总包服务费80 000元人民币；

6）双方同意扣减现场违规罚款40 500元人民币。

（4）双方经过协商，同意在上述合同总价中还应扣除建材发展补充基金、预留预埋工程款、供电局实施的高压配电室内的母线和配电柜内开关容量变小所发生的费用、人身安全系统扣减、空气断路器隔断电流偏离扣减、变压器绝缘等级偏离扣减以及税金等项共5 711 416.93元人民币。

（5）原分包合同总价款减除上述第2项已付款项和第3、4项应扣减款项后，被申请人在上述分包合同中还应向申请人支付36 625 179元人民币；

（6）被申请人应在2003年7月15日以前向申请人支付1 000万元人民币；在2003年8月15日以前向申请人支付1 000万元人民币；其余款项16 625 179元人民币在2003年9月

15日向申请人支付完毕；

（7）申请人和被申请人请求仲裁庭根据上述和解协议作出部分裁决；

（8）对于上述分包合同351项设计变更的争议，经仲裁庭建议，申请人和被申请人同意继续友好协商，由仲裁庭另行作出裁决；仲裁费将由仲裁庭在最终裁决时决定；

（9）对于申请人的其他仲裁请求和被申请人的其他反请求，双方均表示放弃；

（10）本协议一式五份，申请人和被申请人各存两份，仲裁委员会秘书局存档一份。

申请人：JD工程有限公司　被申请人：ZJ国际建设公司

　　刘XX（签字）　　　　　　陈X（签字）

二〇〇三年六月二十四日

3. 仲裁庭部分裁决书

（2003）贸仲裁字第0174号案部分裁决书

仲裁庭认为，依据申请人和被申请人达成的部分和解协议和仲裁规则第四十九条、第五十七条的规定，仲裁庭可以对双方已达成和解协议的款项先行作出部分裁决；对于因分包合同项下351项设计变更而发生的工程款争议，申请人和被申请人可继续友好协商，仲裁庭在申请人和被申请人达成和解或经仲裁庭进一步审理后，将另行作出裁决，仲裁费也将由仲裁庭在最终裁决时决定。2003年7月4日，仲裁庭根据双方达成的部分和解协议作出了（2003）贸仲裁字第0174号部分裁决书，其裁决内容如下：

（1）申请人和被申请人在原分包合同总价款中减除已付款项和上述双方达成一致的应扣减款项后，被申请人在上述分包合同中还应向申请人支付36 625 179元人民币；

（2）对于上述款项，被申请人应在2003年7月15日以前向申请人支付1 000万元人民币；在2003年8月15日以前向申请人支付1 000万元人民币；其余款项16 625 179元人民币在2003年9月15日向申请人支付完毕。逾期，应加计以年利率6%计算的利息。

本部分裁决是终局的，并自作出之日起发生效力。

（二）最终和解协议与仲裁庭的裁决

1. 仲裁庭开庭与调解过程

详见本文一、（三）本案立案及仲裁过程简介。

2. 最终和解协议

申 请 人：JD工程有限公司

被申请人：ZJ国际建设公司

关于申请人和被申请人之间的M号机电设备供应及安装分包合同仲裁案，仲裁庭于

2004年4月23日在北京对本案进行了再次开庭审理。双方在仲裁庭的主持下进行了调解,并对双方的争议达成了如下和解协议:

(1) 双方同意,被申请人向申请人支付上述仲裁案分包合同全部设计变更的工程款2 000万元人民币;被申请人应在2004年5月31日以前和2004年6月30日以前各支付1 000万元人民币;

(2) 本案仲裁费和反请求仲裁费共计1 228 706元人民币,由申请人和被申请人各半承担,即各自承担614 353元人民币;该笔费用已由申请人缴纳的仲裁费998 714元人民币和被申请人缴纳的反请求仲裁费229 992元人民币冲抵。被申请人应在2004年5月31日以前向申请人偿还申请人代其缴纳的仲裁费384 361元人民币;

被申请人选定外地仲裁员的实际费用7 000元人民币由被申请人承担;

(3) 本案鉴定费用为10万元人民币,由申请人和被申请人各半承担;该笔费用已由申请人和被申请人向仲裁委员会各自缴纳的10万元人民币中冲抵,仲裁委员会将向申请人和被申请人各自退还5万元人民币;

(4) 本协议履行完毕后,双方就题述仲裁案分包合同和供应合同再无其他争议;

(5) 申请人和被申请人请求仲裁庭根据上述和解协议作出最终裁决;

(6) 本协议一式五份,申请人和被申请人各存两份,仲裁委员会秘书局存档一份。

申请人:JD工程有限公司 被申请人:ZJ国际建设公司

授权代理人:刘××(签字)授权代理人:余××(签字)

二〇〇四年四月二十三日

3. 仲裁庭最终裁决书

(2003)贸仲裁字第0174号案最终裁决书

仲裁庭依据申请人和被申请人达成的上述和解协议和仲裁规则第四十九条的规定,对申请人和被申请人之间的争议作出裁决如下:

(1) 被申请人向申请人支付本案分包合同全部设计变更的工程款2 000万元人民币;被申请人应在2004年5月31日以前和2004年6月30日以前各支付1 000万元人民币;

(2) 本案仲裁费和反请求仲裁费共计1 228 706元人民币,由申请人和被申请人各半承担,即各自承担614 353元人民币;该笔费用已由申请人缴纳的仲裁费998 714元人民币和被申请人缴纳的反请求仲裁费229 992元人民币冲抵。被申请人应在2004年5月31日以前向申请人偿还申请人代其缴纳的仲裁费384 361元人民币;

被申请人选定外地仲裁员的实际费用7 000元人民币由被申请人承担;

(3) 本案鉴定费用为10万元人民币,由申请人和被申请人承担各半;该笔费用已从申请人和被申请人向仲裁委员会各自缴纳的10万元人民币中冲抵，仲裁委员将会向申请人和被申请人各自退还5万元人民币；

（4）上述和解协议履行完毕后，双方就本案分包合同和供应合同再无其他争议。

本裁决是终局的，自作出之日起发生效力。

本裁决书和仲裁庭于2003年7月4日作出的（2003）贸仲裁字第0174号部分裁决书构成M20020307号仲裁案裁决书的整体。

五、分析与评论

本案是以仲裁庭的四次调解和双方二次和解的方式结案的，下面围绕本案的和解和案情中双方争议的某些焦点，进行分析和评论。

（一）调解与和解是解决争议的最佳途径

本案是一个涉及申请人请求约1.2亿元人民币索赔和被申请人反请求约1 200万元的一个款额巨大的工程索赔争议案。在仲裁庭积极调解和双方代理人的理解和努力下，最终达成了和解协议。这是一个双赢的结果。

1. 本案案情比较复杂，涉及申请人的六项请求和被申请人的三项反请求，而且涉及不少技术问题，有些技术问题甚至需要专家鉴定。如果逐项进行仲裁，需要各方（申请人、被申请人、仲裁员等）花费相当多的时间和精力来进行申诉、答辩、质证以及对鉴定结果表达各自的意见等。而达成和解不仅对本应支付的款项达成双方可接受的数额，而且对付款时间也进行了约定，在和解协议基础上的裁决书保证了和解协议的如期顺利执行，节约了各方大量的时间和精力。

2. 本案采取了分阶段和解的方式也是一个好的经验。争议双方先对容易达成一致的部分项目达成和解协议，先约定支付部分款项，这样既缓解了分包商的资金困难，又缔造了一个和解的气氛，必将有利于下一阶段双方的和解。

3. 本案的申请人是一家香港的公司，被申请人是内地的公司，都受到东方文化的熏陶，懂得"和为贵"的重要性，也懂得双方的顺利和解将会为今后的合作留下巨大的空间，因而比较容易理解和接受在仲裁中调解的这个"东方经验"。虽然争议款额数量很大，但双方均愿意让步，整个调解过程进行的比较顺利。

（二）关于竣工验收与支付问题

1. 竣工验收的概念

每一个工程项目的合同都从技术和商务两方面对项目的竣工提出具体的要求（包括项目实施过程中变更指令的要求）。按照合同条款中的相关规定，通过了竣工验收的相关手续，将该部分的工作交付业主方使用，就可以理解为完成了竣工验收。

当然，不同类型的合同模式对竣工验收的要求也有所不同，如：FIDIC《施工合同条件》（新红皮书），FIDIC《设计、采购、施工/交钥匙条件》（银皮书），FIDIC《设计建造运营项目合同条件》（金皮书）中对竣工验收的要求就有很大的不同。

一个工程项目（或者其中一个区段，或者一个部分）交付业主方使用，对业主方可以早日产生经济效益，对建造者（总包商，分包商等）则可以早日得到支付，同时从业主方使用开始，该部分保管的责任就交给业主了，建造者解除了保管的责任，而只承担维修的责任了。所以早日竣工验收对于业主和建造者（包括总包商和分包商）双方都是有好处的。

2. 围绕竣工验收引发的各种矛盾

竣工验收本应对双方都是好事，但是往往围绕竣工验收及相关的支付会引发许多矛盾和争议。以本案的竣工验收为例：

分包商认为：该公司已经完成了原合同项下以及多项变更指令要求的义务，并且ZY大厦的电气工程已经通过了系统调试，并于2001年5月8日正式投入使用。根据我国《合同法》第274条规定："建设工程经竣工验收合格后，方可交付使用；未经验收或者验收不合格的，不得交付使用"。既然本案业主已经开始全面使用大厦，从而可以推定申请人供应的材料、设备和工程安装的质量已经符合合同要求。

总包商则认为：《供应分包合同条款》第33.1款规定："在工程已按照合同完成，已通过完工后的检验和已按照条款33.2的规定发出接收证书时，总承包商应在7天内接收该工程"。第33.2款规定："只有在总包商总的工程竣工并经业主或政府主管部门验收通过后，分包商才可以向总承包商申请一份接收证书。"所以，ZY大厦的竣工日期应以总承包商所承包的全部工程完成并经业主或者政府主管部门验收通过后颁发的接收证书中所载明的日期为准。但截至目前，由于分包商所承包的工作范围内仍有大量的整改和未完成工作，造成本工程的整体调试和部分验收以及检验工作一直未能完全通过，业主未向被申请人支付相应款项，并拒绝颁发整体工程接收证书。业主只是由于其政治影响和业务开展的需要，才于2001年5月8日局部迁入ZY大厦办公。

3. 支付问题

由于双方对竣工验收的观点不同，必然在支付问题上产生矛盾。分包商要求的支付款额以及总包商的反请求款额在前文中已有详细的介绍，在此处只介绍双方的主要论点。

分包商认为：既然大厦电气工程已经通过系统调试，且已投入使用，说明工程已验收合格，应按照合同约定支付95%的进度款，但总包商仅支付了约60%的进度款。该大厦缺陷责任期应由2001年5月8日起算到2002年5月7日止，至今缺陷责任期已满，总包商应该将5%的保留金返还给分包商。

总承包商则认为：约定工程尚未全部竣工，尚不具备实际竣工全部结算条件，而且按照《供应分包合同条款》34.1款关于"缺陷责任期"的规定；"整个电气工程的缺陷责任期应为在总承包商之全部工程竣工并交付业主使用之日起计12个月"。因此，分包商要求返还保留金及其相关利息的请求不能成立。

4. 笔者对竣工验收与支付问题的分析评论

在国际上和国内，业主与承包商订立合同（或者是总承包商与分包商订立的合同）时，业主（或总承包商）一方更为强势。所以一般都规定了不利于工程建造者这一方的条款。本案总承包商认为，因为ZY大厦一直没有整体验收，分包商未提交全部报表材料，且业主未向总承包商进行全部付款（内在原因是业主单位领导更换频繁以及审计工作进展迟缓），所以就不能对分包商支付。

如果只按合同条款的规定（只在业主向总承包商支付后，总承包商再向分包商支付）和上述情况，总承包商不向分包商支付似乎是有理的。

但笔者的观点是：业主已入驻和使用ZY大厦一年多时间，总承包商的这一说法是不尽合理的。

下面我们看看国内和国际合同范本的相关条款和高法的解释对这个问题是如何阐述的。

（1）"新红皮书"对于竣工日期确定的详细规定

第10.2款：部分工程的接收（Taking Over of Parts of the Works）

在业主的自主决定下，工程师可为部分永久工程颁发接收证书，此后，业主即可使用该部分工程；如业主在颁发接收证书前，确实使用了任何部分工程，则：

（a）开始使用日期即为业主接收日期；

（b）自使用日开始，承包商将保管责任移交给业主；且

（c）如承包商要求，工程师应颁发该部分接收证书。

在工程师颁发该部分接收证书后，应要求承包商在缺陷通知期期满前进行竣工检验。如果由于业主的提前使用导致承包商增加了费用，承包商可索赔费用和利润；如果

对某部分工程（或区段）颁发了接收证书，则剩余工程的误期损害赔偿费的日费率应按工程价值相应减少，但误期损害赔偿费的最高限额不变。

第10.3款：对竣工检验的干扰（Interference with Tests on Completion）

如由于业主方原因致使竣工检验在14天内不能进行，则应视为业主在本应完成竣工检验的日期接收了工程或区段；工程师应为之颁发接收证书，同时要求承包商在缺陷通知期期满前进行竣工检验，并应在检验前14天通知工程师。如果由于业主方原因拖延了竣工检验，招致了工期延误或增加了费用，承包商有权索赔工期、费用和利润。

（2）《最高人民法院关于审理建设工程施工合同纠纷案件适用法律问题的解释》（法释[2004]14号）

第十三条规定："建设工程未经竣工验收，发包人擅自使用后，由于部分质量不符合约定为由主张权利的，不予支持"。第十四条："当事人对实际竣工日期有争议的，按照以下情形分别处理：①建设工程经竣工验收合格的，以竣工验收之日为竣工日期；②承包人已经提交竣工验收报告，发包人拖延验收的，以承包人提交验收报告之日为竣工日期；③建设工程未经竣工验收，发包人擅自使用的，以转移占有建设工程之日为竣工日期"。

综合上述两个文件对于竣工日期的规定，笔者认为，应该支持分包商对于竣工日期的说法，即工程2001年5月8日竣工，同时开始计算缺陷责任期。并应据此进行工程尾款欠款及相应利息的结算。

（三）订合同时要注意明确阐述新词组的定义、概念和界定范围

一份合同文件包括商务条款和技术条款，对整个合同文件而言，使用的术语和词组的定义，一般都在合同条件中明确阐述了，凡遇到有歧义的地方，都以合同条件中的定义为准。

但是在合同中有时候也常常会采用一些新的词组和概念，此时，都应该给予定义，否则就会引起许多的歧义和争论，如本案中涉及变更的"每次每分项小于人民币5 000元"。

在本案中，《补充条款》规定："对于设计提出的修改，本合同确定以5 000元人民币为限，每次每分项人民币5 000元以下的变更不予调整。"而在整个合同中，并没有明确地定义"每次每分项"的含义。使得双方对其理解不同而引起了争议。

分包商认为：一份变更单对应一个分项工程变更，除非在特殊情况下，一个分项的变更内容用一个变更单表达不准确时，需要几份变更单将其说明。在建筑施工行业中，形成以一个变更单对应一个分项工程变更的惯例，总包商在下达变更指令和对变更指令

的批复过程中，都是遵循一份变更单对应一个分项工程的标准进行计算并实际支付工程款的。

分包商还认为：总承包商故意将一些本来可以作为一单的变更分解成若干个价款小于5 000元的变更发给分包商，使分包商无法向其收费。

总承包商则认为：所有项目的设计变更均是由设计单位、业主下发的，不存在任何被总承包商（实际上是业主和设计单位）故意将发现的问题分解成若干单项后再做设计变更发给分包商的情况。

这项争议就是由于对"每次每分项"的概念规定不清楚，而双方对其理解不同所造成的。

笔者认为，根据我国建筑业的国标GB/T19001-2000 idt ISO9001：2000标准的释义与应用，一个工程项目可分为若干个单位工程，一个单位工程又分为若干个分部工程，分部工程又由若干子分部工程及分项工程组成。分项工程就是按照主要工种、施工工艺、材料、设备类别等将分部工程或子分部工程进一步划分而成。

针对具体的项目，监理和施工单位，应在开工前，对单位工程、分部工程、分项工程做出具体的划分。本工程的分包项目在订立合同时应对"每次每分项"做出定义，同时由设计单位、监理单位、总承包商和分包商对本工程项目的"分项工程"做出具体的划分，这样在开工后就不会因变更范畴大小产生矛盾和争议了。

（四）反请求中各种赔偿数额的合理性

我国仲裁界采用的反请求一词（在工程项目管理中，也叫反索赔）。一般是指被申请人一方在答辩的同时，针对申请人的索赔请求提出的反请求，在本案的被申请人提出了数额较大的反请求。

1. 在被申请人的第一条反请求中，根据《安装分包合同条款》第25.1款规定：如分包商延误了工期，每天应按合同额的千分之一罚款，但总承包商并没有精确地计算拖期天数，只是粗略地预估分包商造成的损失超过了最高限额，即合同总价5%。

2. 在被申请人的第二条反请求中，总承包商要求分包商赔偿质量缺陷损失2 000 000元，没有提到任何的质量缺陷及其计算过程和方法，只是凭借主观臆断来确定索赔数额。

3. 在被申请人的第三条反请求中，总承包商要求分包商赔偿对其他成品造成的损失80万元更是没有任何具体的说明和计算依据。

这种粗放式的索赔是不可能得到仲裁庭支持的。

笔者认为，这与一些代理人对反请求的理解不正确有关，反请求的目的应该是代表你方提出的一个个独立的、有根有据的、正当的权利要求，而不是用来"抵消"对方的请求。在仲裁裁决时，你方提出的反请求（反索赔）是否能够被仲裁庭接受，关键在于反请求的内容是否有法律、法规、合同条款和相关证据的支持。如果认为对方提出索赔，我方必须用反请求去抵消，这种认识是错误的，这样的反请求也往往是徒劳的。

参考文献

[1] FIDIC. 施工合同条件（1999年第1版）. 北京：机械工业出版社，2002

[2] 巫东浩. GB/T19001-2000 idt ISO9001:2000 标准释义与应用. 北京：中国建筑工业出版社，2002

[3] 何伯森. 国际工程合同与合同管理（第二版）. 北京：中国建筑工业出版社，2010

2.3亿元巨额争议经四次调解最终成功的案例

附魏耀荣：两个巨额争议案调解成功的几点体会

摘要

本案涉及的是一个欧洲分包商（申请人）与国内总承包商（被申请人）之间的争议，争议的焦点包括：竣工日期的确定；被申请人是否存在拖欠合同款的问题；申请人是否存在施工质量不合格、管理不善、降低设备及材料标准的问题；工期延误造成的损失由谁承担；变更造成的费用增加由谁承担等。

本案索赔与反索赔的款额均相当巨大，其中索赔约1.5亿元人民币，反索赔约0.9亿元人民币。但在仲裁庭的坚持努力和双方的配合下，本案经历了三次开庭、四次调解，最终使双方达成了和解协议，达到双赢的目的。

本文最后对仲裁庭克服由于双方不同文化背景，导致对"仲裁中调解"不同理解所造成的困难，坚持进行调解并最终取得成功的启示进行了介绍。涉及本案的工程拖期、相关支付问题以及变更约定等几个问题的评论详见上一个案例。

为了引用文件和阅读理解方便，本文在案情介绍部分均用申请人和被申请人，在分析评论部分则大部分使用总承包商和分包商。

本文后附首席仲裁员魏耀荣先生写的"两个巨额争议案调解成功的几点体会"。

关键词　分包合同　调解　和解　变更

一、本案内容简介

(一) 工程项目简介

1998年7月22日,国内ZJ国际建设公司担任该项目的总承包商(以下简称被申请人),I国AS建设工程公司担任该项目的一个分包商(以下简称申请人),双方签订《分包协议书》,包括《机电材料及设备供应分包合同条款》(以下简称《供应分包合同条款》)、《机电安装工程及其他工程分包合同条款》(以下简称《安装分包合同条款》)及《补充合同条款》。由申请人分包承建ZY大厦的机电材料及设备采购安装施工工程(下称"机电安装工程")。合同总金额为人民币297 000 000.00元。合同完工日期为1999年8月31日。

1999年4月26日,被申请人致函申请人将合同总金额调整为人民币212 000 000.00元。

2001年5月8日业主正式进入并开始使用该工程项目。

2001年6月13日、2001年8月30日,申请人分两次将全部竣工验收资料及操作维修手册提交给被申请人,并由被申请人签收确认。

2002年9月3日,被申请人致函申请人告知"该大厦机电安装工程竣工日期为2001年9月30日,保修期为一年"。

2003年3月6日被申请人致函申请人,明确表示申请人所提供的全部操作及维修手册"运用及核对确认合格"。

在业主正式使用该工程项目三年后,机电安装分包工程的款项以及相应的变更项目款项均拖欠,AS建设工程公司多次向总包商要求支付未果,因此向中国国际经济贸易仲裁委员会(以下简称贸仲)正式提出仲裁请求。

(二) 争议内容简介

1. 申请人的仲裁请求

(1)要求被申请人支付拖欠申请人《机电安装工程分包合同》的合同款1 923 914.66美元、人民币1 799 504.48元,美元折合人民币后合计人民币17 767 996.12元;

(2)要求被申请人返还缺陷责任保留金665 769.67美元、人民币4 764 083.55元,美元折合人民币后合计人民币10 289 971.77元;

(3)要求被申请人支付因工程设计变更所增加的工程款合计3 622 513.35美元、人民币44 442 546.63元,美元折合人民币后合计人民币74 509 407.46元;

（4）要求被申请人赔偿申请人由于被申请人的原因导致工程延期完工而造成的损失1 210 185.43美元、人民币13 528 839.59元，美元折合人民币后合计人民币23 573 378.66元；

（5）要求被申请人支付因延期付款而发生的相应利息1 328 039.90美元、人民币3 764 091.00元，美元折合人民币后合计人民币14 786 814.70元；

（6）要求被申请人返还申请人"建材发展基金"合计人民币1 887 569.58元；

以上六项并加上相应税费后，合计总请求数额为8 750 422.10美元、人民币70 803 905.48元，美元折合人民币后合计人民币143 432 408.94元；

（7）要求被申请人承担本案的仲裁费，并支付申请人申请仲裁而支出的费用。

2. 被申请人的反请求

（1）裁决申请人赔偿被申请人因申请人的原因延误工期给被申请人造成的损失人民币51 578 530元；

（2）裁决申请人赔偿被申请人因申请人施工质量不合格、工程质量不善等给被申请人造成的损失人民币6 109 560元；

（3）裁决申请人向被申请人支付应予扣减的设计费、应予扣减的工程价款、房租、罚款及其他费用人民币31 736 166元；

（4）裁决申请人向被申请人支付因降低设备、材料标准而应扣减的费用人民币4 946 958元；

以上四项合计人民币94 371 214元。

（5）裁决申请人承担本案反请求的仲裁费，并支付被申请人因提出反请求而支付的费用。

（三）立案和仲裁过程简介

申请人于2003年12月31日向贸仲提交的以ZJ国际建设公司为被申请人的书面仲裁申请，贸仲根据申请人和被申请人于1998年7月22日签订的《分包协议书》中的仲裁条款，受理了本案。

2004年5月11日，申请人选定的仲裁员X先生、被申请人选定的仲裁员H先生以及双方共同选定的首席仲裁员W先生共同组成仲裁庭，审理本案。仲裁委员会秘书局于同日向双方寄送了组庭通知。

2004年7月1日，仲裁庭在北京对本案进行了开庭审理。申请人和被申请人均派代理人出席庭审，作了口头陈述，回答了仲裁庭的提问，并进行了答辩。仲裁庭还进行了调解，但未达成一致。申请人和被申请人表示愿意在庭后继续进行和解协商。

2004年7月15日至17日，仲裁庭在北京对本案进行了第二次开庭审理，并再次进行调解，但未达成一致。

第二次开庭后，仲裁委员会于2004年8月6日收到申请人交来的"部分裁决申请书"及其附件。仲裁委员会秘书局向被申请人转交上述材料。2004年8月19日，被申请人向仲裁委员会提交了反驳意见。

2004年10月31日，仲裁庭在北京对本案进行了第三次开庭审理，又进行了一次和解的尝试，但仍未达成一致。

2004年11月2日，仲裁庭在北京对本案进行了第四次开庭审理，并又一次进行了调解的尝试，但未成功。后经其他两位仲裁员的同意，并应双方的要求，首席仲裁员W先生出席并为双方主持了调解，最后，申请人和被申请人达成和解协议。

仲裁庭根据双方的和解协议做出了裁决书。

二、申请人的仲裁请求

（一）申请人第一条仲裁请求

要求被申请人支付拖欠申请人《机电安装工程分包合同》的合同款1 923 914.66美元、人民币1 799 504.48元；美元折合人民币后合计人民币17 767 996.12元；

1. 申请人观点

2001年5月8日业主正式入住并使用该工程，由此可以认为工程早已竣工，被申请人"没有经过竣工验收"的说法不成立。理由：

（1）2001年5月8日业主正式入住ZY大厦。

（2）关于"竣工日期的起算"：

① 2002年9月3日，被申请人致函申请人告知"ZY大厦机电安装工程竣工日期为2001年9月30日，保修期起算时间为一年"。

② 被申请人多次致函，强调"2002年9月3日的被申请人发函是工程竣工的正式文件"。

（3）申请人已向被申请人提交"结算报告、证明文件"。

2. 被申请人的观点

本工程的预付款、进度款已按期支付。关于尾款的支付，认为申请人未获得"整个机电工程接受证书"和"缺陷责任证书"，且未向被申请人提交最终结算报告草案及证明资料,所以不应支付尾款。

(二)申请人第二条仲裁请求

要求被申请人返还缺陷责任保留金665 769.67美元、人民币4 764 083.55元,美元折合人民币后合计人民币10 289 971.77元;

1. 申请人观点

(1)工程早已竣工,被申请人"没有经过竣工验收"的说法不成立。(理由同上,不再赘述)

(2)2001年6月13日、2001年8月30日,申请人分两次将全部竣工验收资料及操作维修手册提交给被申请人,并由被申请人签收确认;2003年3月6日被申请人致函申请人,明确表示申请人所提供的全部操作及维修手册"运用及核对确认合格",因此被申请人称"申请人后期不依约提供竣工资料及操作维修资料"的说法有误。

(3)关于履行"保修义务":申请人完成了整改要求,尽了保修义务,因此认为被申请人"未履行保修义务"的说法不成立。

2. 被申请人观点

(1)分包工程未经过业主和政府主管部门验收通过,申请人未申请接受证书。

(2)申请人拖延提交相关操作维修手册,且未履行保修义务。

(三)申请人第三条仲裁请求

要求被申请人支付因工程设计变更所增加的工程款合计3 622 513.35美元、人民币44 442 546.63元,美元折合人民币后合计人民币74 509 407.46元。

1. 申请人观点

(1)涉及的工程变更均严格按照双方约定,且很多是经双方工程师共同核对、确认的,因此认为符合工程变更条件,要求被申请人支付设计变更所增人民币74 509 407.46元。

(2)申请人已向被申请人完整提交变更工程的全部文件,并得到被申请人的认可。

2. 被申请人的观点

(1)认为申请人请求的变更的并不全部构成"变更指令"。理由:

①形式上:有"变更指令"字眼;

②内容上:是"认可变更、修正、取消或增添工程的任何部分"。

(2)被申请人计算因工程设计变更所增加的工程款时并没有扣除因变更而减少的工程款。

（3）申请人的请求存在重复计算。

（4）申请人的请求不符合分包合同的约定：业主批准前只作为"技术洽商"，不作为"经济洽商"。

（5）被申请人已经如约支付全额工程款，"不接受申请人单方计价后所谓'全部工程款'"。

（6）认为设计变更的计价除了应当依据分包合同外，还应当遵循总包合同的约定。对申请人单方面提出设计变更范围、单价、费率及其他计价方式或内容不予认可。

（四）申请人第四条仲裁请求

要求被申请人赔偿申请人由于被申请人的原因导致工程延期完工而造成的损失1 210 185.43美元、人民币13 528 839.59元，美元折合人民币后合计人民币23 573 378.66元。

1. 申请人观点

（1）被申请人协调不力，导致工期不能按时完成；

（2）被申请人在答辩中未能提供证据说明延误是申请人造成的；

（3）申请人未放弃索赔权利，并就此索赔事项在《决算书》中予以明确。因此认为被申请人关于"申请人没有在结算报告中提出索赔"的说法有误。

2. 被申请人观点

（1）认为申请人应对工期延误承担全部责任，理由：

①申请人没有及时履行整个机电工程的深化设计任务；

②由申请人负责的深化设计的出图、送审时间有延误；

③申请人设备材料的送审时间延误；

④申请人供货延误；

⑤申请人未能及时执行设计变更；

⑥因申请人施工质量不符合要求，返工导致工期延误；

⑦申请人不能有效地理解并使用该工程适用的行业规范和标准；

⑧申请人未及时提供相关单据，导致我方报关延误；

⑨申请人擅自变更管理人员，且现场人员配备不足，导致工期延误；

⑩申请人工程管理不善，导致工期延误。

（2）申请人没有在结算报告中提出索赔。

（3）申请人没有证据证明工期延误的责任在被申请人一方。

（五）申请人的第五条仲裁请求

要求被申请人支付因延期付款而发生的相应利息1 328 039.90美元、人民币3 764 091.00元，美元折合人民币后合计人民币14 786 814.70元。

1. 申请人观点

要求被申请人支付因延期付款产生的利息：人民币14 786 814.70元。

2. 被申请人观点

被申请人未拖欠申请人任何款项，所以认为不存在利息的问题。

（六）申请人第六条仲裁请求

要求被申请人返还申请人"建材发展基金"合计人民币1 887 569.58元。

1. 申请人观点

申请人与被申请人在分包合同中约定，每次付款的人民币部分均应按6.11%的比例扣减相应的税费和基金，其中包括2%的建材发展补充基金。但在《合同条款》签订之后，被申请人扣除建材发展补充基金之前，北京市建委于1998年10月9日下达了《关于取消建材发展补充基金收费项目有关问题的通知》，其中规定"凡1998年7月15日以后完成工作量，停止收取建材发展补充基金。"据此，被申请人扣去该基金已失去了法律依据，《分包协议》中有关代扣建材发展补充基金的约定应当中止执行。但被申请人仍旧在所付款项的人民币部分强行扣减该费用，因此，申请人要求被申请人将该笔款项返还申请人。

2. 被申请人观点

（1）在总承包商与业主的结算中，未包含建材发展基金；

（2）申请人在结算草案中已经同意扣减建材发展补充基金；

（3）申请人在提交的结算报告中未提出该请求；

（4）认为6.11%的建材发展基金的扣除是强制性的，而不论政府是否取消。

（七）申请人第七条仲裁请求

要求被申请人承担本案的仲裁费，并支付申请人因申请仲裁而支出的费用。

三、被申请人的反请求

（一）被申请人第一条反请求

裁决申请人赔偿被申请人因申请人的原因延误工期给被申请人造成的损失人民币 51 578 530 元。

1. 被申请人观点

（1）认为是申请人方面的原因造成工期延误，理由：

① 申请人未及时充分履行深化设计义务，由其负责的深化设计出图、送审严重延误1135天（3年零40天）；

② 申请人设备材料送审严重延误367天；

③ 申请人供货严重延误607天；

④ 申请人未及时执行设计变更延误1155天；

⑤ 因申请人施工质量不符合要求而返工导致延误1393天；

⑥ 因申请人方现场人员配备不足、工程管理不善导致延误1118天；

⑦ 其他可归责于申请人的事由导致的延误1445天。

上述诸项，由于申请人原因导致工期延误共761天。

（2）根据《供应分包合同条款》第17.1款、《安装分包合同条款》第25.1款，延期违约金应按同金额1‰/天计算。

（3）申请人关于"认为工期延误是被申请人导致"说法有误，理由：

① 被申请人已及时提供了深化设计所需的基础资料及图纸，因此认为申请人关于"施工图纸交付滞后"的说法有误；

② 申请人拒绝或拖延执行工程变更是导致工期延误的原因；

③ 申请人未能履行机电综合协调义务，因此认为申请人关于"被申请人在施工中协调不力"的说法有误。

2. 申请人观点

（1）被申请人称是申请人原因导致工期延误没有证据。被申请人列出的延误天数为1100天、1445天（近4年），但该工程从约定的1999年8月31日完工、到2001年5月8日交付使用，仅不到2年，因此认为被申请人提供的数据是有误。

（2）根据合同规定，延期罚款为合同总金额1‰/天，但该罚金的最高限额为合同总价的5%。因此认为，即使按被申请人的要求赔偿，其数额也仅是人民币10 600 000.00元，而不是被申请人列出的人民币51 578 530.00元。

（3）认为工期延误是被申请人导致，理由：

①认为被申请人施工图交付时间滞后，是导致工期延误的主要原因；

②由于被申请人导致的工程变更，是工期延误的重要原因；

③被申请人在施工中协调不力，导致申请人施工进度受阻。

（4）被申请人从未提出"工程延误的索赔"，从工程完工至今，已经将近3年，因此认为已过2年诉讼时效。

（二）被申请人第二条反请求

裁决申请人赔偿被申请人因申请人施工质量不合格、工程管理不善等给被申请人造成的损失人民币6 109 560元。

1. 被申请人观点

（1）由于申请人未整改的工作，包括AHU达不到白皮书变频要求；B2UPS机房管道阀门、BP泵无法投入使用；AHU机组漏水等，根据合同规定，申请人应向被申请人赔偿。

（2）由于申请人管理不善，包括管理人员短缺，擅离职守；现场管理、协调工作不力等。从而导致申请人协调范围内的专业冲突，造成被申请人重复工作或现场成品毁坏等。根据《安装分包合同条款》，申请人应向被申请人赔偿。

2. 申请人观点

被申请人没有任何证据，也没有解释金额是如何计算的。因此认为申请人不应向被申请人赔偿。

（三）被申请人第三条反请求

裁决申请人向被申请人支付应予扣减的设计费、应予扣减的工程价款、房租、罚款及其他费用人民币31 736 166元。

1. 被申请人观点

（1）申请人应当承担整个机电工程的深化设计工作，但深化设计图纸大量、多次存在不合格；

（2）申请人至今仍未完成合同范围内的工作；

（3）申请人应自行承担相关房租费用、进出场费、图纸软盘费、商检费、内陆运输保险费、滞关费、空运费等。但被申请人此前已为申请人垫付，因此认为申请人应当返还被申请人上述费用。

2. 申请人观点

（1）申请人已经完成了对批复为B2类办理的图纸的设计；

（2）B2类办理是可以进行施工、提交文件符合要求的设计，因此认为被申请人无理由因是B2类办理而进行扣减。

（四）被申请人第四条反请求

裁决申请人向被申请人支付因降低设备、材料标准而应扣减的费用人民币4 946 958元。

1. 被申请人观点

申请人降低设备、材料标准，因此应对其费用进行扣减。

2. 申请人观点

没有提出任何证据和计算方法。

（五）被申请人第五条反请求

裁决申请人承担本案反请求的仲裁费，并支付被申请人因提出反请求而支付的费用。

四、双方达成和解协议

（一）仲裁庭开庭与调解过程

详见一、（三）本案立案和仲裁过程简介。

（二）双方的和解协议

申请人：I国AS建设工程公司

被申请人：ZJ国际建设公司

关于申请人和被申请人之间的P20040050号机电安装工程分包合同争议仲裁案，双方当事人于2004年11月2日在北京在仲裁庭的主持下进行了调解，并对双方的争议达成了如下最终和解协议：

1. 双方共同确认关于ZY大厦项目，被申请人向申请人再支付人民币52 750 000元，该数额为本项目下的最终净结算数额（该金额包括超出原合同金额的AS应付所得税。原合同额为人民币212 000 000元，超出原合同价款为人民币24 530 000元）；双方不再负有任何支付义务；

2. 该52 750 000元人民币中，支付4 500 000美元（以支付当日汇率计算），剩余部分以人民币支付；

3. 具体支付方式约定如下：

（1）2004年11月30日之前，被申请人向申请人支付1 200 000美元，人民币8 000 000元；

（2）2005年1月30日之前，被申请人向申请人支付人民币7 400 000元；

（3）2005年3月15日之前，被申请人向申请人支付剩余的3 300 000美元；如果因汇率变化，最终结算金额不足人民币52 750 000元，被申请人应将剩余金额以人民币同时补足；最终结算金额超出人民币52 750 000元，申请人应将超出部分以人民币同时退回被申请人。

（4）上述日期均指付款人银行向收款人银行发出付款指令之日。

4. 本案仲裁费130 983美元，折合人民币1 087 158.9元，反请求费人民币831 856元，H仲裁员来京开庭差旅费人民币8 000元，由双方分担，各方应承担人民币963 507.45元。

5. 申请人和被申请人请求仲裁庭根据上述和解协议作出本案裁决；

6. 对于申请人的其他仲裁请求和被申请人的其他反请求，双方均表示放弃。

7. 本协议一式五份，申请人和被申请人各存两份，仲裁委员会秘书局存档一份。

申请人：I国AS建设工程公司　　被申请人：ZJ国际工程公司

　　Michielon先生(签字)　　　　　　　谭XX（签字）

二〇〇四年十一月二日

（三）仲裁庭裁决书

仲裁庭根据申请人和被申请人达成的上述和解协议和仲裁规则第四十九条的规定，对申请人和被申请人之间的争议做出裁决如下：

1. 关于ZY大厦项目，被申请人向申请人再支付总额为人民币52 750 000元，该数额为本项目下的最终净结算数额（该金额包括超出原合同金额的Aster应付所得税。原合同金额为人民币212 000 000元，超出原金额价款为人民币24 530 000元）；双方互不再负有任何支付义务；

2. 该52 750 000元人民币，支付4 500 000美元（以支付当日汇率计算），剩余部分以人民币支付；

3. 上述款额具体支付方式约定如下：

（1）2004年11月30日之前，被申请人向申请人支付1 200 000美元、人民币8 000 000元；

（2）2005年1月30日之前，被申请人向申请人支付人民币7 400 000元；

（3）2005年3月15日之前，被申请人向申请人支付剩余的3 300 000美元；如果因汇率变化，最终结算金额不足人民币52 750 000元，被申请人应将剩余金额以人民币同时补足；最终结算金额超出人民币52 750 000元，申请人应将超出部分以人民币同时退回被申请人。

（4）上述日期均指付款人银行发出付款指令之日。

4. 本案仲裁费为130 983美元，折合人民币1 087 158.9元，反请求费人民币831 856元，何伯森仲裁员来京开庭差旅费人民币8 000元，由双方分担，各方应承担人民币963 507.45元；因申请人已经支付130 983美元，被申请人已经支付人民币839 856元，因此被申请人应于2004年11月30日之前再向申请人支付人民币123 651.45元；

5. 对于申请人的其他仲裁请求和被申请人的其他反请求，双方已予以放弃。

被申请人向申请人支付的上述款项应按照本裁决规定的上述日期全部支付完毕。逾期不付，按年利率5.58%加计利息。

本裁决是终局的，自做出之日起发生效力。

五、分析评论

（一）本案最终调解成功的启示

在仲裁过程中，调解是中国仲裁的特色，也是成功的经验。有一些国家认同这种做法，但也有一些西方国家不理解甚至不赞成这种做法。笔者曾经向一位很熟悉的英国同行朋友介绍我们在仲裁中调解的做法，他笑着回答了我两个字：Not International。他的意思是，这不符合国际惯例，实际上是说不符合英美法相关的要求。我给他详细地介绍了我们的调解步骤和调解的效果，在一起的一位香港同行朋友说：这种做法是否成功，取决于仲裁员的水平。我表示同意她的说法，因为仲裁员如果能客观地分析案情，公正地对待双方，冷静地和双方交谈，是会得到双方理解的。在没有得到一方允许的情况下，我们肯定也不会去向对方"传话"。即便调解不成功，也不会影响最终的裁决，因为仲裁庭的裁决是要一个一个子项目地按照法律和法规的规定、双方合同的约定以及可采用的证据来裁决的。

本案的申请人是一家欧洲的公司，对这种方式一开始并不理解，所以整个调解过程比较艰难，但是在仲裁庭的坚持努力下，双方最终取得了和解。下面笔者试图总结一下这个仲裁案调解成功的一些经验和启示。

1. 首席仲裁员的水平对仲裁的调解成功至关重要

本案首席仲裁员魏耀荣先生，在2012年被贸仲授予"荣誉仲裁员"称号。他是一位在人品、敬业精神和仲裁水平等方面都堪称典范的优秀仲裁员。笔者有幸与魏先生共同受理了两个大型的复杂的仲裁案，最终都调解成功，这与魏先生的认真、负责、细致、耐心的品质是分不开的。本案三位仲裁员受理本案时均已年过七旬，魏先生还有心脏病，但为了使案件的调解一气呵成，有时一天开庭八九个小时。这种坚持拼搏的精神也使涉案双方的当事人深受感动，使他们认识到仲裁员是完全无私地、诚心诚意地在为他们服务，对双方都是尊重的、公平对待的。这很有利于帮助欧洲的涉案方理解"东方经验"，有助于调解的成功。

2. 向涉案双方仔细地说明仲裁中调解的做法和优点十分重要

仲裁中调解是中国的特色产品，来自欧洲公司的代表几乎全然不了解这种做法。我们在每次调解时，都向他们详细地介绍这种调解的做法。背对背地调解有助于仲裁员以个人身份自由地和他们交换意见，帮助他们认识到自己索赔款额中的"水分"，也就是说，分别告知各方他们的请求和反请求中都有一些是证据不足的或经不起推敲的，也就等于暗示他们，在一些子项目上，如果仲裁裁决，很可能是得不到支持的。

涉案双方实际上都是心中有数的，也就是说，对于自己一方大致能索赔到多少款额或付出多少款额都是事先算过账的，仲裁庭必须让双方都认识到自己一方的劣势和弱点，才能使他们比较实事求是地让步，这一点对调解的成功是十分重要的。

当然事先要说清楚，在调解过程中仲裁员和双方当事人发表的观点、分析，都仅仅代表个人意见。如果调解不成功，都是不算数的，也不能被任何人引用。

还要向双方说明仲裁中调解的好处，如节省时间和精力，结案快，有助于双方结案后的继续合作，不分"胜诉"和"败诉"，有助于保持双方公司的"诚信"记录等。

让双方的代理人包括律师、公司相关主管（此次AS公司董事会即委派了一个有相当权力的主管作为全权代表来中国）、项目管理人员、工程师等都对仲裁中的调解有比较深刻的理解，才能保证调解的顺利进行和成功。

3. 仲裁庭要分析了解双方的心理状态

本案总承包商是国内知名的大公司，并不是故意不向分包商支付，而是由于ZY大厦业主方领导频繁更换，加上工程竣工后审计进度缓慢。因此工程一直未正式全面验收，业主方长时间拖欠工程款不向总包商支付,因此也就导致总承包商拖欠了对分包商的支付。

在本案开始前后,总包商由业主处得到一笔支付,正准备向分包商支付,但也绝不可能同意分包商狮子大开口似的索赔。

本案分包商承担的项目已经完工,并且大厦已经投产三年,拖欠的工程款一直没支付,因而分包商对总包商和业主很不满意,这一点是可以理解的,但是,在索赔款额上,确实也有很多不实之处。

仲裁庭在分析了以上双方的心理状态后,考虑到双方的请求与反请求款额中存在大量泡沫,也就是说,在调解中,双方都有比较大的回旋余地,也增强了仲裁庭将本案调解成功的信心。

本案双方请求和反请求都有大量不实之处,他们也知道仲裁庭不可能依照任一方的要求进行裁决。但是,双方对完全依靠仲裁裁决最终会得到什么样的结果,也是心中无数的,这样的心理状态,也促使他们愿意走调解之路。

4. 调解过程艰苦

由于双方请求和反请求的款项数额巨大,要使双方都能做出大幅度的让步,才有可能达成和解。从下面的表我们可以看出,调解的过程并不是一帆风顺的。

本案调解过程中双方逐渐让步过程表

双方最初的请求和反请求的款额	分包商申请支付的款额折合人民币 143 432 408.94元	总包商反请求的款额折合人民币 94 371 214元
第一次调解后	分包商要求支付人民币8 000万元	总包方同意支付人民币3 000万元,并放弃全部反请求要求
第二次调解后	分包商要求支付人民币5 800万元	总包方同意支付人民币5 000万元
第三次调解后	分包商要求支付人民币5 500万元	总包方同意支付人民币5 400万元
仲裁庭建议	由总包方向分包商支付人民币5 450万元,但分包商未同意。	
第四次调解后	双方达成一致,由总包商向分包商支付人民币5 475万元	

欧洲人的工作作风严谨认真,但有时也有一些不灵活,因为AS公司的代表认为工程竣工三年不向分包商支付,他们是受害者,所以在调解让步过程中,就不应该对等让步,而总包商应该多让一点。因此,在第三次调解后,当双方数额十分接近时,仍不同意仲裁庭建议的5 450万元。为此,仲裁庭又建议双方在庭下谈判,但双方仍未能取得一致。最后,首席仲裁员又耐心地主持进行了第四次调解,总包商让步75万元,分包商让步25万元,最终才调解成功。这也算给了AS公司一个面子吧,可能这样AS公司的谈

判代表回I国总部后更好交代一些。

(二) 关于反请求问题

在工程项目管理中有"索赔"（Claim）和"反索赔"（Counter Claim，Defence Against Claim）的提法，实际上Claim的正确含义是权利主张和权利要求，是指要求索回原应属于自己一方的权利。我国仲裁界采用的反请求一词，一般是指被申请人一方在遇到申请人一方的索赔请求，在答辩的同时提出的反请求。

本案被申请人在答辩时，提出了数额不菲的反请求，笔者认为，这与一些代理人对反请求的理解不正确有关，反请求的目的应该是代表你方提出的一个个独立的、有根有据的、正当的权利要求，而不是用来"抵消"对方的请求。在仲裁裁决时，你方提出的反请求（反索赔）是否能够被仲裁庭接受，关键在于反请求的内容是否有法律、法规、合同条款和相关证据的支持。如果认为对方提出索赔，我方必须用反请求去抵消，这种认识是错误的，也往往是徒劳的。

本案中的反请求数额巨大，有许多内容是明显不合理的，例如：

1. 本案双方是在1998年7月22日签订的《分包协议书》，总合同金额为人民币297 000 000.00元，约定1999年8月31日完工。1999年4月26日，被申请人致函申请人将合同总金额调整为人民币212 000 000.00元。

该工程于2001年4月底通过竣工调试验收，5月8日正式交付使用。

本案被申请人的代理人在反请求书中提出的工期延误索赔如下：

（1）申请人未及时充分履行深化设计义务，由其负责的深化设计出图、送审严重延误1135天（3年零40天）；

（2）申请人设备材料送审严重延误367天；

（3）申请人供货严重延误607天；

（4）申请人未及时执行设计变更延误1155天；

（5）因申请人施工质量不符合要求而返工导致延误1393天；

（6）因申请人方现场人员配备不足、工程管理不善导致延误1118天；

（7）其他可归责于申请人的事由导致的延误1445天。

上述诸项，由于申请人原因导致工期延误共761天。

从上述工期延误索赔，我们可以看出几个问题：

（1）从约定的完工日期（1999年8月31日）到2001年4月通过竣工验收，一共不到2年，申请人怎么可能因为未及时充分履行深化设计出图及送审而延误1135天（3年零40

天)呢?

(2)上述"工期延误索赔"中,一共提出了7个方面的延误,少者367天,多者1445天,但最后没有说明"申请人原因导致工期延误共761天"是如何算出来的。

(3)在工程实施过程中,总承包商应该针对这些工期延误及时发函督促分包商赶工,但总包商并未向分包商提出工程延期索赔,也未向仲裁庭提供要求赶工的信函作为证据。这些日期的计算缺乏依据。

2. 反请求中提出的由于申请人质量不合格、工程管理不善而索赔6 109 560元,但并没有提供具体的证据,也没有提供反请求金额的计算依据。

3. 反请求中提出的由于申请人降低设备材料标准,应扣减人民币4 946 958元,但并没有提出具体的证据,也没有提供反请求金额的计算依据。

由此可见,被申请人的巨额反索赔9 400万缺乏索赔依据和具体的计算,其主要出发点,可以理解为主要是想抵消对方的索赔请求,但这样是不可能得到仲裁庭支持的。

(三)关于工程拖期、相关支付问题以及变更约定的分析评论

由于本案例与上一个案例——另一个香港分包商向总包商索赔的案例的总承包商均为同一个公司,合同条款大同小异,在实施过程中遇到的问题也大同小异,该案也是通过在仲裁中的调解而最后达成了和解。所以对于工程拖期、相关支付问题以及变更约定等问题的分析评论详见本案例前面的一个案例。

下面是本案例与上一个案例两案首席仲裁员魏耀荣先生写的几点体会。

两个巨额争议案调解成功的几点体会

魏耀荣

两个仲裁案之所以能够调解成功,双方当事人均感到很满意,达到圆满双赢,其原因,我们感到主要有以下几点:

第一,下大功夫细看深读案卷材料,全面深入地掌握案情,厘清事实。

两案所涉案情复杂,专业性也很强。每次开庭,办案秘书都要用小车才能把案卷材料拉到庭上。仲裁庭对全部材料都要做到看两遍。第一遍初读,了解案情轮廓;第二遍细读,掌握细节,理清来龙去脉,在证据链的基础上形成事实链。对模糊不清的情节,在开庭时提出询问,探求真相。这样,仲裁庭才能掌握整个仲裁程序,能够在庭审中查

明弄清双方当事人分歧的症结所在，有针对性地提出问题，澄清疑点，从整体上把握争议的是非曲直。这是仲裁庭推进整个仲裁程序、正确裁决争议的基础和前提。有了这个基础，仲裁庭才能掌握主动权，便于对当事人劝和促谈，引导和组织当事人进入调解程序，达成和解。

第二，坚持对双方当事人保持等距离，将仲裁庭的中立立场和公正态度贯穿于仲裁全过程。

这是仲裁庭引导和组织当事人进入调解程序的首要的和基本的前提。这不是凭仲裁庭的口头宣示所能做到的，而是要通过仲裁庭的一言一行和一举一动，来向当事人展现其不偏不倚和一碗水端平的风格和作风，以获得当事人的认可和信任。

仲裁庭注意从事实与法律相结合的角度，以适当的语言和适当的方式，诚恳地和耐心地做好促进让步妥协、推动协商和解的工作。既帮助潜在胜诉方理性地确定和提出本方诉求，避免满打满算，要求过高，并努力做到适度让步，适可而止。也帮助潜在败诉方了解自身的不利地位和难以摆脱的责任，不做非理性的和难以奏效的过度抗辩。

在庭审调查和组织辩论中，对某些事实情节的厘清，对某些合同条款原意的理解和解释，仲裁庭都注意把问题向双方当事人提出，认真地倾听双方当事人的回答。这些问题的提出和澄清，都可能产生对一方不利的后果，当事人会非常敏感，仲裁庭注意采用中性的语言与平和的方式，避免引发一方当事人的疑虑。对当事人的一些不占理的解释或非理性的辩解，仲裁庭可视情况在同该当事人单独接触协调和解事宜时，善意地适当提醒，但都不在开庭时评论表态，尤其不要批评指责。

这两个仲裁案就同一个大型建设项目而引发形成，可称为一对孪生仲裁案。被申请人是国内一家大型建筑工程公司，前后两案的申请人分别为香港和意大利的机电安装工程公司；两申请人均聘请深圳的同一家律师所作为代理律师，被申请人则聘请北京一家律师所进行代理。在前一案达成和解后，双方代理人立即决定选定前案仲裁员作为后案仲裁员，双方当事人并共同商量选定前案首席仲裁员继续担任后案首席仲裁员，这在仲裁界是颇为少见的，表明当事人对仲裁庭的职业道德和办案能力都存有很高的信任。

第三，讲求调解方法，掌握调解基本功。

仲裁争议能否调解成功，大体上要取决于三项要件的成就，即：深谙案情事实；准确选择适用的法律规则；通晓涉案的相关经济技术知识。所谓调解方法，或者调解技巧，归根结底，就是要在下功夫创立成就三项要件的基础上，深入全面地剖析评估双方的诉求，从中挖掘发现双方当事人诉求范围内存在的该方当事人可以主张权利而另一方当事人应当承担责任的部分，即划分双方的权利范围和责任范围。这项工作的头绪多，难度大，要耗费大量的时间和精力，例如，双方担负施工项目的迟延交付问题，就涉及多方面的复杂的原因与责任。总包商与多个分包商在一个现场同时施工，需要相互衔接和互创条件，实际上却可能相互脱节或相互影响。各承包商可能因为自供或他供材料不能按时到货或质量不合格而停工，可能因为施工质量不达标而需要返工，可能因为变更设计或施工方法而拖延工期。双方当事人均主张延期交工系由于对方或第三方的原因与责任所造成，从而举证要求对方承担赔偿责任。这就要求仲裁庭在审查认定证据效力的基础上，逐一地准确合理地认定和划分双方当事人的责任所在。在第一案中，仲裁庭在经过认真查明事实和审查证据并与双方当事人多次分头协调交换意见，大体摸清双方当事人的底线，在最后一次开庭时，由首席仲裁员以个人意见提出一个双方分别承担赔偿责任的初步方案，作为调解的基础，要求双方发表是否同意接受或者进行增减调整的意见。在经过短暂的沉默以后，申请人和被申请人即相继表态，同意全盘接受这个调解方案。调解如此顺畅，仲裁庭虽然略感意外，但也在意料和期待之中。这应是仲裁庭共同努力发挥集体智慧的结果，自然也是双方代理人共同商量选定原仲裁庭成员继续审理第二仲裁案的缘由。

参考文献

何伯森．国际工程合同与合同管理（第二版）．北京：中国建筑工业出版社，2010

其他案例 16-17

某管理承包项目索赔仲裁案例

摘要

本案为一个建筑工程公司（承包商）与一家国际顾问公司之间的争议，该工程项目是一个管理承包类型的项目。根据合同约定，由该建筑工程公司负责某汽车公司厂房的土建及室外工程建设，并承担缺陷责任期内的维修工作。国际顾问公司为管理承包商。

本案涉及的是建筑工程公司与国际顾问公司关于款项支付的争议，争论的焦点是涉案项目在缺陷责任期内的维修费用是否应由承包商（即申请人）承担。

因涉案金额不足50万元，所以采用仲裁的简易程序进行，即由独任仲裁员办理此案。

本案在仲裁庭的调解和双方的配合下，最终达成了和解，并撰写了"和解协议书"，仲裁庭据此编写了裁决书。

本案例的分析评价包括：管理承包类工程项目的特点，工程实施过程中的单据保存的重要性。

本文在案情介绍部分均采用申请人、被申请人，在分析评论部分则采用承包商和顾问公司。

关键词　承包商　顾问公司　管理承包　缺陷责任期

一、本案内容简介

（一）工程项目简介

2000年6月26日ZJ市第四建筑工程公司（以下简称申请人）与YL国际顾问有限公司（以下简称被申请人）签订了《ZJMC轻型车系统有限公司厂房土建、建筑及室外工程建设合同》（以下简称《MC厂房土建合同》）。涉案工程是一个普通的厂房建设工程，业主ZJMC轻型车系统有限公司采用管理承包（Management Contracting）合同模式，将该项目整体承包给一家新加坡的国际顾问公司，该公司又将厂房土建及室外工程建设部分承包给了申请人。

根据《MC厂房土建合同》约定，由申请人负责ZJMC厂房的土建及室外工程建设，并且在缺陷责任期内，对工程任何部位出现的任何缺陷负责维修并承担修复费用。其中合同工期约定为七个月，缺陷责任期约定为工程竣工获得竣工证书并为业主接收之后的12个月，缺陷责任期满，被申请人向申请人付清合同价款。

申请人于2000年8月4日进场施工，2001年3月工程竣工，2001年3月21日，工程验收合格，2001年3月26日，业主举行了竣工典礼并将工程投入使用。

（二）争议内容简介

1. 申请人的仲裁请求
（1）裁令被申请人立即给付工程尾款人民币25.49万元；
（2）裁令被申请人承担逾期付款的经济损失人民币3.55万元；
（3）裁令被申请人承担仲裁费用。
2. 被申请人的反请求
该案被申请人未提出反请求。

（三）立案过程及仲裁过程

在缺陷责任期满时，申请人认为被申请人尚未付完工程总价款，双方发生争议，遂向中国国际经济贸易仲裁委员会上海分会（以下简称贸仲上海分会）提起仲裁。

2003年6月4日，贸仲上海分会根据申请人与被申请人签订的《MC厂房土建合同》中的仲裁条款以及申请人提交的书面仲裁申请，受理了本案。

鉴于本案争议金额未超过人民币50万元，根据贸仲的《仲裁规则》第七十五条和第六十四条的规定，适用简易程序。

仲裁委员会主任依据《仲裁规则》第六十五条规定，指定H先生为本案独任仲裁员，并于2003年6月26日成立仲裁庭。

2003年7月21日在贸仲上海分会所在地开庭审理本案，仲裁庭在庭审过程中，争得双方当事人的同意，对本案争议进行了调解，当庭未果。庭后，双方当事人经多次协商，于2003年7月29日在仲裁庭的主持下，经过友好协商，最终达成《和解协议书》，仲裁庭在双方要求下按照《和解协议书》的内容做出了裁决。

二、本案涉及的《MC厂房土建合同》部分内容简介

1. 申请人完成ZJMC轻型车系统有限公司厂房土建及室外工程的施工。

2. 整个工程的全部竣工期为从中标通知书中所示将现场交付给承包商之日算起的七个日历月。

3. 竣工验收合格且业主接受工程后，相当于合同总价百分之五（5%）的质量保证金应在合同规定的"缺陷责任期"期满，即获得工程顾问颁发的竣工证书且业主接受之日后的12个月后予以支付。

4. 缺陷责任期内，不管任何原因，在工程任何部位出现的任何缺陷，均应由承包商在收到工程顾问书面说明书后的一段合理时间内修复，修复费用由承包商（即申请人）承担。

除此之外，合同并对双方的协作、工程变更、结算、争议解决等事项做出了明确的规定。

三、申请人的仲裁请求

（一）申请人第一条裁决请求

裁令被申请人立即给付工程尾款人民币25.49万元。

1. 申请人观点

2000年8月4日ZJ市建委颁发施工许可证后，申请人即积极组织施工，于2001年3月竣工，3月21日向被申请人发出竣工验收申请表，经被申请人及监理部门、设计部门初步验收达到设计要求，满足使用功能。业主于2001年3月26日举行竣工典礼并随即投入

使用，该工程经省、市建设部门评定为优质工程。上述工程的总工程款，经双方电话和传真最终确认，合同价加变更增加的价格共计为人民币530.26万元。

然而，被申请人却未能按照合同的约定给付工程价款，工程竣工时仅支付了申请人工程款人民币378.07万元。质量缺陷责任期届满时，仍未能付完工程总价款，虽经申请人多次催要，被申请人陆续给付，但截至申请人提交仲裁申请之时，尚欠工程款为人民币25.49万元。对此，被申请人应向申请人予以支付。

2. 被申请人观点

合同签订后，工程于2001年3月竣工，业主接收日期为2001年4月26日。2001年4月，厂房地面出现空洞、空鼓、表面脱落、表面变得粗糙起砂等较多工程缺陷。2001年7月，工程中的雨篷、车棚、电动门、水沟盖板、车间门相继出现生锈或损坏。2001年8月，出现部分屋面渗漏、外水沟下沉、玻璃幕墙渗漏、窗台渗漏等情况。2002年8月，楼梯及餐厅不锈钢扶手、一楼接待厅雨棚、一楼接待厅无框玻璃门等均出现问题。被申请人先后于2001年9月17日、2002年4月1日、2002年10月23日委托第三方进行维修，支出费用共9.04万元，加上20%的管理费后共计10.85万元。尽管如此，保修期内出现的地面问题依然未能得到解决。对此，申请人应承担相应的责任。

3. 仲裁庭查明的事实

（1）该工程项目于2001年3月竣工。2001年3月21日申请人向被申请人发出竣工验收申请表，经被申请人及监理部门、设计部门初验达到设计要求，满足使用功能。业主于2001年3月26日举行竣工典礼并随即投入使用，该工程经省、市建设部门评定为优质工程。业主于2001年4月颁发了竣工证书，确认了工程于2001年4月26日完工，缺陷责任期为一年，自2001年4月26日起至2002年4月25日结束。

（2）上述工程完成以后，对于工程的总工程款，经双方电话和传真最终确认，合同价加变更价格增加共计为人民币530.26万元。对此，双方均予以确认。

（3）截至本案申请仲裁时止，被申请人尚欠工程余款人民币25.49万元未向申请人支付，被申请人认为，该余款扣留是因为申请人所施工的工程项目在质量缺陷期内，出现了空洞、空鼓、表面脱落、表面变得粗糙起砂等工程缺陷，经被申请人多次与申请人联系，要求申请人进行各项有关问题的维修工作，而申请人却未能及时进行修复，被申请人遂依据合同有关规定，聘请了其他工程公司完成了上述工程缺陷项目的维修及修复工作。

（二）申请人第二条裁决请求

裁令被申请人承担逾期付款的经济损失人民币35 526元。

（三）申请人第三条裁决请求

裁令被申请人承担仲裁费用。

四、仲裁庭的调解

（一）和解协议

庭后，双方当事人于2003年7月29日，在仲裁庭的主持下，经协商，就本案争议最终达成《和解协议书》。

该《和解协议书》主要内容如下：

1. 仲裁裁决书送达后20天内被申请人向申请人支付工程尾款计人民币20.49万元，申请人放弃对被申请人的其他仲裁请求；

2. 双方共同请求仲裁庭依据本和解协议第1条的内容出具仲裁裁决书；

3. 申请人同意在被申请人向其付款的同时，将ZJMC轻型车系统有限公司于2003年3月18日向其出具的建筑工程回访记录单及2003年4月2日出具的建筑工程返修记录［Z四建（2003）第3号］原件交付给被申请人；

4. 在被申请人向申请人支付本协议第1条款项同时，申请人向HQ区人民法院申请解除对被申请人银行存款的冻结；

5. 本案仲裁费由被申请人承担人民币9 000元，其余由申请人承担；

6. 被申请人于付款的同时向申请人提供与其承包项目有关的完税凭证复印件（加盖被申请人财务章）。

（二）仲裁庭裁决书

根据申请人和被申请人的请求，仲裁庭依据本和解协议第1条的内容出具仲裁裁决书。仲裁庭裁决如下：

1. 被申请人应自本裁决做出之日起20天内向申请人支付工程尾款人民币20.49万元；

2. 申请人应在被申请人支付上述第1条规定的款项的同时，将ZJMC轻型车系统有限公司于2003年3月18日向其出具的建筑工程回访记录单，及2003年4月2日出具的建筑工程返修记录[Z四建（2003）第3号]原件交付给被申请人；

3. 申请人应在被申请人支付上述第1条规定的款项的同时向SZ市HQ区人民法院申请解除对被申请人银行存款的冻结；

4. 被申请人应在支付上述第1条规定的款项的同时向申请人提供与其承包项目有关的、加盖被申请人财务章完税凭证复印件；

5. 本案仲裁费为人民币16 167元，由被申请人承担人民币9 000元，余款人民币7 167元由申请人承担。本案申请人已预缴了仲裁费人民币16 167元，故被申请人应在本裁决做出之日起20天内向申请人偿付人民币7 167元。

本裁决为终局裁决，自做出之日起生效。

五、分析评论

（一）项目管理承包（Project Management Contracting，PMC）的特点

本案为PMC模式，PMC是指由业主通过招标的方式聘请一家有实力的项目管理承包商（公司或公司联营体），对项目的全过程进行集成化的管理，PMC在国外也常称作管理承包（Management Contracting，MC）。本案例负责项目管理承包的是一家新加坡的咨询顾问公司，在咨询工作领域内有丰富的经验，不仅可以承担项目的规划、设计，而且有能力承担多种类型的项目管理（包括管理承包），以及EPC交钥匙工程。

这种模式下，管理承包商须与业主签合同，并与业主的专业咨询顾问（如建筑师、工程师、测量师等）进行密切合作，对工程进行计划、管理、协调和控制。由各施工承包商具体负责工程的实施，包括施工、设备采购以及对分包商的管理。施工承包商一般只与管理承包商签合同，而不和业主签合同，管理承包商可采用阶段发包方式选择施工承包商，但选定的施工承包商须经业主批准。

管理承包商和施工承包商的合同需得到业主的批准。在支付时，业主方要审查管理承包商对施工承包商的支付申请。管理承包商和施工承包商的合同关系如下图：

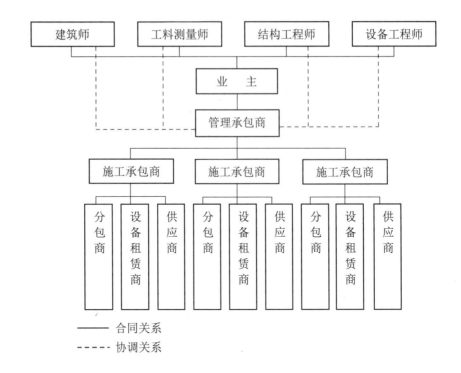

该模式的主要优点是：

● 可充分发挥管理承包商在项目管理方面的专业技能，统一协调和管理项目的设计与施工，减少矛盾，而且可以大大减少业主在工程项目管理中的工作量；

● 管理承包商负责管理整个施工前的阶段和施工阶段，因此有利于减少设计变更；

● 可方便地采用阶段发包，有利于缩短工期；

● 一般管理承包商承担的风险较低，有利于激励其在项目管理中的积极性和主观能动性，充分发挥其专业特长，为业主管好项目。

该模式的主要缺点是：

● 业主与施工承包商没有合同关系，因而控制施工难度较大；

● 与传统模式相比，增加了一个管理层，增加了一笔管理费，但如果找到高水平的管理承包商，则可以从提高管理效率中获得效益；

● 管理承包商与设计单位之间的目标差异可能影响相互间的协调关系。

（二）国外公司十分重视工程实施过程中的证据的保存

本案例除了上述管理承包的特点之外，有一个细节，即在和解书中专门说明"申请人同意在被申请人向其付款的同时将ZJMC轻型车系统有限公司于2003年3月18日向其出具的建筑工程回访记录单及2003年4月2日出具的建筑工程返修记录［Z四建（2003）第3

号］原件交付给被申请人"。

这个细节说明国外公司十分重视证据的保存，因为顾问公司向业主管理承包时负有对工程质量的责任，在缺陷责任期中，当承包人不进行维修时，顾问公司另外找其他公司维修。在缺陷责任期期满后，业主代表回访该工程，对质量仅提出少数意见，承包人又进行了维修，满足了业主方的要求。但这两个相关的记录单都在承包人手中，为了防止以后业主再向顾问公司提出要求，所以在这次仲裁过程中，顾问公司要求将原始单据交给他们保存，以免后患。

这种重视保存证据的作风，很值得国内的公司学习。

参考文献

何伯森. 国际工程合同与合同管理（第二版）. 北京：中国建筑工业出版社，2010

苯乙烯买卖合同争议仲裁案例

摘要

本案涉及的是一化工原料供应商（申请人）和一采购方（被申请人）关于其买卖合同的争议，争议的焦点包括在合同的履行过程中哪一方先行违约，以及由违约一方对另一方造成的损失金额的认定。

本案例介绍了买卖合同简况和双方争议的关键问题——在合同的履行过程中哪一方先行违约。

本文最后对涉案有关的问题，如关于违约责任相关证据问题、关于在仲裁中调解的问题，进行了分析和评论。

关键词 买卖合同 信用证 货物转卖

一、本案内容简介

（一）买卖合同内容简介

2009年4月21日，香港NY集团公司（以下简称"申请人"）与大陆DH化工公司（以下简称"被申请人"）签订《HH号化工产品买卖合同》（以下均用"合同"）。

本案合同约定，申请人向被申请人出售苯乙烯2 000吨，每吨990美元，总价款1 980 000美元。合同付款方式为不可撤销跟单信用证，被申请人必须在2009年5月6日以前开具有效信用证，开证后15天内货物装船发运。

合同签订后，在规定的开证日期内，被申请人没有开证。申请人继而将本案合同项下货物以860美元/吨的价格转卖，由之产生了26万美元的损失。双方当事人协商未果，申请人遂向中国国际经济贸易仲裁委员会（以下简称"贸仲"）提起仲裁。

（二）争议内容简介

申请人的仲裁请求：

1. 裁决被申请人赔偿申请人损失260 000美元；
2. 裁决被申请人向申请人支付人民币113 800元申请人支付的律师费；
3. 裁决被申请人向申请人偿付为办理本案支出的差旅费；
4. 裁决被申请人承担本案仲裁费。

（三）立案及仲裁过程简介

贸仲于2009年9月9日收到了本案申请人提交的财产保全申请、仲裁申请书及其附件，贸仲接受了该申请，并于2009年12月3日向申请人和被申请人分别寄送了仲裁通知、《中国国际经济贸易仲裁委员会仲裁规则》（以下简称"《仲裁规则》"）和贸仲的《仲裁员名册》，同时向被申请人寄送了申请人提交的仲裁申请书及附件材料。

本案仲裁程序适用贸仲自2005年5月1日起施行的《仲裁规则》。

由于申请人未在《仲裁规则》规定的期限内选定或委托仲裁委员会主任指定仲裁员，贸仲主任根据《仲裁规则》之规定为申请人指定G先生担任本案仲裁员，被申请人选定H先生担任本案仲裁员。由于双方未在《仲裁规则》规定的期限内共同选定或共同委托仲裁委员会主任指定首席仲裁员，贸仲主任根据《仲裁规则》指定Y女士担任本案首席仲裁员。上述三位仲裁员于2010年1月12日组成仲裁庭。

2010年2月26日，仲裁庭在北京开庭审理本案。申请人和被申请人均派代理人出席了庭审。

在开庭过程中，仲裁庭征求双方意见，是否可在仲裁庭主持下进行调解，但被申请人一方的律师代理人当即表示不同意调解。

仲裁庭根据双方提供的书面材料并根据庭审查清的事实，经合议后作出了裁决。

二、本案双方争议的关键问题和仲裁庭裁决意见

在合同的履行过程中哪一方先行违约影响到主要争议点的裁决，所以仲裁庭首先就这个问题进行了分析和裁决。

（一）申请人观点

申请人认为，被申请人违约在先，理由如下：

在买卖合同约定的开具有效信用证的规定日期，即2009年5月6日以前，被申请人由于苯乙烯的国际价格一路下滑，2009年4月29日到5月1日期间均在840美元/吨左右徘徊，遂违反合同规定，拒不开证，导致合同履行受阻。

1. 关于申请人在开具有效信用证的规定日期内先行将货物转卖，申请人认为：

（1）苯乙烯作为大宗标准化产品，申请人即使已经转卖货物也可以临时再重新采购一批同样的货物用作交付被申请人使用。

（2）在国际贸易中，两家或多家买卖合同相互冲抵或循环冲抵的情况并不鲜见，申请人与货物的供应商就经常采用这种结算方式。在国际大公司之间，仅凭往来的电子邮件就足以作为凭据。作为兼为买卖两家的申请人，一旦下家出现不履行合同的情况，通常，尤其是在价格波动的情况下，申请人一般都会选择将合同转让的形式来减少损失，而不会选择向上家履行完合同后，再向下家主张赔偿。

2. 关于被申请人是否在主观上拒绝开具信用证，申请人认为：

（1）一般情况下，从开始向银行递交申请书到最后信用证开出，需要3～5个工作日的时间。在申请人多次催要上述申请书的情况下，被申请人直至开证截止日期前一天依然未能出示该申请书。从被申请人从未向银行提出过开证申请书的这一情节，就可以看出被申请人不会开证。

（2）至于被申请人提出的银行的政策障碍的问题，首先，被申请人在合同规定的开

证期限前后都没有告知过申请人存在着所谓的银行政策障碍；其次，被申请人向仲裁庭递交的是建设银行CZ市某支行为其出具的一个"对相关行业的信贷政策进行了结构性调整"的意见来佐证其观点。但在"代理词"中，被申请人又称其"到中国银行开具信用证时，恰逢银行正在进行窗口指导，致使被申请人不能按期开证"。且不论是哪一家银行对被申请人实行了"窗口指导"，即便是所有的银行都拒绝了被申请人的开证申请，也只能证明被申请人在所有的银行都出现了信誉问题。被申请人在看到苯乙烯的国际价格下跌后，以拒绝履行合同来避免损失。

因此，本案中被申请人存在着主观上的明显过错。

（二）被申请人意见

被申请人认为申请人先行违反合同规定，理由如下：

1. 关于申请人在开具有效信用证的规定日期内先行将货物转卖，被申请人认为：

根据本案合同中的约定，被申请人的开证时间最晚应为2009年5月6日，而申请人向YD集团控股有限公司转卖货物的时间是5月4日，在被申请人还没有违约的情况下，申请人已经将货物卖出了。因此，申请人的损失不是由于被申请人的违约行为造成的。

2. 关于被申请人是否在主观上拒绝开具信用证，被申请人认为：

申请人曾在庭审中声称被申请人在2009年4月30日曾经电话通知申请人无法开具信用证，然而却并未提供任何证据对此加以证明。事实上，被申请人一直在努力与银行磋商开具信用证事宜，在2009年5月6日前，被申请人从未有过不开具信用证，不履行合同的意思表示与行为。

被申请人没有在合同约定的期间内开具信用证的原因是，在国内经济遭遇经济危机后，在被申请人到中国银行开具信用证时，恰逢银行正在进行窗口指导，致使被申请人没有能在合同规定的期间内开具信用证。所以被申请人未能在合同规定的期间内开具信用证不是被申请人的主观过错，而是由于银行的政策原因所导致。

因此，被申请人认为自己没有主观上不履行合同义务的错误，是申请人先行违约。

（三）仲裁庭意见

本案合同是起运地交货合同，采用的支付方式为信用证方式，因此，被申请人在本案合同项下，具有先期履约的义务，必须按照合同规定申请开出不可撤销信用证，否则将被视为违约。

买方作为开证申请人，向银行申请开立信用证，必须要具备和符合银行的开证条件,诸如,交纳保证金或提供担保等。如开证申请人不具备或者不能满足银行的开证条件,银行有权拒绝开证,一旦被申请人满足了银行的开证条件,即使银行的信贷政策调整,银行也会接受被申请人的申请,开出信用证。

因此,对被申请人所称由于银行信贷政策调整,而不得已采取不履行合同的选择,不能作为免除其违约责任的理由。

故仲裁庭根据《中华人民共和国合同法》第67条和第107条的规定,认为被申请人应当承担由于其违约而给申请人造成的损失。

三、申请人的仲裁请求及仲裁庭裁决意见

(一)申请人第一条仲裁请求

裁决被申请人赔偿申请人损失260 000美元。

1. 申请人观点

由于被申请人已明确表示将不履行合同,申请人为了避免更大的损失,随即在价格反弹的首日,以860美元/吨的价格与原供货商订立了买卖合同。为此,申请人就此单业务,要向供货商支付32万美元的亏损金额,其中的26万美元[(990-860)×2 000=26万美元],是由于被申请人违约的行为造成的。

2. 被申请人观点

(1)申请人曾以买方和卖方的身份与YD集团控股有限公司分别于2009年4月17日、2009年5月4日、2009年5月6日签订三份合同,但申请人均未提供任何货物移转凭证以及货款结算、损失结算凭证。因此,申请人无法证明其与YD集团控股有限公司的两次苯乙烯买卖合同是否真实履行,也无法证明其主张的损失已经实际发生。所以,被申请人对其主张的损失不予认可。

(2)申请人所述"以860美元/吨的价格与原供货商订立了买卖合同"情况不属实,普氏亚洲石化"亚洲化工市场行情报告"显示2009年5月8日价格为904.5~905.5美元/吨,并非申请人所说的860美元/吨。

3. 仲裁庭的意见

(1)相关合同条款

由于本案合同第18条"法律管辖"条款明确规定了:"This Agreement shall be governed

by and construed in accordance with laws of the People's Republic of China"。因此，仲裁庭根据双方当事人的约定，决定本案适用中华人民共和国法律。同时，根据本案合同第15条的约定，对于合同的贸易条款，将适用国际贸易术语解释通则（Incoterms）1990及其后的修订版。另外，仲裁庭认为，对于法律未作规定的，将适用相关的国际贸易惯例。

（2）申请人由于被申请人的违约造成的损失

申请人该项请求的金额是依据在2009年5月4日将本合同项下的货物转卖给其供应商，即其上家的合同价860美元/吨，与本案合同990美元/吨的差价计算后得出的。仲裁庭鉴于下列理由，对上述计算差价的依据不予支持：

①申请人将货物转卖供应商的时间为2009年5月4日，即申请人是在被申请人履行开证义务的期限尚未届满的情况下，先期将货物转售。

②申请人自称其与供应商是长期合作伙伴，彼此之间的结算往往不是一单一结，对此仲裁庭难以判断两者之间的正确结算结果。

③本案合同项下的苯乙烯具有本行业公认的国际市场行市。仲裁庭认为，应根据双方均认可的普氏亚洲石化"亚洲化工市场行情报告"，结合本案具体情况，即合同的开证日期5月6日后的15天之内交货时的苯乙烯国际市场价格，计算损失。

具体计算方式为：2009年5月6日之后的15天内的苯乙烯CFR价格为904.5～905.5美元/吨，取其中值为905美元/吨。（990～905）×2 000 =170 000美元。

仲裁庭裁定由被申请人向申请人赔偿损失170 000美元。

（二）申请人第二条仲裁请求

1. 申请人观点

申请人支付的律师费人民币113 800元由被申请人支付。

2. 仲裁庭裁决意见

根据本案的实际情况仲裁庭认为，可以支持申请人该请求中的50 000元人民币的律师费。

（三）申请人第三条仲裁请求

1. 申请人观点

申请人为办理本案支出的差旅费由被申请人偿付；

2. 仲裁庭意见

仲裁庭认为，申请人既未提供该项请求的具体金额，也未提交相应证据，故仲裁庭不予支持。

（四）申请人第四条仲裁请求

1. 申请人观点

本案的仲裁费用由被申请人承担。

2. 仲裁庭意见

仲裁庭认为，根据本案的审理结果，被申请人应承担本案仲裁费的95%，申请人承担5%。

仲裁庭驳回申请人的其他仲裁请求。

四、分析评论

（一）关于违约责任相关证据问题

1. 本案双方签订合同后，国际上苯乙烯价格一路下滑，这很可能是造成被申请人不愿履行合同的原因，表现在被申请人一方迟迟不开信用证。被申请人辩称是由于国内经济遭遇危机，提交了建设银行一个支行"关于信贷政策结构性调整"的证明，开庭时又提到因中国银行正进行窗口指导所以不能按期开证。

不论银行方面不能为被申请人开证的原因是否可信，如果被申请人要证明自己是正在准备开信用证，但由于银行方面的客观原因而有困难时，就应该提前书面通知申请人，并要求申请人同意晚开信用证。但被申请人并没有这样做，也没有提供相应的证据。所以仅由这一点即可判定是被申请人违约，应向对方进行补偿，而不必去探求其违约的内在原因。

2. 被申请人在执行合同方面实际上也存在着缺陷。笔者认为，在苯乙烯国际市场价格一路下滑的情况下，申请人急于想转售货物以避免和减少损失的心情是可以理解的，但在此时最妥善的办法即用传真或电子邮件等可以留下文字记录的各种方式向被申请人催要信用证，在申请人证明对方不能按期开证的情况下再转售货物。在这个基础上，申请仲裁要求补偿转售货物的损失时，就有比较充分的证据，可能会得到更大的支持。

另一方面申请人也没有提供转售货物时的银行汇票或商业汇票以证明其真实转售价，缺少相关证据。

鉴于其在申请人开信用证的日期尚未到期时即先期转售货物，所以仲裁庭也只能参照国际上认可的市场行情报告适当地支持其仲裁请求。

（二）关于在仲裁中调解

本案在开庭过程中，仲裁庭曾征求双方意见是否同意由仲裁庭主持进行调解，但被申请人一方的代理律师一口回绝。

贸仲的《仲裁规则》中明确规定可以在仲裁中调解，因为这是贸仲行之多年的有效的一种方式，调解成功率达30%以上，这种双赢的解决争议的方式被国外同行赞誉为"东方经验"。

笔者感到本案被申请人一方律师可能对这种方式缺乏了解，所以一口回绝，而实际上在本案中双方处理相关争议过程中均有瑕疵，是完全有调解空间的。如果能达成和解协议，被申请人一方有可能减少支付一笔款项（至少在仲裁费和律师费方面可以节省），而且不存在胜诉方或败诉方，对企业的诚信记录也有好处，还会有利于双方今后的合作，所以从旁观者的角度看，这种拒绝只能说是一种遗憾了。

笔者在做仲裁案的过程中，大部分代理人的律师都能理解仲裁中的调解，并尽可能劝说当事人（委托人）一方接受这种方式，因为这种方式完全不影响当事人的意思自治，而如果最后在金额方面达不成一致意见，也不会影响仲裁庭的裁决，但代理人是应该配合仲裁庭朝这个方向去努力的。

论文
01-07

论和谐仲裁*
Discussion about Harmonious Arbitration

摘 要

本文从中共中央提出的构建社会主义和谐社会的角度出发，探讨了关于构建"和谐仲裁"的有关内容。通过笔者总结多年仲裁工作的经验，提出了和谐仲裁应该贯穿在仲裁的全过程中，同时从三个方面分析了和谐仲裁的内容，即和谐开庭、在仲裁中调解争议和仲裁的裁决应该合法、合理、合情，结合笔者担任首席仲裁员的几个典型仲裁案件，说明了仲裁裁决中如何体现合法、合理、合情。

关键词 和谐社会 仲裁 调解 ADR

Abstract:

In this paper, discussion about establishing "harmonious arbitration" is inspired from building a socialist harmonious society, an idea put forward by the CPC central committee. With years' experience of arbitration, the author suggests that harmonious arbitration be implemented throughout the whole process of the arbitration. In detail, the harmonious arbitration is analyzed from three aspects, namely harmonious session, conciliation during the arbitration, and determination of a lawful, reasonable and fair award. Moreover, the paper enumerates several typical cases the author has arbitrated as chief arbitrator, presenting how the arbitration award can be lawful, reasonable and fair.

Key words: harmonious society arbitration, conciliation Alternative Dispute Resolution (ADR)

---

* 本文首次发表在《中国仲裁与司法》2011年2月第一期。

一、仲裁是重要的替代性争议解决方式

1. 替代性争议解决方式（ADR）

ADR，即Alternative Dispute Resolution的缩写，中文可译作"替代性争议解决方式"。ADR实际上并不特指某一种争议解决方式，而是一个包括调停、调解、小型审判、早期中立评价、简易陪审团审判以及仲裁等在内的争议解决程序的集合。

1998年，作为现代ADR策源地和先行者的美国通过了世界上第一部系统地规范ADR的立法——《1998替代性争议解决法》（Alternative Dispute Resolution Act of 1998）。该法案对ADR做了如下定义："替代性争议解决程序包括除法官主持的审判以外的任何程序或过程，在这种程序中，一个中立的第三方通过诸如早期中立评价、调停、小型审判和仲裁等程序来协助解决争议事项"。

我国学者范愉教授认为："ADR原来是指上个世纪以来逐步发展起来的各种诉讼以外的争议解决方式，现已引申为世界各国普遍存在着的、民事诉讼制度以外的非诉讼争议解决程序或机制的总称"。

作为重要的替代性争议解决方式，仲裁与其他ADR方式存在诸多不同，其中最重要的是，只有仲裁的裁决才具有法律强制力，涉案双方必须遵守和执行。这也是许多合同，特别是国际工程合同的争议解决条款中约定，在其他ADR方式不能解决争议时选用仲裁的原因之一。

2. 仲裁的优势

（1）简捷高效

仲裁程序简便、快捷，实行"一裁终局"制度，没有诉讼机制中的上诉或再审程序，因而简化了程序，缩短了审理期限，提高了争议解决的效率，有利于加快当事人的资金周转，降低风险，减少损失。裁决自做出之日即发生法律效力，对双方当事人均有约束力。

（2）充分自治

仲裁赋予当事人充分的意思自治权利，仲裁庭只受理存在仲裁协议的案件，在仲裁协议中当事各方可以自主选择仲裁机构、仲裁员、仲裁地点、仲裁所使用的语言、仲裁规则及仲裁所适用的法律等。

（3）易于执行

其他ADR程序所达成的协议不具有法律约束力，不具有域外执行效力，而仲裁不仅具有法律上的强制性，其最终的裁决还能在域外执行。

1958年，联合国在纽约通过了《承认及执行外国仲裁裁决公约》（简称《纽约公约》）。该公约为国际社会提供了一项能为各国普遍接受的、简便的、承认及执行外国仲裁裁决的

制度，也充分显示了仲裁已得到国际社会的普遍认可。根据该公约的规定，缔约国的仲裁裁决可以在140多个缔约国家或地区的法院强制执行。中国为《纽约公约》的缔约国之一。

（4）信息保密

仲裁实行非公开的审理制度。未经双方当事人的同意，第三人不可旁听案件审理，这就保障大量涉及当事人个人隐私和商业秘密的争议能够在非公开的情况下得到解决。此外，仲裁过程及结果不公布于媒体，有效地保护了当事人的个人隐私和商业秘密等无形资产，维护了当事人的形象和信誉，降低了争议带来的负面影响。

（5）促进合作

与诉讼中双方的针锋相对相比，仲裁更尊重双方当事人真实意思的表达，更注重调和双方之间的矛盾。以仲裁中调解为例，调解通过引导争议双方在相互妥协让步的基础上达成一致来友好解决争议，可以有效避免双方的正面冲突以及矛盾激化，有助于维护双方之间长久的经贸交往和伙伴关系。

（6）专家断案

由于仲裁员都是法律、管理、经贸、建筑、金融等各个专业领域的专家，通过专家组成的仲裁庭审理案件，利用专家之间的知识互补，使案件的裁决更为高效、快捷、公正、权威。

（7）费用较低

与诉讼相比，仲裁是一裁终局，程序便捷，采用仲裁对当事人而言往往更为经济，费用较低。

3. 构建和谐仲裁的重要性和必然性

党中央在2006年10月专门开会研究并通过了《关于构建社会主义和谐社会若干重大问题的决定》，提出了要构建社会主义和谐社会，要持续不断地化解社会矛盾。综合仲裁工作的上述特点我们可以看出，以仲裁方式解决争议非常符合构建和谐社会的理念和要求。虽然仲裁机构属于非政府的民间组织，仲裁员不是专职的司法人员而是从事不同职业的各类专家，但在进行各类中外案件的仲裁审理过程中，我们也应该本着构建和谐社会、和谐世界的要求，倡导和谐仲裁的理念，将仲裁工作做得更好。

许多国际工程的争议案大都选用仲裁方式，因为如果通过一国的某个法院诉讼，会面临司法管辖权冲突等问题。目前还没有一个生效的关于承认和执行外国法院判决的全球性公约，一个国家法院做出的判决到其他国家申请承认和执行会遇到很大的障碍。但仲裁则不同，因为有《纽约公约》，仲裁裁决可以在各缔约国执行。中国国际经济贸易仲裁委员会（以下简称"贸仲"）受理的仲裁案有相当大一部分是国际仲裁案，按照和谐仲裁的理念去处理仲裁案件，体现了构建和谐世界的要求，有助于各国司法界和工程界对中国倡导构建和谐社会、和谐世界的理解,有助于加强各国人民之间的友谊。

笔者认为和谐仲裁应该体现在仲裁的全过程中,包括和谐开庭,在仲裁中调解以及本着"合法、合理、合情"的思想,做好案件的裁决。在下文中将对这些内容逐一进行阐述。

二、和谐仲裁之一——和谐开庭

1. 开庭时即明确提出和谐仲裁的要求

仲裁庭在开庭时就创造一个和谐的气氛十分重要。在开庭之初,应该由首席仲裁员向双方说明我国倡导建立和谐社会、和谐世界,仲裁是为了公平地解决争议的一种手段,是为构建和谐社会服务的。我们倡导和谐仲裁,要求涉案双方以及仲裁员在仲裁全过程中均应保持平和的心态和和谐的气氛。这实际上是在开庭前给双方打一针预防针,因为有时有少数代理人修养较差,容易动怒,动辄说一些不礼貌的或讽刺对方的话,影响开庭的气氛,妨碍了双方正常的申述和辩论。

2. 和谐开庭不影响双方代理人的意思自治

要求和谐开庭,并不妨碍双方代理人的意思自治,也就是说,双方代理人完全可以提出自己的申请和索赔要求、自主地进行申述和答辩。但是在这个过程中要保持以法律为准绳,以合同为根据,以证据为依托的原则,摆事实,讲道理。在发言过程中可以批驳对方的观点,质疑对方的证据,但不允许用不礼貌的语言,更不允许人身攻击。

3. 和谐开庭要贯彻在开庭全过程

在整个开庭过程中,也要按照上述的要求来掌握,如果发生了冲突,要及时地制止,必要时仲裁庭应及时地予以告诫。因为不礼貌的语言既不能使双方心平气和地申述和辩论,也不利于仲裁庭在适当的时机出面进行调解。

4. 和谐开庭对仲裁员的要求

要做到和谐开庭,仲裁员,特别是首席仲裁员的作用很重要。仲裁员在重视和遵守"仲裁规则"的同时,必须时刻注意保持自己独立和公正的立场,一方面要在开庭过程中注意使用礼貌用语,另一方面也要十分注意尊重双方当事人的意思自治,给予他们同样的"待遇",特别是对双方的申述和答辩要给予同等的机会。仲裁庭可以要求当事人的代理人发言语言精练、减少重复,但绝不能不给予足够的时间,也不能使某一方有被限制表达自己意见和被压制的感觉。

这样才有利于双方在一个比较和谐的气氛中参与仲裁,使双方相信仲裁庭是为了公正地处理双方的争议而工作的,也为仲裁庭在下一阶段主持争议的调解打下了一个良好的基础。

三、和谐仲裁之二——在仲裁中调解争议

将仲裁程序与调解程序相结合,在仲裁中调解争议(以下用"仲裁中调解")是"贸仲"的首创,已实施了二十多年,并在仲裁法和"贸仲"的仲裁规则中作了规定。目前,在"贸仲"受理的案件中,有30%以上的仲裁案件在仲裁中调解成功。国际上将我国在仲裁中调解的做法誉为"东方经验",它植根于中国"和为贵"的文化背景和"和谐社会"的理念,这种作法也体现了和谐仲裁。

1. 重视仲裁中调解程序开始前的说明

案件首先应在仲裁庭主持下,按正常程序开庭审理。双方可以自由地陈述论点、列举证据、辩论、质证,但各方均应以实事求是的态度,注意保持良好而和谐的开庭氛围。

双方申述、辩论和质证之后,仲裁庭可以在适当时机,向双方提出由仲裁庭来主持调解的建议。此时,仲裁庭要向双方说明仲裁中调解程序的作法和优点,笔者根据实践经验体会到,不少代理人(包括一些律师)对这个程序并不了解,甚至会产生诸多顾虑,这严重阻碍了这一争议解决方式的适用性。仲裁庭的说明主要包括以下三方面:

(1)向涉案双方宣传在仲裁中调解的优点。在仲裁中调解能够使双方利益在最大程度上得到保护,具有结案速度快、实现"双赢",易于执行、手续简单、节省费用等优点。双方了解了这些优点,才有可能接受在仲裁中调解的作法。

(2)要说明这个程序的全过程均会充分尊重双方当事人的意见,不向涉案任一方施加压力,双方均同意才可开始调解。

(3)要说明在调解过程中仲裁庭不作任何形式的记录。如调解不成功,任一方当事人和任一位仲裁员在调解过程中说过的意见均"一风吹"(即不算数),任何一方当事人和仲裁庭均不得在其后的仲裁程序或司法程序中援引对方或任一仲裁员在调解过程中提出的任何观点或建议作为依据。

2. 仲裁中调解的做法

仲裁庭作为一个集体,在开庭过程中进行调解,一般采用"背靠背"的方式,即由仲裁庭分别地单独听取每一方的阐述和可能的让步区间。仲裁员不应一开始就拿出一个方案要求双方接受,或迫使某一方做出让步。调解过程中,仲裁员一般不传递任何信息,任一方当事人在调解过程中的各种意见是否愿意仲裁员告诉对方,完全取决于当事人的自愿。

在当双方意见比较接近时,仲裁庭可提出建议性方案,供双方考虑,如均同意,则达成和解;如有任一方不同意,则可继续调解或转回仲裁。仲裁庭会充分尊重双方当事人的意思自治。

如调解成功,则由双方代理人起草"和解协议",仲裁庭依据"和解协议"起草"裁决书",明确执行办法和期限。

仲裁中调解的做法除了具备前述仲裁的优点之外,还有一点非常重要,即有利于保持合同双方的"伙伴关系"。调解成功既有利于保证目前项目的正常顺利实施,又有利于双方在以后有机会时的再度合作。同时,双方既然已经和解了,则任一方的"档案"中均不存在"胜诉"或"败诉"的记录,有利于保持双方当事人的良好"诚信"记录。

此外,在调解过程中,仲裁员可以比较自由地帮助双方分析其在本案中的优势和劣势,这有助于当事人一分为二地认识自己,回到实事求是的途径上来,特别是帮助申请方认识到,举证不足是不可能得到索赔的。这样即使调解不成功,也有利于双方从内心理解和接受裁决书中的裁决意见。

总之,笔者认为,在仲裁中调解充分体现了和谐仲裁,既解决了争议,又使双方心情比较舒畅,并且保持了双方在以往项目上多年的合作中所建立的友谊,为以后双方的继续合作奠定基础。

四、和谐仲裁之三——仲裁的裁决应该合法、合理、合情

在充分听取双方意见申述和辩论之后,如果双方或任一方不同意通过仲裁庭进行调解或仲裁庭调解不成功,则需要仲裁庭进行案情合议,并对双方的申请进行裁决。笔者认为裁决的原则应该是合法、合理、合情,体现和谐仲裁的理念。

1. 合法

FIDIC"施工合同条件"(1999年第1版)中将"法律"定义为:"系指每个国家(或州)的立法、条例、法令和其他法律,以及任何合法建立的公共当局制定的规则和细则等。"

合法就是要符合国家的法律、行政法规、最高人民法院的司法解释、各部委相关的部门规章以及地方性的法规和规章。如果是涉外案件,则既需遵守双方签订的合同、适用法律,也要考虑到项目所在国的法律管辖,此外,还应考虑到相关的国际条约和国际公约,并参照国际惯例。

如G案,申请人(即承包人)的索赔款额中明显有若干项不合理之处,仲裁庭聘请

造价鉴定公司进行鉴定的结果也表明申请人索赔款额明显偏高。

但申请人与被申请人双方在造价的最终审定问题上达成一个协议并签订了一个"会议纪要",该"会议纪要"约定:承包商一方(即本案"申请人")应尽快提交决算书以及所有竣工结算资料,请业主方(即本案"被申请人")审核,业主方在收到承包商一方的决算书及决算资料之日起在30天内审核完毕,给出书面审核意见,如未按时审核完毕,即按国家建设部、财政部联合颁发的财建(2004)369号文《建设工程价款结算暂行办法》(以下简称《暂行办法》)规定执行。

《暂行办法》第16条第一款规定:"发包人收到竣工结算报告及完整的结算资料后,在本办法规定或合同约定的期限内,对结算报告及资料没有提出意见,则视同认可"。

最高人民法院《关于审理建设工程施工合同纠纷案件适用法律问题的解释》第20条也规定:"当事人约定,发包人收到竣工结算文件后,在约定期限内不予答复,视为认可竣工结算文件的,按约定处理。承包人请求按照竣工结算文件结算工程价款的,应予以支持"。这个规定和《暂行办法》规定的精神相同,即在拖欠付款问题上,如果超过双方约定的审核期限,就应该按照申请付款人的要求支付。

实际情况是,被申请人在收到该决算报告后,未能在30天内按时将对该决算报告的审核结果通知申请人。虽然根据仲裁庭聘请的工程咨询公司所进行的造价鉴定和我们的分析,可以明显看出申请人一方在其决算书中多要了相当大的一笔款项,但因被申请人未能按双方约定的时限答复申请人,所以按照高法的司法解释和《暂行办法》的规定,被申请人应按照申请人提出的工程总造价决算款额支付。

仲裁庭经合议后决定,在"合法"与"合理"的冲突之间,应该首先按照"合法"的原则来裁决,而不能按照工程造价鉴定款额来裁决。

2. 合理

除了"合法"之外,还应该考虑到裁决的合理性。

笔者认为,在采用"合理"的原则时,最重要的依据是双方之间的合同。一个工程纠纷案的合同,包括很多内容,除了合同条件外,还包括规范、图纸、资料表等许多技术性的文件。一个仲裁案件,往往是法律问题、合同规定和许多技术问题混杂在一起,所以要做到合理,必须要下很大的功夫,对申请人的各项申请内容,都要从合同的角度,包括条款规定、技术要求等逐项进行分析和判断,才能做到"合理"。

考虑"合理"的原则时,非常重要的另一点就是证据。双方提交的证据数量往往很多,仲裁庭必须十分仔细地审查,并从大量的证据材料中,选取能够支持判案的有效的证据。仲裁庭本身可对双方提交的证据进行必要的质证,并必须对证据中的数字进行认真的校核，同时还要认真听取涉案双方在"质证"过程中提出的问题，综合进行合理的判断。

在需要时，仲裁庭应该请咨询专家或专业性的公司作为案件的顾问，以弥补仲裁员知识的不足，这对于合理判案也是十分重要的。

3. 合情

从人性论的角度，每个人心理层面的自然属性总是要求得到尊重而不是贬抑。仲裁裁决应对双方当事人同等对待，仲裁员是为双方当事人服务的，应当具有对双方当事人的利益给予同等保护的思想。"合情"指的是在"合法"、"合理"的原则下，使最终的裁决更加人性化，更加完善。

具体做法是在初步考虑好裁决意见后，仲裁员要采用换位思考的方式，分别从胜诉一方和败诉一方的角度去感受和推敲本案的裁决是否"合情"，特别是对败诉一方，也应该给予人性化的关怀。在裁决书中，对胜诉和败诉双方都尽可能地做到公平与公正，使各方在情感上均比较容易接受，得到一个心理上的"平衡"。

如前述的G案中，按照"合法"的原则做了裁决。承包商在申述中采用了高法的司法解释和建设部、财政部的规章，作为自己申请索赔的依据，仲裁庭虽然觉得按照申请人的索赔要求全部支付不尽合理，但是首先要考虑到"合法"，因而也只能先做了一个合法但不太合理的初步裁决。在此情况下，就要考虑一个"合情"的原则了。虽然被申请人在合同执行和合同管理过程中有不少失误，但仅按"合法"裁决被申请人需赔付的款额确实过多。在此情况下，我们考虑到"合情"这一点，在赔付款额的利息方面，只同意了申请人在申请书中提出的基本要求，而没有按照索赔款额全部迟付的日期来计算利息和裁决，从这方面为被申请人节省了一笔开支，以适当弥补按照"合法"裁决所造成的不太合理部分的支付。

又如A仲裁案是一个设计索赔案，其业主方长期拖欠设计院大笔的设计费用，设计方申请索赔。仲裁庭在仲裁过程中进行了调解，申请方做了大量的让步，放弃了违约金等要求，仅索赔设计费用，所要求的索赔款额相当于原申请书要求索赔总额的40%。但被申请人一方对申请人的大量让步并不"领情"，虽然仲裁庭一再努力调解，但是被申请人的代理人不能做主。在此情况下，仲裁庭认为申请人表现出了极大的诚意，让步后仅仅索赔设计费的款额对被申请人来说应该是最好的结果，因而仲裁庭非常希望被申请人能够接受这个结果，但又不能勉强其接受。最后仲裁庭决定给被申请人两周的时间考虑，希望被申请人能考虑接受申请人一方的善意让步。

与此同时，仲裁庭按照相关法律法规、合同条款的规定及相关的证据起草好了裁决书，裁决的款额（包括违约金）实际上超过了申请人在调解中让步后要求索赔款额的近两倍。此外，仲裁庭考虑到被申请人如果不接受调解，要支付的将是一笔相当大的款额，且支付日期恰在春节之前,所以仲裁庭决定,如被申请人不接受调解,一是将裁决书尽可能晚一些发出,二是将支付日期规定在裁决后的一个半月。也就是说,考虑到在春节时任何公司的资金都很紧张,这样就可以使被申请人避开春节时的用款高峰,在春节后一个月再支付这笔款额。遗憾的是,被申请人在两周后仍没有接受申请人的善意让步,仲裁庭只能发出裁决书。但按照"合情"的原则,使被申请人避开了春节资金紧张的高峰。

总而言之,倡导和谐仲裁既体现了和谐社会与和谐世界的理念,又充分展现了仲裁的优势,帮助各方了解仲裁的理念和审理案件的思路,使人们更为相信仲裁的公平性和优越性。当然,和谐仲裁对仲裁员、代理人等人员提出了更高的要求,仲裁员、代理人的自身素质固然重要,但也不能忽视其情商的培养,在要求仲裁员保证公平、独立的基础上,要求其具备良好的情商,在做到合法合理的基础上,也要尽可能做到合情。

五、结语

任何社会都不可能没有矛盾,构建社会主义和谐社会就是一个不断化解社会矛盾的持续过程。我们倡导和谐仲裁就是要积极主动地正视矛盾、化解矛盾,最大限度地增加和谐因素,减少不和谐因素,在仲裁中既要坚持民主法制,又要坚持以人为本,倡导和谐仲裁既是为了当事人的当前利益,更考虑到当事人的长远利益,同时也促进社会的公平和正义,从仲裁工作的角度,为构建和谐社会和和谐世界贡献我们的一份力量。

参考文献

[1] 中共中央. 关于构建社会主义和谐社会若干重大问题的决定. 2006年10月

[2] 何伯森,刘轶群,宋毅. ADR的面面观. 国际经济合作,2008年7期

[3] 张银华. 和谐社会下的调解. 中国仲裁与司法,2009年5期

[4] 何伯森,康立秋,卞疆. 应用伙伴关系理念和谐工程项目管理. 国际经济合作,2007年9期

[5] 何伯森,程志鹏,赵珊珊. 国际工程项目争议的调解与仲裁. 中国仲裁与司法,2005年3期

担任首席仲裁员的体会*

摘要

本文是结合笔者在担任多个仲裁案的首席仲裁员工作中的经验和体会,从以下几个方面进行小结:首先是对首席仲裁员的素质要求,包括:法律素养、道德操守、办案能力、沟通协调能力、裁决案件和撰写裁决书的能力等;其次是如何做好开庭前的准备工作,包括:做好案情摘要分析表、进行一次"书面开庭"以及编写一份"开庭参考材料";之后是如何按照和谐仲裁的要求组织开庭,以及进行仲裁中的调解;最后是如何写好裁决书,包括对裁决书的实质要求和编写裁决书中的注意事项等。供其他仲裁员朋友参考。

关键词　首席仲裁员　和谐仲裁　裁决书

---

* 本文首次发表在《仲裁与法律》119辑2011年4月,这次发表做了适当的补充。

笔者在十几年前参加的一次仲裁员培训班上，听一位老仲裁员在报告中讲到"如果你一生做过100个案子，99个都对了，一个做错了，你判错案子的败诉一方就有可能被迫跳楼自杀"。这句很有震撼力的话至今仍深深地印在笔者的脑海中。它让笔者深刻体会到，一个仲裁员除了要具备专业知识方面的基础外，职业责任感和道德操守方面的素养更为重要。认真对待接手的每一个仲裁案，尽最大可能去按照公正、公平、合法、合理、合情的原则去裁决每一个仲裁案，是每一个仲裁员的天职。作为首席仲裁员更应感到自己肩上担子的沉重，也要看到这个岗位是涉案双方和仲裁委员会对你的信任和重托。做好仲裁这件工作不仅是个人的事，还将影响到仲裁行业的发展和为所在的仲裁委员会创品牌。本着这个理念，笔者在本文中小结了担任首席仲裁员的体会和做法，以期得到同仁们的指正。

一、对首席仲裁员的素质要求

仲裁是解决争议、构建和谐社会的一种重要的"替代性争议解决方式"（Alternative Dispute Resolution, ADR），由于其借助民间组织来解决争议，在执行中又有法律强制力作为保证，因而受到社会的广泛关注和欢迎。一个高水平的仲裁机构必须拥有一支稳定的、高素质的、具有法理思想的各种不同专业的专家组成的仲裁员队伍。对首席仲裁员就应该有更高的素质要求。笔者认为首席仲裁员应具备以下几方面的素质：

1. 具有法律素养和道德操守

首席仲裁员首先要有意识地按法律规范办案，不论你是来自哪个行业的专家，在进行仲裁工作时，都要按照以法律为准绳、以合同为根据、以证据为依托的理念来处理案件，加强对相关法律法规的学习，提高这方面的水平。

加强职业道德操守，最重要的就是要能自觉抵制世俗污染、人情面子和物质引诱，这样才能保持一身正气、廉洁自律，才能做到独立、公正、公平地办案。

在判案过程中，要警惕和排除外来干扰。这些干扰可能来自某些行政单位或行政长官，或某些其他的公司，或熟识的朋友，当然更要警惕涉案任一方企图用不正当手段来干扰办案过程。

2. 具有高度的责任心，能够认真、勤勉、负责地办案

一定要在头脑中树立这样一个理念，即担任首席仲裁员主持一个案件，是受到涉案双方与仲裁委员会的重托和信任，是为主持社会公正、构建和谐社会贡献一份力量，因此，必须具备高度的责任心，认真、负责地办案，并抓紧时间结案。如果手头工作太多，

没有多余的时间和精力时，就应根据自己的实际情况适当拒绝接受部分案件。

3. 具有较强的办案能力

首席仲裁员是办理整个案件的主要组织者，因此对他的办案能力有更高的要求。这主要表现在熟悉仲裁法和仲裁规则，能及时处理仲裁程序中有关的问题，有驾驭庭审的能力，包括熟悉庭审程序，善于掌握庭审进程，具有提高庭审效率和应对庭审时突发事件的能力等。

4. 具有良好的沟通和协调能力

对于首席仲裁员而言，良好的沟通和协调能力体现在两个方面：

一方面是和另二位仲裁员的沟通和协调，充分听取他们的建议，协调不同的意见，在合议时尽可能使三人对案情的分析和裁决意见达成一致。但不能拖延时间，议而不决，必要时应当机立断，按所在仲裁委员会的规定及时结案。

另一方面是在庭审及调解过程中与涉案双方的代理人的沟通和协调能力。首席仲裁员要努力构建一个和谐的庭审氛围，使双方在庭审过程中感到地位平等，并在适当的时机，在不违背双方当事人意思自治的原则下，力争通过仲裁中调解的方式结案。

5. 具有较强的裁决案件和书写裁决书的能力

作为首席仲裁员，在分析研究案情和开庭听取双方申诉辩论后，应该对案情的裁决有自己的比较完整的思路，当然，这一思路应吸收了另二位仲裁员的意见和建议。首席仲裁员应十分重视裁决案件时的法律依据，如果发生适用法律冲突，则应遵循当事人的意思自治，如果当事人无法达成一致，应遵循国际惯例和适用法律冲突原则，并准确认定法律位阶，正确适用法律。

书写裁决书是首席仲裁员的一项重要工作。一份高水平的裁决书应该能正确反映涉案双方当事人的主张、案子的实际情况和争议的焦点。在分析中要十分注意有针对性地引用相关法律法规、合同条款以及经过质证的证据，以使仲裁庭的裁决意见有充分的说理性和逻辑性。对每个争议的相关子项目应分项论述，表态明确，依据充分，使当事人明白胜在何处，败在何方。

裁决书的文字和推理应力求严谨，但又要简练，尽量减少重复的论述。

下图为仲裁案开庭前准备工作及开庭的程序，之后分别介绍做好开庭前准备工作的程序、开庭的程序以及如何写好裁决书这三部分内容。

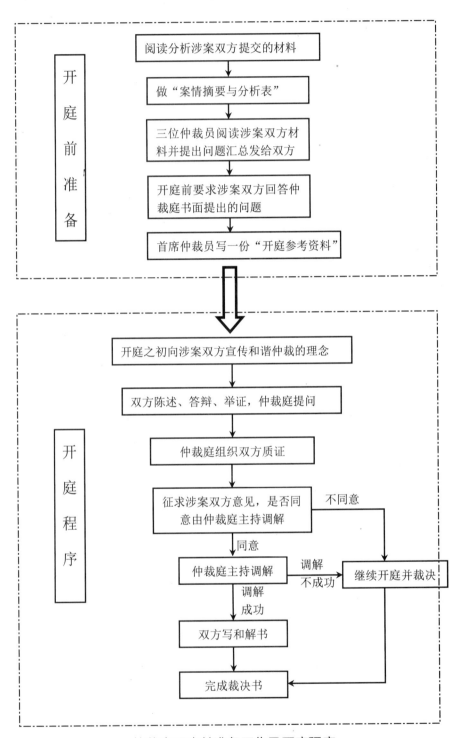

仲裁案开庭前准备工作及开庭程序

二、认真做好开庭前的准备

开庭是仲裁工作中一个很重要的环节，在开庭前的准备工作尤为重要。充分、细致的准备工作，一方面可以提高开庭的效率，减少开庭的次数，有利于按时以至提前结案，节约仲裁员和涉案双方代理人的时间，节省仲裁费用；另一方面也有利于提高仲裁开庭、审理和裁决的质量。

根据笔者多年担任首席仲裁员的体会，应该在开庭前做好以下几方面的准备工作：

1. 认真阅读和分析涉案双方提交的材料

收到涉案双方提交的材料之后，应该仔细阅读、分析和校核，特别要注意以下几个方面：

（1）相关的法律和法规

双方代理人在申诉和答辩中会提到不少相关的法律和法规，仲裁前一定要查阅涉案双方引用的法律、法规条款的原文以及上下相关的条款，以便全面、正确地理解这些法律和法规，同时也可以防止个别代理人误用或断章取义。

（2）合同协议书及合同条款

除了阅读合同协议书及合同条款全文外，特别要对合同中词语的定义、各方的职责、支付条款、违约条款和涉案双方引用的相关条款进行细致的阅读和分析，并将合同中前后相关条款之间的关系联系起来理解。

（3）校核双方提交材料中的有关数字

在我所经手的仲裁案件中，大约有30%的案子提交的材料中有计算错误，或者有关数值前后矛盾。所以仲裁员一定要对涉案双方提交的材料中所有的数字计算仔细检查，首先要核对每一个数字的来源和依据是否可靠，之后还要检查计算的公式、单位和最终的计算结果是否正确。如：有的欠款时间不到3年，而申请人却按5年贷款利率计算利息；又如合同中明确规定"保留金"应在有关期限届满日之后的14天内支付，正确的起息日应为届满之日起第15天开始计算利息，而申请人却从有关期限届满之日次日起即计算利息。

2. 做一个"案情摘要与分析表"

一般来说，双方申请和答辩的文件数量都很多，特别是工程项目争议案，阅读一两遍不容易记住，笔者一般都做一个"案情摘要与分析表"，表内分为三列，示例如下：

×××仲裁案案情摘要与分析表

申请人的观点及证据	被申请人的观点及证据	分析意见及问题
申请人的申请内容、理由和依据（注明相关的证据号及页码号）。 申请人对被申请人答辩书的观点，或对反请求的答辩（注明相关的证据号及页码号）	被申请人的答辩内容、理由和依据（注明相关的证据号及页码号）。 被申请人的反请求（注明相关的证据号及页码号）	查证双方所列举的法律、法规和合同条款。分析各方提交的相关证据，以之初步判断在每个子项目上是应该支持，或部分支持，或否决该方的论点。 如果判断有困难，则应列出发现的各类问题（如某一方的论述不清晰，证据不充分，数字计算不正确等），以便开庭时向涉案双方提出

表中某一方的主要论点、依据和另一方的答辩和依据应相互对应排列在同一行，如果可能，也编写为同一序号。这样，在分析每个子项目和开庭或合议时就一目了然。

3. 在开庭前要求涉案双方回答仲裁庭书面提出的问题

（1）要求三位仲裁员均对双方递交的材料提出问题

当首席仲裁员收到涉案双方提交的材料时，一方面应该自己认真阅读双方提交的材料、证据并提出问题，另一方面也要求组庭的另二位仲裁员阅读双方提交的材料、证据并提出问题，希望他们在两周左右时间，将问题发给办案秘书，再转发给首席仲裁员。首席仲裁员再将三人的问题汇总在一起，写成"仲裁庭向×××案涉案双方提出的问题"。

问题可分为三类：一类是要求涉案双方都回答的问题，第二类是要求申请方回答的问题，第三类是要求被申请方回答的问题。

提问题的内容应重点围绕以下几个方面：

1）提交的材料对整个案情涉及的项目的基本情况是否说清楚了？例如：一个房地产项目支付争议案，首先应将该房地产项目的基本情况介绍清楚，包括：项目名称、地点，包含的主要建筑物及各个子项目的名称、用途，订立合同的日期及开工、竣工日期，保修期，订合同时整个工程的价格和各个子项目的价格、各部分的竣工结算价等，以便仲裁庭对项目有一个整体的了解。

不少代理人提交的申请书，一开始就只是具体子项目的争议内容和索赔款项，缺少一个项目的总体情况简介。

2）双方提出的各项要求的法律依据是否充分？如有一个仲裁案申请人既索赔延迟支付工程款项的利息，又索赔该笔款项的"效益损失金"，而没有说明这样双重索赔的法律依据是什么。仲裁庭要仔细审查双方递交的资料和援引的法律依据。

3）双方引用的合同条款是否恰当？有一些合同文本的水平不高，如有一个仲裁案的合同文本中，仅开工日期就有三种不同的规定，代理人选取开工日期的任意性很大，这时就必须要求相关方对这个问题做出明确的说明。

4）各方引用的证据是否恰当？提交的证据是否能够支持自己的观点？仲裁庭可以要求双方补充必要的证据，还应规定提交证据的截止日期。

5）双方的数字计算中每个数据的来源是否有根据？计算公式和数字计算是否正确？

（2）通过仲裁委员会秘书处及时将问题发给涉案双方，要求他们在两周时间内书面回答这些问题，并可进一步补充提交相关的证据。

在开庭前要求涉案双方回答仲裁庭书面提出的问题，实质上相当于一次"书面开庭"，对涉案的主要问题进行了问、答，对需要的证据进行了补充提交，既节约了双方当事人和仲裁员的时间，又节省了费用，并且为正式开庭做好了准备。

4. 写一份"开庭参考材料"

一般情况下在阅读和分析了涉案双方提交的材料和证据，以及收到涉案双方对仲裁庭问题的回答和补充提交的证据后，仲裁庭对案件的整体情况和其中包含的各个子项目的情况，就可以有一个初步的判断，对案件如何裁决可做到大部分心中有数了。

在这个基础上，笔者通常在开庭前写一份"开庭参考材料"。这份材料的写法大体上可以参照写"裁决书"的要求，即包括程序、案情部分；双方的申请与答辩内容（包括申请人的申请内容和依据、被申请人的答辩意见和依据，被申请人的反请求以及申请人对此反请求的答辩等）；仲裁庭对每个子项事实的查明和认定；首席仲裁员对申请和反请求的各个子项的初步裁决建议（但对每一个子项目的裁决款额数一般暂不确定，留待开庭后，三位仲裁员合议时再确定），材料中还要提出开庭时需通过进一步询问弄清楚的问题、有待三位仲裁员深入研讨的问题以及"难点"，这份"开庭参考材料"可在开庭之前一周内先发给另外两位仲裁员参考，并请其提出建议。

在写这份材料的过程中，就可以进一步发现裁决某一个子项目时可能会产生的困难和问题（如情况不清，证据仍不够充分等）。这些问题就是仲裁庭需要进一步分析和调查的问题，也是在开庭时需要进一步询问和查证落实的问题。

此时还应仔细校对款额计算中是否有错误。对待发现的数字计算错误，要如同工程项目招标评标时发现的数字计算错误一样，必须要由产生该类错误的一方用书面文件加以确认，以保证裁决书裁决的款额数值计算正确并有依据。

三、按照和谐仲裁的要求开庭

1. 开庭时要向双方宣传和谐仲裁的理念

仲裁庭在开庭时，应向双方宣传和谐仲裁的理念并强调和谐开庭的重要性。在开庭之初，应由首席仲裁员说明，我国正在倡导建立和谐社会、和谐世界，仲裁是为了公正、公平地解决争议的一种重要手段，是为构建和谐社会服务的。仲裁庭要求涉案双方以及仲裁员在仲裁全过程中均保持平和的心态与和谐的气氛。

这实际上是在开庭前给涉案双方打一针预防针，因为有少数代理人容易冲动，影响开庭的气氛，妨碍了双方正常的申诉和辩论。要求和谐开庭，并不妨碍双方代理人的意思自治，而是强调在发言过程中不允许使用不礼貌的语言，更不允许对对方进行人身攻击。如果发生了冲突，要及时地制止，必要时仲裁庭应及时地予以告诫和批评。

2. 注意尊重和平等地对待涉案双方的代理人

在开庭过程中，首席仲裁员在掌握整个仲裁进程时，都要十分注意尊重双方代理人，充分体现双方的意思自治，给予双方平等的发言和答辩的机会。每个仲裁员在开庭时首先应该细心倾听双方的陈述、答辩和举证，以便弄清各方的观点和依据，从而可以单独判断涉案各方的要求和论证是否有充分的根据。

当仲裁员充分地听取了双方的陈述、答辩和举证后，对某些问题仍然不清楚时，就可以向有关方提问，要求该方进一步说明和举证，直到仲裁员对该问题可以做出自己的判断为止。在询问过程中，要注意对双方礼貌用语，同时千万不要在庭上分析案情，更不能有意识地启发某一方，否则可能招致另一方代理人的抗议。

首席仲裁员掌握开庭进程时，要特别注意的一点就是要围绕每个需要做裁决的子项问题的症结点，一个一个地询问清楚，落实证据。同时要注意给另二位仲裁员以充分的时间，以便他们向当事人质询问题，要做到三个人对某个子项都没有问题了，再进行下一个子项。在质询过程中，千万要避免围绕一大堆问题在每次开庭时反复询问，这样目标不集中，效率很低。

3. 要重视质证

在开庭过程中质证这一环节非常重要。在仲裁过程中，最终做出判断的依据都是双方提交的证据，一般情况下是"谁主张谁举证"（部分特殊案件是举证责任倒置）。

质证体现在涉案双方对对方的证据的真实性、与案件的关联性提出质询。一般在首次开庭时要求各方携带原始证据，供对方质证，此时，首席仲裁员不但要重视整个质证程序，而且还要给予足够的质证时间。在双方提交的证据特别多时，也可以要求涉案一方对另一方的证据在开庭前先提出书面质证意见，或委托办案秘书召集双方当事人提前核对有关证据原件，以便提高庭审效率。

质证还应该包括仲裁员对证据的质询，因为仲裁员在阅读相关案件材料的过程中，也会发现双方提交的证据中存在这样那样的问题，这些问题也应该在开庭的质证环节中查阅原始证据，落实有关问题。

在开庭过程中，如果任一方要求当庭提供材料给仲裁庭阅读时，首席仲裁员应询问该方是否拟将这些材料作为证据提交，如是，应要求当事人按照规定的份数提交给仲裁庭秘书，再正式分发给三位仲裁员和对方。

4. 在适当时机，可向双方提出由仲裁庭来主持调解的建议

将仲裁与调解相结合，是中国仲裁的特色，体现了和谐仲裁的理念，被西方同仁称为"东方经验"。在双方申述、辩论和质证之后，仲裁庭可以选择适当时机，向双方提出由仲裁庭来主持调解的建议。

但笔者根据实践经验体会到，不少代理人（包括律师）对这个程序并不太了解，甚至会产生这样那样的顾虑，这严重阻碍了这一争议解决方式的应用，因此，首席仲裁员向双方代理人详细说明仲裁中调解程序的做法和优点十分重要，主要包括以下几个方面：

（1）要说明这个程序的全过程均会充分尊重双方当事人的意见，双方均同意才可开始调解，调解的结果也是双方完全自愿让步后的结果，仲裁庭不施加任何压力。

（2）如果双方同意采用"背对背"的调解，仲裁庭作为一个集体，可以与各方轮流交换意见，仲裁员可以以个人身份帮助分析案情并可指出该方的不利条件和风险，也可以宣传和解的好处，以推动各方自愿让步，逐步靠拢。

（3）要说明在调解过程中仲裁庭不作任何形式的记录。如调解不成功，任一方当事人和任一仲裁员在调解过程中说过的意见均"一风吹"（即不算数），任何一方当事人均不得在其后的仲裁程序或司法程序中援引对方或任一仲裁员在调解过程中提出的任何观点或建议作为依据。如调解不成功，仲裁员也不得援引任一方在调解过程中说过的观点或做出的承诺作为仲裁裁决的依据。

在调解过程中，仲裁员的耐心、毅力，特别是首席仲裁员掌握调解进程的经验和技巧，对调解能否取得成功至关重要。仲裁员认真负责的敬业精神和热情服务的工作态度也会对促使双方当事人和解起很大的作用。

（4）在介绍仲裁中调解的程序、做法的基础上，宣传仲裁中调解的优点。这种方式能够使双方的利益在最大程度上得到保护，并具有结案速度快、实现"双赢"、易于执行、手续简单、节省费用等优点，同时有利于保持合同双方的"伙伴关系"。调解成功

既不伤双方的和气，有利于保证目前项目的正常顺利实施，又有利于双方在今后有机会时再度合作。

更重要的是，双方既然已经和解了，则任一方的"档案"中均不存在"胜诉"或"败诉"的记录，有利于保持双方当事人的良好"诚信"记录。

5. 发挥仲裁庭的集体智慧

在整个案件审理过程，特别是开庭过程中，首席仲裁员要注意尊重和发挥另二位仲裁员的专业特长和作用，三个仲裁员的专业背景往往不同，这将有助于在审案过程中可以彼此知识互补，取长补短，使案件解决的更好。在庭审过程中，首席仲裁员要注意给予另二位仲裁员充分的提问机会，但也要十分注意，不要把仲裁员之间的分歧意见暴露在涉案双方的面前。

在合议和裁决过程中，要让每位仲裁员都能充分地表达他们对案情的分析和意见，首席仲裁员要注意虚心听取他们的意见。

办案秘书在掌握仲裁和开庭程序方面大都很有经验，因而仲裁庭还应注意尊重办案秘书对仲裁程序方面提出的意见和建议，避免出现仲裁程序错误，影响裁决的有效执行。

四、写好裁决书

裁决书体现了仲裁庭对案件的最终裁决意见，是一个需要认真撰写和细心推敲的法律性文件。裁决书应主要针对双方争执的实质性问题，写明裁决的依据，因为仲裁裁决是终局性的，所以裁决书应满足一事不再审的原则，认定事实清楚，适用法律准确，依据法律和事实对相关争议做出正确、明确的结论，避免在裁决发出之后发生裁决书更正以致撤裁的情形。

1. 对裁决书的实质要求

香港的资深仲裁专家杨良宜先生在他和莫世杰、杨大明合著的《仲裁法》一书中指出：一个有效的可被顺利执行的裁决书，必须满足五个方面的实质要求，即：符合双方提交的争议、有说服力、肯定、终局性、可以被履行/执行。

下面谈一下我对这五个实质要求的一些体会：

（1）符合双方提交的争议：即对双方争议的问题要全部做出裁决，不能遗漏。对于双方在仲裁请求和反请求中未提及的问题，仲裁员也不能超越管辖权去裁决。

（2）有说服力：裁决书必须正确地援引相关的法律法规以及合同条款，对事实的认定和证据的选用要正确，对问题的分析要有逻辑性。

（3）肯定：不能用含糊不清的语言，相关的计算要完整而正确。裁决书对各种争议哪些支持、哪些部分支持、哪些不支持，要表态明确而肯定。

（4）终局性：仲裁裁决是终局性的，是有法律强制力的，所以书写时要十分慎重，认真推敲，对双方均应采用公平、合理、合情的原则。

（5）可以被履行/执行：裁决的内容要在相关的法律下可以被执行，这既涉及裁决书内容的肯定性和终局性，也涉及裁决书的格式及内容要符合相关法律和仲裁规则的要求。

一份好的裁决书一定要满足这五个实质要求。

2. 认真写好裁决书

裁决书一般应由首席仲裁员执笔起草，再征求另二位仲裁员的意见，反复修改，力争达成一致意见。

（1）在开庭前，首席仲裁员编写的"开庭参考材料"，其内容、顺序和标题可以参照裁决书的写法，这份材料既可供仲裁庭在开庭审理时参照使用，也能为以后书写正式的裁决书打下基础。

在开庭过程中或开庭结束后，仲裁庭通过合议，对这份材料进行推敲和修改，由三个仲裁员对其中的各个子项的裁决款额做出决定。

在上述工作的基础上，由首席仲裁员写出裁决书的初稿，再请另二位仲裁员推敲和修改，最后，形成正式的裁决书，交由仲裁委员会做裁决书形式核阅。

（2）在写裁决书的过程中，仲裁员之间有不同意见时，彼此也要在合议时坦诚地交换意见，力争能够协调一致。如果通过几次合议而仲裁庭仍不能达成一致时，可考虑提议对某些专题召开专家会，听取专家意见后，再讨论协调。

首席仲裁员要善于协调另二位仲裁员的意见，彼此适当让步，力争达成一致的裁决意见。如实在不能达成一致意见，则应及时根据仲裁规则，按照多数仲裁员的意见裁决。如果三位仲裁员的意见相左甚远，也不可能达到其中的二位一致意见时，根据"贸仲"的"仲裁规则"，裁决依首席仲裁员的意见，其他仲裁员的书面意见可以附在裁决书后。此时，首席仲裁员的裁决意见中也应吸收另二位仲裁员的分析意见，力求将裁决书写得更全面而完善。

（3）首席仲裁员应该注意尽可能在原定的裁决期限内结案，如果不得已而延长，也不宜将最后的裁决拖得太久。

（4）裁决书应该编一个目录，便于查阅。

总之，无论在案件开庭前的准备工作或是开庭过程中，首席仲裁员都对办案效率和办案成果起到十分重要的作用。基于此，作为首席仲裁员，更应该以高度的责任心和认真负责的态度对待每一个仲裁案，以保证办案的成功。

参考文献

[1] 杨良宜，莫世杰，杨大明．仲裁法．北京：法律出版社，2010

[2] 姚壮．如何做好首席仲裁员．姚壮文集．北京：中国华侨出版社，2010

[3] 魏耀荣．公正仲裁——仲裁员的第一天职．法制日报，2004.7.14

[4] 张杰．首席、独任仲裁员的素质与办案能力．武汉仲裁委员会，2010年度仲裁员座谈会，2010.8.14

一个老仲裁员对律师的希冀*
——写给参与仲裁的律师朋友

摘 要

笔者根据十几年仲裁工作与律师朋友交往过程中的体会,从几个方面对律师素质提出了希望和要求,包括:提交的仲裁材料应该"规范化",包括笔者对"规范化"的设想和建议;讨论和谐仲裁工作中对律师的要求;提出我国需要培养更多复合型、外向型的律师以及笔者对如何培养复合型、外向型律师的建议;提出律师应积极参与企业的法律咨询服务,在项目前期和项目实施过程中帮助把好"法律关";最后讨论几个理念,包括什么情况下可以提出反请求、怎样才能全面体现律师对委托人的责任。

关键词 仲裁 建筑工程争议 复合型外向型律师 反请求

---

* 本文首次发表在《中国律师》2012年第3期,本次发表时做了适当的补充。

笔者在十几年的仲裁工作生涯中结识了很多法律界的朋友,包括不少律师,而自己的专业是国际工程项目管理,并没有系统全面地学习过法律专业方面的知识,参加仲裁工作的过程是一个学法和用法的过程,接触到的各位法律界的朋友和专家给了笔者很多帮助。在这个过程中,一方面向他们学习法律专业的许多理念、知识和办案经验,另一方面,我也深深为许多律师的敬业精神所感动。我办理的案子大多是工程项目争议案,律师们受委托人的重托,在准备涉案材料的过程中,查阅了大量工程资料,学习了许多工程管理以至工程技术方面的知识,结合相关的法律法规,来替他们的委托人申诉和答辩,这不但需要花费大量的时间和精力,而且需要具备认真、细心、负责的工作态度。他们在庭上申诉或答辩时,所表现出来的对相关法律法规的深入理解,紧密结合涉案项目情况引用相关法律法规条款的能力,敏锐的思维和辩论口才,都使我十分敬佩。

但是,在仲裁过程中,也感到有一些律师朋友在办案准备工作和开庭过程中,还存在一些值得改进和商榷的地方。作为为了建立法制化的市场经济、构建和谐社会这个共同目标而努力的朋友之一,下面将笔者多年来办案过程中的感受和希冀写在这篇文章中,供律师朋友们工作参考和指正。

一、提交的仲裁申报材料和证据应该规范化

仲裁的申报材料是代理人代表委托人正式向仲裁庭提交申请的文件,对于这份材料,代理人应该以高度的敬业精神认真细心地书写。不少律师的申诉材料都写得很好,一方面在表达中能够抓住重点,引用的法律、法规和合同条款恰当,计算数据明晰而准确,这样就为仲裁员分析案情、审案和裁决提供了很好的基础。但是也有一些律师提交的材料中有不少缺陷。

为此,笔者在下文中提出了提交仲裁材料和证据规范化的一些建议,其目的一方面是为了提高仲裁办案效率,节省仲裁员及办案秘书的时间;另一方面也有利于节省双方代理人提交材料和证据的时间,减少大量重复性和冗余的文件,避免资源的浪费。

提交文件规范化的要求,既要体现在仲裁申请书和答辩书的正文以及索赔和反索赔款额的计算中,也要体现在证据的提交和编目中。

笔者在办案过程中阅读了大量仲裁材料和证据,学习了不少有经验的律师编写的很

好的材料，同时结合自己编写工程项目管理报告的思路，总结提出了对律师准备仲裁材料的一些建议。

1. 项目基本情况简介

笔者建议，在第一次提交的申请书中，在仲裁请求内容后面，应该首先写明项目基本情况的简介（以下称"简介"）。

以建筑工程的争议案为例，这份"简介"应包括工程项目名称、地点、包含的主要建筑物的类型、数量及各个子项目的名称、用途，项目招标、投标及签订合同的日期，合同中规定的和实际的开工、竣工日期，保修期限，项目的进展概况，订合同时整个工程的价格和各个子项目的价格、各部分的竣工结算价（如已竣工）以及项目目前存在的主要问题等。"简介"一般控制在1 000~2 000字即可。

"简介"的目的是使仲裁员对该仲裁案件涉及的项目有一个比较全面的、整体的了解，这将十分有助于仲裁员在开庭时对双方申请和答辩内容的理解。遗憾的是绝大部分申请人第一次提交的申请书中都没有包括这些内容。仲裁庭对这些基本情况不清楚时，只好在开庭时一一询问，有时会浪费很多时间。

被申请人在第一次提交文件时，也可补充编写该部分"简介"内容。

但项目"简介"中不要求涉及具体的索赔申请、索赔款项、索赔论证、答辩说明以及相关的证据等。

2. 申请（或答辩）内容一览表

如果申请（或答辩）内容和子项较多时，建议先采用列表的方式对申请（或答辩）要求做一简明扼要的说明，即每项申请的内容，包括子项目及其内容，以及各个子项目的申请索赔款额和总的索赔款额等。

这个一览表类似一个申请索赔项目（或反申请项目）及款额的目录，其目的是使仲裁员对该仲裁案件索赔的要求一目了然，有一个全面、简明而清晰的了解。下表是"某公路设计费拖欠案申请书内容的一览表"示例。

某公路设计费拖欠案申请书内容简介

请求内容	款额（元）	说明
一、合同项下欠款　包括： 1. 施工图审查批准应支付350万 2. 施工招标完成，并签订施工合同后应支付450万 3. 后续服务费170万	970万	甲方不能及时提供初设文件及资料，造成窝工拖欠合同款违约金每日4‰，但不封顶

续表

请求内容	款额（元）	说明
二、初设方案变更及窝工费用　包括： 1. DYW立交：初设费50万元 2. OT立交方案调整： 　1）重新测设，勘测费10万 　2）设计费30万 3. 房建初步设计修编设计费50万 4. 窝工费100万	240万	甲方不能及时提供初设文件及资料，造成窝工拖欠合同款违约金每日4‰，但不封顶
三、违约金　包括 1. 拖欠合同款违约金1 140万 2. 单方终止合同的违约金80万	1 220万	
四、总请求费用合计 以上970+240+1 220＝2 430万元	2 430万	

3. 项目申请内容的详细说明

这部分内容的要求是对上述"申请（或答辩）内容一览表"中的各个子项逐项进行详细地说明。

（1）申请（或反申请项目）项目的内容和依据

申请项目（或反申请项目）及其各个子项索赔的内容、事实、依据的法律、合同条款以及相关的证据等。列举法律、法规和合同条款时，要注意有针对性，说明问题即可，而不是越多越好，有时列的太多反而冲淡了主要的有用的条款，笔者办案时所见到的仲裁材料中，一般对相关项目索赔的事实、依据的法律、合同条款和证据大多能表达清楚。但也有的申报材料，泛泛地列举了很多与争议内容关系不大的法律条款和合同条款，对判案并没有什么作用。

（2）索赔款额的计算

计算索赔款额以及所包括的利息或违约金时，一定要说明每一项原始计算数值的来源和依据，这一点非常重要，还要列出计算公式、注明币种和单位。

笔者经手的仲裁案中，在索赔款额的计算方面，大约30%的案子的代理人提交的申请材料有计算错误，包括计算公式错误、引用数据错误、数据单位错误、小数点的错误以及最后计算结果（即总的申请或反请求款额）的错误等，个别案子的计算错误多达十余处。此外，还有很多申报材料中对一些计算数值的来源和依据没有说明，这就给仲裁庭核实索赔款额和计算裁决款额造成很多困难。

建议律师代理人在编写这一部分仲裁材料时，要特别认真细心地对待，最好在律师计算之后，交由相关工程管理人员和/或造价工程师对所有的索赔款额认真进行校核，再提交仲裁庭。

有的律师代理人在申请书后单独附有一个"索赔款额计算表",表中将每个子项目的索赔内容、索赔计算公式、索赔计算成果及相关原始数字的来源一一列表说明,十分清晰,这不失为一个好的经验,对加快仲裁员的审理工作很有帮助。

4. 提交的证据应该条理清晰

申请材料的各个子项目中,一定要注明相关的证据及其编号,还要注明在证据文件第几册以及证据的总页码等。

大部分代理人提交证据的条理性和编目的规范性都比较好,但也有相当一部分代理人提交的证据中存在诸多问题,如缺少证据目录,或编目混乱、页码不清、缺少总页码、不同时间提交的不同证据用同样的证据编号、同一证据多次重复提交,或是提交了大量与案件实质内容无关的材料等,这些看似不重要的细节往往浪费仲裁员和对方代理人甚至己方的许多时间,有时也浪费开庭的时间,给审查案件和裁决工作造成了很多不必要的困难。为此建议:

(1)每一本证据都应有证据目录表,其中应包含:序号、证据名称(含相关文件编写的单位和时间)、证据内容、证明事项、证据总页码等。

(2)当有多册证据时,或在不同时间提交的证据册中,每册证据应连续编号,其中总页码应当连续编码,这一点非常重要。

(3)每一份证据之中要证明的主要内容应当用浅色的有色笔在证据中做出标志、划出重点,但不得对证据原件进行任何改动或者影响对证据复印件的识别。

(4)当再次提交的证据与以前提交的证据有重复时,一般不必重复提交,说明前次提交的证据的册数、编号及总页码即可。如认为必要重复提交时,应注明与以前提交的某个证据相同,且注明原先证据的册数和总页码。

(5)提交证据一定要目的性明确,用证据来支持某一项对应的申请。尽量避免和减少提交无用的证据,有的案子的代理人提交了大量无用的材料,如若干年的施工日志、监理日志甚至材料领料单、没有盖章的不正规的收据等,这不但对案件审理没有用,并且浪费了大量的时间和资源。

二、和谐仲裁对律师的要求

1. 和谐开庭

党中央提出构建社会主义和谐社会和和谐世界的要求,仲裁工作本身就是解决争议、构建和谐社会的一个重要环节,所以在整个仲裁开庭过程中,每一位代理人都应该本着这个理念来参加开庭。

和谐开庭并不影响当事人的意思自治,双方代理人完全可以自主地提出自己的申请和索赔要求,自主地进行申诉或答辩,但是在这个过程中要保持以法律为准绳,以合同为根据,以证据为依托的原则,摆事实,讲道理。在发言过程中可以批驳对方的观点,质疑对方的证据,但不允许用不礼貌的语言,更不允许人身攻击。

2. 律师应该主动配合仲裁庭工作

代理人一般包括所委托的律师、涉案项目的有关领导和管理人员,而涉案单位有关的领导和管理人员往往对仲裁不甚了解,因而律师应该帮助他们了解仲裁的性质、作用和特点,特别是在仲裁中调解的好处。理解仲裁庭是为了公正、公平和及时地处理涉案双方的争议,是为了帮助涉案双方解决矛盾的。

3. 在仲裁庭中调解

如果仲裁庭建议在仲裁庭的主持下调解,征求双方意见时,希望律师能说服涉案方有关领导和人员积极支持和配合仲裁庭的调解工作,使他们了解到在仲裁中调解是中国仲裁的特色。如果能够在仲裁庭主持下通过调解,达成一种和解协议,则对双方既省时、省力又省钱,是一种双赢的结果。

在调解过程中,每位仲裁员可以有机会与各方分别比较自由地交换意见,帮助各方认识己方在本案中的弱点和风险,以免"当局者迷"。有些律师善于体会仲裁庭的意图,说服当事人做出恰当的让步,促成了双方的和解。但也有少数律师不理解仲裁庭主持下的调解是对双方有利的,甚至在征求双方是否同意在仲裁庭的主持下调解时,就一口回绝,这样实际上对当事人不一定有利,因为在仲裁庭的主持下进行调解会充分尊重双方的意思自治,最后达成的和解协议往往是双赢的。

4. 实事求是的原则很重要

仲裁开庭时律师为自己受托一方申诉时,实事求是的原则很重要,不应该任意地曲解某些法律条款和合同条款来为自己受托的一方辩护,如某工程项目争议仲裁案中,律师把工程项目的合同说成是格式合同。实际上每个"项目"都是一次性、唯一性的,而工程项目远比一般项目复杂,所以每一个工程项目肯定是和另一个工程项目不一样的,业主方在招标过程中提出的招标文件是合同草案,每个项目最终达成的协议都是通过双方的谈判,对招标文件进行了修改,肯定也是不一样的。"合同法"对格式合同有明确的定义,作为一个律师怎么能把工程项目合同说成是格式合同呢?

5. 明确申诉和辩论的目的

律师一般都作为代理人中的首席发言人，在申诉、辩论和反驳对方的发言中都应明确一个理念，即：发言的目的是为了使仲裁庭弄清案情、弄清自己一方引用的法律和合同条款以及相关的证据，是为了让仲裁庭理解自己一方的观点。仲裁员都是各个方面的专家，他们会根据相关的法律、法规、合同条款和证据做出自己的判断。

此外，在申诉和辩论中，任一方都不要企图和对方争一个你是我非，这在开庭辩论中是不可能达到的，也是完全不必要的，这样容易破坏和谐开庭的气氛，也不利于以后的调解。

三、培养更多复合型、外向型的律师

市场经济社会就是法制社会，我国正在逐步转向社会主义市场经济的过程中，律师在构建法制社会的过程中起着十分重要的作用。

我希望有更多的律师在这个过程中，通过学习和实践经验的积累，逐步把自己塑造成复合型、外向型的律师。

1. 复合型律师

律师参与的各种案子涉及各行各业，如果对相关的行业没有一定深度的了解，是不大容易做好代理人的。笔者这里提到的复合型的律师是希望一些律师把自己的发展方向专注在某些行业方面，使自己既是法律专家，又对某些行业有比较深入的了解，熟悉该行业产生争议的原因并掌握该行业解决争议的游戏规则，在逐步积累办案经验的过程中成为复合型的人才。

我接触的外国律师，有好几位就是专做建筑工程方面争议的律师，他们积累了多年的经验，对各类国际上通用的工程项目合同范本都有很深的理解和掌握，因而做起仲裁员、代理人或争议评判委员会（Dispute Adjudication Board, DAB）的评判专家（Adjudicator）时都能得心应手，例如小浪底水利枢纽是世界银行贷款项目，这个工程的争议评审委员会（Dispute Review Board, DRB）的首席专家是美国的律师戈登·杰尼斯（Gordon L.Jayes）先生，他参与国际工程争议评审和仲裁工作35年，具有很高的国际威望，在争议评审中发挥了很大的作用。

我国也有一批律师在向这方面努力，如他们创办了"中国建设工程法律评论"杂志和网站，努力把自己培养成熟悉建筑工程管理的复合型的律师。我希望有更多的律师能把自己培养成为深入了解熟悉某些行业的复合型的律师，以适应我国建设法制社会的需要。

2. 外向型律师

这里所说的外向型的律师除了要求外文功底好之外，更主要的是不但要了解和熟悉国际上的两大法律体系，还要了解和熟悉在国外做仲裁和/或诉讼时的游戏规则和国际惯例，这样在担任我国企业委托的代理人时，才能够比较快地上手和胜任有关的涉外和国际案件。我国律师与发达国家的律师相比，在这方面的差距是比较大的，急需培养这方面的人才。当然这是一个比较高的要求，但是我觉得很多律师外文基础都不错，或是在国外学习过，如果给自己定了一个大的专业方向，经过自己长期的努力是能够达到的。

近年来，有的律所和律师把自己的主攻方向定为解决国际工程项目（含国内的涉外工程）的争议和从事这方面的咨询，有的和国外的律所合作办案，并且有意识地多接国际工程承包的案子，同时为我国的一些对外承包和咨询公司担任法律顾问或仲裁案的代理人，已经初获成效。

3. 培养复合型、外向型律师的途径

（1）学习国际工程项目管理的有关课程和专业英语

有志于把自己培养成复合型、外向型律师的朋友，首先应该通过自学学习国际工程项目管理的有关课程，包括"工程项目管理"、"国际工程承包（含投标报价）"、"国际工程合同管理"、"国际工程风险管理"、"国际工程索赔"等课程。同时还要学习国际工程的专业英语，包括口语和信函写作等。

在这个基础上，可以逐条仔细研读"FIDIC合同条件（原文版）"，我国各部委编制的合同条件大都参照FIDIC的合同条件，通过阅读原文版合同条件，一方面可以加深对我国各类合同条件的理解，另一方面可以深入理解工程项目管理的国际惯例，为去国外应用英文合同版本从事代理人工作打下一个良好的基础。

（2）组织和参加各类国际工程管理培训班

在上述自学的基础上，所在律所可以考虑组织相关人员举办较长期的培训班，这样可以依靠讲课专家的知识和经验，帮助培训班的学员系统化地、深入地理解国际工程管理的相关课程和知识，同时也是一个研讨的机会。

（3）在中外法律"联营体"中培养人才

有一些外国的律师事务所已经在中国注册，可以代理国内的工程以及国际工程的相关法律事务，这些律所熟悉掌握国际上的两大法律体系、各类国际上通用的合同范本以及仲裁和诉讼的游戏规则。我国律所可以和外国律所组成联营体，合作办案，相互取长补短，取得双赢的效果。

以联营体的方式办案时，中方律所一定要选派一批外文功底好、有一定国际工程合同管理知识的律师参加办案工作，尽可能地参与问题的讨论、决策、动笔书写外文的相关文件，这样才能向外国律所学习办理国际案件的经验。切忌只在联营体中充当旁听的角色，否则不能达到培养人才的目的。

（4）重视在工程实践中培养

相关律所应该组织一些通过自学和培训，有一定国际工程承包基础知识的律师，参加我国的大型海外总承包工程，在工程现场参与合同管理，与当地律师配合，审查各类合同，参加各类商务谈判，参与项目的现场管理、合同管理（包括风险管理与索赔管理）以及项目争议的谈判、仲裁、诉讼等工作。

实践出真知，经过工程第一线锻炼的律师将会对国际工程涉及的法律事务及合同管理有深入的理解，非常有助于他们成长为复合型、外向型的律师。

（5）去国外高校相关的专业学习

国外有一些高校有"营建工程与法律"、"国际商法"、"争议解决"等相关专业，相关律所可以考虑选拔一些参加国际工程承包的、有一定实践经验的律师去这些大学学习，攻读学位，在理论上进一步提高，以培养在工程管理方面的高级法学人才。我也希望在我国的法学院校以后也设立这方面的学位。

我深信经过长时间的实践和努力，我们国家一定会出现一批高水平的复合型、外向型的律师。

四、积极参与企业的法律咨询服务、帮助企业和项目把好法律关

从自己参与的多起工程项目争议的仲裁案件或咨询工作中，笔者感到虽然争议的具体内容表现为多种多样，但争议产生的原因可以总结为两大类：一类是项目的合同定的不好，合同条款不严密、不公正；另一类是在项目实施过程中出现的大量问题。如果能在这两个方面有比较大的改进，则可以大大地减少争议的发生，有利于项目的顺利进行，对合同双方都是有利的。

合同订立不好和执行不好的重要原因之一是企业领导和相关的项目管理人员不懂法律，缺少合同意识。随着社会主义经济市场的推进，我国的各类企业，特别是大型企业（不论国有企业或民营企业）逐渐地认识到这个问题的重要性，有的企业成立了"法律

合同部",但总的来说,这仍是一个薄弱环节。笔者认为,律师事务所和律师们应该积极参与企业的法律咨询活动,担任企业和项目的法律顾问。在项目前期和项目实施期间帮助企业把好"法律关"。

以建设工程为例,在项目前期把好"法律关",主要是把好合同谈判和签订这一关。对项目业主方来说,在准备招标文件的这个过程中,就应意识到这个文件实质上是提出的要约邀请,是一份合同草案,以之作为将来和投标人谈判并最终签订合同的重要文件,因此对招标文件应该逐字逐句地推敲,使之做到系统、完整、准确、明了,使投标人能一目了然。招标文件必须符合国家的法律和相关的法规,反映项目的实际情况,力求做到合同双方风险分担合理,文件内容力求统一,避免各个文件之间的矛盾,用词严谨准确,避免歧义。对投标人来说则要认真对待拿到的这一份"合同草案",仔细推敲研究,尽可能发现对己方风险大的条款,以争取在中标后,通过合同谈判来减少一些风险。总之,无论对业主方准备招标文件或是投标人一方准备投标以及双方谈判来说,法律顾问在这方面都是有专长的,可以很好地发挥作用。

在合同实施阶段,法律顾问应该定期了解项目的进展情况,特别在产生争议时,要帮助委托人分析争议的性质,及时整理争议有关的证据,特别要注意证据的有效性和合法性,参加争议的有关谈判,尽可能争取在项目实施过程中通过与总监理工程师或是争议评审组的谈判协商解决争议,以利项目的继续顺利实施。这样,在争议得不到和解而必须提交仲裁或诉讼时,法律顾问由于参加各环节的合同管理,情况比较熟悉,就可以更好地胜任代理人的角色。

如果一个项目由一家承包商总承包,下面有若干家分包商时,总承包商在准备招标文件、合同谈判和项目实施时的作用类似业主方,分包商则类似承包商,各方的律师同样可发挥重要的作用。

五、几个理念的讨论

1. 关于"反请求"

在工程项目管理中有"索赔"(Claim)和"反索赔"(Counter Claim, Defence Against Claim)的提法,实际上Claim的正确含义是权利主张和权利要求,是指要求索回原应属于自己的权利。在国际上权威性的工程咨询组织,如国际咨询工程师联合会(FIDIC)、英国土木工程师学会(ICE)、美国建筑师协会(AIA)的各类合同范本中,均不采用"反索赔"一词。我国仲裁界采用的"反请求"一词，往往是指被申请人一方在遇到申请人一方的索赔请求时，在答辩的同时提出的反请求。

在这里要讨论的问题是，反请求的目的是什么？在什么情况下可以提反请求？

笔者在仲裁工作中常常遇到这样的情况，即被申请人在答辩时，提出了数额不菲的反请求，而当仲裁庭研究这些反请求的内容时，往往发现论证和证据都非常不充分，因而大部分得不到支持。笔者认为，这与一些代理人对反请求的理解不正确有关。

反请求的目的不是用来"抵消"对方的请求，而是代表你方提出的正当权利要求。在仲裁裁决时，你方提出的反请求（索赔）是否能够被仲裁庭接受，关键在于反请求的内容是否有法律、法规、合同条款和相关证据的支持。反请求应该是被申请人的一个个独立的有根有据的权利请求，而不应该认为对方提出索赔，我方必须用反请求去抵消，这样往往是徒劳的。

2. 对委托人要讲真话和负责任

无论对申请人或被申请人一方的代理人，有一个理念非常重要，就是一定要对自己的委托人实事求是地讲真话，即在通过仔细阅读有关材料和分析案情之后，要告诉自己的委托人，哪些索赔是有把握可以索赔到的，哪些索赔是有可能争取索赔到的，哪些索赔是不大可能或完全不可能索赔到的，以便使自己的委托人有一个正确的心态去参加仲裁或诉讼。千万不要误导委托人，使他们有不切实际的期望，更不可对仲裁的结果向他们做出盲目的承诺。

这样做是为了帮助委托人，使他们对仲裁裁决有一个恰当的期望值。从另一方面看，也是对律师为他们努力申诉或答辩所可能得到的成果有一个恰当的期望和理解。在仲裁中进行调解是我国仲裁的特色和成功的经验，如果委托人对仲裁的预期成果有一个恰当的期望值，则可以有助于双方在调解时达成协议，而这个协议往往是体现双赢的。

因而笔者认为实事求是地讲真话的代理人才是真正高水平的、对委托人负责任的律师，也会真正赢得委托人的信任。

文中对律师素质提出的一些希冀是笔者根据多年来仲裁工作中比较深切的感受以及从一个教育工作者的角度对律师朋友，特别是年轻律师如何努力提高自身素质提出的一些建议，不一定全面、恰当，供律师朋友们参考吧！

参考文献

[1] 何伯森．论和谐仲裁．载《中国仲裁与司法》2011年第

6期

[2] 姚壮．姚壮文集．北京：中国华侨出版社，2010（303-308）

[3] 何伯森，程志鹏，赵珊珊．国际工程项目争议的调解与仲裁．中国仲裁与司法，2005（第3期）

[4] 何伯森．培养国际工程管理人才：思路与途径．国际经济合作，2007（第一期）

[5] 孙巍主编．中国建设工程法律评论（www.cclr.org.cn）．北京：法律出版社，2010（第一辑）

国际工程项目争议的调解与仲裁*

摘要

本文首先简述国际工程项目的特点，总结工程项目施工阶段产生争议的主要原因，之后，介绍分析在国际工程实施过程中，近十几年来争议调解方式的演变，包括FIDIC、AIA和世行等组织的有关作法，争议裁决委员会解决争议的程序以及伙伴关系合同文本中的调解。第三部分介绍了争议的仲裁，包括仲裁的程序和优势。第四部分结合作者担任国际工程仲裁员的体会，重点讨论被国际上誉为"东方经验"的中国国际经济贸易仲裁委员会"在仲裁中调解"争议解决机制的程序、优点、国际上的不同看法和发展趋势，最后结合中国的情况提出了建议。

关键词 争议　调解　仲裁　ADR（争议解决替代方式）
　　　　　DRB（争议评审委员会）　DAB（争议评判委员会）

---

* 本文作者为何伯森、程志鹏、赵珊珊，首次发表在《中国仲裁与司法》2005年第3辑，这次发表时做了适当的删节。

一、国际工程产生争议的主要原因

1. 国际工程的特点

国际工程是指一个工程项目的某一个方面、某一个阶段或全过程的参与者来自不只一个国家，并且按照国际上通用的项目管理理念和方法进行管理的工程。

一般项目的特点是：一次性、唯一性、项目目标的明确性、实施条件的约束性。

工程项目则比一般项目复杂，其特点是：复杂程度高，整体性强，建设周期长，工程项目的不可逆转性，工程产品的固定性，生产者的流动性，当地政府的管理和干预。

国际工程项目又比一般工程项目复杂得多，其特点是：

● 一个跨国的经济活动：一个项目涉及不同国家的政治、经济和文化背景，不同的民族和宗教，不同参与方的公司及其国家的利益，因而各方不易相互理解，容易产生矛盾和纠纷；

● 严格的合同管理：由于不同国家的法人参与项目实施，对各方的权利、义务和职责的规定全部体现在合同中，所以对合同管理的要求十分严格；

● 风险大：由于是跨国的经济活动，在一个陌生的国家，每次接触的都是不同的合同方，各国的法律不同，自然条件各异，因而国际工程项目的风险比国内项目大得多；

● 国际工程市场长期为发达国家垄断，进入的难度很大，因而许多公司往往以低投标价拿项目，企图通过索赔来赢利，这也容易导致争议[1]。

2. 国际工程项目产生争议的主要原因

毛泽东主席在其名著《矛盾论》中提到："矛盾是普遍的、绝对的，存在于事物发展的一切过程中，又贯串于一切过程的始终。""没有什么事物是不包含矛盾的，没有矛盾就没有世界。""如果不研究矛盾的特殊性，就无从确定一事物不同于他事物的特殊的本质。"

在复杂的工程项目特别是国际工程项目实施过程中，产生大量的各式各样的矛盾是必然的。合同有关各方，如果不善于及时处理和解决矛盾，必然导致矛盾的激化，形成争议。

根据国际上的研究[2]和笔者在国外承包工程实践与对仲裁工作案例的总结，工程项目实施阶段产生争议的原因可归纳如下。

（1）招标文件和合同签订存在的问题

业主方准备的招标文件实际上是合同的草案，在编制招标文件以及合同谈判签订中存在的各种问题，往往为合同实施过程中争议的产生埋下了隐患，如：

- 合同文件风险分担不合理，业主方在招标文件中将过多的风险推给承包商，承包商为了中标项目，不敢在合同谈判中据理力争，要求修改；
- 合同中词语定义不准确；
- 合同中各个文件之间有矛盾，签订合同时未发现；
- 合同条款模糊、不清晰；
- 主合同与分包合同及相关合同之间的矛盾；
- 合同一方不具备足够的财力来完成项目；
- 承包商报价过低；
- 其他。

（2）合同实施过程中存在的问题

- 合同任一方或双方管理水平低；
- 缺乏"团队精神"，不理解"伙伴关系"，沟通交流不够；
- 不能用"双赢"理念及时处理产生的矛盾；
- 不重视书面文件的书写及保管；
- 监理工程师不能按照合同规定公平地处理争议；
- 总承包商的管理监督与协调不力；
- 项目合同管理者回避矛盾，把争议推给上级机构或律师；
- 其他。

由于这些产生争议的原因在国际工程实施中具有普遍性，因而国际组织编制的各种合同文件都在不断地研究和改进争议的解决方法。

工程项目的争议一般有四种解决方式：和解、调解、仲裁与诉讼。国际法学界将除诉讼之外的方式称之为"争议解决替代方式"（Alternative Disputes Resolution，ADR）。下文中将介绍和讨论工程实施过程中的各种调解方式、争议的仲裁以及在仲裁中调解的争议解决机制。

二、国际工程实施过程中争议调解方式的演变

1. 国际咨询工程师联合会（International Federation of Consulting Engineers，FIDIC）"红皮书"中的调解机制

在20世纪90年代中期之前编制的合同文件，以"土木工程施工合同条件"（1987年

第4版，1992年修正版）（"红皮书"）为代表，一直沿用首先将争议提交给工程师，由工程师进行调解并向合同双方提出解决争议的复审决定。如合同双方均同意并执行此决定，则争议得到解决。如任一方不同意，或开始时双方均同意但事后又有一方不执行，则只有走向仲裁。在合同双方得到工程师的决定后如果一方不同意并要求仲裁，还应经过一个56天的"友好解决"期，如不能和解或调解，则走向仲裁[3]。

FIDIC合同条件得到国际工程界的广泛应用，但对于由工程师来处理争议的方式，人们提出了疑义和批评，理由如下：

（1）虽然在合同条件中规定工程师应在管理合同中行为公正，但由于工程师受雇于业主，相当于业主的雇员，因而很难保证其公正性。

（2）因为承包商向工程师提交的争议，大多数是工程师在工程实施过程中已做出的决定，当承包商有异议并提交工程师要求复审时，实际上就是要求工程师推翻或修改其原来的决定，因此，从心理学的观点来看，这种解决争议做法的成功率也不高，这一点在实践中也得到了证明[4]。

FIDIC的这种办法，也是英国的一些合同条件（如ICE）一直沿用的方法。

2. 美国AIA合同条件中的调解机制

美国的工程项目大多采用美国建筑师学会（The American Institute of Architects，AIA）编制的合同条件。AIA编制的部分合同条件也得到美国总承包商会的认可，在美国及美洲广泛采用。

在AIA系列文件中的A201文件"工程承包合同通用条款"（1997年版）中规定，凡对索赔有争议时，都要首先提交建筑师做决定，如双方对建筑师的决定均同意，则应执行，否则任一方可要求仲裁或由其他司法程序解决。但此前必须先通过调解。

第4.5款（调解）规定：除非双方另有协议，争议双方必须先到"美国仲裁协会"进行书面登记，也可同时提出仲裁要求，但必须在仲裁之前先进行调解。调解需根据"美国仲裁协会建筑业调解规则"进行，如果登记后60天的调解期内还未能解决问题，则开始仲裁或诉讼。经调解达成的协议具有法律效力[5]。

3. 建立"争议评审委员会"（Dispute Review Board，DRB）的调解机制

（1）这种方式是20世纪70年代首先在美国发展起来的。美国科罗拉多州的艾森豪威尔隧道工程包含价值1.28亿美元的土建、电器和装修三个合同，4年工程实施中发生了28起争议，均通过DRB的调解得到了解决并得到双方的尊重和执行。这种调解方式的成功引起了美国工程界的广泛关注，之后在许多工程中推广了DRB方式。

（2）世界银行关注到DRB这种新的争议解决的替代方式，并开始在其贷款项目中

试行。1980~1986年期间，由世行和泛美开发银行贷款的洪都拉斯EL. CAJON水电站工程（坝高780英尺，水电站装机容量300兆瓦，总造价2.36亿美元）采用DRB方式取得了巨大的成功，五次争议全部金额达2 030万美元，均由DRB调解成功并为双方接受执行，工程按期完成，且未发生仲裁或诉讼。DRB的费用仅用了30万美元[6]。

由于世行在随后的项目中采用DRB方式也取得了很好的成效，因此在1995年1月世行出版的"工程采购标准招标文件"中正式规定以DRB替代工程师解决争议的作用：5 000万美元以上的项目必须采用DRB；1 000万至5 000万的项目可由合同双方商定采用下述三种方式中的任一种来调解争议：DRB（三人）；DRE（一位争议评审专家）；"红皮书"中的工程师[7]。

4. 建立"争议评判委员会"（Dispute Adjudication Board，DAB）的调解机制

FIDIC在1995年出版的"设计—建造与交钥匙工程合同条件"（桔皮书）中提出了用DAB来替代过去版本中依靠工程师解决争议的办法。在1999年新出版的"施工合同条件"（新红皮书）、"工程设备与设计—建造合同条件"（新黄皮书）、"EPC交钥匙项目合同条件"（银皮书）中，均统一采用DAB，并且附有"争议裁决协议书的通用条件"和"程序规则"等文件。

由于DRB和DAB都是借鉴在美国采用DRB的经验，因此二者的规定大同小异，下文中笔者仅对"新红皮书"中DAB的主要规定作一简介。

（1）DAB委员的选聘

DAB的委员一般是三人，小型工程也可是一人。委员的聘任是由业主方和承包商方在投标函附录规定的时间内，各提名一位委员并经对方批准，然后由合同双方与这二位委员共同商定第三名成员作为DAB的主席。如果组成DAB有困难，则采用专用条件中指定的机构（如FIDIC）或官方提名任命DAB成员，该任命是最终并具有决定性的。DAB委员的酬金由业主和承包商双方各支付一半。每个委员与合同双方应签订一份"争议裁决协议书"，其范本格式附在合同条件的文本中。

（2）DAB方式解决争议的程序

1）合同任一方均可将项目实施过程中产生的争议直接提交给每一位DAB委员，同时将副本提交给对方和工程师。合同双方均应尽快向DAB提交自己的立场报告以及DAB可能要求的进一步的资料。

2）DAB在收到提交的材料后的84天内应就争议事宜做出书面决定。如果合同双方同意则应执行该决定，如果合同双方同意DAB的决定，但事后任一方又不执行，则另一方可直接要求仲裁。

3）如果合同任一方对DAB的决定不满意,可在收到决定后28天内将其不满通知对方（或在DAB收到合同任一方的通知后84天内未能做出决定,合同任一方也可在此后28天内将其不满通知对方）,并可就争议提出要求仲裁。但在发出不满通知后,双方仍应努力友好解决,如未能在56天内友好解决争议,则可开始仲裁。（DRB没有"友好解决"这一步骤）

4）争议应在合同中规定的国际仲裁机构裁决。除非另有规定,应采用国际商会的仲裁规则。在仲裁过程中,合同双方及工程师均可提交新的证据,DAB的决定也可作为一项证据[8]。

5. ECC合同中的调解机制

英国土木工程师学会（ICE）在1995年出版了工程施工合同（Engineering and Construction Contract, ECC）[9]。ECC合同充分体现了相互合作防范风险和通过调解在工程实施过程中解决争议的理念,主要体现在:

（1）合同核心条款规定:工作原则是合同参与各方在工作中应相互信任,相互合作。

（2）风险由合同双方合理分担,并鼓励双方以共同预测的方式降低风险发生率。

（3）在工作程序中引入"早期警告程序"以防范风险。合同中除共用的核心条款外,提供了6种主要选项（即6种管理和支付方式）与10种次要选项,明确业主的6大类风险和承包商的风险以及可补偿事件的处理方法。任一方觉察到有影响工期、成本和质量的问题时,均有权要求对方参加"早期警告"会议,以共同采取措施,努力避免或减少损失。

（4）引入了裁决人（Adjudicator）制度,裁决人类似前面介绍的DAB委员,也是由合同双方推选并相互批准,费用由双方平均分摊。对裁决人的素质要求是:某一专业领域的专家,经验丰富,威信高,也是合同管理专家,熟悉工程造价,作风公正,并完全独立于合同双方,身体健康。

裁决人的工作一般是当合同一方将争端提交给他之后才去现场听取双方意见,并在4周内提出调解性质的裁决意见及理由,如合同任一方不同意该裁决意见,仍可将争端事件提交仲裁庭,待工程完工后才可开始仲裁。

6. "伙伴关系"（Partnering）合同文本中的调解机制

"伙伴关系"的概念在20世纪80年代源自日本、美国和澳大利亚,并于90年代开始在英国、香港等地盛行。在"伙伴关系"模式下,项目各方通过相互的理解和承诺,着眼于各方利益和共同目标,建立完善的协调和沟通机制,以实现风险的合理分担和矛盾的友好解决。

2000年英国咨询建筑师协会（Association of Consultant Architects, ACA）起草了

"PPC2000 ACA项目伙伴关系合同"，其中规定要任命一名伙伴关系团队成员均同意的"调解人"（conciliator），在将争议提交诉讼或仲裁之前，先提交调解人按照ACA的调解程序进行调解。如调解成功，项目团队各方签署的书面协议对各方均有约束力，如一方不遵守，其他任一方均可要求进入裁决程序，即选定一裁决人（Adjudicator）对争端进行裁决。对裁决结果如仍不同意即可进入仲裁或诉讼。

香港房屋署和交通署的"伙伴关系"项目管理文件中也设有"解决争议顾问"（Dispute Resolution Adviser）以调解争议。

三、争议的仲裁

1. 仲裁的程序

（1）在合同专用条件中规定：仲裁机构名称、仲裁地点及选用的仲裁规则等。

例如中国国际经济贸易仲裁委员会（CIETAC）的示范仲裁条款为"凡因本合同引起的或与本合同有关的任何争议，均应提交中国国际经济贸易仲裁委员会，按照申请仲裁时该会现行有效的仲裁规则进行仲裁。仲裁裁决是终局的，对双方均有约束力。"

（2）申请仲裁：当争议不能通过调解解决时，合同任一方均有权向专用合同条件中规定的仲裁机构提交仲裁申请书，说明申请人依据的仲裁协议、案情、仲裁请求，并提交证据。

（3）指定仲裁员：申请人（Claimant）和被申请人（Respondent）均应在该仲裁委员会的仲裁员名册中指定一名仲裁员，第三名仲裁员由双方选定或共同委托仲裁委员会选定。由该三名仲裁员组成仲裁庭。

（4）审理：仲裁庭在审阅双方书面材料后，一般应开庭审理，倾听双方申诉和答辩，询问问题，必要时可多次开庭。工程师、DAB专家均可作为证人。

（5）调解：仲裁庭可在仲裁过程中调解。

（6）裁决：如调解不成功，则由三名仲裁员讨论裁决，写出裁决书。

（7）执行：如一方不执行裁决，则由法院强制执行。我国已加入《纽约公约》，国际工程仲裁案同样可强制执行。

2. 仲裁的优势

国际工程90%以上均采用仲裁的方式解决争议。仲裁的优势为：

（1）程序简便：仲裁实行"一裁终局"制度，没有上诉或再审程序，裁决自做出之日即发生法律效力,对双方当事人均有约束力,因而简化了程序,缩短了审理期限,提高了争议解决的效率。

(2)充分自治:"当事人意思自治"是仲裁制度的核心。选择仲裁方式,当事人可享有最大限度的自主权,包括自主选择仲裁机构、仲裁员、仲裁地点、仲裁所使用的语言、仲裁规则及仲裁所适用的法律。

(3)易于执行:1958年联合国在纽约通过了《关于承认和执行外国仲裁裁决公约》(简称《纽约公约》)为国际社会提供了一项普遍接受的、简便的承认及执行外国仲裁裁决的制度,根据该公约的规定,缔约国的仲裁裁决能直接申请在145个缔约国法院强制执行。国内案件仲裁庭的裁决如一方不执行也可由相关法院强制执行。

(4)信息保密:仲裁实行不公开审理开庭制度,未经当事人的同意,第三人不可旁听案件审理,仲裁过程及结果不公布于媒体。

四、东方经验——在仲裁中调解的争议解决机制

在仲裁中调解、实行仲裁与调解相结合是中国国际经济贸易仲裁委员会(China International Economy and Trade Arbitration Commission,CIETAC)的首创,在1989年1月1日起实行的第二套仲裁规则即明确提出了在仲裁中进行调解的做法,在随后的实践中不断积累经验,至2000年10月1日起实行的第六套仲裁规则对这种做法作了更为具体和完善的规定。

1. 在仲裁中调解以解决争议的做法

下面根据CIETAC的第六套仲裁规则[10]和笔者的经验,介绍在仲裁中调解的做法。

(1)按正常程序开庭审理。在仲裁庭的主持下,争议双方的代理人可以陈述各方的论点,提出仲裁要求,列举证据,反驳对方观点。但各方均应注意以事实为依据,以法律和双方签订的合同为准绳,保持良好的开庭氛围,为调解打下基础。

(2)双方当事人的意思自治原则。在双方陈述和辩论之后,仲裁庭可在庭上征求双方意见,是否愿意在仲裁庭的主持下进行调解,如果有一方不同意,则仲裁程序继续进行;如果双方均同意,则可开始进行调解。在调解过程中,仲裁庭不作任何形式的笔录,以使大家能在一种比较轻松的气氛中进行调解。

(3)在调解开始之前,要向双方说明,如果调解不成功,任何一方当事人均不得在其后的仲裁程序、司法程序和其他任何程序中援引对方当事人或仲裁庭在调解过程中发

表过的、提出过的、建议过的、承认过的以及愿意接受过的或否定过的任何陈述、意见、观点或建议作为其请求、答辩或反请求的依据。

（4）"背靠背"调解。根据笔者经验，先一方一方地"背靠背"地交谈，效果比较好。由仲裁庭先单方面和申请人交换意见，再单方面与被申请人交换意见，分别听取双方可能的让步。在这个过程中，仲裁员可以适当地指出该方在本案中存在的风险，以引导双方对仲裁结果做出合理的预期，而不要过高地估计自己的优势和有利地位，从而逐步走向和解。但仲裁员一开始不宜拿出一个和解方案，特别是不宜拿出一个款项数额要双方确认，这样可能给某一方带来比较大的压力，不大可能为各方接受。

当一轮又一轮的交换意见之后（也要允许各方及时向公司最高领导请示），在双方意见比较接近时，仲裁庭可提出一个建议性款额，要求双方再让步以达成和解。

调解成功后应趁热打铁，由双方代理人立即动手起草"和解协议"，仲裁庭当即依据双方的"和解协议"起草"裁决书"，明确执行办法和期限，落实调解的成果。

（5）仲裁员的水平是调解成功的关键因素。仲裁员在开庭之前必须对双方的书面资料有一个比较深入的研究，在调解过程中，仲裁员的耐心、毅力和调解的技巧对调解成功至关重要。仲裁员认真负责的敬业精神和热情服务的工作态度也会对促使双方当事人和解起很大的作用。

2. 在仲裁中调解的优点

（1）结案速度快，节省时间。由于仲裁员在开庭前对案情有一定深度的分析，调解过程中可分别与双方"自由地"对话，帮助双方了解己方的风险，打破不切实际的幻想和避免某些代理人的误导。还要告诉争议双方节省出的时间可用于更多的商务和公务活动去创造价值，这样就容易引导双方走向和解。

（2）可达到"双赢"。调解的结果是一个双方都愿意接受的方案，而绝非仲裁庭强迫他们接受的方案。任一方都不是败诉方，如调解成功，双方均避免了风险，且不损害双方公司的名声。

（3）有利于双方继续保持"伙伴关系"和今后的合作。调解可以避免正式裁决导致的对立情绪，有利于双方今后在市场中的继续合作。

（4）易于执行。调解结果的执行方式和时间是双方协商的，并以仲裁裁决书的形式写明，使调解结果赋予了法律强制执行力。

（5）建立在和解协议基础上的裁决书对双方有利。一个争议往往是当事人双方都有过错，如果实行仲裁，仲裁庭必须从法律角度对双方的每一个重要论点表态，指出各自存在的过错或违背诚信原则的行为，有时这样的裁决书对双方都有不利影响。而在和解协议基础上的裁决书则不必提到诸多法律问题，对双方都有利。

（6）手续简单，节省费用。仲裁员在仲裁过程中同时进行调解，可免去当事人分别挑选调解员和仲裁员，也不必支付两笔费用。

3. "东方经验"的国际反响

（1）CIETAC提出并在实践中推行"在仲裁中调解"，这种做法是基于中国"和为贵"的文化背景，但西方不同的文化背景对这种做法有着不同的反映。大陆法系的国家的法官在诉讼中可以对当事人双方进行调解，如德国、法国、瑞士等，因而对仲裁中调解的态度比较宽容；而英美法系的国家认为法官在诉讼中是独立的公断人，这种理念要求当事人特别是律师作为诉讼的主导，而法官是被动接受的中立方，仅是为了判决争议。因而必须与案件保持一定距离，才能显示其公正。他们认为仲裁员也类似法官，因而不应积极介入调解，这种观点以英、美为代表。他们主要认为：

仲裁员在调解过程中的"私下"会晤违反正当程序（Due process）和自然公正（natural justice），一方当事人没有机会反驳对方；当事人不愿向仲裁员披露秘密信息，害怕仲裁员将自己的观点或"底牌"告诉对方；仲裁员的独立性和公正性将会被质疑，如调解不成功，将会影响仲裁员的权威性[11]、[12]。

（2）笔者认为，理论上仲裁中的调解与仲裁程序本身在价值取向上是一致的。它们都着眼于在一个公平的环境下以更加灵活的、高效的方式解决当事人双方的争议。正如法谚云：迟到的公正等于不公正。对于上述反对观点，问题的关键在于双方当事人是否接受调解、何时开始调解、何时终止调解，均由双方意思自治。这意味着是否接受这样的程序是当事人自由选择的结果。所以从容许调解的仲裁程序的整体来看，这不仅是公正的而且还是灵活的和有效率的。毕竟，任何公正的法律程序都无法替代双方当事人做出的最理智的选择。

（3）从中国的实践来看，也回答了前述的几个顾虑。我们的作法是以仲裁庭作为一个集体，在仲裁庭上调解，不进行"私下"会晤。仲裁庭也无意去打听某一方的秘密信息，在调解过程中，充分尊重双方当事人的意思自治，任一方在调解过程中的各种意见是否愿意仲裁员告诉对方完全取决于当事人，一般仲裁员不传递信息。调解是为了促成双方达成和解，如不成功也并不影响仲裁员的威信。

（4）近年来，一些英美法系国家和地区，如加拿大、澳大利亚、印度、新加坡等以及我国香港，均已明文规定仲裁员可以在仲裁过程中进行调解，特别是2002年通过的《联合国国际贸易法委员会国际商事调解示范法》第12条"调解人担任仲裁员"中明确规定只要当事人约定即可由调解人同时担任仲裁员。这可以看作是近年来国际上对仲裁与调解相结合以解决争议的方式采取了更加宽容的态度,并且这一趋势也在进一步加强[11]、[12]。

五、在中国的工程项目中推行争议调解机制的几点建议

中国的文化背景受儒家的影响比较深,强调互相理解,"冤家宜解不宜结"。但工程实施过程中出现争议几乎是不可避免的,如何借鉴国际经验和总结我国的经验推进争议调解机制则是摆在我们面前的新课题。

1. 我国争议调解的现状

我国目前的争议处理办法基本上是参照FIDIC"红皮书"中由工程师来处理争议—调解—仲裁的办法。国内大部分工程合同文本范本就是这样规定的。

由于在国内的一些大型水利水电工程项目采用的是世界银行贷款,推行了DRB争议解决办法,如二滩水电站、小浪底水利枢纽等,因而在国内只有水利部和国家电力公司编制的"水利水电工程施工合同和招标文件示范文本"(2000年版)中规定了"争端调解组"的条款,但是实践中实行这种方式的很少。

2. 几点建议

(1)合同有关各方应通过协商,使争议及时地在合同实施过程中予以解决。虽然国际上已经认为"工程师"是业主方聘用的人员,因而不大可能独立公正地解决争议,但仍要求"工程师"能公平地处理各种争议。作为合同双方的业主、承包商以及监理工程师应该努力通过协商来解决争议,用"双赢"、"伙伴关系"和"团队精神"的理念来处理矛盾,尽可能及时和解,而不要把争议积累到工程后期再解决。

(2)借鉴国际经验,在我国新编制的工程合同范本中设立"争议调解组"的条款,制定出实施细则,并在大中型工程中试点,以逐步推行在工程实施过程中通过调解解决争议的做法。

(3)建立"争议调解专家库",由相关部委或授权相应的行业协会建立各行业的"专家库",以保证"专家库"中专家的权威性和公正性。这个"专家库"中应包括合同管理专家、造价管理专家、调解专家和工程技术专家,也应包含一些仲裁员和律师。这是做好争议调解的关键。

(4)积极推行在仲裁中调解的机制,加强这方面的宣传,使更多工程项目的当事人理解这种做法的好处。最好能进一步建立立法保障,如建立"调解法"或"仲裁与调解法",将我国在这方面成功的实践经验用法律形式确定下来。

参考文献

[1] 何伯森，张水波. 国际工程合同管理. 北京：中国建筑工业出版社，2005

[2] G. A. Smith. Beyond ADR—Dispute Reduction in the Construction Industry Though Realistic Contract Risk Allocation. International Symposium for the Organization and Management of Construction Vol Ⅱ P.881. 1996. st. Edmundsbury Press

[3] FIDIC. Conditions Of Contract For Works Of Civil Engineering Construction, Fourth edition, 1987

[4] 张水波，何伯森. FIDIC新版合同条件导读与解析. 北京：中国建筑工业出版，2003

[5] AIA Document A201-1997. General Conditions of the contract for Construction

[6] 汤礼智. 国际工程承包总论. 北京：中国建筑工业出版社，1997

[7] The World Bank Standard Bidding Documents. Procurement of Works, 1995

[8] FIDIC Conditions of Contract for Construction. 1999

[9] ICE. Engineering and Construction Contract. 1995

[10] CIETAC. CIETAC仲裁规则（2000.10.1实行）

[11] 郭东. 在仲裁中调解——对一种混合性争议解决机制的理论探讨. 仲裁与法律，2003（第3期）

[12] 王生长. 仲裁与调解相结合的理论与实务. 北京：法律出版社，2001

ADR的面面观*

摘 要

ADR是近年来在世界范围内蓬勃兴起的一种争议解决方式，确切地说是一组争议解决程序的总称，具有简便、快捷、费用低廉、专业性强以及保密性强等优势，通过ADR解决争议已成为现代法律发展中的一大趋势。然而在我国，除了传统的调解和仲裁之外，其他ADR形式却鲜为人知。本文通过分析ADR的基本特征，对ADR的范围进行了界定，并着重介绍了国际上流行的各种ADR形式，最后对我国对外公司在国外工程承包过程中如何灵活有效地运用ADR提出了建议。

关键词 ADR（替代性争议解决方式） 国际工程承包 争议

---

* 本文作者为何伯森、刘轶群、宋毅，首次发表在《国际经济合作》2008年7月。

ADR作为争议解决方式，最早肇始于美国，初衷是在政府的支持下通过ADR来解除法院沉重的诉讼负担。自其产生以来，ADR在欧洲大陆、加拿大、澳大利亚、日本等国家相继得到蓬勃发展和广泛应用，如今业已成为民商事争议解决机制体系中的重要组成部分。

一、ADR的基本理念

1. ADR的含义

ADR，即Alternative Dispute Resolution的缩写，中文可译作"替代性争议解决方式"。ADR实际上并不特指某一种争议解决方式，而是一组包括调停、调解、小型审判、早期中立评价、简易陪审团审判以及仲裁等在内的争议解决程序的集合。

尽管ADR这一概念由来已久，但由于对ADR的理论研究和实践应用始终处于不断发展之中，因而国内外学者对其范围的界定可谓众说纷纭。分歧的焦点在于仲裁是否属于ADR这个问题：一种观点认为将ADR限定为"非诉讼非仲裁的争议解决方式"；而另一种观点则主张将一切除了诉讼之外的争议解决方式都纳入ADR的范畴。

1998年，作为现代ADR策源地和先行者的美国通过了世界上第一部系统的规范ADR的立法——《1998替代性争议解决法》（Alternative Dispute Resolution Act of 1998）。在该法案中，ADR被定义为："替代性争议解决程序，包括除了法官主持的审判以外的任何过程或程序，在这种过程或程序中一个中立的第三方通过诸如早期中立评价、调停、小型审判和仲裁等程序来协助解决争议事项"(an alternative dispute resolution process includes any process or procedure, other than an adjudication by a presiding judge, in which a neutral third party participates to assist in the resolution of issues in controversy, through processes such as early neutral evaluation, mediation, mini-trial, and arbitration as provided in sections)。 这表明美国主张将诉讼以外的其他各种争议解决方式都归入ADR行列。我国学者范愉教授认为ADR"原来是指上个世纪以来逐步发展起来的各种诉讼以外的争议解决方式，现已引申为对世界各国普遍存在着的、民事诉讼制度以外的非诉讼争议解决程序或机制的总称"。另一方面，中国国际商会调解中心的专业人士则主张"ADR中不应该包括仲裁" 以及"ADR应被认为是在诉讼和仲裁之外的新型解决纠纷的各种方式的总称"。

针对上述关于ADR的范围界定问题，笔者将在下文中从ADR这一名称的含义入手，通过分析ADR的基本特征来进行阐述。

2. ADR的基本要素

（1）功能性。"Dispute Resolution"表明解决争议是ADR的本质功能。

（2）替代性。"Alternative"的一个含义是"可替代的"，追溯ADR的历史渊源不难发现，促进ADR蓬勃发展的动因之一是缓解美国司法系统的巨大诉讼压力，因而在某种意义上，可以说ADR正是以诉讼机制替代者的身份进入了司法系统和社会公众的视野。

（3）自主选择性。"Alternative"的另一个含义是"可选择的"，它体现在ADR的自主选择权上，例如，ADR的应用完全建立在双方当事人意思自治的基础上，并且ADR赋予当事人更为自主的选择权，包括是否选择采取ADR方式、选择何种ADR方式、相关人员的选择以及如何进行具体程序设计的选择等等。从程序角度看，使用ADR时不必拘泥于严格的规范化程序；从实体角度看，使用ADR时未必遵循既定的实体法。

综合来看，仲裁作为实践中广泛应用的争议解决方式，符合ADR的以上全部基本要素，因此，本文将仲裁纳入ADR的范畴，将ADR定义为除了诉讼之外的一切争议解决方式的总称。

3. ADR的特点

（1）ADR充分尊重当事人的意思自治，赋予当事人充分的自主权。

（2）ADR程序具有较大的灵活性。当事人可根据争议的具体情况来选择合适的解决方案和程序。

（3）除仲裁外，通过使用其他ADR程序所达成的协议不具有法律约束力。

（4）非对抗性。ADR方式通过争议双方在妥协退让的基础上达成一致来友好解决争议，与诉讼中双方针锋相对的对抗相比，ADR方式更有助于维护双方之间长久的经贸交往和人际关系。

（5）非公开性。ADR程序都是非公开进行的，这就使得大量涉及当事人个人隐私和商业机密的争议能够秘密解决，有效地保护了当事人的个人隐私和商业机密。

（6）除仲裁外，其他各种ADR方式不具有终局性，即如果采用某一种ADR方式未能解决争议，当事人仍可将争议提交仲裁或诉讼解决。

（7）ADR各种方式之间的界限划分不明显，一般具有共通性和融合性，如调解—仲裁以及在仲裁中调解等方式。

（8）ADR程序简便、快捷，费用低廉。

二、国际上常见的ADR形式

由于ADR"实践先行"的特征,其所包括的内容会伴随着社会和经济的发展处于不断丰富和创新之中,下面选择ADR的主要类型加以介绍:

(一)调停(Mediation)/调解(Conciliation)

调停/调解是指在当事人发生争议后,中立的第三方应双方当事人的请求,通过说服和劝导的方式,协调双方的分歧,促使双方达成和解来解决争议。调停/调解的决定依赖于双方解决争议的真实愿望,是不具有约束力的。调停/调解是ADR中最为常见和最重要的一种形式,是所有其他ADR形式的基础。

尽管调停和调解都是通过邀请中立方从中协调来促使双方当事人达成和解,但中立方在调停和调解中所扮演的角色有所不同:在调停方式中,中立方仅起到协调作用,并不主动提出任何解决争议的建议;在调解方式中,中立方则扮演更为积极的角色。中立方会促进双方交流,推动双方向一致性迈进,在协调双方要求的同时可能提出适当建议。如果双方当事人未能达成一致,则中立方可提出一个相对公平且合理的可行性方案,此外,调解比调停更为正式,通常有律师参与,因此花费比调停要高一些。

与诉讼相比,调停/调解较为简便、迅捷、经济、高效,当事人心理压力较小。更重要的是,调停/调解最终促成双方根据意思自治达成合意,而不是被动地服从由外界第三方做出的强制性裁决或判决,因而更容易被接受和执行。并且调停/调解建立在友好协商的基础上,这对于想继续保持商业关系或雇佣关系的争议双方而言尤为重要。调停/调解的缺点在于所形成的任何结论均不具有约束力,在执行之前,一旦某一方当事人反悔,双方所付出的一切努力将付之东流,并且还会造成时间和金钱的浪费,这也是几乎所有ADR程序不可避免的尴尬。

(二)仲裁(Arbitration)

仲裁是指发生争议的合同双方当事人,根据合同中的仲裁条款或者在争议发生后由双方共同达成的书面仲裁协议,将争议提交给仲裁机构,并由组成的仲裁庭按照仲裁规则的规定居中裁决,从而解决争议的方法。

1. 仲裁的特点

与其他形式的ADR相比,仲裁的不同之处在于:

（1）一般委托由双方当事人达成的仲裁协议中约定的仲裁机构（包括仲裁地点），根据该协议受理争议；

（2）申请仲裁的双方当事人受仲裁协议的约束；

（3）仲裁庭的仲裁裁决书具有法律约束力，并可申请法院强制执行。

2. 仲裁的程序

（1）在合同协议中订立仲裁条款

仲裁条款规定，当合同争议经友好协商或调解仍不能解决时，均提交仲裁。一般在合同条件中还应规定仲裁机构名称、仲裁地点及选用的仲裁规则等。

（2）申请仲裁

当争议不能通过双方协商或第三方调解解决时，合同任一方均有权向合同条件中规定的仲裁机构提交仲裁申请书，说明申请人依据的仲裁协议、案情、仲裁请求，并提交证据。

（3）指定仲裁员

申请人（Claimant）和被申请人（Respondent）均应在该仲裁委员会的仲裁员名册中各指定一名仲裁员，第三名仲裁员由双方共同选定或委托仲裁委员会选定。由这三名仲裁员组成仲裁庭。有时小额的争议可由一名仲裁员独任审理。

（4）审理

仲裁庭在审阅双方书面材料后，一般应开庭审理，倾听双方申诉和答辩，询问问题，必要时可多次开庭。

（5）调解

中国等许多大陆法系国家的仲裁庭允许在仲裁过程中调解。

（6）裁决

如调解不成功，则由三名仲裁员讨论裁决或由独任仲裁员裁决，写出裁决书。

（7）执行

如任一方不执行裁决，则由法院强制执行。

3. 仲裁的优点

（1）简捷高效

仲裁实行"一裁终局"制度，没有上诉或再审程序，裁决对双方当事人均有约束力，简化了程序，提高了争议解决的效率。

（2）充分自治

仲裁赋予当事人充分的意思自治权利，包括自主选择仲裁机构、仲裁员、仲裁地点、仲裁规则及仲裁所适用的法律等。

（3）易于执行

1958年，联合国在纽约通过了《承认及执行外国仲裁裁决公约》（简称"纽约公约"）。根据该公约的规定，缔约国的仲裁裁决可以申请在145个缔约国家或地区的法院强制执行。

（4）信息保密

仲裁实行不公开审理制度。未经双方当事人的同意，第三人不可旁听案件审理，仲裁过程及结果不公布于媒体。

4. 仲裁的派生程序

除了传统的仲裁之外，实践中还存在着两种仲裁的派生程序，在此简要介绍。

（1）"高—低"仲裁(High-Low Arbitration)

"高—低"仲裁是传统仲裁的一种派生形式，适用于当事人对金钱数额存在争议的仲裁中。在这种程序中，由当事人就该争议事先协商出双方可接受的最高和最低数额，该金额一般不对仲裁员披露，然后将案件交由仲裁员裁决。如果仲裁员的裁决数额在最高数额与最低数额构成的区间内，则该裁决为最终裁决；如果在该区间外，则将与裁决金额较近的那个最高或最低数额认定为最终裁决。

"高—低"仲裁的最大好处在于，由当事人协商确定一个双方均可承受的最高和最低数额，也就决定了仲裁最终裁决所在的区间范围，这有效地避免了不可预见的极端裁决的出现，降低了仲裁裁决的不确定风险。

（2）最终要约仲裁（Final Offer Arbitration）

最终要约仲裁也称棒球仲裁（Baseball Arbitration），因广泛应用于美国棒球队员转会时解决转会费问题而得名。在这种方式中，各方当事人要事先以书面形式向仲裁员提交一个解决方案——即最终要约，而仲裁员只能在各方当事人提交的要约中选择较为合理的一个作为最终裁决，而不能自己提出折中的解决方案。

但在某些案件中，当事人提交最终要约时，也可包括留给仲裁员自由裁量的最低价和最高价。也就是说，仲裁员可以在此范围内有一定的自由裁量权。

最终要约仲裁的巧妙之处在于能够鼓励各方当事人尽量客观地分析问题，做出合理的定价，否则当事人之间过高的要约不但不会被采纳，反而有利于对方。这也有助于缩小争议双方的请求差距，从而使争议得以顺利解决。

（三）调解—仲裁（Mediation-Arbitration）

调解—仲裁实际上是调解与仲裁相结合的混合程序。在这种方式中，当事人应就如下问题达成一致意见：即双方先由调解机构进行调解，通过调解不能解决的争议再进入仲裁，由仲裁机构做出对双方均有约束力的裁决从而解决争议。当事人可以推选一个人同时担任调解员和仲裁员，也可以在仲裁阶段另外聘请新的仲裁员。

这种方式的优点是一旦调解不成功，需要进入仲裁程序时，如果是由同一个人同时担任调解员和仲裁员，则仲裁员对当事人和争议事项比较熟悉，因而会提高调解—仲裁的效率。其缺点是调解员在调解过程中产生的观点或偏见很有可能延至仲裁过程中。因此，调解—仲裁程序一般适用于金额较小且当事人急于解决争议的案件。当然，除了调解—仲裁之外，也可将调解与仲裁的派生形式进行组合，形成调解—高低仲裁和调解—最终要约仲裁等ADR程序。

（四）在仲裁中调解

在仲裁中调解是中国国际经济贸易仲裁委员会（CIETAC）的首创，在国际上被誉为"东方经验"。一般情况下，在仲裁中调解应遵循以下程序：

（1）按照正常程序开庭审理，由争议双方陈述论点，提出仲裁要求，列举证据，反驳对方观点。

（2）在双方陈述、辩论和质证之后，仲裁庭可在庭上征求双方意见，是否愿意在仲裁庭的主持下进行调解。如果一方不同意，则仲裁程序继续进行，如果双方均同意，则可开始进行调解。

（3）在调解开始之前向双方说明，如果调解不成功，任何一方当事人均不得在其后的仲裁程序、司法程序或其他任何程序中援引双方当事人或仲裁员在调解过程中发表过的、提出过的、建议过的、承认过的以及愿意接受过的或否定过的任何陈述、意见、观点或建议，作为其请求、答辩和/或反请求的依据。在调解过程中，仲裁庭不作任何形式的记录（包括笔录、录音、摄像等），以使双方能在一种比较轻松的气氛中进行调解。

（4）"背靠背"调解：一般由仲裁庭首先单方面和申请人交换意见，再单方面与被申请人交换意见，分别听取对方可能的让步。在这个过程中，仲裁员可以适当地指出该方在本案中存在的风险，以引导双方对仲裁结果做出合理的预期，而不要过高地估计自己的优势和有利条件，从而逐步走向和解。当双方意见比较接近时，仲裁庭可提出一个建议性款额，要求双方再让步以达成和解。但在这之前，仲裁员不宜过早拿出一个和解方案，特别是不宜拿出一个具体款额要求双方确认，因为这样可能给某一方带来较大的压力，不利于和解。

（5）调解成功后，由双方代理人立即起草"和解协议"，仲裁庭当即依据双方的"和解协议"起草"裁决书",明确执行办法和期限,落实调解的成果。

同其他形式的ADR一样,在仲裁中调解具有结案速度快、程序简便、节省时间和费用、易于执行以及有利于双方继续保持伙伴关系及今后的合作等优点。但目前不同法系对于这种做法持有不同的态度。大陆法系奉行职权主义诉讼模式,如德国、法国、瑞士等,法官在庭审中起主导作用,有权主动进行调查取证并对当事人双方进行调解,因而其对在仲裁中调解的态度比较宽容;而英美法系奉行当事人主义诉讼模式,它要求双方当事人特别是律师作为诉讼的主导,法官仅是依照既定程序主持庭审的中立方,必须与案件保持一定距离才能显示其公正。他们认为仲裁员也类似法官,因而不应积极介入调解。

近年来,一些英美法系国家和地区,如加拿大、澳大利亚、印度、新加坡等以及我国香港地区均已明文规定仲裁员可以在仲裁过程中进行调解,特别是2002年通过的《联合国国际贸易法委员会国际商事调解示范法》第12条"调解人担任仲裁员"中明确规定,只要当事人约定即可由调解人同时担任仲裁员。这可以看作是近年来国际上对仲裁与调解相结合以解决争议的方式采取了更加认同的态度,并且这一趋势在进一步加强。

(五)争议委员会(Dispute Board, DB)

争议委员会的调解机制一般应用于工程建设项目的争议解决中,最初源于美国的"争议评审委员会"(Dispute Review Board, DRB),之后世界银行在1995年的工程采购招标文件范本中要求贷款大于5 000万美元的项目必须采用DRB,与此同时,FIDIC在《设计-建造与交钥匙工程合同条件》("桔皮书")中也提出了"争议评判委员会"(Dispute Adjudication Board, DAB),FIDIC《施工合同条件》(2006年多边银行协调版),将DAB改成"争议委员会"(Dispute Board, DB)。DRB、DAB和DB的总体思路和实施方式大同小异,以下仅以DB为例介绍这种争议解决模式。

争议委员会是从解决工程建设合同争议中发展起来的争议解决模式。业主与承包商在订立工程承包合同时,就争议处理条款进行约定,指定三位(也可以是一位)专家组成争议委员会。指定方法为由合同双方各指定一人,第三人由选定的两人共同推选或由专门机构指定。争议委员会可在项目开始阶段便参与其中,在整个工程持续期间定期访问现场和举行会议,听取双方当事人做出的关于工程各方面信息的报告,并对工程进行中已经或可能出现的问题提出建议。一旦争议发生,如果不能通过合同机制(由工程师做出决定)协商解决,则交由争议委员会来进行处理。如下图所示,图中途径①为双方执行DB的决定以解决争议;途径③、⑤为通过友好协商解决争议;途径②、④、⑥则为通过仲裁解决争议。

由于争议委员会的成员均为行业内高水平且经验丰富的专家（合同管理专家、工程专家、律师等），他们在工程实施过程中始终与双方当事人保持沟通和联系，并且往往到工程项目现场听取双方意见，在了解实际情况后再提出解决争议的建议，因而一般能够做到将争议及时且有效地解决，无需等到项目结束才处理，这样可以减少争议对项目实施的影响，保证了工程建设的顺利进行。

（六）评判（Adjudication）

评判作为一种争议解决方式，多应用于工程建筑行业中。英国土木工程师学会（Institute of Civil Engineers, ICE）编制的《工程设计与施工合同》（Engineering and Construction Contract, ECC）中就设立了评判人（Adjudicator）制度以便将可能发生的争议在萌芽阶段予以解决。评判人类似前面介绍的DB委员，也是由合同双方共同推选产生，费用由双方平均分摊。对评判人的素质要求是：某一专业领域的专家，同时也是合同管理专家，经验丰富，威信高，作风公正，身体健康，完全独立于合同双方。

在工程建设过程中，双方一旦发生争议，则由双方推选出来的评判人去现场听取双方意见，并在四周内下达"评判书"，此"评判书"并无法律约束力。如合同任何一方不同意该裁决意见，仍可将争议事项提交仲裁，只是必须等待工程完工后才可开始仲裁。

（七）早期中立评价（Early Neutual Evaluation）

早期中立评价是指争议的一方或双方邀请具有相关专业知识的专家或律师，听取双方当事人提出事实上和法律上的主张后，由专家或律师辨别案件实情，标明争议和协议区域，就争议的事实问题、法律问题、当事人的主张、可能出现的结果及理由做出中立的、无约束力的分析与评价意见。

这种由专业人士站在客观公正的立场上做出的分析与评价，有助于双方抛弃不切实际的或侥幸的心理，对各自在案件中的优势和劣势有更清晰的认识，在此基础上进行的协商和谈判也会更加务实和顺畅。当然，这种方式能否成功还取决于双方的公信程度、专家所做分析与评价的客观性以及双方做出让步的愿望的大小。

（八）简易陪审团审判（Summary Jury Trail）

简易陪审团审判是依美国联邦民事诉讼规则进行的，通过民事陪审团的介入，促进在司法审判中解决争议，在美国被普遍应用于侵权损害赔偿诉讼、多方当事人诉讼及反垄断的诉讼等。在该程序中，由法院为当事人提供若干陪审员共同组成陪审团。陪审团

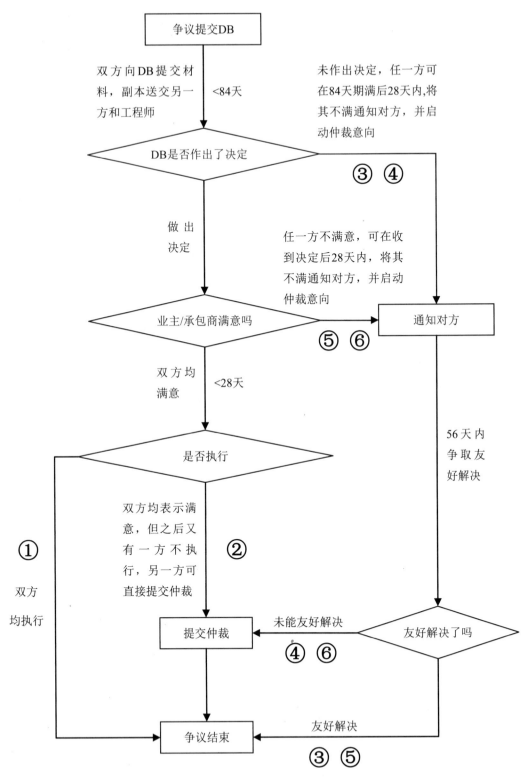

通过DB方式解决争议或走向仲裁的程序

在听取各方简要陈述后,对案件做出建议性裁决(Advisory Verdict)。当事人根据情况,接受该建议性裁决或以其为基础进行和解谈判。

这种方式与早期中立评价相似,使各方当事人对争议更为明确,并直接将一方当事人的观点展示给对方。陪审团所做出的建议性裁决可以帮助争议双方清楚地认识到各自在案件中的优势和劣势,并且为双方提供了一个简化的审判案件的机会,帮助双方进一步认清案件事实和可能面临的判决结果,从而采取合理的立场来达成和解。不同的是,简易陪审团审判是由法院主持的。

(九)小型审判(Mini-Trial)

小型审判并非一般意义上的法庭审理,而是在当事人之间安排的一种可以由民间主持也可以由法院主持的、私下进行的、非正式的、模拟诉讼形式的解决争议程序。它通常适用于在事实上和法律上较为复杂的争议,如产品责任、建筑工程合同争议和反垄断等。在这种程序中,通常由争议双方有决策权的高层管理者和一位双方当事人共同推选的中立第三方共同组成专门小组。在开庭审理时,首先由双方律师对争议事项做出简要陈述,然后由中立第三方就此案发表无法律约束力的咨询意见,即假定此案由法院判决,其结果如何。此后双方高管在此意见的基础上试图就争议的解决做出决断。如果双方未能就争议解决达成一致,则征求中立第三方对案件的分析和建议,然后双方重新开始谈判。

这种方式成功的关键在于由争议双方的高管参与小型审判,在审理中相互交流信息,使彼此了解各自在案件中的优势和劣势,促使双方以更理性的态度向着协商一致的方向迈进,减少当事人看待诉讼中胜诉机会的分歧。另一方面,为双方当事人指定的中立第三方也至关重要。他所发表的咨询意见尽管没有法律上的约束力,但如果他的意见合理而被双方高管采纳,则争议可当时得到解决。该中立第三方一般为在解决特定争议方面的权威人士,主要是一些退休法官以及声誉卓著的、富有经验的律师。

(十)租借法官(Rent-A-Judge)

租借法官又称私人审判,是指在争议双方请求下,由法庭在特定名单上指定一名收取报酬的裁判者,通常为退休法官或律师,由他来主持一个与正式审判相似的审理过程,为当事人提供一个举证和辩论的机会,并由其做出一个包含事实判断与法律根据的裁判(Judgements)。这种方式的程序设置具有很大的弹性,在性质上表现为明显的私人性,所做出的裁判并不具有法律约束力,但当事人也可申请法庭强制执行,这时由裁判者依事实和法律做出的裁判就具有了法律约束力，当事人不服时只能通过上诉来推翻。

目前，ADR的应用范围和领域不断扩展，下表所示的知名的国际性或地区性的机构均开始提供各类ADR服务。

国际性机构	● 国际商会（International Chamber of Commerce） ● 联合国国际贸易法委员会（United Nations Commission on International Trade Law） ● 美国仲裁协会（American Arbitration Association） ● 纽约公共资源中心（Center for Public Resources） ● 英国争议解决中心（Centre for Dispute Resolution） ● 英国特许仲裁员学会（Chartered Institute of Arbitration）等
一国或地区范围的机构	● 澳大利亚仲裁员协会与调停协会（Institute of Arbitrators & Mediation Australia） ● （加拿大）不列颠哥伦比亚国际商事仲裁中心（British Columbia International Commercial Arbitration Centre） ● 香港国际仲裁中心（Hong Kong International Arbitration Centre） ● 日本商事仲裁协会（The Japan Commercial Arbitration Association） ● 韩国商事仲裁院（Korean Commercial Arbitration Board）等

三、对中国国际工程公司在项目争议解决中应用ADR的建议

近年来，随着全球经济一体化的深入发展和我国综合国力的不断增强，在中央提出的"走出去"的战略导向下，我国对外工程承包事业正在进入一个快速发展时期，越来越多的工程公司开始将目光投向国际工程承包市场，以求开拓更为广阔的发展空间。

众所周知，在工程建设领域，由于工程项目具有投资大、周期长、参与方多、组织关系复杂等特点，争议的发生在所难免，再加上国际工程承包的环境复杂多变、文化差异以及语言障碍等问题，必将进一步增大发生争议的可能性。而争议一旦发生，如果未能及时有效地解决，对于国际工程公司来讲，在时间、经济和信誉上都会造成很大的损失。对于可能出现的种种争议，能否因地制宜地选择合理的争议解决方式，及时有效地解决争议成为决定工程成败的重要因素之一。

因此，我国的国际工程公司应当在国际工程项目争议解决中努力做到以下四点。

1. 建立运用ADR方式友好协商解决争议的理念

对我国的国际工程公司而言，首先应该建立起运用ADR方式友好协商解决争议的理

念，提高对各类ADR方式的优势和应用条件的认识。国际工程建设过程中争议是不可避免的，如果采用诉讼方式解决争议，当事人不但要承担高昂的诉讼费用，忍受诉讼的延迟以及判决结果的不确定性，而且不利于双方当事人良好的商业合作关系的维系。一旦争议不能及时得到解决，则可能造成工程成本的增加和/或工程进度的拖延，造成更大的损失。对比之下，采用ADR方式可以使双方通过平等协商和友好对话的形式，在互谅互让的基础上，本着双赢的原则，相对圆满地解决争议，不仅简便、快捷、费用低，而且维系了双方既已建立的合作关系，为双方未来的长远合作打下互信互赖的良好基础。

2. 认真学习当前国际上流行的各种ADR方式

ADR在全球很多国家的民商事领域应用广泛，甚至在美国95%以上的争议都是通过ADR方式解决，但目前在我国，无论是对ADR的理论研究还是实践应用都还远远不够。除了传统的调解和仲裁之外，其他形式的ADR几乎鲜为人知。因此，我国的国际工程公司应当认真学习目前国际上流行的各种ADR方式，尤其是适合于工程建设领域的ADR方式，了解不同ADR的理念与程序，以便在发生争议时，一方面能够结合具体的项目情况恰当地选择适合的ADR方式，在解决争议的过程中争取主动；另一方面可以及时接受对方提出的ADR方式，趋利避害，从而实现快速有效地解决争议。

3. 研究工程项目所在国运用ADR解决争议的方式

现代ADR发端于美国，美国是英美法系的主要代表国家，也就是说，最初的ADR植根于英美法系的法律文化土壤。此后随着ADR风靡全球，在不同国家的法律文化、经济发展、社会观念、民事诉讼制度的融合和影响下，根植于不同法律文化土壤中的ADR的发展必然存在着不同的特点和格局，不可能存在一种"放之四海皆准"的统一模式。目前我国虽然有少部分国际工程公司开始打入欧美市场，但主要业务领域仍集中在亚洲、非洲、拉丁美洲等一些发展中国家和地区，它们大多数经济比较落后，法律也不甚健全。因此，对于不同的项目所在国，应针对其具体情况，特别是法律法规的规定以及解决争议的习惯做法加以分析和研究。所在国家和地区不同，其解决争议的方式也会有一定的差异，这一点应该引起我国的国际工程公司的重视。建议在进入一个国家之前，最好先聘请一位当地律师，要求他详细介绍该国的争议解决方式，特别是常用的ADR方式，做到有备无患。

4. 合理利用ADR来解决争议

在争议解决方面，我国的国际工程公司应该明确这样一个观点，即解决争议重要的不是判定是非曲直，而是使争议更快更有效地得到解决。有法谚云："不理想的友好解决也胜过诉诸法律。"（A poor settlement is better than a good lawsuit.）因此，当工程项目建设过程中出现争议时,双方应保持良好的心态,尽量采用ADR方式,通过友好协商来解决问题,这样既稳妥地处理了矛盾,又增进了相互之间的了解和理解,使双方业务的处理理念和方式得到进一步的磨合,为双方以后的合作起到一定的推动作用,更重要的是保证项目按时保质地顺利完成,以满足双方的利益并实现"双赢"。

参考文献

[1] 何伯森. 国际工程项目管理的国际惯例. 北京:中国建筑工业出版社,2007

[2] 袁泉,郭玉军. ADR——西方盛行的解决民商事争议的热门制度. 法学评论,1999(第1期)

[3] 杜闻. 论ADR对重塑我国非诉讼纠纷解决体系的意义. 政法论坛(中国政法大学学报). 2003(第21卷第3期)

[4] 彼得·希伯德,保尔·纽曼著. 路晓村等译. 工程争端替代解决方法与裁决. 北京:中国建筑工业出版社,2004

[5] Congress of the United States of America: Alternative Dispute Resolution Act of 1998

监理工程师是工程项目争议的第一调解人*

摘要

本文首先简介了监理工程师的职责、作用和国际上监理工程师地位的变化，阐述了工程项目中争议存在的普遍性和原因，分析论证了监理工程师不仅应该调解争议，而且能够调解争议，以及调解争议时如何才能符合公平合理的原则。

关键词　争议　监理工程师　调解

---

* 建设部软课题"工程项目管理的国际惯例与我国建设监理业的发展前景"论文。
　本文作者为何伯森、张田、许剑涛，首次发表在《建设监理》2005年05期，这次发表做了适当的删节。

一、问题的提出

1. 监理工程师的职责

监理工程师受聘于业主,按照业主与监理工程师所签合同的委托服务内容,以及业主和承包商之间签订合同中规定的权力和权限,为业主进行工程项目管理。

"三控两管一协调"是监理工程师的重要职责。"三控"即指质量控制、投资控制、进度控制;"两管"即合同管理、信息管理;而所谓"协调",则包括工作安排上的协调和调解,处理工程建设中所出现的各种矛盾和争议,后者往往是监理工程师的一项重要而棘手的工作。

在做好"三控制"的过程中,全力做好协调工作是保证工程建设过程处于良性运行状态,从而确保"三控制"顺利实现的重要条件。监理工程师应帮助业主实现合同预定的目标,公正地维护各方的合法权益。其具体表现为,监督承包商执行合同,公平、合理、及时地处理业主与承包商之间的争议,保证工程项目在工期、质量、投资等方面得到合理控制,实现工程的总目标。

2. 国际上监理工程师地位的改变

国际咨询工程师联合会(FIDIC)编制的《土木工程施工合同条件》("红皮书")得到国际工程界的广泛认可和应用,其中1987年第4版和1992年修正版,一直沿用首先将争议提交给工程师,由工程师进行调解并向合同双方提出解决争议的复审决定。如合同双方均同意并执行此决定,则争议得到解决。如任一方不同意,或开始时双方均同意但之后又有一方不执行,则在经过友好解决期间仍不能解决争议时,只有走向仲裁。

但是,对于由工程师来处理争议的方式,国际工程界提出了疑义和批评。1996年英国Reading大学受FIDIC和欧洲国际承包商协会(ECI)的委托,对F1DIC"红皮书"的使用情况作过一项调查,共收回来自38个国家的业主、承包商、咨询公司、工程师等专业公司和人士的有效问卷204份。其中第16和17个问题是调查监理工程师的公正性的,46%被调查者认为工程师在行使权力时是不公正的,而42%认为是公正的;有71%的被调查者认为工程师更偏向于业主,多于25%的人认为工程师既不偏向业主也不偏向承包商。第18,19题是关于工程师是否应作为争议调解人的,57%的被调查者认为工程师作为业主和承包商之间争议的调解人的确是一个好的方法,而38%的人则持相反意见。由此表明,国际上对工程师作用的看法存在很大的差异。较多的人认为工程师应扮演传统的独立中间人的作用,认为应由工程师负责调解争议,而少部分人则对工程师的独立性、公正性提出质疑,认为争议应通过其他途径解决。

在1999年版的FIDIC《施工合同条件》("新红皮书")中，对于工程师的职责规定则做了如下改变：

（1）在"新红皮书"中"业主的人员"（Employer's Personnel）的定义中明确了"工程师、工程师助理以及工程师和业主的其他职员、工人和其他雇员"都属于业主的人员，而不再强调工程师是独立的第三方。但是工程师的主要职责仍是"三控两管一协调"。

（2）在要求工程师对某一事项做决定时，不再强调"公正"（impartiality），但仍要求"公平"（fair）。公正可理解为公正无偏，在Reading大学的调查中显示46%的被调查者认为工程师因其受雇于业主，所以不大可能做到公正无偏。但是许多被调查者认为还是应该要求工程师在履行职责时做到公平，即公平合理。

（3）在业主和承包商之间矛盾尖锐时，对仲裁前的调解工作不是如同"红皮书"中规定的再交由工程师调解，而是设立一个由合同双方聘任的"争端评判委员会"（Dispute Adjudicator Board, DAB）来担任调解工作。

3. 三个待研讨的问题

由国际上监理工程师地位的改变来看，是否DAB的出现可以替代监理工程师在争议调解中的作用？换句话说，是不是监理工程师就不能够或者不能很好地来解决工程中发生的矛盾或争议了呢？

因此，笔者在此提出三个问题，并在下文中进行详细的讨论。

（1）监理工程师应不应该调解争议？
（2）监理工程师有没有可能解决争议？
（3）监理工程师应该如何调解争议？

二、工程实施过程中矛盾和争议是客观存在的

1. 矛盾的普遍性

要正确处理矛盾和解决矛盾首先要正确认识矛盾。毛泽东同志在其名著《矛盾论》中提到："矛盾是普遍存在的、绝对的，存在于事物发展的一切过程中，又贯串与一切过程的始终。""没有什么事物是不包含矛盾的，没有矛盾就没有世界。""如果不研究矛盾的特殊性，就无从确定一事物不同于他事物的特殊的本质。"

2. 工程项目中产生争议的主要原因

（1）工程项目的特点

工程项目比一般项目复杂，其特点是：复杂程度高，整体性强，技术要求高，建设周期长，不可逆转性，工程产品的固定性，生产者的流动性，当地政府的管理和干预，受地质条件、气候等自然环境及材料供应等外部环境的影响。国际工程项目则更为复杂。

（2）工程项目中存在争议的普遍性

由于工程项目的实施是一个十分复杂的综合性管理过程，在合同履行的过程中，争议也是随时随地都可能发生的。从合同重大原则问题到工地上的日常事务，从工程的进度、质量到完成工作的计量，经常会发生双方都无法预见的事情。也常常由于业主和承包商为了维护各自的经济利益和对问题的不同理解而引起矛盾纠纷。

由此可见，在工程建设过程中发生的各种矛盾和问题是在所难免的。合同有关各方，如果不善于及时处理和解决矛盾，必然导致矛盾的激化，形成争议。

（3）工程项目中产生争议的主要原因

根据国际上的研究和笔者在国外承包工程实践与对仲裁工作案例的总结，工程项目实施阶段产生争议的原因可归纳为如下两大方面：

1）招标文件和签订合同时存在的问题：如业主方准备的招标文件实际上是合同的草案，在编制招标文件以及合同谈判签订中存在的各种问题往往为合同实施产生争议埋下了隐患，如合同文件风险分担不合理，合同中各个文件之间有矛盾，签订合同时未发现；合同中词语定义不准确；合同条款的规定模糊不清等。

2）合同实施过程中存在的问题：如合同任一方或双方管理水平低；缺乏"团队精神"，不理解"伙伴关系"，不能用"双赢"理念及时处理产生的矛盾；不重视书面文件的书写及保管；监理工程师不能按照合同规定比较公平地及时处理争议等。

三、监理工程师是工程项目争议的第一调解人

1. 监理工程师应该及时调解争议

（1）监理工程师是首先接触矛盾争端的

监理工程师从一开始就介入项目，频繁深入现场观察、了解和掌握工程实际进展情况，分析和预测可能在某些环节出现问题。

同时，由于在项目实施过程中业主一般不直接指挥承包商，承包商只能接受监理工程师的指示，其有关工程的重要活动都要得到监理工程师的批准。因此，在承包商与业主在利益上发生矛盾争议时，监理工程师是第一个接触到矛盾的。由监理工程师来进行协调调解，可以及时解决问题，从而避免或减少问题发生，以后并可进行补救。

（2）由监理工程师及时调解争议的好处

● 解决争议速度快，节省时间。由于监理工程师在整个工程实施期间对各种矛盾有一定深度的了解，掌握的资料也最全面，调解过程中可分别与双方"自由地"对话，帮助双方分析该方面临的风险，破除不切实际的幻想和避免某些人的误导。还要告诉争议双方如果去仲裁或诉讼将耗费大量时间，而节省出的时间可用于更多的商务和公务活动去创造价值，这样就容易引导双方走向和解。

● 可达到"双赢"。中国的文化背景受儒家的影响比较深，强调互相理解，倡导"冤家宜解不宜结"，"以和为贵"，调解的结果是一个双方都愿意接受的方案。

● 有利于双方继续保持"伙伴关系"和以后的合作。双方过去在一个项目或多个项目上长时间合作，互相了解，工程师及时调解和解决争议可以避免仲裁或诉讼导致的对立情绪，有利于双方今后在市场中的继续合作。

● 易于执行。调解结果的执行方式和时间是双方协商的，可在工程的实施过程中随时执行，而不需繁琐的文件及手续等。

● 节省费用。监理工程师在工程实施过程中进行调解，可免去当事人进行仲裁或者诉讼的各种费用。

2. 监理工程师能够调解大部分争议

监理工程师是在第一线协助并代表业主处理各种问题。在工程实施过程中遇到问题或发生矛盾争议时，提出处理意见供业主参考。当施工中遇到需要由工程师确定的事项时，他首先与双方协调，尽量达成协议，如果不能达成协议，在对所有相关情况都给予考虑之后，再依据合同做出公平的决定。工程师的决定对合同双方都有约束力，各方均应履行每一项商定或决定的事项。

（1）以新"新红皮书"为例，其通用条款中涉及了许多应由工程师根据第3.5款"决定"的条款，以及某些事件应由工程师发出书面指示或明确的处理决定的相关条款。这些条款（括号内为条款号）是：

迟到的图纸与指示给承包商的补偿(1.9)

延误移交现场给承包商的补偿(2.1)

对放线基准数据错误给承包商的补偿(4.7)

施工中遇到不可预见的外界条件给承包商的补偿(4.12)

业主索赔由其提供承包商使用的水、电、气费用（4.19）

承包商使用业主设备的费用（4.20）

施工中遇到有保护价值的地下文物时给承包商的补偿(4.24)

附加的试验或因业主原因延误的试验给承包商的补偿（7.4）

非承包商原因暂停施工后给承包商的费用和工期补偿(8.9)

未能通过竣工检验的业主索赔(9.4)

业主提前占用工程对承包商产生不利影响后确定给承包商的补偿(10.2)

缺陷责任期补充进行竣工检验给承包商的补偿(10.3)

承包商未能修补缺陷的业主索赔(11.4)

指示承包商调查缺陷原因的补偿(11.8)

对变更的估价(12.3)

指示删减工程给承包商的补偿(12.4)

接受并实施承包商提出的变更建议给承包商的补偿(13.2)

因法律变更调整在支付中应补偿或扣减的数额(13.7)

施工的实际进度落后于计划进度时修改付款计划表(14.4)

由于承包商的违约行为业主终止合同后对已完成合格工作的估价(15.3)

因业主违约承包商暂停施工后的补偿(16.1)

由于发生属于业主风险事件给承包商的补偿(17.4)

发生不可抗力给承包商的补偿（19.4）

审查承包商的索赔（20.1）

例如由第11.4款"承包商未能修补缺陷的业主索赔"，当业主认为承包商违约时，需按照"业主的索赔"程序提出，最后由工程师"决定"应赔偿的金额和缺陷通知期延长的时间。

又如第4.12款中，当施工中遇到了"不可预见的外界条件"时，承包商可向业主提出索赔要求，此时工程师应给予承包商合理的费用和工期的补偿。

（2）建设部的《建设工程施工合同（示范文本）》是我国工程领域进行工程建设、工程项目合同管理的重要依据，其在总体结构与条款上借鉴了FIDIC的经验。

该示范文本中的相应条款也同样体现了监理工程师在工程实施过程中的重要职责以及在发包人与承包人之间的调解人的角色。

例如第5.4条中提出负责监理的工程师应客观公正地进行处理影响发包人、承包人双方权利或义务的事件，这就体现了在进行整个合同管理过程中，监理工程师负责调解发包人和承包人之间矛盾和争议这一总的思想。

又如第2.2条中规定当合同文件内容含糊不清或不一致时，可由负责监理的工程师做出解释。这种情况最容易在双方之间引起矛盾，进而引发争议，所以，合同规定，此时发包人和承包人可以协商解决或者由工程师从中进行解释、调解，从而减少矛盾，不影响或少影响工程的正常进行。

第13条中规定需由工程师进行确认造成工期延误的原因，是指遇到某些影响工期的事件时，承包人应先报告监理工程师，在得到工程师的确认后才可顺延工期。

3. 监理工程师应以"公平合理"为原则来调解争议

由上述Reading大学的调研可以看出，虽然国际上已经认为"工程师"是业主方聘用的人员，从而不大可能独立公正的解决争议，但是仍有57%的被调查者认为由工程师作为业主和承包商之间的调解人是适宜的。

公平合理的调解争议是对工程师最基本的，也是高标准的要求，那么，如何做到"公平合理"呢？

（1）以法律为准绳，以合同为依据

法律是国家规定的，是代表全民利益的，每个人都应该遵守，而合同则体现了业主和承包商双方充分的意思自治，体现了他们的权利与义务。

一般情况下，监理工程师在调解争议时会考虑业主的利益多一些，但是，监理工程师更应该保护合同中规定的承包商一方的合法权益，这样才更有利于调动承包商的积极性，从而使承包商及时保质的完成工程，这样最终也是业主得益。

（2）实事求是，注重证据

监理工程师在调解过程中，必须注重已发生的真实情况，以事实为依据，同时要根据双方在事件发生时及时提供的有效的证据做出判断，这样，监理工程师在调解时才会更加容易说服双方。

（3）充分倾听合同双方的意见

一般情况下，监理工程师作为业主方的人员，在调解中比较容易听取业主的意见是可以理解的，但是，在此要强调，工程师更应主动听取承包商的意见，才能做到"兼听则明"，从而有利于其做出正确判断，做好调解工作。

（4）工程师在调解争议时，强调以"公平合理"为原则，这实质上与业主和承包商签订的合同中要求监理工程师应该维护业主方利益并不矛盾。因为监理工程师在处理争议时要把产生争议的实际情况、证据及客观的分析计算结果提交给业主，使业主做到心中有数。如果业主不接受工程师的意见，从职业道德上来讲工程师也是尽到了应尽的责任。

当争议提交给仲裁庭或者走向诉讼之后，仲裁员和法官也还是要根据事实、证据，听取双方意见，依照法律和合同做出合理的裁决。所以，如果监理工程师不能够反映真实情况、说服业主方实事求是地解决争议，则可能导致双方走向仲裁或诉讼。若业主方败诉，则是"赔了夫人又折兵"，不但败诉丢了面子，还要补偿承包商的款项以及支付对方的诉讼费、律师费，同时又浪费了宝贵的时间。

因此，在监理工程师调解争议中坚持"公平合理"是非常重要的。

参考文献

[1] 何伯森，程志鹏，赵珊珊. 国际工程项目争议的调解与仲裁. 工程项目管理，2005

[2] FIDIC. Conditions Of Contract For Works Of Civil Engineering Construction, Fourth edition, 1987

[3] FIDIC. Conditions of Contract for Construction, 1999

[4] 建设部. 建设工程施工合同（示范文本）(First edition)，1999

[5] 张水波，何伯森. FIDIC新版合同条件导读与解析. 北京：中国建筑工业出版，2003

[6] 王绍锋，王贤光. 处理好与监理工程师关系的重要性与案例. 国际经济合作，2004

[7] 刘霁，李云. 建设工程施工合同（示范文本）与FIDIC施工合同条件对比分析. 建筑经济，2004

建设工程争议评审机制的沿革及其在我国推广的建议*

摘要

争议评审机制在国际工程争议解决中具有较多优势并广泛应用，我国九部委提出的"争议评审组"是对这一机制在中国的推广。本文着重分析了国际上和国内争议评审机制在各类合同范本中的规定以及工程实践中的经验，对我国如何推行争议评审机制并发挥其优势提出了建议。

关键词 工程争议 招标文件 争议评审

---

* 本文作者为何伯森、华心萌，首次发表在《中国工程咨询》2009年6月，本次发表做了适当的删节。

由国家发改委、建设部等九部委编制的《标准施工招标文件（2007版）》于2008年5月1日开始在我国推行，其中将"争议评审组"作为解决建设工程争议的方式之一。争议评审机制在国际上已被多个国际金融机构和各类合同范本推荐或规定采用，本文将介绍国际国内争议评审机制的发展和实践经验，并对我国如何推行该机制并发挥其优势提出了建议。

一、工程项目的特点易导致争议的产生

1. 工程项目的特点

一般项目具有一次性、唯一性、目标的明确性、实施条件的约束性等特点。工程项目则远比一般项目复杂，具有较高的技术水平要求、复杂程度和整体性，较长的建设周期，以及不可逆转性、产品的固定性、生产者的流动性等，也通常受到当地政府的管理和干预。

上述特点使得工程项目对合同管理的要求十分严格，风险大，也很容易产生争议。

2. 工程项目争议产生的主要原因

根据笔者在工程实践和仲裁工作中的经验以及国际上的研究，导致工程项目产生争议的主要原因包括：

（1）招标文件和合同签订过程中存在的问题

业主准备的招标文件实际上是合同的草案，在编制招标文件以及合同谈判签订中存在的各种问题往往为在合同实施中产生争议埋下隐患，如合同文件风险分担不合理，合同中词语定义不准确、条款不清晰，合同各个文件之间、主合同与分包合同之间存在矛盾，承包商准备低报价中标而后通过索赔赢利等。

（2）合同实施过程中存在的问题

合同在实施过程中也会由于多种原因导致争议，如双方或一方管理水平低，监督协调不力，管理者回避争议责任，缺乏合作双赢理念，不重视文档管理，完成合同的财力不足等。

由于上述产生争议的原因在工程实践中具有普遍性，因而国际上和国内都在不断地研究和改进争议的解决方式。

二、国际上工程争议评审机制

工程项目的争议一般有四种解决方式：和解、调解、仲裁与诉讼。国际法学界将除诉讼之外的方式称之为"替代性争议解决方式"（Alternative Disputes Resolution，ADR）。

1. ADR的基本理念

1998年作为现代ADR策源地和先行者的美国通过了世界上第一部系统的规范ADR的立法——《1998替代性争议解决法》（Alternative Dispute Resolution Act of 1998）。在该法案中，ADR被定义为："替代性争议解决程序包括除了法官主持的审判以外的任何程序或过程，在这种程序中一个中立的第三方通过诸如早期中立评价、调停、小型审判和仲裁等程序来协助解决争议事项"。

ADR赋予了当事人充分的自主权，具有较大的灵活性和非对抗性，且其在程序快捷、费用低廉以及保密性方面有较多优势，所以ADR解决工程争议的方式已经在世界各国得到广泛采用，并取得了很好的成果。

2. FIDIC合同范本中的争议评审机制

在工程实践过程中，ADR的形式有着不断的发展和创新，除仲裁外，现主要有调停/调解、争议评审、调解-仲裁和评判等，其中特别是纳入FIDIC合同范本中的争议评审机制，日益表现出强有力的作用。

FIDIC合同范本中的争议解决方式经历了从工程师调解到争议评审的演变。

（1）由工程师进行调解

FIDIC 20世纪90年代中期之前编制的合同文件，以1987年第4版《土木工程施工合同条件》（"红皮书"）为代表，一直沿用首先将争议提交给工程师，由工程师进行调解，并向合同双方提出解决争议的复审决定。

工程师调解可以在现场及时化解争议，节省时间和费用，如果调解结果建立在公正协商的基础上，则有利于双方的继续友好合作，也最易于接受并执行。但实践中，这种方式越来越多地受到了批评，因为工程师受雇于业主，很难保证其公正性；此外，承包商提交的争议，多半是工程师在工程实施过程中已做出的决定，因此这种解决争议的方式成功率较低，但由于工程师每天在现场进行项目管理，所以仍应该成为日常争议的第一调解人。

（2）DRB-DAB-DB的演变

争议评审委员会（Dispute Review Board，DRB）是20世纪70年代首先在美国的隧道工程中发展起来的。

世界银行逐渐关注到DRB这种新的争议解决方式，并开始在其贷款项目中试行。在1995年1月世行出版的"工程采购标准招标文件"中正式规定：5 000万美元以上的项目一律采用DRB；1 000万美元至5 000万美元的项目可由合同双方商定，采用下述三种方式中的任一种来调解争议：DRB、DRE（一位争议评审专家）、"红皮书"中的工程师。

FIDIC在1999年新出版的《施工合同条件》（"新红皮书"）、《工程设备与设计—建造合同条件》（"新黄皮书"）、《EPC交钥匙项目合同条件》（"银皮书"）中均统一采用争议评判委员会（Dispute Adjudication Board，DAB），并且附有"争议评判协议书的通用条件"和"程序规则"等文件。

DAB的任命有两种方式：

1）常任（full-term）DAB

一般用于土建为主的项目，这类项目内容相对单一，因而需要的专家类型也比较单一。这些专家在收到任一方提交的争议时，定期来工地调研，听取意见，评判争议，提出建议供双方考虑。

2）临时（ad-hoc）DAB

针对不同争议的专业内容，临时短期聘请不同专长的评判专家，一般用于FIDIC"新黄皮书"和"银皮书"，这两类合同既有土建又有较多的机电工程，内容广泛复杂，常任专家的知识面很难覆盖多种专业，因而采用"临时DAB"。

2005年5月，世行"工程采购招标文件"新范本以及2006年3月FIDIC"新红皮书"的"多边银行协调版中"，将DRB改为DB（Dispute Board），但基本内容没有大的改动。

三、我国建设工程争议评审机制的演变和发展

我国建设工程争议解决方式长期以调解为主，20世纪90年代中期以后，在世行贷款的大型水利工程项目中都采用了DRB，为在我国推行这种机制积累了经验。

1. 传统的"调解"

我国建设工程争议解决方式传统上是参照FIDIC"红皮书"中由工程师来对争议进行调解，根据《建设工程施工合同》（GF-1999-0201）第37.1款的规定：和解、调解不成的，可约定以仲裁或诉讼的方式解决。

2. 水利部和国家电力公司合同范本"争议调解组"

国内大部分部委的合同范本都规定采用传统的调解方式,只有水利部和国家电力公司的《水利水电土建工程施工合同条件》(GF-2000-0208)中规定了设立"争议调解组"。

其中第44条规定:未能在监理人的协调下取得一致意见而形成的工程争议,任一方均可以书面形式提请争议调解组解决。并规定了较为详细的争议调解的具体操作程序。如果争议调解组调解未果,双方可提起仲裁或诉讼。

3. 标准施工招标文件"争议评审组"

在2008年5月1日开始推行的九部委"标准施工招标文件"中,规定了当合同双方产生争议时,可以友好解决或提请"争议评审组"评审。如合同当事人双方均同意"争议评审组"的评审意见,则应遵照执行。如任一方不同意,则可将争议提交仲裁或诉讼。

合同双方也可约定不设"争议评审组",直接将争议提交仲裁或诉讼。

4. 争议评审机制在我国的实践应用

争议调解组、争议评审组与FIDIC中的DRB-DAB-DB在总体的框架和流程上是基本相似的。在我国建设工程实践中,水利部和国家电力公司的范本中提出的"争议调解组"并未在我国水利工程项目上推广应用。但我国一些世行贷款的大型水利水电工程已有成功应用DRB的经验,如二滩水电站、小浪底工程、万家寨引黄工程等。下面对小浪底工程应用DRB的情况进行简介。

1996年底,考虑世界银行的要求和工程的实际情况,业主与三个土建国际标的承包商联营体讨论引进了DRB的机制,在长期谈判协商后,最终签署了"四方协议"。协议中包括DRB的工作内容、付费方式、成员的服务条件、任期和替换以及DRB工作的具体程序。

DRB的三位成员均为国际上知名的专家:美国律师戈登·杰尼斯(Gordon L.Jayes)担任主席,他参与国际工程争议评审和仲裁工作35年,具有很高的国际威望;英国人皮特·布恩(Peter L. Booen)为业主方推荐人,是知名的FIDIC专家,曾担任1999版FIDIC合同的主要起草人;瑞士人皮埃尔·江彤(Pierre M.Geton)是三个标承包商联营体的共同推荐人,是合同管理方面的专家,具有25年国际工程仲裁经验。

在小浪底工程实施过程中,DRB去工地9次,举行争议听证会8次,对Ⅱ标和Ⅲ标承包商所提出的争议做出了8个有效的正式建议和4个推荐性意见,并对业主和各承包商提出的11项潜在争议分别提出了意见。

对于与合同条款的解释有关的争议,双方接受了DRB的建议。以"遇到了一个有经验的承包商也不可预见的不利的地下条件"为由提出的索赔以及关于工程延误与赶工的争议，由于分歧很大，解决耗时较长，虽未能解决，但DRB听证会以及提出的建议，为双方最终的友好协商解决奠定了良好的基础。

四、推行争议评审机制的优势

通过国际上和国内的实践，可以看出争议评审机制除了具有ADR的一般特点之外，应用于建设工程领域，还具有以下优势：

1. 充分了解工程情况

争议评审组在阅读双方提交材料的基础上，去现场进行调研并充分听取双方的意见，能够深入了解工程的进展情况和存在的问题，因而在争议解决过程中可以减少许多不必要的文字资料和口头陈述。

2. 及时解决工程争议

专家深入现场听取双方意见，有利于及时解决工程争议，可以防止由于矛盾的累积导致争议的复杂化和扩大化。

3. 创造维护友好气氛

争议评审组的专家由双方协商选出，其费用由双方分担，对争议的评审更多的是从双方利益出发，而不是单纯运用法律条文进行评判。在这种情况下，双方的工作关系不太会受到影响和破坏。争议解决的程序具有保密的特点，也有利于建立相互信任的关系。

4. 结论易为双方接受

争议评审组专家的水平和素质较高，经验丰富，具备工程或法律专业方面的知识，更能理解双方的立场，因此其建议通常更具有说服力，更容易被争议双方接受。

五、在我国推行争议评审机制的建议

争议评审机制在国际上的工程项目中已普遍应用，但应用于我国国内工程还有待进一步推广。"标准施工招标文件"中提出的"争议评审组"是有关部门推行争议评审机制的尝试。为了充分发挥该机制解决工程争议的优势，笔者借鉴国际国内工程合同的规定以及世行贷款项目的已有经验，对该机制的实施提出如下建议。

1. 制定争议评审组配套实施办法

为了更好地运用"争议评审组"解决争议，应尽快拟定"争议评审组"实施办法，对标准施工招标文件中的规定进行细化和扩展。实施办法可包括争议评审协议书、争议评审组的工作程序规则以及实施指南等。

（1）争议评审组的细化部分

标准施工招标文件对于"争议评审组"的有些规定缺乏实际操作性，配套的实施办法首先是对此部分内容的细化，以更方便当事人的采用。细化内容可以包括评审组的组成方式，专家资格和聘用方式，计费标准和付费办法，评审活动的启动和终止等具体操作程序。

在细化过程中，要特别尊重当事人的意思自治。对于评审组的组成方式以及大部分操作程序，细化的内容只是推荐性的做法，当事人的自主约定具有优先的效力。

（2）争议评审组的扩展部分

应参考国际上通用的标准合同范本，以及国际著名的仲裁及调解规则，对"争议评审组"的内容进一步的扩展，使其更加完善，以更好地发挥其优势，例如：

1）参考FIDIC的规定，根据工程具体情况，将争议评审组的工作内容扩展到日常管理部分，使其通过日常现场考察等活动更充分了解工程项目，进而有利于争议在早期快速地被解决。

2）由目前已有的争议处理机构对争议评审机制提供支持，如中国国际经济贸易仲裁委员会（贸仲）可以利用自身几十年解决争议的经验和优势，制定详细的争议评审程序规则，在当事人意思自治的基础上，在争议评审活动中为当事人和专家提供协调、联络、程序管理等工作，有利于该机制的规范化和推广。

2. 建立高素质的争议评审专家库

由于争议评审机制的非强制性，评审组专家的素质和水平对于机制的有效运行起着关键的作用。应尽快建立相应的各类"争议评审专家库"，以保证评审专家的权威性、公正性和专业性。

"争议评审专家库"可由相关机构，如贸仲独自建立，或与相应的行业协会共同组建，也可由相应的部委授权行业协会组建。如由贸仲参与选择的争议评审专家同时也是贸仲的仲裁员，此时即可规定：只要合同双方同意，专家既可以选入争议评审组，又可以在需要将争议提交仲裁时继续担任仲裁员，也就是说，将争议评审机制与仲裁相结合，这样可以在一定程度上提高解决争议的效率。

对于专家的资质，要制定全面的评判标准，首先是专家的诚信、公正等素质要求，同时要考虑专业知识面、工程实践经验以及处理争议的经验，还要熟悉相关的法律以及合同管理，特别是要熟悉和深入理解合同条款。在选择专家时，应根据具体工程项目及争议的特点，对上述各方面的因素进行综合评判。

此外，还应加强对专家工作的经常性的监督和信息反馈，以便不断地改进和完善专家库。

参考文献

［1］何伯森主编．工程项目管理的国际惯例．北京：中国建筑工业出版社，2007

［2］彼得·希伯德，保尔·纽曼著．路晓村等译．工程争议替代解决方法与裁决．北京：中国建筑工业出版社，2004

［3］何伯森，程志鹏，赵珊珊．国际工程项目争议的调解与仲裁．中国仲裁与司法，2005（第3期）

［4］何伯森，刘轶群，宋毅．ADR的面面观．国际经济合作，2008（第7期）

［5］陈勇强，张水波．国际工程索赔．北京：中国建筑工业出版社，2008

后记
Postscript

人生充满机遇，机遇改变人生。

1950年，我从重庆南开中学考入北洋大学水利系；1951年，北洋大学更名天津大学；1953年毕业后就留在水利系任教。1986年和1995年的两次机遇，改变了我后半生的人生轨迹，使我在54岁和63岁时先后跨入了两个新的专业领域。

1986年，应中国水利电力对外公司（CWE）的聘请，担任了伊拉克Dibbis坝重建工程项目的技术顾问。在一年真刀真枪的国际工程承包管理实践中，最大的收获就是发现了我国高校工程教育中的一个不足——我们的人才"一条腿粗，一条腿细"，这里指的是我们以往培养的学生，工程技术方面的基础打得很扎实，毕业后工程实践经验丰富，但管理和经济方面的知识却十分匮乏，难以满足开拓国际市场和工程项目管理的需要。返校后，在校领导的大力支持下，创建了我国第一个"国际工程管理"专业（五年制）。自己也跨入了一个崭新的国际工程管理学科领域，投身于为国家培养复合型、外向型、开拓创新型人才的事业。

1995年到2011年，我受聘担任中国国际经济贸易仲裁委员会（CIETAC）的仲裁员，可能因为我的国际工程管理专业背景，先后做过30多个仲裁案子，绝大部分是建设工程方面的争议案，其中包括20多个涉外的工程项目争议案。在对仲裁工作逐渐熟悉并有了一些自己的心得体会时，开始撰写并陆续发表了一些这方面的论文。

2011年之后不再担任仲裁员，为了将许多争议仲裁案中的经验教训总结出来供业界参考，遂决定编写这本仲裁案例解析。

对于年过半百之后的两次转型，常常有不少朋友和学生问我：为什么你在50多岁时从熟悉的水利工程领域跨入了国际工程管理学科？

又在退休前后跨进了另一个涉及法律的新领域？我想，这主要应该归功于两个母校对自己的教育和培养。

重庆南开中学是我的第一个母校，南开的校训是"允公允能，日新月异"，教育我们要热爱自己的国家，要努力学习知识才能建设国家，要不断学习、不断追求、勇于创新。北洋大学—天津大学是我完成了大学学业并工作了一生的母校，校训是"实事求是"，诞生于民族危亡之际的这个中国第一所现代大学，始终将"兴学强国"铭刻于自己的灵魂之中。

中学和大学的教育使我受益终生，虽然我只是一名普通的大学教师，但"位卑未敢忘忧国"，思考问题时常常从国家需要的大局着眼，从自身着手，认认真真地治学，扎扎实实地工作，对新事物比较敏感，敢于迎接新的挑战。

光阴似箭，一转眼，跨入了"80后"的行列。回顾二十多年来在两个新的专业领域学习、工作的过程中，我把对事业的梦想纳入追求国家富强、民族振兴、人民幸福的中国梦中去，充分地享受着为事业而拼搏的幸福和快乐。

我想，这就是人生。

何伯森
于天津大学科学图书馆115室
2014年2月12日